間島領土의 관한 研究

백산학회 편

2005. 11.

白山資料院

목 차

〈論 文〉

〈說 林〉

조선 초기에 韓民族으로 동화된 土着 女眞*

金 九 鎭**

〈目 次〉

Ⅰ. 머리말

만주에는 일찍부터 여러 계통의 종족들이 활동하였는데, 오늘날 일반적으로 女眞의 계통과 관계가 있다고 생각되는 肅愼·挹婁·勿吉·靺鞨 등이 여진족에 앞서 만주지역에서 활동하였다. 이러한 종족이 여진족의 직계 조상인지는 분명하지 않다.[1] 오늘날 고고학의 발굴에 의하여 적어도 여진족과 말갈족 사이에는 인종적인 유사성이 있는 것이

* 이 논문은 2000학년도 홍익대학교 학술연구조성비에 의해 연구되었음.
**홍익대학교 역사과 교수

1) 일반적으로 중국에 正史 기록에서는 肅愼·挹婁·勿吉·靺鞨·女眞을 동일한 계통으로 서술하고 있으며, 오늘날 중국의 학자들도 여진의 전신을 숙신·읍루·물길·말갈로 생각하고, 또 순수한 퉁구스족 계통으로 본다. 그러나, 러시아의 Shirokogoroff와 일본의 三上次男 등은 고아시아족과 퉁구스족을 구분하여, 숙신·읍루·물길을 고아시아족으로 보고, 말갈·여진은 퉁구스족으로 보고 있다. 최근 러시아와 중국의 고고학 발굴에 의하여, 말갈과 여진족이 동일 계통의 종족인 것이 밝혀지고 있다.

확인되고 있다.[2] 언어학과 인류학으로 보면, 여진족은 '북방 통구스'에서 갈라져 나온 '남방 통구스계'로서 우리 민족과 갈래가 같다.

女眞이라는 명칭은 10세기 초기 중국 '5代 시대'에 처음으로 나타났다.[3] 그 후에 여진족은 만주지방에서 발전을 거듭하여, 1115년에 金나라를 세워 中原으로 들어간 뒤, 약 1세기 가량 중국의 화북지역을 지배하였다. 1234년 金나라가 멸망한 뒤에, 만주의 본토에 살던 여진족은 약 4세기 동안 元나라와 明나라의 지배를 받아오다가, 1616년 누루하치가 後金을 세우고, 그 아들 太宗 홍타지가 중원으로 들어가서, 明나라를 멸망시키고, 국호를 淸나라로 고쳐서 중국 전토를 약 3세기 동안 지배하였다.

金나라가 멸망한 뒤에 만주에 살던 여진족이 한반도와 요동 지역으로 계속 南下하여 농경생활에 들어갔는데, 이러한 농경생활을 하던 여진족을 「土着 女眞」이라고 불렀다. 여말 선초에 오늘날 함경도 지역 일대에는 이러한 토착 여진들이 점거하여 거주하고 있었다. 세종 때에 6鎭을 개척하여 토착 여진을 우리 민족으로 동화시키고, 두만강 이남의 땅을 완전히 차지할 수 있었다. 本稿에서는 이러한 토착 여진이 우리 민족에 동화되는 과정을 살펴보고자 한다.

---

2) Aleksei Pavlovich Okladnikov 外 巖本義雄 外 譯, 《シベリア極東の考古學》 第 1卷 極東篇, vi. 〈靺鞨と 女眞〉 (東京, 1984) 353~410쪽.

3) 「女眞」이라는 명칭이 최초로 史料에 나타나는 것을 보면, 唐나라 昭宗 天復 3년(903)에 遼나라의 太祖 耶律阿保機가 遼東에 살던 女眞部를 공략하여, 女眞 300호를 포로로 사로잡았다고 하는 기사가 처음이며, 그 3년 뒤인 天復 6년(906)에 耶律阿保機가 요동이 女眞族의 남은 무리들을 격파하였다고 하는 기사가 그 다음이다. (《遼史》 제 1권, 本紀 제 1권, 太祖 上) 이로써 본다면, 女眞이 처음으로 중국 역사에 등장하는 것은 10세기 초기라고 추정된다.

Ⅱ. 女眞의 명칭

「女眞」이란 말은 고대의 肅愼이란 말에서 비롯되었다고 한다.[4] 肅愼을 「Sushen」이라고 발음하며,[5] 女眞을 일반적으로 「Dzurchin」·「Jurchin」, 또는 「Jusen」이라고 발음하므로, Sushen-Jusen-Durchin 은 같은 어원에서 나온 것이라고 본다. 그뿐만 아니라, 朝鮮을 「Chosen」이라고 발음하면, 그 肅愼과 朝鮮의 어원이 서로 합치하는 것을 알 수 있다. 肅愼과 朝鮮이 무엇을 의미하는 것인지, 女眞이란 말의 어원을 먼저 살펴보기로 하자.

여진족의 언어를 보면, 그 방향에 대한 말은 대개 산이나 강에서 비롯된 것이다.[6] 다시 말하면, 사냥하는 산을 중심으로 산등성이 「앞」과 「뒤」를 가지고 방향으로 표시하기 때문에 「앞」이 남쪽을, 「뒤」가 북쪽을 나타낸다. 퉁구스어의 앞·뒤와 남쪽·북쪽을 나타내는 말을 보면 다음과 같다.[7]

---

4) 保井克己「女眞民族」《滿洲·民族·言語》(東京, 1982).

5) 肅愼을 중국어로 Sushen, 또는 Suchěn, 한국어로 Suksin이라고 발음하는데, Suchen에서 肅愼·淑愼·息愼·珠愼이라는 한자 표기가 나온 것이다.
역대의 만주지방의 민족과 나라에 대한 칭호를 보면 다음과 같다.

연대	중국 왕조	韓民族 계통	滿洲族 계통
B.C 600~1 1 ~ 700 700 ~ 900 900 ~ 1000 1000 ~ 1600 1600 ~1911	周~漢 漢~南北朝 隨~唐 五代~宋 元~明 淸	朝鮮·扶餘 高句麗 渤海	肅愼·珠申·挹婁 勿吉·靺鞨 朱里眞·女眞·女直 女眞 滿洲

6) S.M.Shirokogoroff, 《*Northern Tungus terms of Orientation*》 in Racznik Orien-talistyczny, vol, Ⅳ, p.178. (Lwow, 1928)

7) Ibid, p.174.

〈표-1〉 Tungus어의 앞·뒤 방향 표시어

방 향	퉁구스어
앞 - 남쪽 뒤 - 북쪽	*Jul* *Ama*

한편으로 그들이 사냥할 적에 캠프를 치던 강을 중심으로 하여 강의 아랫 줄기와 윗 줄기를 가지고 동쪽·서쪽을 나타낸다.8)

〈표-2〉 신·구 만주어의 동쪽·서쪽 방향 표시어

방향	구 만주어	신 만주어
동쪽 서쪽	*Jul* (앞쪽) *f(v)r(v)* (밑쪽)	*Dergi* (윗쪽) *Vargi* (아랫쪽)

※ f(v)r(v)에서 (v)는 Vowel(母音)을 나타낸다.

퉁구스어에서 남쪽을 나타내는 말이 매우 많은데, 네르친스크 지방의 순록 퉁구스족은 Juloski 라고 하며, 만주지방의 퉁구스족인 쿠마르첸과 비라르첸은 Julgi, 만코바의 유목 퉁구스족인 만코바는 Julaski 라고 하며, 만주인은 Julesi, Juleri 라고 한다. 이것은 「남쪽」만을 나타내는 것이 아니라 「앞쪽」을 뜻하기도 한다.9) 이처럼 만주인을 비롯한 퉁구스족은 남쪽을 Jul 이라고 한다.

동쪽을 의미하는 퉁구스족의 언어를 보면, 일반적으로 만주족은 Dergi 라고 하며, 몽고족은 Jun 이라고 한다.10) 비라르첸과 쿠마르첸이 Dergi

8) Ibid, p.183.

9) Ibid, p.169.

10) 고구려의 5部族을 보면, 「今高麗五部 一日內部一名黃部 卽桂婁部也. 二日北部一名後部 卽絕奴部也. 三日東部一名左部 卽順奴部也. 四日南部一名前部 卽灌奴部

라고 하고, 골디족은 Jullexi 라고 하는데, 이것은 “해가 뜨는 쪽”을 가리키는 신·구 만주어의 Jul, 또는 Dergi 에서 비롯된 말이라 생각된다.[11)]

이처럼 만주어에서 「동쪽」, 「앞쪽」을 나타내는 Jul(Der), 또는 퉁구스어에서 「남쪽」·「앞」을 가리키는 Jul과 사람을 뜻하는 -chen 이 결합하여 Jul-chen 이라는 말이 성립된 것이다. 따라서 Jurchin은 동쪽, 또는 남쪽을 나타내는 Jur 과 사람을 뜻하는 -chen 이 결합된 말로서 「동쪽의 사람」을 의미한다고 생각된다. 결국 중국에서 만주와 한반도에 살던 사람을 「東夷」라고 불렀던 것도 이러한 방향을 나타내는 말이므로, 여진어의 Jurchen 이라는 말도 이와 같은 의미를 가진 것으로 생각된다.

「朝鮮」이란 명칭에 대해서도 여러 가지 학설이 있으나, 朝鮮과 肅愼이 중국에서 가장 오래된 명칭이고, 漢字로써 그 원음을 표기하였으리라고 짐작되기 때문에, 朝鮮이란 명칭도 「동쪽」을 나타내는 말에서 나온 것이 분명하다.[12)]

女眞은 원래 「朱里眞」(Jurchen)이라고 하였는데, 그 발음이 와전되어 「女眞」이 되었다고 한다.[13)] 女眞이라는 말은 그 이외에도 女貞·朱里眞·慮眞·主兒扯·朱里先·徹兒赤·朱先 등으로 달리 표기되었으나,[14)] 그 원음은 모두 Jurchin 에서 나온 것이라고 믿어진다. 그러나, 오늘날 女眞이란 말을 중국어로 Nuichin이라고 발음하는데, 언어학상으로 보면, ‘d, j’가 중세에 들어와서 탈락되고 ‘n’로서 대체되는 현상 때문에,

---

也. 五日西部一名右部 卽消奴部(絹奴部)也.」라고 하는데, 奴는 땅을 뜻하는 만주어 「*no, na*」를 말하며, 絕奴部의 絕은 만주어 「*der, jul*」 이고, 順奴部의 順은 동쪽을 뜻하는 몽고어 「*zun*」 과 관계가 있다.

11) S.M.Shirokogoroff : Ibid, p.174.

12) 朝鮮은 *Chosen* 이라고 발음하고, 肅愼은 *Sushen* 이라고 발음하므로, 女眞의 *Jusen* 과 같은 어원이라고 생각된다.

13) 徐夢莘, 《三朝北盟會編》 (臺北, 文海出版社, 1962) 권3, 「女眞古肅愼國也 本名朱里眞 番語訛爲女眞」

14) 李學智, 〈釋女眞〉 上 《大陸雜誌叢書》 第 1輯 5期 p.174.

Jurchin 이 女眞으로 표기된 것이 아닌가 본다.[15)]

중국에서는 女眞이라 쓰지 아니하고,「女直」이라고 일반적으로 쓰는데, 遼·金史에서는 遼나라 興宗의 이름(諱)가 宗眞이므로, 그 이름을 피하여 女眞을 女直으로 고쳐서 썼다고 한다.[16)] 그러나 언어학상으로 볼 때, 사람을 나타내는 chen에서 'n'이 탈락되어 결국 Jurchin이 Jurchi로 되었다고 여겨진다. 그러므로 女眞이 女直으로 표기된 것은 인위적으로 어떤 인명을 忌諱해서 사용한 것이 아니라, 언어학상으로 자연적인 변화의 결과라고 생각된다.

Ⅲ. 여진의 종족 구분

明代의 女眞에 대한 구분은 기록에 따라 다르나, 중국 明측의 기록에 의하면, 당시의 女眞을 建州女眞·海西女眞·野人女眞으로 구분하고, 각 지역에 衛所 제도를 두었다. 이에 비하여 조선측의 사료를 보면, 당시의 여진족을 女眞(土着女眞)·오랑캐(兀良哈)·오도리(斡朶里)·우디캐(兀狄哈)로 나누어 기록하고 있다. 전자의 경우는 지역에 따른 구분으로 보이나, 후자의 경우는 생활양식과 그 종족에 의하여 구분한 듯하다.

明나라의《皇明實錄》과 朝鮮의《王朝實錄》을 비교하면,《皇明實錄》의 기록은 소략한 데 비하여《조선왕조실록》의 기록은 보다 상세하고

---

15) *Dzurchin*이나 *Jurchin*이 *Nuichin*으로 변하는 것은 *dz* → *dj* → *n*로 바뀌는 현상으로 *dzur* → *jur* → *nui*로 이어지는 언어학적 현상이다. (保井克己 : 앞의 책, 62~63쪽) 肅愼이 女眞으로 轉音되는 현상을 보면 다음과 같다.
(1) 周代 : 肅愼(Sukchin) → (2) 前漢代 : 朱申(Sushin) → (3) 後漢代 : 挹婁(Dyur) → (4) 唐代 : 徹兒赤(Dzurchin) → (5) 宋·元代 : 朱理眞(Jurchin) → (6) 明代 : 女眞(Jurchin) →(7) 淸代 : 奴兒眞(Nuichin)

16) 洪皓《松漠記聞》(上)「其後避契丹諱更爲女直〔契丹之諱日宗眞〕俗訛爲女直」

정확하다. 明代 女眞의 사회를 살펴보는 데에《조선왕조실록》의 사료적 가치가《皇明實錄》보다 높다고 평가되기 때문에, 먼저《조선왕조실록》에서 어떻게 여진을 구분하였는지를 살펴보기로 하자.

당시 여진의 구분을 보여 주는 조선《太祖實錄》제 8권을 보면 다음과 같다.[17] (단,《龍飛御天歌》제 7권의 내용이 실록과 동일한데,[18] 종족명 · 지명 · 인명을 당시의 발음대로 표기하였으므로, 이에 준하여 그 음을 부기한다.)

1. 여진

〈표-3〉土着 女眞의 세력 분포

斡朶里(오도리)	豆漫(투먼)	夾溫 猛哥帖木兒 (갸온멍거터물)
火兒阿(홀아)	豆漫	古論 阿哈出 (고론어허츄)
托溫(타온)	豆漫	高 卜兒閼 (감불어)
哈蘭(하란)	都達魯花赤	奚灘 阿郎哈 (히탄하랑캐)
參散	猛安(밍간)	古論 豆蘭帖木兒 (고론두란터물)
移蘭豆漫(이란투먼)	猛安	甫亦莫 兀兒住 (뭐모월쥬)
海洋(해연)	猛安	括兒阿 火失帖木兒 (골야훳터물)
阿都哥(어두워)	猛安	奧屯 完者 (암툰원져)
實眼春(산춘)	猛安	奚灘 塔斯 (히탄타ᄉᆞ)
甲州(가쥬)	猛安	雲 剛括 (운강고)
洪肯	猛安	括兒阿 兀難 (골야오난)
海通(해툰)	猛安	朱胡 貴洞 (쥬후귀툰)
禿魯兀(툴우)	猛安	夾溫 不花 (갸온부허)
斡合(워허)	猛安	奚灘 薛列 (히탄서러)
兀兒忽里(울후리)	猛安	夾溫 赤兀里 (갸온치우리)
阿沙(아샤)	猛安	朱胡 引荅忽 (쥬후인다호)
紉出闊失(닌추커시)	猛安	朱胡 完者 (쥬후원져)
吾籠所	猛安	暖禿 古魯 (넌투구루)
		奚灘 孛牙 (히탄보야)
土門(투문)	猛安	古論 孛里 (고론보리)
阿木剌(아모라)	唐括(탕고)	奚灘 古玉奴 (히탄구유누)

17)《太祖實錄》권8, 太祖 4년 12월 14일(계묘)조.

18)《龍飛御天歌》권7, 제53장.

2. 兀良哈(오랑캐)

〈표-4〉 오랑캐의 세력 분포

土門(투문)	括兒牙 八兒速 (골야발소)

3. 兀狄哈(우디캐)

〈표-5〉 우디캐의 세력 분포

嫌眞(혐진) 우디캐	
古州 (구쥬)	括兒阿 乞木那 (골야키무나) 答比那 (다비나) 可兒答哥 (컬더커)
南突 (남돌) 우디캐	
速平江 (슈핑강)	南突 阿剌哈伯顔 (남돌아라카바얀)
括兒牙 (골칸) 우디캐	
眼春(얀춘)	括兒牙 禿成改 (골아투칭개)

위의 기록을 보면, 朝鮮에서는 당시의 女眞族을 女眞과 오랑캐(兀良哈)·우디캐(兀狄哈)로 3구분하고 있었음을 알 수 있다. 女眞은 일반적인 민족의 명칭으로 통칭되기도 하나, 여기에서는 오랑캐와 오도리는 구분되는 명칭으로 쓰여진 것이 분명하다. 그러므로 本稿에서는 앞으로 이러한 개념의 女眞을 土着女眞으로 부를 예정이다. 대개 이러한 구분은 생활양식과 종족에 의하여 나누어진 것이라고 생각되지만, 그러나 실제에 있어서 土着女眞과 오랑캐는 종족계통의 구분이 확실하지

않은 경우가 많았다. 예를 들면, 土着女眞으로 구분되는 오도리와 火兒阿族은 《朝鮮王朝實錄》의 일반 기록에서는 土着女眞으로 보지 아니하고, 오랑캐와 오도리로 따로 구분하여 쓰고 있다.

《朝鮮王朝實錄》에 나오는 오랑캐·오도리·우디캐의 기록을 모두 찾아내어 통계를 내면 다음과 같다.

〈표-6〉 《조선왕조실록》의 여진 구분

실록 \ 종족 구분		여진	오랑캐 (兀良哈)		우디캐 (兀狄哈)
王朝 實錄	연 도	土着 女眞	오랑캐	오도리	諸種 우디캐
太祖實錄	1395-1398	16	17	14	6
定宗實錄	1399-1400		3	2	2
太宗實錄	1401-1418	14	81	66	78
世宗實錄	1419-1450	148	464	463	384
文宗實錄	1451-1452	16	7	4	3
端宗實錄	1453-1454		22	16	8
世祖實錄	1455-1468	104	482	206	415
睿宗實錄	1469	4	20	9	20
成宗實錄	1470-1494	69	303	243	505
燕山君日記	1495-1505	11	18	13	64
中宗實錄	1506-1544	8	5	8	39
仁宗實錄	1545				
明宗實錄	1546-1567			1	4
宣祖實錄	1568-1608	3	1		4
光海君日記	1609-1622	8			2
仁祖實錄	1623-1644		4		
계		401	1,427	1,045	1,535

위의 도표에서 보듯이 女眞·오랑캐·우디캐의 구분은 조선시대를 통하여 줄곧 통용된 명칭이었다. 조선 초기에 우리 민족은 女眞을 野人이라고도 불렀는데,[19] 중기에는 우리 국경에 가까이 살고 있던 野人을 「蕃(藩)胡」라고도 표기하였다.[20] 오도리와 오랑캐는 建州女眞을 이루었던 종족이었기 때문에, 建州衛 오랑캐의 범주 안에 넣어서 불 수 밖에 없다고 생각된다. 조선 초기 成宗 때까지 이러한 구분이 확연하였으나, 16세기에 들어가면 그 구분이 점차 약해지는 감이 없지 않다. 왜냐하면, 明代 女眞의 사회가 초기에는 생활양식의 차이와 씨족적 성격이 강하였으나, 점차 후기로 가면, 農耕 생활의 地緣 사회로 移行하면서 약화되었기 때문이라고 생각된다. 말하자면, 초기에 만주의 內地에서 수렵 생활, 또는 유목 생활을 하면서 移動을 할 적에는 여진족은 Mukun(씨족)과 Hala(성씨)를 중심으로 생활하였으나,[21] 후기에 두만

19) 明나라와 朝鮮에서는 女眞을 일반적으로 「野人」이라고 불렀다. 이것은 '들판에 사는 사람', 또는 '문화가 낮은 야만인'이란 뜻이다. 중국《皇明實錄》을 보면, 女直을 붙여서 〈野人女直〉이라고 쓰는 때가 많은데, 이것은 建州女直과 海西女直을 제외하고, 만주의 內地 黑龍江 일대에 사는 諸種 우디캐족을 通稱하던 말이었다.

20) 16세기에 들어가면, 朝鮮에서는 오랑캐·오도리·우디캐의 구분이 사라지고, 그 대신에 근경에 사는 野人을 「蕃胡」라고 통칭하였다. 이러한 현상은《조선왕조실록》에서는 물론이고,《制勝方略》에서도 마찬가지다.《制勝方略》의 蕃戶의 규모를 보면, 다음과 같다.

	번호부락										
	10호 이하	20호 이하	30호 이하	40호 이하	50호 이하	60호 이하	70호 이하	80호 이하	90호 이하	100호 이하	100호 이상	합계
경흥진	12	4	4		1							20
경원진	7	14	11	4	1	2	4			2		45
온성진	3	6	8	9	1	1	1	2	3		3	37
종성진	13	26	20	8	12	5	3	1	5	1	2	96
회령진	27	30	3	10	2	5	1	2		2		82
합계	62	80	45	31	17	13	9	5	8	5	5	280

21) S.M. Shirokogoroff《*Social Organization of the Manchus - A study of the Manchus Clan Organization* -》 (Shanghai, 1924) pp.15~19.

강·압록강·요동 지방으로 남하하여 농경 생활을 하면서 농경지에 정착한 諸種 여진이 混居하였기 때문에 종족적·씨족적 성격이 점차 약화되었던 것이다.

Ⅳ. 남하한 土着 女眞

일반적으로 女眞이란 말은 만주족이 출현하기 전에 만주에 살던 남방 퉁구스계의 여러 종족을 일컫던 명칭으로서 알고 있다. 그러나 (표-6)에서 보는 바와 같이《조선왕조실록》에 나오는 女眞은 일반 女眞族과는 달리, 오랑캐·오도리·우디캐와 對稱되는 개념으로 쓰여지고 있다.

《조선왕조실록》에서 그 몇 가지 실례를 들어보면 다음과 같다.

세종 4년(1422) 윤 12월 6일에 오랑캐 千戶 也吾哈, 우디캐 指揮 時應巨, 女眞 千戶 羅同哈 등이 와서 土宜(토산물)를 바쳤다.[22]

세종 9년(1427) 1월 9일에 女眞 指揮 於夫老, 오랑캐 指揮 也時應哈·千戶 日乙虛, 우디캐 指揮 古邑同哈·都者磨, 오도리 指揮 貴伊波 등 29인이 와서 土宜를 바치니, 옷을 각각 1벌과 笠靴를 하사하였다.[23]

세종 13년(1431) 2월 1일에 오도리 指揮 馬佐化·崔沙安·甫下亡乃 등과 오랑캐 千戶 好心波·豆難·加乙伊 등과 女眞 지휘 波伊大와 우디캐 천호 照音將介 등이 와서 土宜를 바치니, 아울러 옷과 笠靴를 하사하고, 綿布를 차등 있게 하사하였다.[24]

세종 18년(1440) 1월 28일에 女眞 지휘 於夫老 등 3인과 우디캐 지휘 多弄哈 등 8인과 오랑캐 천호 多音波老 등 3인이 와서 土宜를 바쳤다.[25]

22) 《世宗實錄》 권18, 世宗 4년 윤12월 6일(기미)조.
23) 앞의 책 권35, 世宗 9년 정월 9일(무술)조.
24) 앞의 책 권51, 世宗 13년 2월 1일(병신)조.

위의 여러 사례에서 살펴보는 바와 같이, 女眞을 오랑캐·오도리·우디캐로 구분하여 사용하고 있다. 이러한 女眞은 남방 퉁구스족 전체를 가리키는 넓은 의미의 女眞과는 그 성격이 완연히 다르다. 그러면 협의로 쓰는 女眞은 무엇을 나타내는 것일까? 이것은 元代에 두만강과 압록강 유역에 살던 女眞과 관계가 있다고 생각된다.

일찍이 고려와 교섭 관계를 가졌던 女眞을《高麗史》에서 찾아보면 다음과 같다.

〈표-7〉《고려사》의 女眞 구분과 출현 회수

고려역대왕조	연 도	東女眞	西女眞	北女眞	기타
太祖	918～943		2		1
定宗	945～949	1			
穆宗	997～1008	1			
顯宗	1009～1031	49	19	15	18
德宗	1031～1034	28	13		3
靖宗	1034～1046	70	22	1	1
文宗	1046～1083	113	18	3	3
宣宗	1084～1094	15	1	1	
獻宗	1094～1095	2			
肅宗	1095～1105	30	8	1	1
睿宗	1105～1122	11	9	9	13
仁宗	1122～1146	1			5
毅宗	1146～1170				2
明宗	1170～1197				2
高宗	1213～1259	13			3
元宗	1259～1274	1			
恭愍王	1351～1374	1			8
恭讓王	1389～1392				3
계		346	92	30	63

25) 앞의 책 권71, 世宗 18년 1월 28일(갑오)조.

위의 도표에서 보는 바와 같이 고려 시대에 압록강과 두만강 유역에는 女眞族이 살고 있었다. 고려 때에 東女眞(東藩[26])은 북쪽으로 두만강 내외 지역에서 남쪽으로 오늘날 함경도 일대에 거주하였는데, 이들이 바로 조선 초기에 土着女眞으로 화하였다.[27] 西女眞(西藩[28])은 압록강 북쪽에 주로 거주하였고, 또 서쪽으로 遼東의 접경 지역에도 살고 있었다. 北女眞(北藩[29])은 松花江 일대에서 黑龍江 일대까지 만주의 북

26) 東女眞은 東藩, 또는 東北女眞, 東北藩이라고도 하였는데, 고려 때에 우리 나라에 스스로 복속하고 귀화하여, 가장 밀접한 관계를 가졌다. 고려 시대를 통해 346회나 교섭 관계를 가졌는데, 대개 東女眞(東藩)이 고려 조정에 入朝한 것이 대다수이나, 來投·侵入한 사례도 이에 포함되어 있다. 東女眞은 曷懶 지방에 살던 女眞을 주로 말하는데, 그 범위는 두만강의 지류 海蘭河 유역의 오늘날 延邊 일대에 살던 女眞이 모두 포함된다. 東女眞의 근거지인 曷懶甸은 「갈라전」이라고 읽으면 잘못되고, 「갈란전」이라고 읽어야 옳다. 왜냐하면, 오늘날 海蘭河(해란하) 유역이 바로 「가란(曷懶) 지역(甸)」이기 때문이다. 《高麗史》「世家」 권46, 恭讓王 3년 9월 丙午條에 "斡朶里卽東女眞也"라 하고, 《高麗史節要》 권35, 恭讓王 4년 2월 丙子條에 "斡都里卽東女眞也"라 하여, 斡朶里를 東女眞이라 하였다. 이로써 보면, 오도리와 오랑캐도 東女眞의 범주 안에 포함되었던 것 같다. 그러나 고려 말기에 이미 오도리·오랑캐가 두만강 유역 일대로 이동하여 거주하였기 때문에 이러한 기록이 나오는 것이라 추측된다.

27) 《朝鮮王朝實錄》에서 「土着女眞」을 뜻하는 女眞을 보면, 豆滿江 내외 지역에 거주하던 東女眞을 말하는 경우가 거의 대다수이다.

28) 西女眞은 西蕃, 西北女眞, 西北蕃이라고도 부르는데, 압록강 유역에 살던 女眞族을 말하며, 東女眞에 비해 숫자가 적고, 그 거주 지역도 한정되어 있다. 왜냐하면, 압록강과 遼東 지역은 우리 나라와 중국의 세력이 첨예하게 마주치는 곳이기 때문에 女眞이 쉽게 발을 붙이기가 어려웠다. 이 지역이 明代 建州本衛의 오랑캐족(할아족)이 주로 거주하던 곳이다. 元代에 오도리족과 오랑캐족은 牧丹江과 松花江이 합류하는 지점인 三姓(이란) 지방에 거주하였으나, 元나라가 쇠퇴할 무렵에 牧丹江을 따라서 南下하여, 두만강 일대를 거쳐서 압록강 일대로 이주하였던 것이다.

29) 北女眞은 北藩·北虜라고 부르는데, 松花江 북쪽에서 黑水(黑龍江) 지역까지 광범위하게 분포한 諸種 女眞을 말한다. 이른바 「에벤키」족으로서 민족 갈래도 북방 퉁구스 계통에 속하기 때문에 남방 퉁구스 계통에 속하는 東藩·西藩과는 근본적으로 다르다. 《高麗史》를 보면, 고려 초기에는 「黑水靺鞨」로서 나오다가, 중기에는 「30姓 女眞」, 또는 「30 部落 女眞」이라는 「生女眞」으로 나오는데,

부 지역에 거주하였다. 이처럼 고려의 東界·西界의 근경에 살면서 농경생활에 들어가던 東藩·西藩과 松花江과 黑水(黑龍江) 지역에서 수렵생활에 종사하던 北藩은 생활양식과 문화적 차이가 있었다. 北藩은 비교적 미개한 생활을 하던 「野人 女眞」을 말한다.

元나라의 세력이 퇴조하던 시기에, 몽고의 장수 나하추(納哈出)가 만주지역을 무대로 하여, 明나라의 군사와 싸우면서 서로 오래도록 대치하였는데,[30] 만주지역에 거주하던 諸種 女眞族이 이러한 戰亂을 피하여 이리저리 이동하였기 때문에, 이 시기에 女眞의 세력과 분포에 많은 변화를 가져왔다. 나하추는 東北面 일대에 진출하여 元나라의 옛 東寧府의 기반을 근거로 하여 雙城總管府의 趙氏·卓氏 등의 토호 세력과 손을 잡고, 두만강 유역 일대와 그 이남 東北面 일대에 元나라의 세력을 그대로 유지하려고 획책하였다. 이러한 나하추의 침입은 1362년(공민왕 11년)부터 수차에 걸쳐서 끈질기게 계속되었으나, 東北面의 대토호 李成桂가 나하추의 군사를 여지없이 격퇴하고, 雙城總管府의 趙氏·卓氏 세력을 억압하여 나하추와 손을 잡는 것을 막았다.[31]

만주의 女眞族들은, 元나라 구세력(舊元 세력)의 지배 아래에 있을 적에, 豆滿江 일대를 중심으로 강 이북과 이남에 분포해서 조용히 살았으나, 元나라 세력이 퇴조하고 明나라 세력이 새롭게 등장하는 시기에 거의 1세기 동안, 종족의 이동과 사회 혼란을 매우 크게 겪었다. 그

이들이 바로 「北女眞」에 해당한다. 北女眞은 비교적 고려와 거리가 멀었기 때문에, 고려시대 전체를 통해 30회 정도 교섭 관계를 가졌을 뿐이다. 조선 시대에 「野人 女眞」이 바로 고려 시대의 北女眞을 말한다.

30) 元나라의 세력이 퇴조할 때 舊元의 세력이 만주지역을 근거지로 하여 明나라와 싸우면서 서로 오랫동안 대치하였다. 也先不花·洪保保·王哈剌不花·劉益·高家奴·나하추 등이 舊元의 잔류 세력을 대표하였다.(《遼東志》 권8, 明나라 《太祖實錄》 권179, 洪武 19년 12월 末尾條) 그 가운데 金山을 根據地로 삼은 나하추가 가장 세력이 컸기 때문에, 遼東을 자주 침입하여 明나라를 괴롭혔다.

31) 《高麗史》 世家, 권40. 조선 《太祖實錄》 권1. 《龍飛御天歌》 권5, 제35장.

러므로 여말선초에 만주 지역의 女眞 세력은 가장 큰 변화를 겪었다.

몽고족 나하추는 여진족 출신 추장 호바투(胡拔都)를 부추켜서 東北面 일대를 침입하게 하였다. 1382년 (우왕 8년)과 1383년(우왕 9년)에 호바투(胡拔都)와 高鐵豆 등은 東北面에 침입하여, 東北面 일원을 지배하던 李氏 집안(이성계 집안)을 몰아내고 東北面 일대를 다시 지배하려고 꾀하였다. 西北面 일대에서 주둔하고 있던 李成桂는 군사를 이끌고 東北面으로 들어가서 호바투의 여진·몽고 연합군을 격퇴하고, 다시 東北面 일대의 땅을 회복하였다. 그러나 이때에 호바투는 東北面 일대에 거주하던 많은 거주민들을 노략질하였다.

호바투 등이 李成桂 군사에게 쫓겨서 東北面에서 퇴각할 때에, 오늘날 함경도 지역 일대에 분포해 살던 女眞族을 대량으로 사로잡아서 遼東으로 끌고갔다. 《高麗史》와 조선 《太祖實錄》에는 "禑王 8년 壬戌 7월에 女眞族 출신 胡拔都가 東北面의 人民을 노략질하여 갔다."고 기록하여[32] 호바투가 東北面의 인민을 많이 사로잡아 갔던 것을 보여준다.

호바투가 침입하여 東北面 일대를 유린하고 그 인민을 노략질하여 갔을 때에 간신히 노략질을 모면한 女眞族들은 대다수 그 본거지를 버리고 東北面의 남부 海岸 지대로 많이 이주하였다. 그 이주한 규모는 자세히 알 수 없으나, 조선 《世宗實錄》 제 78권의 기록에 의거하여 조사하면 다음과 같다.[33]

다음 자료는 대개 豆滿江 이남 지역에 거주하였던 女眞族의 이동을 나타내고 있다. 이들은 대개 호바투가 침입한 이후에 南下하였는데, 다만 殷阿里와 童甫下만은 그보다 13년 앞서 나하추의 침입 직후에 이주하였다. 14세기 말엽 고려 때에 咸興 평야 일대로 이주한 여진족이 1000여 호가 넘는 것을 보면, 咸興에서 두만강 하구까지 해안선을 따

32) 《高麗史》 列傳, 권48, 조선 《太祖實錄》 권1. 《龍飛御天歌》 권7, 제57장.
33) 《世宗實錄》 권78, 世宗 19년 8월 7일(갑자)조.

〈표-8〉 14세기 土着 女眞의 남하 상황

대소 추장	管下 호수	구 거주지	신 거주지	이주 시기
金高時帖木兒	30여 호	吉州	安邊	1385 (우왕 11)
許難豆	10여 호	吉州	安邊	1385 (우왕 11)
李芝蘭	500여 호	北靑	預原・和州・高原	1386 (우왕 12)
童甫下	20여 호	端川	咸興・定平	1372 (공민왕 21)
殷阿里	300여 호	縣城	咸興・定平	1372 (공민왕 21)
朱仁	40여 호	咸興	洪原	1385 (우왕 11)
朱萬	40여 호	咸興	洪原	1385 (우왕 11)
劉阿郎哈	20여 호	咸興	洪原	1385 (우왕 11)
金派寶下	10여 호	吉州	洪原	1385 (우왕 11)
劉所羅	20여 호	吉州	洪原	1385 (우왕 11)
姜九	30여 호	甲山	北靑	1418 (태종 18)
계	1,020 여 호			

라서 많은 농경지가 散在하여 있는데, 수많은 여진족이 南下하여, 해안의 농경지에 정착하고, 농경 생활에 들어갔던 사실을 짐작할 수 있다. 이러한 東北面의 土着 女眞은, 1392년 조선의 건국 이후에 태조 때에 조선의 領土 안에서, 혹은 그 밖에서 그대로 살면서, 조선에 완전히 복속하였다. 조선의 세종 때에 1433년 오도리족 대추상 猛哥帖木兒[34] 몰락 직후 「6鎭」을 개척하고, 두만강 이남의 오늘날 함경도 땅을 조선의 영토로 만들자, 함경도 일대에 살고 있던 土着 女眞의 대다수는 아무런 불평 없이 朝鮮의 戶籍에 스스로 편입되었다. 이러한 여진족을 「編氓의 女眞」이라고 불렀다. 조선 초기에 「編氓의 女眞」은 우리 민족으

34) 猛哥帖木兒의 여진 姓氏를 「gyaon (夾溫)」이라 하는데, 조선 성씨로서 童氏・董氏, 중국 성씨로서 佟氏로 표기된다. 「gyaon」은 《同文類解》나 《韓漢淸文鑑》에 의하면, 「鷹"(독수리)」을 뜻한다고 한다. 이것은 필시 오도리족의 Totem에서 유래된 것이 아닌가 추측된다.(조선 《太祖實錄》 권8, 太祖 4년 12월 14일(계묘)조. 《龍飛御天歌》 권7, 제 53장.)

로 同化되는 과정에 있었던 土着 女眞이었다.《世宗實錄》「地理志」를 보면, 당시 일반 호적에 편입된 조선의 백성과는 판연히 구분되었다. 여기에서 주목해야 할 세력은 吉州에서 女眞의 大土豪였던 李芝蘭의 세력이었다. 李芝蘭은 東北面의 土着女眞을 대표하는 세력으로서 거느렸던 管下 戶數가 5백 호였음을 보면, 그가 東北面의 吉州 지역에서 土着女眞의 세력을 장악하였던 대추장이었음을 알 수가 있다.[35]

《世宗實錄》「地理志」의 姓氏 조문을 보면, 土着 女眞 중에서 조선의 姓氏를 가진 사람을 向國姓이라고 하여, 다음과 같다.

〈표-9〉《世宗實錄》「地理志」의 조선 초기의 向國姓

咸吉道	姓氏 종류	숫자	姓氏 내용
咸興府	向國入姓	1	朱
富寧都護府	向國姓	4	童・李・金・崔
三水郡	向國姓	6	崔・尹・李・金・張・姜

35) 이때에 남하한 土着 女眞의 추장 가운데에서, 李芝蘭은 그 管下 民戶가 500여 호나 되어 전체의 반수를 차지할 만큼 그 세력이 컸다. 李成桂도 역시 이러한 家別抄(管下 民戶)를 500여 家나 소유하고 있었다. 그러므로 그 세력 분포로 보면, 李芝蘭과 李成桂의 두 집안의 결합은 東北面 일대의 토착 여진족을 제패하기에 충분한 세력이었다. 만약 李成桂가 李芝蘭을 포섭하지 못하였다면, 東北面 일대에서 그 세력 기반을 구축하기가 어려웠을 것이다. 또 李成桂의 私兵은 東北面의 근거지에서 土着 女眞을 주로 징발하여 편성한 騎馬兵이었기 때문에, 李成桂와 李芝蘭이 거느린 용맹한 土着 女眞의 私兵들은 가는 곳마다 승리를 거두었던 것이다. 李成桂의 군사가 북쪽으로 몽고의 名將 나하추를 물리치고, 남쪽으로 일본의 倭寇의 검객 아지바투를 무찌르고 高麗의 위기를 구출할 수가 있었던 것이다. 만약에 土着 女眞이 없었다면, 李成桂의 조선 왕조 건국은 사실상 불가능하였을 것이다. 李芝蘭은 여진 이름으로 「古論 豆蘭帖木兒」(Golon Dulan Temur), 줄여서 「童豆蘭」(T'ung Dulan), 또는, 「李豆蘭」이라고도 한다. 그는 함경북도 吉州 이북의 土着 女眞을 지배하던 대추장으로서 함경남도 일대를 지배하던 李成桂를 도와서, 朝鮮의 건국을 이룩한 1등 공신이었다. 開國 이후에 姓氏를 「靑海 李氏」로서 하사 받아, 朝鮮 開國의 1등 功臣에 策勳되었다.

이로써 보면, 조선 정부에서는 李芝蘭처럼 큰 공훈을 세웠을 때에 한하여 姓氏를 하사하였다. 국가의 「賜姓」이라는 것은 공훈을 포상하는 하나의 제도였기 때문이다. 李芝蘭은 李成桂를 도와서 土着 女眞으로 편성된 私兵을 이끌고 東征西伐에 참여하여, 조선의 開國에 1등 功勳을 세웠으므로, 開國 1等 功臣에 「靑海 李氏」를 하사 받았던 것이다. 당시 대다수의 土着 女眞은 자기네의 고유한 女眞의 姓氏를 가지고 있었으나, 조선의 姓氏를 가지지 있지 아니하였다. 그러므로, 《世宗實錄》「地理志」에는 咸吉道의 3곳에 11姓氏만이 조선의 성씨를 기록하고, 그 나머지 여진의 성씨는 기록되지 못하였을 것이다. 咸興의 向國入姓 「朱氏」는 1385년에 이주한 土着 女眞의 朱仁·朱萬의 씨족을 가리키는 것이다. 富寧·三水의 10 向國姓은 조선 세종 시대에 「6鎭」과 「4郡」의 개척 때에 우리의 編氓으로 편입된 土着 女眞인데, 「6鎭」과 「4郡」을 개척할 적에 藩胡로서 嚮導 등을 맡아서 나라에 공훈을 세웠기 때문에 賜姓된 것이다.

Ⅴ. 土着 女眞의 거주 지역

土着 女眞은 元代 遼東 지방이나 한반도의 근경 지역에 살면서 농경생활에 들어간 女眞을 말한다. 그러므로 종족의 혈연 관계가 이미 무너지기 시작하였고, 지연 사회의 성격이 강하게 나타나고 있었기 때문에, 「女眞」이란 말은 근경의 諸種 女眞族을 통칭하는 말로 쓰여진 것 같다. 그러나 만주의 內地에는 여전히 혈연적 성격이 강한 오도리·오랑캐·우디캐 등의 女眞族이 살고 있었기 때문에, 이들과 對稱되는 명칭으로서 土着 女眞이란 말을 사용한 것 같다.

일찍이 安部健夫는 당시 기록을 면밀히 분석하여, 女直(女眞)의 정의를 내리기를, (Ⅰ) "전체 女眞族을 일컫는 女直(女眞)", (Ⅱ) "오랑캐·우디캐와 對比되는 女眞", (Ⅲ) "오도리·火兒阿·托溫族과 對比되는 朝鮮의 호적에 올려서 當差하는 女眞", (Ⅳ) "原 公嶮鎭 이남에 거주하는 東女眞" 등으로 구분하여, 당시에 여진의 명칭을 각각 다르게 사용하였다[36]고 주장하였다. 그러나 (Ⅰ)의 전체 女眞을 일컫는 명칭으로 사용된 이외에, (Ⅱ), (Ⅲ)의 女眞은 종족 개념이 아닌 생활 양식에 따른 구분이기 때문에, 土着 女眞이라고 개괄할 수밖에 없다. 왜냐하면, 앞에서 살펴본 조선《太祖實錄》제 8권의 기록을 보면, 오도리·火兒阿·托溫族을 모두 女眞으로 통칭하였기 때문이다. 더구나 이 기록에 의하면, 海西 女眞의 忽剌溫 지역에서도 土着 女眞이 거주한 사례가 나오며,[37] 또 遼東의 開原衛에 거주하던 土着 女眞의 대추장 楊木答兀이 明나라의 통제를 벗어나서 두만강 북쪽으로 도망한 기록도 나오기 때문이다.[38] 이로써 보면, 土着 女眞은 고려의 東女眞뿐만 아니라 西女眞까지도 포함하고 있다는 사실을 알 수 있다.

土着 女眞은 두만강 내외 지역에 많이 분포하였다. 위의 표-8에서 보는 바와 같이 기의 1천여 호 이상의 土着 女眞이 오늘날 함경북도 지역에서 吉州 이남으로 남하하여, 오늘날 함경남도 일대에 거주하였는데, 이들은 記錄에 나타나는 일부 세력에 지나지 않았기 때문에, 이보다 더욱 많은 土着 女眞이 남하하는 현상을 보인 것을 미루어 짐작할 수 있다.

조선《太祖實錄》제 8권에 나타난 土着 女眞 가운데 두만강 남쪽에 거주한 세력을 보면, 다음과 같다.

36) 安部健夫《淸代史の研究》(東京, 1971) 100쪽.
37)《世宗實錄》권81, 世宗 20년 6월 22일(갑술)조.
38) 河內良弘,「建州女眞 社會構造の一考察」《明代滿蒙史研究》(東京, 1972) 127쪽.

哈蘭	(Halan)	:	咸州, 즉 咸興
洪肯	(Hongken)	:	洪原
參散		:	北青
阿沙	(Asha)	:	利原
禿魯兀	(Tulu)	:	端川
甲州	(Gyachu)	:	甲山
海洋	(Haiyen)	:	吉州
斡哈	(Wehe)	:	明川 立巖[39]
五籠所		:	五龍川(水名)

東北面 일대에 분포한 土着 女眞을 보면, 남쪽으로 넓은 咸州(咸興) 평야에서 북쪽으로 豆滿江 유역의 五龍川 유역까지 광범위하였다. 대개 이 지역은 해안선을 따라서 사람이 살기에 적합한 평야 지대나 해안 지대로서 후일 조선의 「6鎭」 개척에 의해서 우리의 국토로 편입되었다. 또 두만강 유역 일대의 지역을 보면, 訓春江이 두만강에 합류하는 지역인 實眼春(Shanchun)에 土着 女眞이 거주하였고, 土門(豆門) 지역에 土着 女眞과 오랑캐가 각각 거주하였고,[40] 또 그 남쪽의 평야 지역인 紉出闊失(Ninchukesi)에 土着 女眞이 거주하였다.[41] 《龍飛御天歌》에 의하면, 實眼春은 慶源府에서 북쪽으로 2일정이었는데, 동쪽으로 奚關城(지금의 縣城)[42]과 2일정이었고, 남쪽으로 두만강과 2일정이었으며, 土門은 두만강의 북쪽에 있었는데, 남쪽으로 慶源府와 60리의 거리

39) 《東國輿地勝覽》 권 50, 鏡城都護府 山川條.

40) 豆門 일대의 毛憐(모린) 오랑캐는 조선 太宗 10년(1410) 3월의 정벌 때에 그 분포와 세력 규모가 드러났는데, 그 대략을 소개하면, 豆門(土門)에 阿古車, 愁州(鐘城)에 著和, 伐時溫(會寧의 對岸)에 把兒遜, 青浦(甫青浦)에 阿亂, 童巾(童關鎭)에 下乙主가 각각 거주하였고, 劉把兒遜이 가장 강력한 세력을 가지고 있었다. 오늘날 學界에서는 「모린 오랑캐」는 오랑캐의 別種으로 보고 있다. 拙稿 「初期 毛憐 兀良哈 硏究」 《白山學報》 제17집(白山學會, 1974) 164~180쪽.

41) 奎章閣 所藏 〈西北彼我兩界萬里一覽地圖〉, 〈關北地圖〉, 〈咸鏡道地圖〉 참조.

42) 《龍飛御天歌》 권1, 제4장 註.

였고, 서쪽으로 常家下(Shanggaha)와 1일정이었으며, 紉出闊失은 慶興府에서 북쪽으로 1일정에 이르러 두만강을 건너서 있었는데, 남쪽으로 斡東(吾東)[43]과는 90리 정도였고, 동쪽으로 眼春과는 1일정의 거리였으며, 그 지역에는 큰 연못이 있었다.

明나라 太宗 永樂帝 때에 남만주 일대의 經略이 어느 정도 일단락되자, 明나라는 東北面 일대에 살던 土着 女眞을 회유하여, 建州 女眞에 편입하려고 도모하였다. 그러나 당시 土着 女眞의 대다수는 이미 두만강 이남의 조선의 땅으로 남하하여 조선의 戶籍에 올려서 「編氓」으로 되어, 租稅와 賦役을 담당하면서 우리 민족으로 동화되는 과정에 있어서, 그 氏族的 잔재를 찾아보기가 어려운 상태에 있었다.

1404년(태종 4년) 4월에 明나라 永樂帝는 王可仁을 보내어 參散·禿魯兀 등 「11곳(處) 人民」을 明나라에 귀속시키도록 통고하였다.[44] 이때에 명나라가 조선에 대하여 土着 女眞을 歸附시키도록 요구한 지역과 그 추장을 보면, 다음과 같다.

〈표-10〉 明나라가 송환을 요구한 「11곳(處) 人民」

지역	관직	추장 이름	지역	관직	추장 이름
奚關	萬戶	寧馬哈	參散	千戶	李亦里不花
禿魯兀	千戶	佟參哈·佟阿蘆	洪肯	千戶	王兀難
哈蘭	千戶	失踏失馬	大伸	千戶	高難
都夫失里	千戶	金火失帖木	海童	千戶	董貴洞
阿沙	千戶	朱引忽	斡合	千戶	劉薛列
阿都歌	千戶	崔咬納·崔完者			

43) 《太宗實錄》 권1. 《東國輿地勝覽》 권50, 慶興都護府 古跡條에 보면, 斡東(吾東)은 慶興에서 강을 건너 30리 지점에 있다고 하였다. 全州 李氏의 穆祖가 일찍이 정착하였던 곳인데, 오늘날 延邊 지역이다. 이 지역에는 당시 많은 오도리족이 분포하였기 때문에 그 지명을 「斡東(오동)」이라고 붙인 듯하다.

44) 《太宗實錄》 권7, 太宗 4년 4월 4일(갑술)조. 《龍飛御天歌》 권7, 제52장.

咸興에서 두만강을 거쳐 綏芬河에 이르는 동해안의 해안 지역에 거주하던 「11곳(處)의 13추장」이었다. 모두 여말 선초에 이 지역에 살던 東女眞이었는데, 南下하여 함경도로 들어와서, 이미 우리 백성으로 동화된 土着 女眞이었다. 明나라에서 요구한 것은 그 땅이 아니라, 그 추장과 管下 民戶였다. 아마 明나라가 남만주에다 建州 3衛를 개설하는 과정에서, 建州本衛의 李滿住가 明나라를 통하여, 土着 女眞 세력을 자기 管下에 넣으려고 책동하였던 결과였다.

표-10의 奚關은 지금의 縣城[45]이고, 寧馬哈은 그 萬戶였으나, 자세한 기록이 없어서 그가 누구인지 알 수 없다. 參散은 지금의 北靑이고, 李亦里不花는 곧 李和英[46]이니, 參散 만호 李芝蘭의 아들이었다. 禿魯兀은 지금의 端川이고, 佟參哈 · 佟阿蘆는 형제로서 朝鮮《太祖實錄》에 나오는 禿魯兀 만호 夾溫不花(갸온부카)[47]의 후손이라 생각된다. 여진의 성씨 「갸온」(여진어 "매(鷹)"라는 뜻이다.)이 중국의 성씨 「佟氏」로 바뀌어졌고, 또 조선의 성씨 「童氏」, 또는 「董氏」로 바뀌어졌다. 建州左衛의 대추장 '童猛哥帖木兒(퉁멍거티무르)의 후손이 모두 중국의 성씨 佟氏로 고쳤기 때문에, 佟家江이란 강의 명칭이 생겨났고, 또 그 후손인 누루하치 일가가 모두 佟氏의 성씨를 사용하였던 것이다. 哈蘭은 지금의 咸興이고, 朱踏失馬는 조선《太祖實錄》에 나오는 哈蘭(하란) 都達魯花赤(다루가치) 奚灘阿郎哈의 후손이라 추측된다. 여진 성씨 「히탄」이 조선 성씨 「朱氏」로 바꾸어졌다.

표-9의 大伸은《龍飛御天歌》에 나오는 '三海洋(吉州)'의 하나인 泰神(타이신)[48]이고, 高難은 그 酋長이며, 都夫失里(時利)는 '三海洋'의 하나

---

45) 《龍飛御天歌》 권1, 제 4장에 보면, 奚關은 지금 訓春의 서쪽 縣城 부근인 것을 보여준다.
46) 《太宗實錄》 권7, 太宗 4년 4월 4일(갑술)조.
47) 《太祖實錄》 권8, 太祖 4년 12월 14일(계묘)조. 주석 34) 참조.
48) 《龍飛御天歌》 권7, 제 3장 註.

인 的曷發(Tebe)이고, 金火失帖木은 조선《太祖實錄》에 나오는 括兒牙失帖木兒이다. 여진 성씨 「괄야」가 조선 성씨 「金氏」로 바꾸어졌다. 이때에 明나라의 使者로 온 王可仁은 海洋의 副千戶 출신이었는데, 일찍이 李成桂에게 복속하여 그 私兵으로서 李成桂의 정벌을 도왔고, 조선의 건국 이후에 조선에 벼슬하다가, 중국 明나라에 소환되었던 사람이었다.[49] 海童은《龍飛御天歌》에 나오는 海通으로서, 實眼春에서 북쪽으로 3일정의 거리에 있었고,[50] 東貴洞은 조선《太祖實錄》에 나오는 朱胡貴洞이며, 阿沙는 利原이고, 朱引忽은 조선《太祖實錄》에 나오는 朱胡引踏忽이었다.[51] 斡哈은 지금 明川의 立巖으로 비정되고,[52] 그 千戶 劉薛列은 조선《太祖實錄》에 나오는 奚灘薛列이다. 여진의 성씨 「히탄」이 조선의 성씨 「劉氏」로 바꾸어졌는데, 앞에서 「朱氏」로도 바꾸어졌던 것을 보면, 土着 女眞이 성씨를 바꾸는 데에 있어서 어떤 일정한 법칙이 있었던 것이 아니었던 사실을 알 수 있다. 阿都歌는《龍飛御天歌》에 나오는 阿都哥로서 Irantumen (三姓)에서 동쪽으로 4일정[53]에 있었고, 그 千戶 崔咬納은 조선에 귀화한 崔也吾乃이고,[54] 崔完者는 조선《太祖實錄》에 나오는 奧屯完者였다.

明나라 永樂帝가 요구할 적에 이미 「11곳(處) 人民」은 각기 元代의 옛날 근거지에 살고 있지 않았다. 土着 女眞은 거의 모두 남하하여, 농

---

49)《高麗史》世家 권45, 恭讓王 2년 2월 庚子條에 보면, 王可仁은 海洋 副千戶 출신인 것을 보여주며, 조선《太祖實錄》卷7, 太祖 4년 4월 4일(갑술)조에 의하면, 王可仁은 李成桂의 휘하에 있다가, 明나라 太祖 高皇帝에게 소환되었음을 보여준다.

50)《龍飛御天歌》권7, 제 53장.

51)《韓漢淸文鑑》,《同文類解》에 의하면, 引荅忽(Indahu)은 "개(犬)"라는 뜻이다.

52)《東國輿地勝覽》권50, 鏡城都護府 山川條.《韓漢淸文鑑》《東文類解》에는 "돌(石)"을 Wehe (斡哈)이라 하였다.

53)《龍飛御天歌》권7, 제 53장.

54) 조선《太祖實錄》권7, 太祖 4년 4월 4일(갑술)조. 조선《太宗實錄》권9, 太宗 5년 3월 12일(정미)조. 같은 책 권11, 太宗 6년 1월 6일(정유)조.

경 생활을 하면서 「朝鮮의 編氓」이 되었기 때문에 사실상 氏族의 잔재가 거의 사라져버려서, 도저히 찾을 수도 없는 단계에 있었다. 그러므로 양국에서는 이것이 외교의 현안 문제가 되어, 주고받은 외교 문서에서 「11곳(處) 人民」, 또는 「10곳(處) 人民」이라고 숫자마저 다르게 부르게 되는데,[55] 이것은 그 씨족이 사실상 거의 사라져버렸기 때문이라고 생각된다.

조선은 王可仁이 돌아갈 때에 計稟使 金瞻을 같이 보내어, "公嶮鎭 이남은 원래 朝鮮의 땅이고, 李亦里不花 등 「10곳(處) 人民」은 비록 女眞의 人民이지만 조선 지역에 거주하면서 이미 본국인과 혼인하여 본국인과 다름없으므로, 송환할 수 없다."고 통고하였다.[56] 이때에 조선 정부는 奏本에다 公嶮鎭의 이남의 지도까지 자세히 첨부하여 보냈다. 이 지도는 그 앞서 太宗의 명령을 받고 領春秋館事 河崙과 知春秋館事 權近 등이 史庫에서 고려 시대의 《肅宗實錄》을 찾아내어 그 위치를 자세히 고증하고, 고려 때에 尹·瓘이 公嶮鎭 碑[57]를 세운 先春嶺을 국가의 북방 경계로 삼아서 특별히 제작한 것이었다.[58] 이 지도를 만들어 붙인 목적은, 한편으로 「10곳(處) 人民」이 公嶮鎭 경내에 속한다는 사실을 입증하여, 明나라 요구를 일축하려는 데에도 있었으나, 다른 한편으로 당시 明나라가 公嶮鎭 이남 지역에 建州衛의 分衛를 설치하려고 음모하였으므로, 이것을 반박하기 위해서였다.

이처럼 尹瓘의 公嶮鎭은 조선의 영토의 북방 한계성을 입증하는 중

55) 明나라에서 「11곳(十一處)의 人民」을 요구하였으나, 조선에서는 「10곳(十處)의 人民」이라고 주장하여, 1곳(一處)을 줄였다. 이것은 三海洋의 大伸과 都夫矢里를 하나로 보았기 때문인 것 같다. 그러나 이미 「11곳의 土着 女眞」은 우리 민족에게 同化되어 거의 없어졌으므로, 이처럼 그 숫자도 제대로 파악하지 못하였던 것이다.
56) 조선《太宗實錄》권7, 太宗 4년 5월 19일(기미)조.
57) 拙稿「公嶮鎭과 先春嶺 碑」《白山學報》제21집(白山學會, 1976) 87~103쪽.
58) 앞의 책 권7, 太宗 4년 5월 9일(기유)조.

요한 이정표로 되었던 것이다. 明나라는 조선의 이와 같은 빈틈없는 반박에 그 이상 무리한 요구를 할 수 없었으므로, 「10곳(處) 人民」의 송환을 포기하고, 公嶮鎭 이남의 동해 연안과 만주 동부 지역을 조선의 영토로 사실상 인정하였던 것이다.[59] 이리하여 鐵嶺衛 사건 이후 미해결된 채 남아있던 明나라와 朝鮮 사이의 東北面 일대 영유권 문제가 완전히 해결된 셈이었다. 조선이 북방의 영토를 개척하는 데에 있어서 태종 시대에 公嶮鎭 이남의 땅을 조선의 영토라는 사실을 明나라로부터 인정을 받았기 때문에, 세종 시대에 동북 지방에다 「6鎭」 개척을 마음대로 할 수 있었던 것이다. 세종은 金宗瑞에게 尹瓘의 9城의 유적을 찾게 하였고, 公嶮鎭 碑가 두만강 북쪽 7백 리 지점에 있었다고 확신을 가지고, 이 지역까지 국토를 개척하려고 애를 썼으나, 끝내 두만강으로 국경이 劃定되고 말았던 것이다.

한편 明나라의 遼東 지방에도 土着 女眞이 상당수 거주하였다. 이들은 東寧衛 등지에 高麗人과 같이 소속되어 있었다. 명나라《太祖實錄》제 178권을 보면,

> "東寧衛를 설치하였다. 처음에 遼東 都指揮使司에서 遼陽의 高麗人과 女眞人으로서 귀화한 官民을 매 5정마다 1정을 軍丁으로 편입하여, 東寧·南京·海洋·草河·女眞의 5千戶所를 설치하고, 左·右·中·前·後 5所를 세우고, 漢族 군사로써 中所에 속하게 하고, 定遼前衛 指揮僉事 芮恭에게 명하여 이를 통솔하게 하였다."

라고 하여, 東寧衛를 설치하여 高麗人과 土着 女眞을 그 軍丁으로 편입하였는데,[60] 처음에는 東寧과 南京·海洋·草河·女眞의 5千戶所에 이들을 모두 수용하였던 것 같다. 東寧은 松花江의 지류 輝發河 상류

59) 앞의 책 권8, 太宗 4년 10월 1일(을사)조.
60) 명나라《太祖實錄》권178, 洪武 19년 7월 戊午條.

의 山城子이고,[61] 南京은 海蘭河의 延邊이고, 海洋은 東北面 吉州이며, 草河는 蓮山關 바깥의 草河口를 거쳐 압록강의 상류로 흐르는 지금의 草河이다. 이로써 보면, 당시 東寧衛에 소속된 군정은 輝發河 상류 일대를 중심으로 하여, 동쪽으로 海蘭江 유역까지, 서쪽으로 압록강 하류까지 이르고, 남쪽으로 압록강과 두만강 일대에 이르는 지역의 사람이었다. 海洋(吉州)이 고려 때에 東北面의 땅인데도 불구하고 東寧衛에 포함된 것은 東寧衛의 軍丁 가운데 호바투(胡拔都)에게 납치당한 東女眞이 다수 포함되었기 때문이다. 이러한 土着 女眞은 대개 元代에 사로잡혀간 고려의 東北面 女眞이 대다수였을 것이다. 그러나 元代에 遼陽 지방에 高麗人과 같이 살던 女眞人들도 다수 포함되었던 사실을 알 수 있다.

土着 女眞은 당시 東寧衛에만 집중적으로 소속된 것이 아니라, 遼東 都司의 관할 아래에 있던 25衛·2州를 비롯하여 「遼東 邊牆」 바깥의 奴兒干 都司의 관할 아래에 있던 180衛·20所에도 분산되어 소속되었던 것이 틀림없다.[62] 《遼東志》를 보면, "永樂 年間에 開原에 항복한 虜

61) 池內宏은 「高麗 恭愍王朝の東寧府征伐について」 (《東洋學報》 8권 제 2호)에서 東寧府를 지금의 輝發河 상류 山城子 부근이라 비정하였다.

62) 明나라는 遼東 지방에 'ㄱ'자 모양의 「遼東 邊牆」을 구축하여, 그 안에 25衛·2州를 설치하고 遼東 都司를 두어서 軍政을 실시하였는데, 이것을 이른바 明代의 「遼東」이라 일컬었다. 遼東 지방에는 중국의 漢族·元代의 高麗人·土着 女眞이 아울러 軍戶로서 소속되어 함께 농사를 짓고 살았는데, 《遼東志》에 의하면, 25衛·2州의 戶口는 275,155명이고, 농토는 31,620頃(1頃=100畝)이고, 군량미는 364,900石이었다. 遼東 都司는 遼陽에 있었고, 山東 布政司에 소속되어 있었다. 이에 비하여 「遼東 邊牆」 바깥의 만주 內地에는 諸種 女眞族이 자유롭게 살았는데, 明나라 太祖·太宗(永樂帝) 때에 만주 內地를 모두 經略하고, 184衛 20所를 설치하여, 奴兒干(누르칸) 都司의 관할 아래에 두었다. 그러나 여진족의 끊임없는 반항에 부딪쳐서, 明代 중기에는 누르칸 都司를 철폐하고, 만주의 內地 여진에게 氏族·部族 갈래에 따라서 自治를 하면서 농경 생활, 또는 수렵 생활을 영위하도록 허락하였다.

明나라는 여진의 종족과 거주 지역에 따라서, 建州 여진과 海西 여진의 두 지역

酋 楊木答兀이란 자가 수백 騎를 이끌고 도망갔다."라고 하여,[63] 開原衛에 소속되었던 土着 女眞의 대추장 楊木答兀이 수백 명의 자기 관하 土着 女眞을 이끌고 「遼東 邊檣」을 탈출하여 두만강 지역으로 도망하였다. 楊木答兀은 호바투에게 노략질당한 土着 女眞의 대추장으로서 明나라의 감시가 소홀한 틈을 타서 開原衛의 軍丁으로 소속되었던 자기 휘하의 여진족을 이끌고 도망쳐서, 원거주지인 慶源으로 귀환하였다.

1426년에 오도리족의 대추장 童猛哥帖木兒(퉁멍거티무르)가 조선 太宗의 미움을 사서 「遼東 邊檣」 가까이 도망하였다가, 明나라 太宗 永樂帝의 보호를 받아서, 다시 자기 종족 6,250여 명을 이끌고, 두만강의 원거주지 會寧(오음회) 지역으로 귀환하였는데, 이 오도리족의 이동에, 楊木答兀의 土着 女眞도 같이 섞여 있었다.[64] 이때에 楊木答兀이 거느린 土着 女眞의 기록을 보면, 그 규모가 3백여 명, 5백여 명, 또는 5백여 호 등으로 일정하지 않지만, 오도리족의 세력 안에서 아주 강력한 세력을 형성할 정도로 그 규모가 컸음을 짐작할 수 있다.[65] 楊木答兀

으로 크게 나누고, 朝貢 무역의 체제를 통하여 貢勅(朝貢할 수 있는 勅書)을 발급하여 간접 통제를 시도하였는데, 土着 女眞도 둘로 나누어져, 조선에 向化하던 土着 女眞은 建州 여진에 주로 소속되었고, 遼東에 접근하던 토착 여진은 주로 海西 여진에 소속되어 있었다. 그러나 明나라는 羈縻 政策을 실시하여 여진이 중국에 朝貢하여 服屬하는 한, 諸種 女眞의 自治와 그 移動을 방관, 또는 묵인하였다. 실제로 明代에 있어서 明나라의 힘이 만주의 內地에는 거의 미치지 못하였는데, 특히 野人 여진은 전혀 중국이나 조선의 힘이 미치지 못하는 지역에 살고 있었다.

63) 《遼東志》 권7, 藝文志, 經略 國朝條, "永樂間 開原降虜楊木答兀者 率數百騎往奔之"

64) 조선 《世宗實錄》 권20, 世宗 5년 4월 25일(을해)조.

65) 조선 《世宗實錄》 권20, 세종 5년 4월 25일(을해)조에 보면, "開陽에 恒居하던 토착 여진 楊木答兀이 自中之亂으로 인하여 安住할 수가 없어서 부인과 어린아이 합하여 3백여 명을 거느리고 옛날 慶源의 땅으로 入居하고자 한다."라고 하였고, 또 같은 책, 권20, 세종 5년 6월 27일(병자)조에 보면, "楊木答兀이 또한 管下 5백여 戶를 거느리고 와서 두만강 밖에 주둔하고 있다."라고 하였고, 또 같은 책, 권21, 세종 5년 8월 3일(신해)조에 보면, "遼東 開陽衛 千戶 楊木答兀이

의 송환 문제로 말미암아, 오도리족의 퉁멍거티무르와 사이가 몹시 나빠졌던 楊木答兀은, 결국 牧丹江 유역의 7姓 우디캐족의 세력을 끌어들여, 오음회(會寧)의 建州左衛 본거지를 습격하여, 대추장 퉁멍거티무르 부자를 살해하고, 오도리족을 사로잡아 갔었다.[66] 이 사건으로 말미암아 두만강 지역에 여진족의 중심 세력이 없어지고, 여진족 세력에서 힘의 공백이 생긴 틈을 타서, 世宗은 金宗瑞를 보내어 咸吉道의 두만강 일대에 「6鎭」을 개척하는 대역사를 진행하게 되었던 것이다. 이러한 內亂의 과정에서 楊木答兀의 세력도 완전히 와해되고, 土着 女眞은 오도리·오랑캐족의 지배 아래에서 楊里人으로서 남게 되었다.

조선《端宗實錄》제 13권을 보면, 1455년(단종 3년)에 조선의 국경 가까이 살았던 諸種 女眞의 분포를 자세히 기록하고 있는데,[67] 土着 女眞이 建州女眞의 약 10여% 정도를 차지하고 있으며, 楊里人도 15家 정도가 나오고 있다.[68] 土着 女眞은 그밖에도 만주의 內地에도 거주하였던 듯한데, 조선《世宗實錄》제 81권을 보면, "忽刺溫에 사는 女眞 龍良哈"이라는 기록이 나오고 있다. 이로써 보면, 松花江의 북쪽 忽刺溫 지방에도 土着 女眞의 일부 세력이 살고 있었음을 알 수 있다.[69]

가족, 軍丁 남녀 아울러 5백여 명을 거느리고 본년 6월 19일에 와서 퉁멍거티무르(童猛哥帖木兒)와 한 곳에 가서 거주한다."라고 하여, 楊木答兀이 거느린 土着 女眞의 규모가 3백여 명, 5백여 명, 또는 5백여 戶였다고 한다. 이 자료를 분석해 보면, 3백여 명은 선발대로 먼저 들어왔던 사람들이고, 5백여 명은 그 正軍을 말하는데, 그가 거느렸던 전체 土着 女眞의 규모는 5백여 戶가 정확한 것 같다. 오도리족의 대추장 퉁멍거티무르가 이때에 거느리고 이주한 오도리족의 전체 규모가 6천 2백 50여 명인데, 正軍이 1천여 명, 戶數가 1천여 戶였던 것을 보면, 楊木答兀이 거느렸던 土着 女眞의 규모는 거의 그 절반에 해당한다. 이로써 보면, 楊木答兀이 거느렸던 土着 女眞의 규모는 5백여 호, 5백여 명의 正軍에 남녀노소 합하여 약 3천여 명이 넘었을 것이라고 추정된다.

66) 朝鮮《世宗實錄》권61, 世宗 15년 윤 8월 22일(임신)조.

67) 朝鮮《端宗實錄》권13, 端宗 3년 3월 24일(기사)조.

68) 拙稿「麗末鮮初 豆滿江 유역의 女眞의 분포」《白山學報》15집, 152쪽.

Ⅵ. 함길도의 土着民과 徙民(入鎭姓)

여말 선초에 土着 女眞이 압록강 일대보다 두만강 유역에 훨씬 많이 살고 있었다. 두만강 유역과 오늘날 함경도 해안 일대가 농경에 알맞은 조건을 갖추고 있었기 때문에, 당시 정부의 당면한 과제는, 일찍부터 土着 女眞에 의하여 점거된 이 지역을 조선의 영토로 개척하는 일이었다. 앞서 조선 정부는 외교적으로 중국과 「11곳(處) 人民」 문제를 교섭하면서, 明나라측으로부터 「公嶮鎭 이남의 영유권」을 이미 인정받고 있었는데, 이것이 6鎭 개척의 기본 동기가 되었던 것은 두말할 것도 없다. 그러나 오늘날 함경도 지방을 우리의 영토로 개척하는 일은, 첫째 먼저 군대를 파견하여 女眞族을 정벌하고 이 지역을 영토적으로 확보하고, 둘째 사람들을 동원하여 城堡를 구축하여 군사적으로 방어와 수비 체계를 수립하고, 세째 남방의 농민을 이 지역에 移住시켜서 농경지를 개간하여, 사회적으로 土着民과 徙民을 안정시키는 일이었다.

고려 시대에 「5道 兩界」를 실시할 적에 오늘날 함경도 지역은 東界와 化內 지역에 속하였다. 化內 지역[70]은 고려에 向化한 여진족이 고려에 복속하여 자치적으로 살아가던 지역을 말하는데, 조선시대에 「藩胡」 지역을 말한다. 여말 선초에는 이 지방을 「東北面」이라고 일컬었는데, 이것은 東界에서 비롯된 명칭이다. 1413년(태종 13년) 10월에 동북면을 「永吉道」라고 개칭하였다가,[71] 1416년(태종 16년) 9월에 咸州(咸興)와 吉州의 첫자를 따서 「咸吉道」라고 개칭하였다.[72] 그 후에 세

69) 朝鮮《世宗實錄》권81, 20년 6월 26일(무인)조 "因忽剌溫住女眞龍良哈之還"

70) 拙稿「公嶮鎭과 先春嶺 碑」《白山學報》제21집(白山學會, 1976) 66~67쪽.

71) 《太宗實錄》권 26., 太宗 13년 10월 15일(신유)조. 1402년(태종 2년) 11월 趙思義 반란이 일어나서, 東北面의 민심이 이반되자, 조선 정부는 이 반란을 진압한 뒤에 1413년(태종 13년) 10월에 '길이 평안하기를 빈다'는 뜻의 永吉道라고 개칭하였다.

종·세조 때까지 약 50년 동안 이 지방을 함길도라고 불렀기 때문에, 조선초기의 함경도 명칭은[73] 일반적으로 함길도라고 인식되고 있었을 정도이다. 그 뒤에 1498년 (연산군 4년) 4월에 咸興과 鏡城의 첫자를 따서 「咸鏡道」[74]라고 일컫게 되었다.

고려 중기 1107년(예종 2년) 12월에 尹瓘이 17만의 대군을 이끌고 이 지역의 女眞族을 정벌하고 9城을 쌓은 다음에 남방의 농민들을 대규모로 徙民시켰다. 이때에 徙民한 규모를 《高麗史》[75]에서 보면, 民·兵을 합하여 총 6,466 丁戶를 9城 중에 6城에 옮겨서 채우고, 농경지를 개간하였으나, 고려가 9城을 여진족에게 환부할 때에 移住시킨 농민들을 철수시켰던 것 같다. 그러나 일부 농민들은 그 뒤에 咸興 평야를 중심으로 동해안 연안 일대에 그대로 남아 있었던 것이다. 고려가 元나라의 지배를 받을 때에 咸州(咸興)·定州 지역에 살던 우리 민족이 함경도 해안선을 따라 두만강 유역 일대까지 이주하여 농경에 종사하였던 것 같다. 全州李氏 족보인《璿源錄》을 실례로 들면, 李成桂의 직계 선대 4祖(李安社→李行里→李椿→李子春)도 170여 호를 이끌고, 三

72) 《太宗實錄》 권32, 太宗 16년 9월 9일(정유)조.

73) 1467년(세조 13) 5월에 李施愛의 반란이 일어나서 함경도 전체가 소란스러웠기 때문에, 1470년 (성종 1) 2월에 '길이 평안하기를 빈다.'는 뜻의 永安道라고 개칭하였다가, 1498년 (연산군 4) 4월에 咸興과 鏡城의 첫 자를 따서 咸鏡道라 일컫게 되었다. 이때부터 咸鏡道라는 명칭이 조선 말엽까지 그대로 사용되었던 것이다.

74) 《燕山君日記》 권29, 燕山君 4년 4월 4일(기사)조.

75) 《高麗史》 권 58, 地理志와 《高麗史》 권 96, 列傳 尹瓘傳을 보면, 9城 중에서 6城에 入居한 농민의 숫자는 다음과 같다.

6 城	入居 兵民數	備 考	6 城	入居 兵民數	備 考
咸 州	兵民 1,948丁戶	鎭東軍	福 州	兵民 632丁戶	
英 州	兵民 1,238丁戶	安嶺軍	公嶮鎭	兵民 532丁戶	
雄 州	兵民 1,436丁戶	寧海軍			
吉 州	兵民 680丁戶		計	兵民 6,446 丁戶	

6城의 徙民이 모두 6,466호인데, 1호를 5명의 소가족으로 계산하면, 총 32,330명이나 된다.

陟에서 배를 타고 咸州(咸興)로 들어갔다가, 다시 두만강을 따라 지금의 海蘭江 유역의 吾東(斡東) 지역에서 살았으며, 그곳에서 元代 5千戶所의 다루가치를 지내다가, 元나라가 망할 무렵에 女眞族의 반항이 두려워서, 그 무리를 이끌고 다시 咸興 지방으로 돌아왔다.76)

全州李氏《璿源錄》과《太祖實錄》의 내용을 사실대로 믿는다면, 당시 우리 민족은 마천령 이남 지역의 咸興 평야 일대에서 거주하였으며, 吉州 이북의 함경북도에는 우리 민족은 거의 없었고, 土着 女眞들이 이 지역에 정착하여 이미 농경생활에 뿌리를 내리고 있었던 것이다. 앞 절에서도 언급한 바와 같이, 마천령 이남의 함경남도 지역은 咸州의 李成桂 집안이 지배하였으며, 마천령 이북의 함경북도 지역은 퉁두란(李芝蘭) 집안이 土着 女眞을 지배하고 있었다. 당시에 이 두 집안은 東北面의 大土豪로서 대소 추장을 거느리고 管下 民戶를 통솔하는 동시에 거의 독립된 세력을 구축하고 있었던 것이다.

李氏 집안의 대추장 지위와 管下 民戶(가베치)는 4祖에서 太祖·太宗(李芳遠)에게 전수되다가, 太宗이 私兵을 혁파할 적에 1411년(태종 11년) 6월에 「東北面의 家別抄(가베치)」를 혁파하여,77) 조선이 編氓으로 편입하였던 것이다. 家別抄78)는 李氏 집안에 소속된 管下 民戶로서, 李成桂의 私兵이 바로 家別抄로 구성되었기 때문이다. 이로써 보면, 함경남도 지역의 대추장 이성계의 집안과 함경북도 지역의 대추장 李芝

---

76)《璿源錄》권 1,《太祖實錄》권 1, 總論편.

77)《太宗實錄》권21, 太宗 11년 6월 17일(병오)조.

78) 家別抄는 가베치(加別赤)이라고 하는데, 여진어 「Gabeci」는 "활을 쏘는 弓士"를 뜻한다. 李成桂 집안에 예속된 家兵은 이 가베치(管下 民戶)에서 징발하였는데, 평상시에는 농사를 짓다가, 전쟁시에는 私兵으로 징발되었다. 李成桂의 家別抄는 咸興 평야 일대에 주로 거주하는 土着 女眞 500여戶였다. 家別抄로 편성된 李成桂의 私兵은 騎兵 위주로 長槍과 强弓을 사용하였기 때문에, 남쪽으로 아지바투(阿只拔都)의 倭寇와 북쪽으로 나하추(納哈出)의 몽고 군사를 격퇴하고, 고려의 위기를 구원할 수가 있었던 것이다.

蘭 집안의 결합은, 오늘날 함경도 일대의 우리 민족과 土着 女眞을 아울러 지배하는 권력을 의미하는데, 실제로 李成桂와 李芝蘭은 결의 형제를 맺었던 것이다. 고려 말엽의 이성계의 私兵은, 土着 女眞으로 구성된 기마 부대였기 때문에, 이성계가 東征西伐할 적에 李芝蘭과 함께 이 私兵을 이끌고 남방의 倭寇를 격파하고 북방의 몽고족 잔당을 몰아낼 수 있었던 것이다. 특히 元나라의 나하추(納哈出)와 만주에서 싸울 적에, 또 왜구의 아지바투(阿只拔都)와 전라도 雲峰에서 싸울 적에, 두 사람이 土着 女眞으로 편성된 私兵을 이끌고 그들과 싸워서 위기의 고려를 구원한 사건은, 《龍飛御天歌》에서 거듭 칭송할 만큼 조선 건국의 유명한 일화이다.

이성계가 조선을 건국할 수 있었던 배경은 당시 함경도 지역 전체가 사실상 이성계의 집안의 관할 아래에 있었기 때문이다. 또 이성계가 거느린 私兵은 바로 土着 女眞으로 구성된 騎馬兵 중심이었기 때문에, 가는 곳마다 싸움에 크게 승리할 수 있었던 것이다. 말하자면, 東北面의 土着 女眞이야 말로 이성계의 조선 건국을 이룩하는 기반이 되었던 것이다.

여말 선초에 東北面 일대에는 우리 민족과 土着 女眞이 뒤섞여 살았기 때문에, 서로 혼인도 자연스럽게 이루어졌던 것 같다. 이성계와 고종 사촌 관계였던 三善·三介 형제가 土着 女眞의 추장으로서 東北面 일대의 女眞族의 지배권을 둘러싸고 이성계 집안과 싸움을 벌리다가, 이성계에게 쫓겨났다.[79] 이로써 보더라도 이성계 집안처럼 大土豪의 가문도 여진족의 추장들과 혈연 관계를 맺었는데, 하물며, 元나라의 지배 아래에 있을 적에 일반 고려인과 土着 女眞은 서로 혼인을 맺고,

---

79) 《燃藜室記述》 卷1, 太祖 故事本末. 土着 女眞의 추장 "三善·三介 형제는 度祖의 외손자"라고 하였으므로, 李成桂의 고모가 女眞의 추장에게 시집갔던 것을 나타낸다.

또 같은 지역에서 雜居하였던 것은 두말할 것도 없다.

1392년 조선이 건국하자, 東北面 출신 이성계가 조선을 세웠기 때문에, 東北面 일대의 대소 추장들은 모두 조선에 복종하였고, 또 오늘날 함경도 지역만이 아니라 만주의 松花江 일대까지 조선의 세력이 미쳤다. 조선의 《太祖實錄》[80]을 보면, 이미 표-1에서 살펴본 바와 같이, 太祖 李成桂에게 충성을 맹세한 여진족의 대소 추장들이 모두 列擧되어 있다. 일본인 학자들은 이성계의 세력을 과소 평가하여, 다만 새로운 왕조에 入朝해 온 대소 여진족을 기록하였을 뿐[81]이라고 그 의미를 축소하려고 하지만, 그 기록을 자세히 분석·검토해 보면, 모두 이성계의 관할 아래에 그들이 스스로 자진해서 복속해 온 土着 女眞들이다. 이성계에 충성하던 女眞族이 나중에 조선 정부에 저항하여 趙思義 반란과 李施愛의 반란을 지원하였는데, 이것은 土着 女眞이 이성계 집안에 충성을 다하고 조선의 중앙 정부에 저항한 사건[82]이었다. 특히 1402년(태종 2년) 11월에 趙思義 반란은 함경도 土着民이 중앙 정부에 반기를 든 중대한 사건으로서, 土着 女眞과 오도리족이 연합하여,[83] 東北面 대추장 이성계에게 충성을 다하여 일으킨 반란이었다. 그 뒤에 왕위에서 거의 쫓겨나다 싶이 한 이성계가 咸興으로 돌아가서 서울에 오지 않으려고 하였던 것도, 그의 지지 기반이 바로 함경도의 土着民이었기 때문이다. 만약 「王子의 亂」에서 이성계의 제 5자 李芳遠이 집권하지 아니하고, 이성계가 후계자로 지명한 제 8자 李芳碩이 계승하였더라면, 함경도의 土着 女眞은 물론, 만주 內地의 女眞族도 대다수 조선에 복속하였을 것이다. 이러한 경우에는 松花江 이남의 땅이 조선의 領土로

---

80) 《太祖實錄》 권8, 太祖 4년 12월 14일(계묘)조.
81) 園田一龜 《明代建州女直史研究》 (東洋文庫, 東京, 1953) 15～23쪽.
82) 《太宗實錄》 권4, 太宗 2년 11월 5일(갑신)조.
83) 《太宗實錄》 권5, 太宗 3년 정월 14일(임진)조.

되었을 가능성이 아주 높았던 것이다.

李成桂 집안에서, 「東北面의 大酋長」을 상속한 사람을 보면, 穆祖 李安社→翼祖 李行里→度祖 李椿→桓祖 李子春으로 이어지는 것이 거의 「末子 相續」이고, 또 조선 초기 王位의 상속을 보면, 太祖 李成桂→太宗 李芳遠→世宗 李祹로 이어지는 것이 「末子 相續」이다. 太宗과 世宗이 왕위를 계승할 때에 그 막내 동생 德安大君과 諴寧大君은 각기 먼저 타계한 다음이었다.[84] 이것은 북방 騎馬民族의 「末子 相續 제도」와 일치하기 때문에 李成桂 家門의 성격을 규명하는 데에 매우 흥미로운 사실이라고 아니할 수 없다.

고려 시대에 東北面의 영토는 吉州의 이남에 국한되어 있었으나, 咸興의 대토호 출신의 李成桂가 北青 출신의 土着 女眞의 대추장 李芝蘭과 손을 잡고 조선을 건국함으로써, 조선의 세력이 비로소 蓋馬 고원을 넘어 두만강 하류까지 미칠 수 있었다.

1397년 (태조 6년) 12월 太祖 李成桂는 鄭道傳을 東北面 都宣撫 巡察使로 임명하여,[85] 東北面의 주민을 巡撫하면서 성벽을 수리하고 참호를 설치하게 하는 한편, 州·郡의 경계를 설정하고, 그 행정 구역을 확정한 다음에, 소속 군민의 官名을 정리하고, 각 고을의 등급을 결정하였다. 이때에 가장 북단에 慶源府를 설치하고, 경원부의 城을 축조하였다.[86] 鄭道傳은 마천령을 넘어 두만강 하류까지 오늘날의 함경북도의 땅을 조선의 영역으로 편입하였을 뿐만 아니라, 이 지역에 사는 土着 女眞, 이른바 「向化 女眞族」을 모두 조선의 호적에 올려서 編氓으로 만들었다. 조선의 編氓이 된 여진족은 그 후에 모두 조선의 백성이

84) 拙稿, 〈세종성왕의 인간적 고뇌〉, 《세종성왕 육백돌 기념글 모음》 (세종대왕 기념사업회, 1999) 105~112쪽.

85) 《太祖實錄》 권13, 太祖 7년 2월 10일(경진)조.

86) 《太祖實錄》 권13, 太祖 7년 2월 16일(계사)조.

되었던 것이다. 이리하여 東北面 지방이 州·府·郡·縣의 행정 체제를 비로소 갖추어지게 되었다.

1417년(태종 17년) 9월에 慶源 都護府를 吉州道의 左翼에 편입하여,[87] 西北面처럼 翼軍 체제로 개편하였다 이때에 慶源府를 두만강 유역의 前哨地에 해당하는 富居站으로 옮기고, 流移民과 安邊 이북의 居住民 중에서 자원하는 자를 모아서 慶源府에 徙民 1,000호를 入居시켰다.[88] 이처럼 새로 개척한 지역에 비옥한 농경지를 확보하고, 城堡를 쌓은 다음에, 남방의 농민을 이주시켜 농사를 짓고 살게 하는 것을 「徙民 정책」이라고 한다. 徙民 정책은 고려 예종 때에 尹瓘이 9城을 개척할 적에 대규모의 徙民이 강행되었고, 또 조선 세종 때에 6鎭을 개척할 적에 4차례에 걸쳐서 대규모의 徙民이 이루어졌다.

1433년(세종 15년) 10월에 오두리족의 대추장 퉁멍거티무르(童猛哥帖木兒)가 만주 內地의 우디케족의 습격을 받아서 비명 횡사한 사건이 발생하였는데,[89] 이 사건은 두만강 유역의 여진족의 세력 판도를 바꾸어 놓는 아주 중대한 사건이었다. 퉁멍거티무르가 죽은 틈을 타서, 세종은 측근의 文官 출신 金宗瑞를 함길도에 보내어, 두만강 중·하류를 따라서 「6鎭」을 개척하게 하여, 함길도의 영토를 두만강까지 확대하였다.

세종의 명령을 받은 金宗瑞의 「6鎭」을 개척하는 과정을 보면, 후방의 富寧鎭에서 전방의 慶源鎭으로 영토를 확대하면서, 차례로 5鎭을 구축하고, 남방의 民戶를 대규모로 徙民시켰다. 제 1차 徙民은 1433년(세종 15년) 11월부터 3개월 동안에 北靑 이북의 端川·吉州·鏡城 등지에서 2,200호를 뽑아서 두만강 유역의 慶源府과 寧北鎭에 각각 1,100호씩을 入居시켰다.[90] 이때에 함길도 후방의 각 고을에서 농토가 부족

87) 《太宗實錄》 권34. 太宗 17년 9월 15일(정묘)조.
88) 《太宗實錄》 권34, 太宗 17년 10월 11일(계사)조.
89) 《世宗實錄》 권62, 世宗 15년 11월 19일(무술)조.

한 貧農을 골라 뽑아서 전방으로 보냈는데, 이것은 국가에서 농토와 노동력을 조정하기 위한 강제적 정책이었다. 당시 1호를 5인의 소가족으로 계산하면, 약 1만 1~2천명 정도를 강제로 徙民시켰던 것이다.[91)]

제 2차 徙民은 1434년(세종 16년) 5월경에 吉州에서 200호, 鏡城에서 300호, 도합 500호를 골라서, 慶源府의 孔城에 200호, 寧北鎭의 鐘城에 300호, 도합 500호를 入居시켰다.[92)] 세종 시대에 6鎭의 개척에 따라서 후방의 民戶를 徙民시키는 정책이 강행되었는데, 먼저 일차적으로 咸吉道의 후방에 사는 사람들을 5鎭으로 옮기고, 다시 이차적으로 경상도·전라도·충청도의 하3도 등지에서 民戶를 골라서 함길도의 후방 지방으로 이주시켰다. 深谷敏鐵은 세종 시대의 제 4차에 걸친 徙民 정책을《朝鮮學報》에 자세히 소개하였으나,[93)] 실제로는 6鎭이 개척됨에 따라 수시로 徙民이 이루어졌던 것이다.

제 3차 徙民은 1435년(세종 17년) 6월에 鏡城·吉州과 龍城의 전방 지역을 충실하게 만들기 위하여, 도내의 高原·永興·文川 등지에서 民戶 500호를 징발하여 鏡城에 200호, 吉州에 300호를 이주시켰고,[94)] 1436년(세종 18년) 10월경에 하3도와 강원도에서 400호, 약 6,000명을 뽑아서 함길도의 후방 지역으로 入居시켰다.[95)] 제 4차 徙民은 제 3차로 入居한 주민들이 계속 도망하였기 때문에, 도망한 호수를 채우기

---

90)《世宗實錄》권62. 世宗 15년 11월 21일(경자)조.

91) 深谷敏鐵.〈朝鮮 世宗朝における東北邊疆への第1次 徙民入居について〉,《朝鮮學報》第14輯(朝鮮學會, 1956) 65쪽.

92)《世宗實錄》권64. 世宗 16년 5월 8일(갑신)조. 같은 책 권75, 世宗 18년 11월 1일(임진)조). 深谷敏鐵.〈朝鮮 世宗朝における東北邊疆への第2次 徙民入居について〉,《朝鮮學報》 第14輯(朝鮮學會, 1959.) 144쪽.

93) 深谷敏鐵.〈朝鮮 世宗朝における東北邊疆への第1~4次 徙民入居について〉,《朝鮮學報》제9, 14, 19, 21·22집(朝鮮學會, 1956, 1959, 1961).

94)《世宗實錄》권 68, 世宗 17년 6월 4일(갑진)조. 深谷敏鐵.〈朝鮮 世宗朝における東北邊疆への第3次 徙民入居について〉,《朝鮮學報》第19輯(朝鮮學會, 1961.) 54쪽.

95)《世宗實錄》권76, 세종 19년 3월 19일(기유)조.

위하여 1441년(세종 23년) 6월에 경상도의 600호, 전라도의 550호, 충청도의 450호, 합계 1,600호의 民戶를 뽑아서 吉州 이남에 4鎭에 보충하였다.[96] 또 세종 26년부터 31년까지 약 6년 동안 7000여 명의 사람들을 龍城·鏡城 이남의 지역으로 徙民시켰다.[97]

정부의 徙民 정책은 강제적으로 이루어졌는데, 함길도 안에서 후방에서 전방으로 옮길 적에는 貧戶를, 또 하3도 등지의 남방에서 咸吉道로 옮길 적에는 각 지방의 鄕戶나 富戶를 골라서 入居시켰기 때문에, 주민들의 반발과 소란이 엄청나게 컸었다. 정부에서 6鎭에 강제로 入居시키더라도, 대거 도망하였기 때문에, 정부는 계속하여 남방의 民戶를 뽑아서 북방에 충당할 수 밖에 없었다. 정부는 推刷하는 법을 만들어 도망한 民戶를 적발하여 강제로 이주시켰을 뿐만 아니라, 자원하여 이주하는 경우에는 힘센 장정은 甲士의 직위에 충당하고, 관직에 있으면 官品을 올려주고, 재간이 있으면 土官에 임명하는 등 여러 가지 장려하는 정책을 실시하였다.[98]

두만강 유역의 개척은 金宗瑞가 6鎭을 개척하여 城堡를 쌓고 공격과 수비의《制勝方略》체제가 안성됨으로써 완성된 것은 아니었다.[99] 金宗瑞가 6鎭의 방어 체제를 成案한《制勝方略》은 조선 중기에 北兵使 李鎰이 증보하여 책으로 간행할 때까지, 역대에 북방의 6鎭을 방비하는 兵使들 사이에는 전임자가 후임자에게 비법의 方略으로 전수되었던 것이다.[100] 세종 시대 제1~4차에 걸쳐 남방에서 북방으로 徙民한 호

96)《世宗實錄》권93, 세종 23년 6월 15일(경진)조. 深谷敏鐵.〈朝鮮 世宗朝における東北邊疆への第4次 徙民入居について〉,《朝鮮學報》第21·22輯(朝鮮學會, 1961.) 249쪽.

97)《世宗實錄》권112, 世宗 28년 6월 17일(계축)조.

98)《世宗實錄》권97, 世宗 24년 7월 28일(병술)조.

99) 拙稿,〈制勝方略의 북방 防禦 체제〉《국역 제승방략 해제》(세종대왕 기념사업회, 1999) 1~102쪽.

100) 국역《制勝方略》제2권 軍務 29條, 禁令 27조, 狀啓와 關文 참조.

구 숫자를 계산하면, 총 5,300여 戶에 26,500여 口가 된다. 이것은 남방의 民戶를 咸吉道에 徙民시켜서 土着 女眞보다 우리 민족의 숫자를 늘리려는 정책으로서 영토를 개척하는 길이었다. 세종 시대에 일단 6鎭과 개척과 3, 4 차례의 강제적 徙民에 의해서 두만강 이남의 땅을 조선의 농토로서 개간하였으나, 그 뒤에 잇달아 도망하는 民戶가 늘어났기 때문에 세조·성종 때까지도 계속해서 徙民이 이루어졌다.

《世宗實錄》地理志 姓氏條를 보면, 북방의 吉州와 端川 지역에는 姓이 있고, 남방의 永興·高原 지역에 土姓이 있고, 安邊 지역에 姓이 있는데, 이것은 원래 이 지역에 살던 土着民을 나타낸다. 預原·宜川의 亡土姓은 도망한 土姓인데, 土着民이 도망한 것을 의미한다. 土姓(姓)은 원래부터 이 지역에 살던 우리 민족의 토착민을 말하며, 여진족의 토착민은 모두 조선의 성씨가 없었던 것 같다. 조선 초기에 성씨를 가진 사람을 보면, 우리 민족도 양반층이나 土豪들뿐이었고, 일반 민중은 성씨가 없었다고 추측된다. 여진족은 女眞의 고유한 성씨를 가지고 있었으나, 조선의 성씨를 가지고 있었던 사람들은 드물었다.

1455년(단종 3년) 3월의 기록에 의하면,[101] 5鎭의 부근에 살았던 女眞의 성씨는 표-11과 같다.

이로써 보면, 여진족은 조선에서 흔한 金氏·李氏·朴氏·劉氏 등의 성씨를 많이 채용하였던 것을 알 수 있다. 그러나 조선에서 稀姓에 해당하는 馬氏·浪氏·童氏(董氏)·殷氏 등을 채용한 것은 여진족의 독특한 성씨를 나타낸다. 오늘날 함경도의 이러한 성씨를 가진 사람들은 대개 土着 女眞의 후예라고 추측된다.[102]

---

101) 《端宗實錄》 권13, 端宗 3년 3월 24일(기사)조.

102) 拙稿, 〈明代 女眞 사회의 姓氏 변화〉《金俊燁교수 華甲기념 中國學論叢》(中國學論叢 간행위원회, 1983) 367쪽.

〈표-11〉 5鎭의 부근의 諸種 女眞族의 성씨

族類 \ 5鎭	會寧	鐘城	穩城	慶源	慶興
女眞				劉	朴·殷·金
斡朶里	李·童·浪·朴·文·馬·高·林·宮				
兀良哈	浪·金·林·裵·李·童·好	安·劉·柳·金		金·李·童·馬·朴	
骨看兀狄哈					金·劉·李

《世宗實錄》地理志 姓氏條를 보면, 咸吉道 각 지역에 入姓·入鎭姓[103]이 많이 나타나는데, 入鎭姓은 세종 시대에 徙民 정책에 의해서 6鎭에 강제로 이주된 사람들이다.

Ⅶ. 맺음말

오늘날 만주 지역에는 女眞族은 거의 살고 있지 않고, 1850년대 이후에 徙民한 山東 출신 중국 漢族이 만주의 땅을 차지하고 있다. 1115년 金나라가 中原을 지배할 적에 完顔部를 비롯한 女眞族은 중국의 華北 지역으로 이주하였으며, 1644년 淸나라가 중원으로 들어갈 때에 女眞族은 八旗兵으로서 약 1백만 명[104]이나 중국으로 이동하였다. 그러나 1234년 金나라가 멸망하고, 1616년 後金이 건국할 때까지 약 3, 4세

103) 《世宗實錄》地理志 권156, 咸吉道 姓氏條.

104) 女眞族이 滿洲의 八旗兵으로 중국에 들어간 숫자는 약 10만명 가량인데, 그 가족을 모두 합치면, 약 1백만 명 정도가 중국으로 들어갔을 것이라고 추측된다.

기 동안, 女眞族의 상당 숫자는 한반도의 두만강과 압록강 지역으로 남하하거나, 또는 중국의 「遼東 邊檣」 가까이에 이동하여, 농경 생활을 하면서, 우리 민족에게 동화되거나, 또는 중국의 漢族에 동화되었다.

여말 선초에 東北面에는 남하한 土着 女眞이 많이 살았는데, 오늘날 함경남도 지역은 大土豪 이성계의 집안이 지배하고, 함경북도 지역은 土着 女眞의 대추장 李芝蘭(퉁두란)의 집안이 지배하였다. 실제로 李成桂와 李芝蘭이 결의 형제를 맺음으로써 두 집안이 결합하여, 오늘날 함경도 일대의 우리 민족과 土着 女眞을 아울러 지배하는 권력을 장악하였다. 李氏 집안의 土着 女眞을 지배하는 대추장 지위와 그 管下 民戸(가베치)는 4祖에서 太祖 · 太宗(李芳遠)에게 전수되었는데, 太宗이 私兵을 혁파할 적에 1411년(태종 11년) 6월에 家別抄(가베치)를 혁파하여, 조선의 編氓으로 편입하였다. 고려 말엽에 이성계의 私兵은, 이러한 土着 女眞으로 구성된 기마 부대였기 때문에, 이성계가 東征西伐할 적에 李芝蘭과 함께 이 私兵을 이끌고 남방의 倭寇와 북방의 몽고족 잔당을 몰아낼 수 있었던 것이다. 이성계가 조선을 건국할 수 있었던 배경은 당시 함경도 지역 전체가 사실상 이성계의 집안의 관할 아래에 있었기 때문이다. 東北面의 土着 女眞이야 말로 이성계의 조선 건국을 이룩하는 기반이 되었던 것이다.

女眞族이 南下한 근본 목적은 남부 지방에서 농경 생활을 하면서 정착하기 위해서였다. 만주의 內地에서 수렵생활이나 유목생활을 하다가, 안정된 농경생활로 들어갔던 것이다. 칼 비트포겔(K. Wittvogel)이 「征服 王朝論」에서 주장한 것처럼 북방 騎馬民族은 남방으로 갑자기 침략하여 '征服 국가'를 세우거나, 또는 서서히 南下하여 변경 지역을 끊임없이 침투하는 양상[105]을 보였다고 하는데, 바로 金나라가 몰락한 이

105) K. Wittvogel은 북방 騎馬民族의 征服 王朝와 浸透 王朝로 나누어서 보았다. 浸透 王朝는 평상시에 邊境 지대를 서서히 침투한다고 하였는데, 이것은 농경 생

후 淸나라가 들어설 때까지 과정이 이러한 침투 현상이 나타나던 시기였다고 볼 수 있다. 특히 元나라의 지배에서 벗어나서 조선이 건국할 때까지 수많은 여진족이 오늘날의 함경도 방면으로 南下하였는데, 새로이 건국한 조선은 이 지역을 개척하는 과정에서 남하한 여진족을 추방하거나, 同化시키는 두 가지 방법 밖에 없었다.

세종 시대에 「6鎭」을 개척하면서 남방의 경상도・전라도・충청도의 하3도의 戶口를 咸吉道로 徙民시켜, 여진족의 숫자를 압도하는 한편, 女眞族 중에서 編氓으로 편입된 자들을 우리 민족으로 同化시켜 나갔던 것이다. 이리하여 함길도 지역에는 세종 시대에 이주한 入鎭姓의 徙民들과 동화된 土着 女眞이 混居하여 살았기 때문에, 오늘날 함경도에는 女眞의 후예로 생각되는 여러 갈래의 성씨가 많이 남아있다.

《世宗實錄》 地理志에 나타나는 咸吉道의 호구수가 총 14,739戶에 66,978口인데,[106] 세종 시대에 제1~4차에 걸쳐 남방에서 북방으로 徙民한 호구 숫자를 계산하면, 총 5,300여 戶에 26,500여 口가 된다. 이 중에는 도망한 戶口가 많아서 그 숫자를 채우기 위해서 계속 徙民이 이루어지지만, 그 나머지 9,500여 戶에 41,000여 口가 우리 민족에 동화된 土着 女眞이라고 추측된다. 이로써 보면, 함경도 지역에 土着한 사람들은 土着 女眞과 徙民한 우리 민족이, 2:1의 비율이었으므로, 당시 土着 女眞이 더 많았던 사실을 알 수 있다. 특히 吉州 이북의 함경북도 지역에는 土着 女眞이 더욱 많이 거주하면서 우리 민족에게 同化되어 갔던 것이다.

〈白山學報 第58號, 2001.3.30. pp.139~178〉

활을 지향하여, 南下하는 속성 때문이다.

106) 《世宗實錄》 地理志 권156, 咸吉道 戶口條.

生女眞 社會의 成長과 金 建國

李 成 浩*

〈目 次〉

Ⅰ. 머리말

金 帝國을 세운 것은 遼末의 生女眞 完顔部였다. 生女眞을 이끌어 가던 完顔部가 遼에 擧兵하여 1115년 금을 건국한 이후 불과 10여 년 만에 遼(1125)와 北宋(1127)을 무너트리고 淮水 以北의 華北地方과 東·內蒙古 地方은 물론이고 遼東 및 滿洲地方을 차지하여 중국영토의 거의 절반에 가까운 지역에 대제국을 건설하였다. 이 같은 사실은 동아시아 역사상 그 유래를 찾을 수 없는 비약적인 발전이었다.

그리하여 지금까지 학계에서는 金의 이와 같은 획기적 발전의 비밀이 무엇이었는지를 풀어 보고자 많은 노력이 활발하게 진행되어 왔다. 특히 金 건국의 준비기간이라 할 수 있는 遼代 女眞 社會에 대해서는 그 동안 여러 방면에서 많은 연구가 진행되어왔고, 그 결과 많은 업적

* 祥明大

을 쌓은 것도 사실이다.[1)]

그러나 이러한 연구 업적에도 불구하고 遼末 女眞 社會가 어떤 상태에서 어떻게 발전하여 金을 건국할 수 있었는가를 체계적으로 밝히는

---

1) 金 건국 전후의 遼代 女眞社會에 대하여는 그동안 많은 연구가 있었다. 그중 대표적인 연구 업적을 소개하면 다음과 같은 것들이 있다. 遼末 女眞社會에 관한 본격적인 연구로는 李東馥, 「遼末 女眞民族의 形成과 그 社會」, 『東北亞細亞史研究』(서울: 一潮閣, 1986)가 있고, 金渭顯은 完顔部의 女眞統合策과 遼代 女眞의 馬貿易에 대한 체계적인 연구업적을 남기었다. 同人의 「金開國以前의 諸問題」, 『遼金史研究』(서울: 裕豊出版社, 1985)참조. 孫進己 等 著, 「遼代的女眞」,『女眞史』(吉林文史出版社, 1987)와 孫進己, 「女眞種諸族的源流」, 『東北民族源流』(黑龍江人民出版社, 1989) 및 佟冬 主編, 「契丹族的興起與遼代東北的統治」, 『中國東北史』제2권(吉林文史出版社, 1998)등 에서는 遼代 여진사회에 대한 通史的이고 종합적인 연구업적이 수록되어 있다. 또한 漆侠, 「女眞族從原始社會向奴隷制社會的過渡」, 『求實集』(天津人民出版社, 1982)과 韓耀宗, 「阿骨打建國前女眞族的社會性質」, 『宋遼金史論叢 第1輯』(中華書局, 1985) 및 華山・王賡唐, 「略論女眞氏族制度的解體和國家的形成」, 『文史哲』, 1956年 第6期와 姜守鵬, 「十世紀初至十二世紀初的女眞族」, 『北方文物』, 1987年 第3期, 趙鳴岐, 「遼代生女眞社會變革及金的建國」, 『遼金史論集』第3輯, 1987, 楊茂盛, 「完顔家族在生女眞社會發展中的作用」, 『遼金史論集』第4輯, 1988 등의 연구도 있다. 稲葉岩吉은 「滿洲民族に關する兩方面の觀察」上・下, 『東亞經濟研究』13-4, 1929와 14-2, 1930 및 「滿洲社會史の斷層」, 『東亞』5-8, 1932에서 여진사회가 明末淸初까지도 씨족제 상태에 있었던 것으로 파악하였고, 三上次男과 松蒲茂는 씨족제의 존재에 의문을 제기하였다. 三上次男, 「遼末における金室完顔家の通婚形態」, 『東洋學報』27-4, 松蒲茂, 「金代女眞氏族の構成について: 『金史』百官志にみえる奉號の規定をめぐつて」, 『東洋史研究』36-4, 1978 참조. 그후 生女眞勃興過程에 관한 전반적인 연구로는 小川裕人, 「生女眞勃興過程に關する一考察」, 『滿蒙史論叢』1가 있었다. 그 외에도 다음과 같은 연구가 있었다. 鳥山喜一, 「金初に於ける女眞族の生活形態」, 『小田先生頌壽記念朝鮮史論集』, 日野開三郎, 「渤海・金の建國と敦化地方の産鐵」, 『史淵』28輯. 三上次男, 「金初の勃菫について」, 『金史研究』一(東京:中央公論美術出版, 1972). 池內宏, 「金史世紀の研究」, 『滿鮮史研究』中世第一册(東京: 吉川弘文館, 1933). 丸龜金作, 「高麗と契丹・女眞との貿易關係」, 『滿鮮史研究』歷史學研究 제5-2호 참조. 林瑞翰, 「女眞初期時期之寨居生活」, 『大陸雜誌』12-11, 그후 『大陸雜誌史學叢書』第1輯 第5册(臺北: 大陸雜誌社, 1960) 에 再收錄. 徐玉虎, 「女眞建都上京時期的風俗」上・下, 『大陸雜誌』第9卷 第10期, 그후 『大陸雜誌史學叢書』第1輯 제5册에 재수록하였다.

데에는 아직도 미흡한 부분이 많다고 생각된다.

따라서 本考에서는 먼저 金 건국의 모체였던 遼末 生女眞 사회의 실체를 파악하기 위하여 당시의 사료들을 재검토해 보고자한다. 그것은 당시 여진인 들이 그들 자신의 역사 기록을 남기지 못하고 오히려 주변 이웃 국가의 사서에만 그들에 관한 단편적 기록을 남겼기 때문이다. 아울러 生女眞 사회 발전의 원동력이 무엇이었는지를 파악하기 위하여, 지금까지 이루어진 연구성과를 바탕으로, 그 동안 소홀히 다루어졌거나 미흡했던 부분을 보완해 보고자 노력하였고, 또한 金 건국의 주체였던 完顔部의 성장과 생여진 사이에는 어떠한 相關關係가 있었는지를 金室의 系譜를 통하여 중점적으로 밝혀보고자 하였다.

Ⅱ. 遼末의 女眞 社會

遼末 女眞 社會의 모습을 전해주고 있는 史書를 보면 女眞 社會가 크게 熟女眞과 生女眞으로 나뉘어 있었음을 전하고 있다. 이러한 사실은 『金史』에[2]

> 五代시 契丹이 渤海의 땅을 모두 차지하게 되어 黑水靺鞨도 모두 契丹에 복속되었다. 남쪽에 위치하여 契丹의 籍을 가진 자를 熟女眞이라 부르고, 북쪽에 있어 契丹의 적에 있지 않은 자를 生女眞이라 부른다. 생여진의 땅에는 混同江·長白山이 있다. 混同江은 역시 黑龍江이라고도 부르는데 소위 白山·黑水가 이것이다.

---

2) 『金史』 卷1, 本紀 第1, 世紀 "五代時 契丹盡取渤海地 而黑水靺鞨附屬于契丹 其在南者籍契丹 號熟女直 其在北者不在契丹籍 號生女直 生女直地有混同江·長白山 混同江亦號黑龍江 所謂白山·黑水是也"

라 하여 女眞人 가운데 契丹의 統治 下에 契丹籍을 가지고 있어 그 지배를 받는 여진인을 熟女眞이라 하고, 거란의 직접적인 지배를 받지 않고 독립적인 상태로 있어 契丹籍을 갖지 않은 여진인을 生女眞이라 불렀다는 것이다.

그러나 遼代 女眞 社會가 단순히 숙여진과 생여진 만으로 양분되어 존재하였던 것만은 아니었다. 오히려 주변정세의 변화와 시대에 따라 끊임없는 변모의 과정을 겪어 왔다. 그러므로 遼代 만주에서 성장한 여진사회의 참 모습을 살펴보기 위해서는 먼저 그들과 이웃한 주변 여러 나라의 기록을 면밀하게 검토해 보지 않으면 안될 것이다. 이제 고려, 송, 거란의 史書에 나타난 여진관계 기사를 통하여 그 실마리를 풀어 보고자 한다.

남쪽으로 이웃하고 있던 高麗의 경우, 女眞에 관한 기록이 처음 등장한 것은 太祖 4년(921)의 일이었다. 그 해 2월 黑水靺鞨의 추장 高子羅가 170인을 이끌고 귀화하였고, 4월에도 黑水靺鞨 阿於閒이 200인을 이끌고 귀화하였다[3]는 기록이 『高麗史』에 전하고 있는 것이다. 당시 고려에서는 북방의 靺鞨과 교류하면서 黑水靺鞨이란 명칭을 사용하고 있었음을 알 수 있다. 그 후 고려에서 女眞이란 명칭을 처음 쓴 것은 성종 때의 일이다. 즉 성종 3년(984) 鴨綠江岸에 성을 쌓아 관방을 설치하려고 하자 여진인 들이 군사를 동원하여 방해하였고,[4] 4년에도 거란의 여진 정벌로 야기된 고려와 여진간의 불편한 관계[5]에 대하여 전하고 있는 것에서 살필 수 있다. 그 후 定宗 3년(948)에는 東女眞의 명

3) 『高麗史』 世家 卷 第1, 太祖 1, 4년 春2月 甲子條 "黑水酋長高子羅 率百七十人來投"라 전하고, 夏4月乙酉條에도 "黑水阿於閒 率二百人來投"라 보인다.

4) 『高麗史』 世家 卷 第3, 成宗, 3年 "命刑官御事李謙宜城鴨綠江岸 以爲關城 女眞以兵遏之 虜謙宜而去 軍潰不克城 還者三之一"

5) 同上 4年條 "先是契丹伐女眞路由我境 女眞謂我導敵構禍 貢馬于宋 因誣譖高麗與契丹倚爲勢援摽掠生口…"

칭이 등장하는데, 그 해 9월 東女眞의 大匡 蘇無盖 등이 말 700필과 方物을 진상[6]하였다는 기록이 전하고 있는 것이다. 그 후부터 金의 건국기인 睿宗年間까지 『高麗史』에 등장하는 女眞 관계의 기록을 살펴보면 당시 고려와 교섭하였던 女眞 諸 部族들의 이름으로 東女眞, 女眞, 東北女眞, 鐵利國, 西女眞, 黑水靺鞨, 西北女眞, 東西女眞, 黑水, 東黑水國, 女眞靺鞨, 靺鞨, 北蕃, 東蕃, 西蕃, 西北蕃, 北女眞, 東北蕃, 北界蕃, 生女眞, 熟女眞 등의 명칭이 등장한다. 이러한 호칭을 볼 때 당시 고려에서는 주로 여진인 들이 거주하고 있는 지역의 방위에 따라 구분하여 불러왔고, 그 중에서도 주로 東女眞과 西女眞으로 범칭하는 경우가 많았음을 알 수 있다.

生女眞 完顔部에 대한 호칭도 肅宗 7년(1102)에는 東女眞[7]이라 불렀으나, 睿宗 4년(1109)에는 東蕃[8]이라 부르기도 하였다. 더욱이 生女眞이란 호칭을 처음 사용한 것도 阿骨打가 遼에 배반하여 擧兵했다는 사실을 알게된 睿宗 9年(1114)의 일이었다.[9] 이러한 사실로 비추어 볼 때 당시 고려에서는 完顔部를 단지 만주 일대에 산재한 여려 여진부족 중의 하나루 인식하여 東女眞, 東蕃 등으루 범칭 하였던 것이라 여겨진다. 또한 생여진이란 호칭은 완안부를 중심으로 그 지배하에 있던 여진 세력을 가리켰던 것으로 생각된다.

중국의 경우 女眞이란 명칭이 史書에 처음 등장한 것은 後唐 莊宗

6) 『高麗史』卷2, 世家 第2, 定宗 3년 9月條 "三年秋九月 東女眞大匡蘇無盖等來獻馬七百匹及方物 王御天德殿閱馬爲三等評定其價 馬一等銀注子一事 錦絹各一匹 二等銀鉢一事 錦絹各一匹 三等錦絹各一匹"

7) 『高麗史』 世家 卷 第11, 肅宗 1, 7년 夏4月 甲辰條 "東女眞酋長盈歌 遣使來朝 盈歌卽金之穆宗也"

8) 『高麗史』 世家 卷 第13, 睿宗 2, 4년 6月 己亥條 "東蕃使裛弗史顯等來朝 庚子御宣政殿南門引見裛弗史顯等六人 宣問來由 裛弗等奏曰昔我太師盈歌 嘗言我祖宗出自大邦 至于子孫義合歸附 今太師烏雅束(康宗)亦以大邦爲父母之國"

9) 『高麗史』 世家 卷 第13, 睿宗 2, 9년 10月條 "是月生女眞完顔阿骨打擧兵叛遼"

同光 2년(924)의 일이었다.[10] 이때 중국에서는 女眞의 존재를 女眞人을 통하여 직접 듣게된 것이 아니라 遼人을 통하여 간접적으로 알게 되었다. 당시 중국은 唐末五代의 혼란기였고, 북방에서는 契丹이 일어나 세력을 확장하고 있었으므로 중국과의 통교는 원만하게 이루어 질 수 없는 상황이었다. 따라서 中原王朝와의 交聘도 자유로울 수가 없었으며, 자연히 그에 관한 기록도 적게 남길 수밖에 없었다. 그 후 송나라 사람들의 여진인에 관한 지식이 비교적 자세히 기록된 史書로 『三朝北盟會編』[11]을 들 수 있다. 이 사서의 기사를 보면 重和 2년(1119) 무렵 宋나라 사람들의 여진에 관한 지식을 엿볼 수 있는데, 女眞을 熟女眞, 生女眞도 熟女眞도 아닌 女眞(回跋女眞), 生女眞, 東海女眞, 黃頭女眞 등으로 구분하고 있다.

熟女眞에 대한 설명을 보면, 契丹의 阿保機가 여진의 후환을 염려하여 요양의 남쪽에 强宗大姓 수 천 호를 옮겼는데, 이를 合蘇款女眞 곧 熟女眞이라 했다[12]는 것이다. 그런데 『遼史』에는 그에 대한 기록을 찾을 수가 없으나, 『北風揚沙錄』[13]에 같은 기사가 있다. 이는 耶律阿保機가 여진을 정벌하는 과정에서 많은 여진인 들이 요양지방으로 강제 이주되었음을 의미하고 있는 것으로 보인다. 그 후 太宗 天顯3年(928)에는 東丹國民에 대한 遼陽 이주가 대대적으로 이루어지기도 하였다.[14]

---

10) 『舊五代史』 卷32, 後唐 莊宗本紀, 同光2年 9月 庚戌條 "有司自契丹至者言 女眞迴鶻黃頭室韋合勢侵契丹"이라 전하고 있고, 그 후 同光 3년(925)에는 『册府元龜』卷972, 外臣部에 "同光三年黑水胡獨鹿 女眞等使朝貢"이라 보이고, 『舊五代史』 卷32, 後唐 莊宗本紀, 同光3年 5月 己酉條 에도 "黑水女眞皆遣使朝貢"이라 전한다.

11) 南宋 徐夢辛이 撰述한 史書로 250권으로 되어 있다. 宋 政和 7年(1117)부터 紹興 31年(1161)에 이르기까지 宋·遼·金 삼국간 교섭의 始末을 편년체로 서술하였다.

12) 『三朝北盟會編』卷3, 政宣上帙 3 "契丹阿保機 乘唐衰亂 開國北方 倂呑除番三十有六 女眞其一焉 阿保機慮女眞爲患 乃誘其强宗大姓數千戶 移置遼陽之南 以分其勢 便不得相通 遷入遼陽 著籍者名日合蘇款所謂熟女眞者是也"

13) 『遼史拾遺』卷18에 인용된 『北風揚沙錄』 "誘豪右數千家 遷之遼陽之南而著籍焉 使不得與本國通 謂之合蘇款"

東丹國은 遼 太祖가 발해를 무너뜨리고 그 遺民을 통치하기 위하여 세운 나라였다.[15] 그러므로 이 때 요양으로 강제 이주된 사람들도 자연히 발해인 들이 주가 되었을 것[16]으로 생각된다. 그러나 이들 발해인을 비롯한 東丹國人들은 遼陽으로 이주된 이후 曷蘇館(合蘇款)女眞이라 불리는 여진인 속에 포함되었던 것으로 보이며, 이들이 곧 숙여진이라 불리기도 하였음을 알 수 있다. 이어 『三朝北盟會編』의 생여진도 숙여진도 아닌 여진인에 대한 설명[17]을 보면, 『北風揚沙錄』에서 回霸 즉 回跋女眞이라 부르는 여진인[18] 임이 틀림없을 것으로 보인다. 孫進己는 이들의 종족계통이 濊貊系가 아닌가 보기도 하였다.[19]

생여진에 대한 설명을 보면

> 東沫江의 북쪽으로부터 甯江의 동북지방 천 여 리에는 10여만의 戶口가 산골짜기에 흩어져 살되 여전히 경계 밖의 들판에 처해 있다. 스스로 웅호한 사람을 추장으로 추대하여 작은 것은 1천 여 호, 큰 것은 수천 여 호를 관장한다. 이들을 생여진이라 부른다.[20]

---

14) 『遼史』卷75, 列傳 第5, 耶律觀烈(羽之)傳 "天顯元年 渤海平 立皇太子爲東丹王 以羽之爲中臺省右次相 時人心未安 左大相迭剌不踰月薨 羽之莅事勤恪 威信並行 太宗卽位 … 時歲 詔徙東丹國民於梁水 時稱其善"

15) 金渭顯, 『契丹的東北政策』(台北: 華世出版社, 1981) 27~31쪽과 「東丹國考」, 『宋遼金元史硏究』第4號 및 池內宏, 「鐵利考」, 『滿鮮史硏究』中世第1册(東京: 吉川弘文館, 1933), 73~88쪽 참조.

16) 金渭顯, 앞의 논문, 498~503쪽 참조.

17) 『三朝北盟會編』卷3, 政宣上帙 3 "自咸州之東北分界入山谷至於東沫江中間所居隸屬咸州兵馬使許與本國往來非熟女眞亦非生女眞也"

18) 『遼史拾遺』卷18에 인용된 『北風揚沙錄』 "自咸州東北分界入谷口至東沫江中間所居之女眞 隸契丹咸州兵馬使 與其國往來無禁 謂之回霸 ……回霸者非熟女眞 亦非生女眞也"

19) 孫進己, 「東北民族的源流」, 『東北民族史稿』 遼寧社會科學院學術論文選 史學分册 卷2.

20) 『三朝北盟會編』卷3, 政宣上帙 3 "自東沫之北 甯江之東北地方千餘里 戶口十餘萬 散居山谷間 依舊界外野處 自推雄豪酋長 小者千戶 大者數千戶 則謂之生女眞"

라 하여 松花江 이북의 여진을 생여진이라 부르고 있음을 알 수 있다.

또한 생여진의 변방으로 멀리 동해에 인접한 지역에 거주하는 여진인을 동해여진이라 하였으며, 누런 머리카락이 많고 수염도 누러며 눈이 청록색인 이들은 黃頭女眞[21]이라 부르고 있다. 그러나 황두여진이라 호칭된 이들의 체질 특징에 관한 설명을 보면 오히려 여진인과 다르고, 『通典』[22]과 『新·舊唐書』[23] 및 『遼史』[24]에서 모두 黃頭室韋라 불리던 실위종과 동일한 것으로 보아 宋人들은 이들을 여진인으로 잘못 알고 있었던 것이 아닌가 생각된다. 이처럼 宋人들의 여진에 관한 정보는 金 건국 초기의 사실이 주가 되고 있음을 알 수 있다.

다음으로 여진과 가장 가까이 에서 밀접한 관계를 맺어 왔던 契丹(遼)의 경우에는 어떠하였을까? 契丹이 여진의 존재를 처음 안 것은 唐 昭宗 天復 3年(903)이었다. 『遼史』를 보면 그 해 봄 太祖 阿保機가 여진을 정벌하였다는 기록이 처음으로 나타나고, 天祐 3年(906) 11월에도 아직 服屬되지 않은 동북여진을 정복하였다는 내용이 전하고 있다.[25] 그러나 이 때는 契丹의 建國 時期였고, 따라서 만주 일대는 발해

---

21) 『三朝北盟會編』卷3, 政宣上帙 3 "極邊遠而近東海者 則謂之東海女眞 多黃髮鬚皆黃目睛綠者謂之黃頭女眞"

22) 『通典』卷200, 室韋傳 "大唐所聞有九部焉 屢有朝貢 所謂嶺西室韋 北室韋 黃頭室韋 大如者室韋 小如者室韋 納婆萵室韋 達木室韋 駱駝室韋 竝在柳城郡之東北"

23) 『舊唐書』卷199下, 列傳 第149下, 北狄 室韋條 "室韋者 契丹之別類也 … 其國在京師東北七千里 東至黑水靺鞨 西至突厥 南接契丹 北至于海 … 又云室韋 我唐有九部焉 所謂嶺西室韋 山北室韋 黃頭室韋 大如者室韋 小如者室韋 婆萵室韋 訥北室韋 駱駝室韋 竝在柳城郡之東北 近者三千五百里 遠者六千二百里", 『新唐書』卷219, 列傳第144, 北狄 室韋條 "室韋 契丹別種 … 分部凡二十餘 日嶺西部 山北部 黃頭部 疆部也 大如者部 小如者部 婆萵部 訥北部 駱丹部 悉處柳城東北 近者三千 遠六千里而羸"

24) 『遼史』卷71, 列傳 第1, 后妃 太祖淳欽皇后 述律氏傳 "太祖嘗渡磧擊党項 黃頭臭泊二室韋乘虛襲之"

25) 『遼史』卷1, 本紀第1, 太祖上 "唐天復元年 歲辛酉 痕德堇可汗立 以太祖爲本部夷離堇 專征討 連破室韋于厥及奚帥轄剌哥 俘獲甚衆 … 明年(902)秋七月 以兵四十

가 군림하고 있었음으로 당시의 여진은 발해 지배 하에 있던 여진이 아니었을까 생각된다. 그 후 契丹을 건국한 太祖 阿保機는 渤海 經略의 길에 나서 天玄 元年(926) 발해를 정복하고, 그 유민으로 東丹國을 세워 皇太子 倍를 人皇王으로 삼아 다스리게 하였다.[26]

발해의 멸망은 그 동안 발해의 지배를 받아오던 滿洲일대의 諸部民들에게는 契丹과 직접 통교할 수 있는 자유를 얻을 수 있게 해주었다. 이런 사실은 발해의 멸망 직후인 그 해 2월부터 濊貊·鐵驪·靺鞨 등의 제 세력이 契丹에 조공하고 있는 기사에서 그 사실을 엿 볼 수 있다.[27] 그 후 太宗은 天顯 3년(928) 東丹國民을 東平(지금의 遼陽)으로 옮겼는데, 이때 대부분의 발해유민들이 遷徙의 대상이 되었다.[28] 이로 말미암아 만주지역 일대에는 인구가 격감하고 토지가 황폐화되었는데, 이러한 틈을 이용하여 동북부 지역의 黑水靺鞨人들이 이들 지역으로 이주하여 새로운 여진세력으로 성장하였다[29]는 것이다.

발해의 멸망 이후 만주일대에는 여러 女眞 세력들이 성장하고 있었는데, 이들 여진 세력들은 자기 세력의 발전을 도모하고자 거란을 비롯한 이웃 국가와 활발히 교류하면서 그들의 존재 흔적을 남기고 있다. 그러므로 거란과의 교섭내용을 분석해 보면 당시 만주 일대에서 성장한 여진을 비롯한 諸部民들의 동태를 어느 정도 파악해 볼 수 있을 것이다. 아래의 표는 발해 멸망 이후 太祖에서 天祚帝까지 『遼史』

萬伐河東代北 攻下九郡 … 明年(903)春 伐女直 下之 獲其戸三百 … 明年(904)歲甲子 三月 廣龍化州之東城 … 明年(905)七月 復討黑車子室韋 … 明年(906)二月 復擊劉仁恭 … 十一月 遣偏師討奚霫諸部及東北女直之未附者 悉破降之"

26) 金渭顯, 앞의 논문, 450~473쪽 참조.

27) 『遼史』卷2, 本紀第2, 太祖下 天顯 元年 2月 丁未條 "高麗濊貊鐵驪靺鞨來貢"

28) 金渭顯, 앞의 논문 462~467쪽 참조.

29) 佟冬 主編, 「女眞族的興起與金對東北的統治」, 『中國東北史』第2卷(吉林文史出版社, 1998) 540쪽 參照. 姜守鵬, 「十世紀初至十二世紀初的女眞族」, 『北方文物』, 1987年 第3期 參照.

本紀에 기록된 女眞 諸部의 朝貢 기사를 중심으로 諸 交流 記事의 횟수를 참작하여 도표로 작성한 것이다.[30)]

이 표를 검토해 보면 遼人들의 여진에 관한 지식이 고려나 송에 비하여 훨씬 구체적이고 사실적이었음을 알 수 있다. 더욱이 시대에 따라 만주 각지에서 성장한 女眞 諸 部族의 모습을 확인할 수 있는데, 聖宗 代에는 女眞·定安國·兀惹·高麗 등의 누차에 걸친 원정 과정[31)]

---

30) 天祚帝 때의 기록은 金 건국 기사가 실려있는 天慶 7년 12월까지 만을 대상으로 하였고, 생여진 절도사 아골타의 이름이 거론된 경우에는 生女直에 포함하였다.

分類	太祖	太宗	世宗	穆宗	景宗	聖宗	興宗	道宗	天祚帝	備考
濊貊	1									
鐵驪	1	11		3		15	1	2	2	
靺鞨	1									
女直(女眞)		26		2	8	39	6	10	18	
黃龍府羅涅河女直		1								
達盧古部		2								
鴨綠江女直		2								
瀕海女直						2				
北女直						2	1			
兀惹					1	9			1	
奧里米						3				
越里古						1				
蒲奴里						3				
剖阿里						2		1		
越里篤						2				
長白山三十部女直						2				
曷蘇館女直						5	2			
蒲盧毛朶部						2	8	2		
南女直						1		1		
五國部							2	16	4	
黃龍府女直								1		
生女直									7	
混同江女直									2	

에서 만주에 대한 지식이 더욱 확대되었고, 따라서 여러 여진 부족과의 교류도 매우 활발하였음을 발견할 수 있다. 특히 生女眞이란 호칭은 遼末인 천조제 때 와서야 비로소 나타나고 있음을 알 수 있다.

문제는 遼에 의하여 女直(女眞)이라 불린 세력이 과연 어떠한 성격의 세력이었느냐 하는 점이다. 이는 『遼史』太宗 天顯 11年(936) 4月條[32]에 "여진의 諸部가 조공하여 왔다"라 전하고 있는 것에서 그 실마리를 찾을 수 있을 것이라 생각된다. 즉 女直은 통일된 단일 세력이 아니라 女眞 諸部에 대한 총칭으로 불렸던 것으로 보이는 것이다. 이것은 다음의 사실을 통해서도 확인할 수 있다. 景宗 保寧 9年(977) "여진인 21인이 와서 宰相, 夷離堇의 직을 청함으로 차등을 두어 除授하였다"[33]라 하였는데, 聖宗 統和 8年(990)에는 宰相職에 있던 阿海를 女直國 順化王에 봉하였다[34]는 기록이 있는 것으로 보아 宰相이나 夷離堇 職은 女眞 諸部의 大部族 추장들에게 除授하였던 遼代 屬國 職名[35]이었던 것이다. 그밖에도 北女眞 세력에는 4부[36]가 있었고, 長白山 女眞에는 30부[37]가, 曷蘇館女眞에도 7부가 소속되어있었다[38] 전하고 있는 것도 그 증거이다. 결국 女直이란 호칭은 『三朝北盟會編』에 전하는 宋 나라 사람들의 생여진에 대한 지식으로 "72부락에 大君長은 없었으며 각 부락은 酋豪에 의하여 나누어 다스려 졌다"[39]는 내용과 일치하

31) 遼 聖宗 代의 女眞, 定安國, 兀惹, 高麗의 정벌 과정은 金渭顯, 앞의 책 63~109쪽 참조.
32) 『遼史』卷3, 本紀 第3, 太宗 天顯 11年 4月 癸酉條 "女直諸部來貢"
33) 『遼史』卷9, 本紀 第9, 景宗下, 保寧 9年 5月 己丑條 "女直二十一人來請宰相夷離堇之職 以次授之"
34) 『遼史』卷13, 本紀 第13, 聖宗4, 統和 8年 5月 庚寅條 "女直宰相阿海來貢 封順化王"
35) 『遼史』卷46, 志 第16, 百官志2, 北面部族官 참조.
36) 『遼史』卷13, 本紀 第13, 聖宗4, 統和 8年 9月 乙亥條 "北女直四部請內附"
37) 『遼史』卷15, 本紀 第15, 聖宗6, 開泰 元年 正月 癸未條 "長白山三十部女直酋長來貢乞授爵秩"이라 보이고, 『遼史』卷16, 本紀 第16, 聖宗7, 太平 元年 4月 戊申條에도 "東京留守奏 女直三十部酋長請各以其子詣闕祗候 詔與其父俱來受約"이라 전한다.
38) 『遼史』卷17, 本紀 第17, 聖宗8, 太平 6年 10月 丙子條 "曷蘇館諸部長來朝"

고 있음을 알 수 있으며, 각 부의 규모는 작은 部落은 千 餘戶, 대 부락의 경우에는 數千 戶로 이루어져 그 중 雄豪를 추대하여 추장으로 삼았음[40]을 전해 주는 기록과도 일치한다. 즉 滿洲一帶에는 추장에 의하여 다스려지는 女眞 諸部가 존재하고 있었던 것이다.

이러한 女眞 諸部는 遼末에 이르게 되면 遼籍에 편입되어 遼의 직접적인 지배를 받고 있던 숙여진과 요의 직접적인 통치를 받고있지 않던 생여진으로 대별되었다. 먼저 遼의 직접적인 지배를 받으며 요적에 편입되어 있던 숙여진에는 曷蘇館女眞, 南女眞, 北女眞, 鴨綠江女眞, 長白山女眞, 乙典女眞, 奧衍女眞, 黃龍府女眞, 順化國女眞 등을 들 수 있다.

曷蘇館女眞은 遼初에 형성되었다. 즉 耶律阿保機가 여진을 정벌하고, 그 후환을 염려하여 强宗大姓 數 千戶를 遼陽의 남쪽으로 옮겨 遼籍에 편입[41]시킴으로써 성립되었는데, 그 후로 東丹國民 마저 추가로 편입되었다.[42] 遼는 이들을 曷蘇館路女直國大王府를 설치하여 관리하였고,[43] 遼末에 이르게 되면 갈소관여진은 7부로 발전하였다.[44] 曷蘇館路治所는 현재 遼寧 盖縣 九寨鄕 浮渡河 北岸 五美房村 부근[45]으로 보고 있다.

---

39) 『三朝北盟會編』卷3, 政宣上帙 3 "女眞古肅愼國也……有七十二部落 無大君長 其聚落 各酋豪分治之"

40) 『三朝北盟會編』卷3, 政宣上帙 3 "自束沫之北 甯江之東北地方千餘里 戶口十餘萬 散居山谷間 依舊界外野處 自推雄豪酋長 小者千戶 大者數千戶 則謂之生女眞"

41) 『三朝北盟會編』卷3, 政宣上帙 3 "契丹阿保機 乘唐衰亂 開國北方 倂呑除番三十有六 女眞其一焉 阿保機慮女眞爲患 乃誘其强宗大姓數千戶 移置遼陽之南 以分其勢 便不得相通 遷入遼陽 著籍者名日合蘇款所謂熟女眞者是也"와 『遼史拾遺』卷18에 인용된 『北風揚沙錄』에도 "誘豪右數千家 遷之遼陽之南而著籍焉 使不得與本國通 謂之合蘇款"과 같이 동일한 기사가 전하고 있다.

42) 金渭顯, 앞의 논문 462~467쪽 참조.

43) 『遼史』卷46, 志第16, 百官志2, 北面屬國官條 "曷蘇館路女直國大王府 亦日合蘇袞部女直王 又日合素女直王 又日蘇館都大王 聖宗太平六年 曷蘇館諸部許建旗鼓"

44) 『金史』卷66, 列傳 第4, 宗室 完顔胡十門傳 "賞賜甚厚 以爲曷蘇館七部勃菫"

45) 崔德文・董万軍, 「試論遼金時期的曷蘇館址」, 『遼金史論集』第7輯.

南女眞에 대하여 『遼史』百官志 北面屬國官條[46]를 보면 南女直國大王府를 두고, 군사적으로는 湯河詳穩司(南女直湯河司)를 설치하여 관리[47]하였음을 엿볼 수 있다. 南女直湯河司는 歸州(지금의 熊岳城 西南 歸州鎭), 蘇州(遼寧 金州城), 復州(遼寧 復州城) 等 地方의 군사를 관장하였다.[48] 南女眞은 聖宗 統和 29년(1011)에 있었던 高麗 정벌 과정에서 俘獲한 女眞戶 및 발해의 유민[49]을 이주시켜 만든 숙여진의 하나였다.

北女眞도 北女直國大王府와 北女直兵馬司를 두어 지배하였고,[50] 주요 분포 지역은 지금의 遼寧 新民, 鐵岭, 開原, 昌圖 等 地域이었다.[51] 北女直兵馬司는 東京道의 遼州(遼寧 新民縣 遼濱塔), 祺州(遼寧 康平縣 東南쪽), 韓州(昌圖縣 八面城), 双州(鐵岭市 서쪽), 銀州(鐵岭市), 同州(開原市 中固鎭), 肅州(昌圖縣城), 安州(昌圖縣四面城) 等 지역의 兵事를 관장하였다.[52] 北女眞의 성립 시기는 『遼史』屬國表에 "統和 8년 北女直 4부가 내부를 청해왔다"[53]라 하였듯이 聖宗 統和 8년(990) 경이었음을 전해주고 있다.

鴨綠江女眞은 鴨綠江 流域 일대의 女眞으로, 太宗 會同 3年(940)부터 契丹과 처음 교류[54]를 시작한 기록이 보인다. 그 후 압록강 유역 부근의 여진 세력은 聖宗 統和 元年(983) 高麗 遠征[55]이 시작되면서 그 길목에 위치하고 있었기 때문에 먼저 정복되었다.[56] 그리고 統和 9年

46) 『遼史』卷46, 志 第16, 百官志2, 北面屬國官條.
47) 『遼史』卷46, 志 第16, 百官志2, 北面邊防官條.
48) 『遼史』卷38, 志 第8, 地理志2, 東京道.
49) 『遼史』卷38, 志 第8, 地理志2, 東京道 "歸州 … 統和二十九年伐高麗 以所俘渤海戶復置"
50) 『遼史』卷46, 志 第16, 百官志2, 北面邊防官 및 北面屬國官條 참조.
51) 佟冬 主編, 앞의 책, 472쪽 참조.
52) 『遼史』卷38, 志 第8, 地理志2, 東京道.
53) 『遼史』卷70, 表 第8, 屬國表 "北女直四部請內附"
54) 『遼史』卷4, 本紀 第4, 太宗下, 會同 3年 2月 乙卯條 "鴨淥江女直遣使來覲"
55) 『遼史』卷10, 本紀 第10, 聖宗1, 統和元年 10月 丁酉條.
56) 『遼史』卷10, 本紀 第10, 聖宗1, 統和 2年 2月 丙申條 "東路行軍宣徽使耶律蒲寧奏

(991)에는 이곳에 威寇, 振化, 來遠 등의 3城을 건립하고 병사를 파견하여 지키도록 하였는데,[57] 이는 여진의 감시는 물론이고 송과 여진간의 해상을 통한 상호교류를 방지하기 위한 방책이기도 하였다. 統和 28년(1010)에 있었던 契丹의 고려 원정길에는 여진이 馬 萬 餘 匹을 바치며 동참하였으며,[58] 開泰 3년(1014)에는 압록강 유역 保州, 宣義, 定遠 등의 지역을 차지하고,[59] 보주와 선주에 榷場을 설치[60]하는 등 새로 확보한 지역에 대한 효과적인 관리를 꾀하고자 하였다. 遼는 압록강 유역 일대의 여진인을 鴨淥江女直大王府와 東京統軍司를 설치하여 지배하였다.

黃龍府女眞의 주요 분포 지역은 吉林省 農安縣 일대였다.[61] 太宗 天顯 3년(928) 黃龍部 羅涅河 여진인이 조공했다는 기록[62]을 통하여 황룡부여진과 교류가 있었음을 알 수 있으나, 道宗 大康 8년(1082) 3월에 "黃龍府女直部長 朮乃가 부민을 이끌고 內附하였으므로 관직을 주고 印綬를 하사하였다"[63]라는 기사가 전하는 것으로 보아 黃龍府女直部大王府[64]가 설치된 것도 大康 8년 무렵이었을 것으로 보인다.

討女直捷"이라 보이고, 同 4월 丁亥條 "宣徽使同平章事耶律普寧都監蕭勤德獻征女直捷", 同 8月 辛卯條 "東京留守兼侍中耶律末只奏 女直朮不直賽里等八族乞舉衆來附 詔納之"라 하였고, 統和 3년 8월 癸酉條 및 4년(986) 正月 丙子條 "樞密使耶律斜軫林牙勤德等上討女直所獲生口十餘萬馬二十餘萬及諸物"등의 기사가 보인다.

57) 『遼史』卷13, 本紀 第13, 聖宗4, 統和 9年 2月 甲子條.

58) 『遼史』卷15, 本紀 第15, 聖宗6, 統和 28年 10月 丙午條 "女直進良馬萬匹 乞從征高麗 許之"

59) 『遼史』卷15, 本紀 第15, 聖宗6, 開泰 3年 6月條 "是夏詔國舅詳穩蕭敵烈東京留守耶律團石等討高麗 造浮梁于鴨淥江 城保宣義定遠等州"

60) 『遼史』卷38, 志 第8, 地理志2, 東京道 "開泰三年取其保定二州 於此置榷場"

61) 孫進己 等 著, 앞의 책 60쪽 참조.

62) 『遼史』卷3, 本紀 第3, 太宗上, 天顯 3年 3月 己未條 "黃龍府羅涅河女直達盧古來貢"

63) 『遼史』卷24, 本紀 第24, 道宗8, 大康 8年 3月 庚戌條 "黃龍府女直部長朮乃率部民內附 予官 賜印綬"

64) 『遼史』卷46, 志 第16, 百官志2, 北面屬國官條.

長白山女眞은 백두산 부근의 여진인으로, 聖宗 開泰 元年(1012) 遼와의 교류를 시작하면서 爵祿을 요구[65]한 이래로 太平 元年(1021)에도 궐에 參內하여 問候하기를 원한다[66]는 기사를 남기고 있다. 이들 백두산 부근의 여진 세력은 長白山女直國大王府를 설치하여 관리하였다.[67]

順化國女眞에 대하여는 百官志에 "聖宗 統和 8년(990) 女直 阿海를 順化王에 봉하였다"[68]는 기록이 보이고, 역시 聖宗本紀 統和 8년 5월조에도 "女直 宰相 阿海가 조공하여 왔음으로 순화왕에 봉하였다"[69]라 전하고 있는 것으로 보아, 聖宗 統和 8년에 女直國順化王府가 설립되었음을 알 수 있다. 또한 天祚帝 天慶 2년(1112) 경에는 순화왕이 阿鶻産이었는데[70] 阿骨打의 침입을 막다가 그 家屬이 포로가 되고 咸州(지금의 開原)로 도망하였다[71]는 기록으로 전하고 있어, 그들의 위치가 咸州와 生女眞地 사이였음을 알 수 있게 해준다. 따라서 순화국 여진의 분포 지역은 지금의 吉林省 海龍縣 柳河一帶로 볼 수 있다.[72]

奧衍女眞과 乙典女眞은 營衛志에서 볼 수 있듯이 聖宗 34部에 속하는 熟女眞이다. 奧衍女直部는 성종 때 女眞戶를 이주시켜 설치하고, 北府에 예속시켰으며, 그 절도사는 西北路招討司에 소속되었다.[73] 鎭州의

---

65) 『遼史』卷15, 本紀 第15, 聖宗6, 開泰 元年 正月 癸未條 "長白山三十部女直酋長來貢 乞授爵秩"

66) 『遼史』卷16, 本紀 第16, 聖宗7, 太平 元年 4月 戊中條 "女直三十部酋長請各以其子詣闕祗侯"

67) 『遼史』卷46, 志 第16, 百官志2, 北面屬國官條.

68) 『遼史』卷46, 志 第16, 百官志2, 北面屬國官 "女直國順化王府 … 聖宗統和八年 封女直阿海爲順化王 亦作阿改"

69) 『遼史』卷13, 本紀 第13, 聖宗4, 統和 8年 5月 庚寅條 "女直宰相阿海來貢 封順化王"

70) 『遼史』卷46, 志 第16, 百官志2, 北面屬國官 "女直國順化王府 …天祚天慶二年有順國女直阿鶻産大王"

71) 『遼史』卷27, 本紀 第27, 天祚皇帝1, 天慶 2年 9月條 "初 阿骨打混同江宴歸 疑上知其異志 遂稱兵 先併旁近部族 女直趙三阿鶻産拒之 阿骨打虜其家屬 二人走訴咸州 詳穩司送北樞密院"

72) 孫進己 等 著, 앞의 책 60-61쪽 참조.

73) 『遼史』卷33, 志 第3, 營衛志下, 部族下 "奧衍女直部 聖宗以女直戶置 隸北府 節度

수비를 담당하였으므로 그 위치가 지금의 烏蘭巴托 서북지방에 해당한다.[74] 乙典女眞部도 성종이 여진호를 이주시켜 만들었으며, 南府에 예속시키고 절도사는 西南路招討司에 속하게 하였다.[75] 高州에 거주하였음으로 지금의 法庫·彰武 부근에 해당한다.[76]

그렇다면 生女眞은 어떠한 여진 세력이었을까? 『遼史』의 내용을 검토해 보면

> 앞서 楊割(盈歌, 穆宗)이 生女眞部 節度使가 되었는데 세간에 太師라 부르기도 하였다. 이해 楊割이 죽자 (生女眞部節度使는) 형의 아들인 烏雅束(康宗)에게 물려내려 졌고 束(烏雅束)이 죽자 그(烏雅束)의 아우 阿骨打가 물려받았다.[77]

라 하여 完顔部의 추장들이 생여진의 절도사직을 세습하고 있는 것으로 보아, 생여진은 完顔部를 중심으로 그 지배 하에 있던 女眞 諸部를 지칭하고 있음을 알 수 있다. 이러한 생여진에는 『三朝北盟會編』에 전하는 것처럼 72부에 달하는 女眞諸部가 존재하고 있었다.[78] 完顔部의 추장이 生女眞部의 절도사에 임명된 것은 烏古迺(景祖 1021-1074) 때였다.[79] 이

使屬西北路招討司 戍鎭州境"

74) 孫進己 等 著, 앞의 책, 59쪽 참조.

75) 『遼史』卷33, 志 第3, 營衛志下, 部族下 "乙典女直部 聖宗以女直戶置 隸南府 節度使屬西南路招討司 居高州北"

76) 孫進己 等 著, 앞의 책, 59쪽 참조.

77) 『遼史』卷27, 本紀 第27, 天祚皇帝1, 乾統 元年 12月條 "初 以楊割爲生女直部節度使 其俗呼爲太師 是歲楊割死 傳于兄之子烏雅束 束死 其弟阿骨打襲"

78) 『三朝北盟會編』卷3, 政宣上帙 3 "女眞古肅愼國也……有七十二部落 無大君長 其聚落 各酋豪分治之"라 전하고 있고, 그 외에도 『大金國志』 金國 初興本末과 佚名氏의 『女眞傳』, 佚名氏 『金志』初興本末에서도 72部였음을 전하고 있다.

79) 『金史』 卷1, 本紀 第1, 世紀에 의하면 景祖(烏古迺)는 遼 太平 元年(1021)에 태어나 54세(1074)에 사망하였음으로 그가 生女眞節度使에 임명된 것은 遼 興宗이나 道宗 年間 이었을 것으로 생각된다.

는 遼의 興宗에서 道宗 年間에 해당되며, 이 무렵 生女眞部는 完顔部를 중심으로 하는 하나의 小部族에 불과하였다.[80] 이 같이 生女眞部가 完顔部를 중심으로 하는 호칭이었다는 사실은 天祚帝 天慶 4年(1114)에 太祖 阿骨打가 起兵 하였음을 전해주는 『遼史』의 기록에도

> 7월 阿骨打(生女眞節度使)가 아우(姪의 誤謬) 粘罕·胡舍등과 더불어 도모하여 銀朮割·移烈·婁室·闍毋 등을 장수로 삼고, 女眞諸部의 병사들을 모집하여 遼의 鷹官을 포로로 잡았으며, 더불어 영강주를 공격하였다고 東北路統軍司가 아뢰었다.[81]

라 하였듯이 生女眞部의 절도사였던 阿骨打가 女眞諸部의 병사들을 모집하여 영강주를 공격하였다고 전하는 것에서 확인할 수 있다.

이상 살펴 본 바와 같이 遼代 만주지역에서 성장한 여진세력에 대한 호칭은 주변에 이웃한 나라와 시대에 따라 달리 불러왔음을 당시의 기록을 통하여 확인할 수 있었다. 특히 숙여진과 생여진이란 호칭도 고려나 송 및 거란의 사서에서 확인 할 수 있듯이 遼末에 와서야 비로소 쓰여졌으며, 숙여진은 遼籍에 편입되어 요의 지배하에 있던 女眞諸部를, 생여진은 遼籍에 편입되지 않고 완안부의 지배하에 있던 女眞諸部에 대한 총칭이었음을 알 수 있다.

---

80) 金渭顯, 「完顔部의 女眞統合策」, 『遼金史研究』, (서울: 裕豊出版社, 1985), 143~144쪽 참조. 또한 『遼史』卷46, 志 第16, 百官志2, 北面屬國官條를 보면 生女直部는 諸國이나 大部에 분류하지 않고 小部에 해당하는 諸部속에 소속시키고 있는 점에서도 확인된다.

81) 『遼史』卷27, 本紀 第27, 天祚皇帝1, 天慶 4年 秋7月條 "阿骨打乃弟粘罕胡舍等謀 以銀朮割移烈婁室闍毋等爲帥 集女眞諸部兵 擒遼障鷹官 及攻寧江州 東北路統軍司以聞"

Ⅲ. 生女眞 社會의 發展

그 동안 女眞社會는 중국의 漢族社會보다 낮은 문화 수준과 저급한 社會經濟 단계에 머물러 있었던 것으로 인식되어 왔다.[82] 따라서 遼末 여진사회도 半漁獵半農의 낮은 경제단계에 있었던 것으로 보기도 하였다. 이럴 경우 이렇게 낮은 단계의 여진사회가 그토록 짧은 기간에 군사력만으로 성장하여 金과 같은 제국을 건설할 수 있었을까 의심하지 않을 수 없는 일이다. 결국 完顔部 세력이 全 生女眞 사회를 통일하고 金을 세워 대제국으로 발전할 수 있었던 이면에는 여기에 상응한 충분한 사회경제적 뒷받임이 있었기 때문이었음을 간과해서는 안될 것이다.

생여진 사회가 성장할 수 있었던 원동력이 과연 무엇이었는지는 『契丹國志』[83]에 나오는 다음의 내용이 그 실마리를 풀어주고 있다.

> 楊割(穆宗 盈歌)父子가 蕭解里의 난을 평정한 이후 안으로 遼에는 공을 세워 믿어 의지하게 하고, 뒤로는 다른 뜻을 품어 이웃 부족들을 병합하였다. 혹은 반란에 응하도록 유도해 무고하여 병합하고, 혹은 소·말을 도둑질해 감추었다고 기만하여 병합하고, 호의적이면 친하게 지내며 화친으로 취하였고, 적대적이면 군대를 동원하여 강제로 약탈하였다. 농

---

82) 烏山喜一, 「金初に於ける女眞族の生活形態」, 『小田先生頌壽記念朝鮮史論集』, 732쪽 참조, 姚従吾, 「金朝史的導論」, 『姚従吾先生全集 遼金元史講義一』(臺北: 中正書局, 1973), 陶晋生, 『女眞史論』(臺北: 食化出版社, 1981), 9쪽에서도 같은 견해이다.

83) 『契丹國志』卷9, 道宗天福皇帝紀, 壽昌 2年條 "楊割父子 自平蕭解里之後 內恃有功於遼 陰懷異志 呑并旁近部族 或誣以誘納叛亡 或詐云盜藏牛馬 好則結親 以和取之 怒則加兵以强掠之 力農積粟 練兵牧馬 多市金珠良馬 歲時進奉 賂遺權貴 以通情好", 이와 같은 기사는 『大金國志』에도 보인다. 『大金國志』 卷 1, 太祖武元皇帝上 "初 契丹國舅帳蕭解里聚衆爲盜 潛奔女眞 因命楊割圖之 楊割遷延數月 獨斬解里 遣阿骨打獻首級 餘悉留不遣 契丹不得已 反進其父子官 自是遂懷大志 力農積粟 練兵牧馬 多市金玉以賂契丹權貴"

> 사에 힘써 곡식을 저장하고, 병사를 조련하고 말을 기르며, 金·珠·良馬 등을 교역하였다. (遼에) 歲時로 進獻하고 권세가와 귀족에게는 뇌물을 바쳐 호의를 구하였다.

이것은 穆宗 盈歌가 遼의 叛臣 蕭解里를 토벌한 다음 이웃 女眞諸部를 倂呑하며 완안부의 세력을 확장하고 있는 모습을 전해주고 있는 내용이다. 그런데 완안부가 이웃 부족들의 병합에만 그치지 않고 농사에 힘써 곡식을 저장하고, 병사를 조련하여 국방력을 강화하며, 馬를 길러 목축에 힘쓰고, 金·珠·良馬 등 특산물을 교역하여 경제적 기반을 강화하였을 뿐만 아니라 遼에 대하여는 매년 때때로 進獻하고 권세가와 귀족에게는 뇌물을 주는 등 遼의 정치적 뒷받임을 구하기 위한 노력에도 게을리 하지 않았다는 것이다. 이는 당시 여진사회의 생산력 증대의 전모를 말하여 주는 단서라 볼 수 있다. 즉 요의 정치적 배경을 접어두더라도 농업의 발전, 군사력의 증강, 목축의 발전, 교역의 증대가 완안부 성장의 토대였음을 의미하며, 이는 나아가 여진사회 발전의 바탕이 되고 있음을 증명해 주는 것이라 여겨진다.

농업이 여진사회 발전의 원동력이었고, 생산력 증대의 중요한 위치를 차지하였다고 하는 것은 학계에 이미 논증[84]되었고, 또한 생여진의 강력한 군사력은 병사들의 훈련과 철제무기의 개발과 기마전술과 같은 전략전술의 개발, 그리고 더욱 강화된 사회경제적 힘이 그 바탕이 되었다는 사실도 이미 밝혀졌다.[85]

그런데 토산물을 통한 교역의 증대가 여진사회 발전의 토대가 되고 있음을 소홀히 해서는 안될 것이다. 『契丹國志』[86]에 "多市金珠良馬"라

84) 滿洲地域 農耕의 발전에 대한 기왕의 연구로는 李東馥, 「遼末 女眞社會의 構成(Ⅲ)-生女眞 社會의 成長-」, 『淸大史林』第4·5合輯, 淸州大學校史學會, 1985, 96~108쪽 참조.

85) 李東馥, 위의 논문 참조.

하였듯이 금이나 진주·말 등의 토산물이 서로 교역되고 있었음을 알 수 있다. 당시 여진사회의 시장의 모습은

> 여진의 시장은 오직 물물교환이 널리 이루어진다. 화폐는 없고, 양잠은 행해지지 않으며, 工匠도 없었다. 가옥과 수레, 천막은 왕왕 스스로 만든다.[87]

라 하여 화폐는 사용되지 않았으나 물물교환 형태의 교역이 널리 행하여지고 있었음을 알 수 있다.[88] 물론 중국의 거대한 시장과는 비교할 수 없지만 당시 여진사회 내의 물화의 유통이 충분히 이루어질 만큼 활발한 거래가 이루어지는 시장이었을 것으로 추측된다. 여기에서 교역되는 물건도 그들의 토산품인 名馬, 牛, 羊, 生金(砂金), 大珠, 人蔘, 蜜蠟, 細布, 松實, 白附子 등이었을 것이다.[89] 完顔部가 많은 철을 확보할 수 있었던 것도 이러한 시장의 기능에 힘입은 바라 여겨진다.

또한 여진 사회의 경제적 성장에 엄청난 파급 효과를 가져다준 것으로 고려·송·거란 등과 행해진 무역을 빼놓을 수가 없다. 10세기부터 11세기에 이르기까지 당시 동아시아 정세를 보면, 사막을 사이에 두고 송과 거란이 남북으로 대치하는 양극 체제를 이루었고, 동북에는 고려와 여진이 있고, 서로는 西夏가 있어서 兩大勢力의 균형작용을 하고 있었다.[90] 이러한 정세 하에서 이들 체제간에는 서로의 우위를 차지하

---

86) 『契丹國志』卷9, 道宗紀 壽昌2年條.

87) 『三朝北盟會編』卷3, 政宣上帙 3 "其市易則惟以物博易 無錢 無蠶桑 無工匠 舍屋車帳往往自能爲之"

88) 이러한 사실은 『大金國志』와 許亢宗의 『宣和乙巳奉使行程錄』에서도 확인된다. 『大金國志』卷39, 初興風土 "其市無錢 以物博易"라 보이고, 許亢宗, 『宣和乙巳奉使行程錄』第36程 "無市井 賣買不用錢 惟以物相貿易"이라 전한다.

89) 『三朝北盟會編』卷3, 政宣上帙 3 "土産名馬生金大珠人蔘及蜜蠟細布松實白附子 禽有鷹鶻海東靑 獸多牛羊麋鹿野狗白彘靑鼠貂鼠 花果有白芍藥西瓜 海多大魚螃蟹"

기 위한 전쟁이 끊임없이 일어났는데, 이로 말미암아 각 국에서는 특히 戰馬의 수요가 폭발적으로 증가하였다. 이런 수요 때문에 예로부터 良馬의 산지였던 만주지역의 女眞馬는 그 중요성이 더욱 부각될 수 있었다. 따라서 이웃 국가인 고려·송·거란과 토산물을 비롯한 말이 활발하게 교역될 수가 있었던 것이다. 이때 행해진 女眞馬의 교역은 주로 조공무역의 형태로 이루어지고 있었다.[91)]

女眞馬가 고려에 처음으로 교역된 것은 정종3년(948) 이었다. 이해 東女眞 蘇無盖 등이 700 여 필의 馬를 조공하였다[92)]고 전하는 기록에서 확인할 수 있다. 이 때 고려에서는 馬의 등급을 3등급으로 구분하여 그 대금을 지불하였는데, 1등급의 경우에는 銀注子 1事에 錦絹 各 1필, 2등급의 경우에는 銀鉢 1事에 錦絹 各 1필, 3등급의 경우 錦絹 各 1필[93)]로 정하였다는 것이다. 특히 고려에서는 顯宗 代를 전후하여 契丹과의 江東六州 문제로 전쟁의 상태가 끊이지 않아 막대한 군수품이 필요하였는데, 이와 때를 맞추어 여진에서는 軍馬用 馬를 비롯한 각종 土産物과 兵仗器類를 조공의 형태로 교역하였던 것이다.[94)]

이후로도 여진과 고려사이에는 끊임없이 교역이 이루어졌고, 그 가운데 馬의 교역도 활발하게 행하여졌음을 史書를 통하여 확인할 수 있다.[95)] 이때 고려와 교역된 馬는 馬, 土馬, 駿馬, 良馬, 名馬라 기록된

---

90) 金渭顯, 『契丹的東北政策』(臺北: 華世出版社, 1981), 171쪽 참조.

91) 金渭顯, 「女眞의 馬貿易考 -10世紀~11世紀를 중심으로」, 『遼金史硏究』(서울: 裕豊出版社, 1985), 157쪽 참조.

92) 『高麗史』卷 第2, 世家 卷 第3, 定宗 3年 9月條 "東女眞大匡蘇無盖等來獻馬七百匹及方物"

93) 『高麗史』卷 第2, 世家 卷 第2, 定宗 3年 9月條 "王御天德殿閱馬爲三等評定其價馬一等銀注子一事錦絹各一匹 二等銀鉢一事錦絹各一匹 三等錦絹各一匹"

94) 金渭顯「女眞의 馬貿易考 -10世紀~11世紀를 중심으로」, 앞의 책 166~167쪽 도표 참조.

95) 高麗의 太祖 초부터 金의 建國 年인 仁宗년간까지 이기간 동안 高麗에 행한 女眞諸部族들의 공납의 횟수는 무려 431회에 에 이르며, 馬 공납의 횟수도 127회나 되었다한다. 金渭顯, 「女眞의 馬貿易考 -10世紀~11世紀를 중심으로」, 앞의

貢馬의 내용이 전하고 있는 것으로 보아 여러 종류의 馬가 거래되고 있었던 것으로 보인다.96)

여진이 중원왕조와 교역을 시작한 것은 後唐 同光 3년(925)부터 이었다. 그러나 다시 수 십 년 간 사료에서 자취를 감추었다가 宋이 건국하자 약30 여 년 간은 빈번한 교류가 이루어졌다. 이러한 사정은『續資治通鑑長編』과 『宋會要輯稿』등의 사서에서 宋과 교류한 여진의 交往 기사를 통하여 확인할 수 있다. 특히 그 중에서도 宋에 행한 女眞人들의 貢馬 記事97)를 어렵지 않게 찾아 볼 수 있는데, 이는 10세기 이후 중원왕조가 거란과 대치 관계에 있었기 때문에 戰馬의 수요도 크게 증가하였기 때문이었다. 더구나 宋에서는 북방이나 서방 쪽에서의 馬의 유입이 막히게 됨으로써 자연히 女眞馬의 중요성이 더욱 부각되었던 것이다. 따라서 여진의 對宋 貿易品도 자연히 馬가 주요 품목으로 떠오를 수밖에 없었다. 이러한 정세를 파악한 여진은 송의 馬 수요량에 맞추어 馬를 증식시키고 년 간 1만 여 필이나 되는 많은 馬를 宋에 수출하였던 것이다.98) 여진의 對宋 馬貿易 輸送路는 압록강을 거쳐 바다

책, 168쪽 참조.

96) 南都泳,『韓國馬政史硏究』(서울: 亞細亞文化社, 1976), 82쪽 馬種類表 참조.

97) 『續資治通鑑長編』과 『宋會要輯稿』등의 사서에서 女眞이 宋에 貢馬한 기록을 찾아보면 太祖 乾隆2년(961) 8월 20일 "女眞國遣使溫圖喇(會要: 嗢突朱)來貢名馬", 동 乾德 元年(963) 8월 14일 "女眞國遣使來貢名馬", 同年 9월 19일 "女眞國又遣使名馬", 同 乾德 2년(964) "首領悉達理并姪阿黑哥首領馬撤鞋并妻悔倫 並遣使獻馬及貂皮", 同 開寶 5년(972) "馬撤鞋及首領斫姑來貢馬(會要)", 同 開寶 6년(973) 12월 20일 "女眞遣使來貢馬, 又有鐵利王子五戶并母及子弟連沒六溫迪門沒勿附其使貢馬布膃肭臍紫青貂鼠皮", 眞宗 天禧 元年(1019) 10월(『宋會要輯稿』는 12월) "女眞首領又言 各以本土馬來進貢"등의 기사를 확인할 수 있다.

98) 李燾,『續資治通鑑長編』眞宗 咸平 5年 3月 癸亥條 "舊日女眞賣馬 歲不下萬 今己爲契丹所隔"라 하였다. 金渭顯은 이때 對宋馬貿易에 종사했던 여진세력으로 항해할 수 있는 능력이 있고, 무역에 방해받지 않을 정도의 세력을 갖춘 鴨綠江女眞이 중심이 되어 그 배후에 女眞諸部族이 직간접으로 참여하는 共同貿易方式 내지 仲介貿易方式을 취하였을 것으로 보았다. 그밖에 女眞三十姓部族도 對宋貿易에

를 지나 沙門島를 경유하여 登州에 이르는 길이 이용되었다고 한다.99) 그리하여 宋은 太祖 乾德元年(963)에, 山東半島의 東北쪽 근해에 있는 沙門島 人戶에게 특별히 租賦 및 綠科雜物과 州縣差徭를 면해주는 특전을 베풀었는데, 이는 女眞馬의 수송을 돕고자 함이었다.100) 이를 통하여 보아도 당시 宋은 여진으로부터 馬를 수입하는 것을 얼마나 중요시 여기고 있었는지를 알 수 있게 해준다.

그러나 遼의 입장에서 女眞馬가 宋에 유입되는 것을 그냥 둘 리 만무하였다. 遼는 宋에서 戰馬로 쓰일 女眞馬의 송나라 유입을 전력을 다하여 막았는데, 聖宗이 統和 9年(991) 女眞馬의 수송로를 차단하고자 鴨綠江口에 威寇, 振化, 來遠 3柵을 쌓고 軍士 3천명을 두어 지키게 한101)것이 그 좋은 예이다. 그밖에도 遼는 女眞馬 이외의 馬라 할지라도 宋에 유입되어 戰馬로 쓰이는 것을 철저히 차단하고자하였다. 즉 宋 太宗 太平興國 5년(980) 9월 거란은, 對宋 馬貿易을 활발히 하고 있던 豊州刺史 王承美에게 글을 보내 對宋市馬를 중지해 줄 것을 요구하였으나, 王承美가 막대한 利를 놓칠 수 없어 청을 듣지 않자 노하여 군사를 보내 馬 産地인 豊州關 以西의 部族 三百 餘 帳을 掠取하였고,102) 또한 遼 聖宗 統和 13년(995)에는 豪州刺史 耶律唐古가 법령을 엄하게 하여 奸民들이 宋과 西夏에 賣馬하지 못하도록 하였으며,103)

깊이 관여하였을 것으로 보았다. 金渭顯, 「女眞의 馬貿易考」, 앞의 책 160쪽 참조.

99) 金渭顯, 「女眞의 馬貿易考」, 앞의 책 165쪽 참조.

100) 『宋會要輯稿』卷 第196, 蕃夷3, 女貞條 "下詔登州曰 沙門島人戶等地居海嶠 歲有常租 以女貞遠隔鯨波 多輸駿足當風濤之利 涉假舟檝 以爲勞言 念辛懃 所宜蠲復 今特免逐年夏秋租賦麴錢及綠科雜物州縣差徭止令 多置舟檝濟渡女貞馬 來往其在舟棧木 自前抽納 今復給與主駕人力", 『續資治通鑑長編』卷4, 於德元年 8월 丁未條 "詔 蠲登州沙門島居民租賦 今專舟渡女眞所貢馬"

101) 『遼史』卷13, 本紀 第13, 聖宗4, 統和 9年 2月 甲子條 "建威寇振化來遠三城 屯戍卒", 『宋會要輯稿』卷 第196, 蕃夷3, 女貞條.

102) 李燾, 같은 책, 宋 太宗, 太平興國 5년 9월 26일 條.

103) 王圻, 『續文獻通考』卷 165, 兵考, 馬政 "聖宗統和十三年五月 北南乙室三府請括

朔州路의 羊과 馬가 송으로 유출되는 것을 막고 吐渾, 黨項馬가 西夏로 유출되지 못하게 금지하기도 하였다.[104)]

契丹(遼)은 여진과 서로 이웃하고 있던 나라였기 때문에 일찍부터 밀접한 교류를 해 오고 있었다. 太祖 耶律阿保機가 903년 여진 정벌을 단행한 것을 계기로 여진과의 접촉이 시작된 이래, 만주지역 일대의 여러 여진 부족과 수시로 공납을 통한 교류와 榷場을 통한 교역이 행하여지고 있었다.[105)] 그러나 遼도 초기에는 주변 이웃 국가의 정벌을 통하여 戰馬의 확보를 꾀하였는데, 統和 4년(986) 定安國을 비롯한 주변 여진세력을 정벌하고 生口 10 餘 萬과 馬 20餘 萬 필을 약탈한 것[106)]이 그 좋은 예이다. 그리고 統和 9년(991)에는 압록강하구에 3책을 쌓아 女眞의 對宋 通路마저 막아버리고 女眞馬의 수출을 금하였는데, 이는 戰馬의 송나라 유입을 막으면서 女眞馬를 확보하기 위한 방책이기도 하였다. 더욱이 高麗 顯宗 원년(1010)에는 和州防禦郎中 柳宗이 화주에 온 여진인 95인을 살해한 사건[107)]이 일어났는데, 이 사건을 계기로 고려와 여진과의 관계는 한때 소원해지고, 오히려 遼와는 밀착되어, 그 해 여진 세력은 遼에 萬 餘 匹의 馬를 바치고 고려 원정길에 동참하기도 하였다.[108)] 그러나 이후로도 女眞馬는 遼나 高麗에 끊임없이 조공의 형태로 수출되어졌다. 『遼史』를 보면 1년 동안 만주 일대의

富民馬 以備軍需不許給以官馬 時豪州刺史耶律唐古嚴立科條 禁奸民鬻馬于宋夏界 因陳弭私販安邊境之策 太后嘉之".

104) 『遼史』卷60, 志 第29, 食貨志下 "仍禁朔州路羊馬入宋 吐渾党項馬鬻于夏"

105) 佟冬 主編, 앞의 책, 563쪽 참조.

106) 『遼史』卷11, 本紀 第11, 聖宗2, 統和 4年 正月 丙子條 "樞密使耶律斜軫林牙勤德等上討女直所獲生口十餘萬馬二十餘萬及諸物"

107) 『高麗史』 世家 卷 第4, 顯宗1, 顯宗 元年 5月 甲申條 "流尙書左司郎中河拱辰和州防御郎中柳宗于遠島拱辰嘗擊東女眞見敗宗恨之會女眞九十五人來朝至和州館宗盡殺之故並坐流女眞訴于契丹"

108) 『遼史』卷15, 本紀 第15, 聖宗6, 統和 28年 10月 丙午條 "女直進良馬萬匹 乞從征高麗 許之"

女眞 諸部와 주변국들이 遼에 납공한 馬의 규모만도 東丹國이 1천 필, 여진이 1만 필, 直不古 等 國이 1만 필, 阻卜 및 吾獨婉과 惕德이 각자 2만 필, 西夏· 室韋가 각 3백 필, 越里篤·剖阿里·奧里米·蒲奴里·鐵驪 等 諸部가 各 3백 필씩이었다[109]고 전한다. 물론 여기에 기록된 통계 숫자가 매년 행해진 것도 아니고, 또한 얼마나 신뢰할 수 있는 수준인가라는 의문이 제기될 수 있을 지라도 당시 만주지역에서 高麗나 遼에 수출되는 馬의 숫자는 대단한 규모였음을 짐작할 수 있게 해 준다. 이와 같이 女眞馬를 비롯한 滿洲地域 土産物은 11세기를 전후한 시기의 東亞細亞 정세에 힘입어 高麗·宋·遼 등의 나라에 조공의 형태나 榷場을 통해 교역되는 중요한 輸出品이 되었음을 알 수 있다. 이러한 물품의 交易은 여진 사회에 막대한 경제적 이득을 가져다주었을 뿐만 아니라 나아가 高麗·宋·遼 등 당시 선진 제국의 문화를 수입할 수 있는 좋은 창구가 되기도 하였다.

결국 遼에 매년 朝貢하고 귀족들에게 뇌물을 바쳐 원만한 외교관계를 마련하여 生女直部節度使를 세습함으로써 대내외적 정치적 역량을 강화하고, 농업과 목축업의 발전에 따른 생산력의 증대는 여진사회에 경제적 부의 축적을 가능케 하였으며, 철제무기와 기마전술에 의한 전력의 증강은 여진사회 통합에 필요한 군사력을 확보할 수 있었고, 토산물과 馬를 이용한 교역의 증대는 여진사회의 경제적 부의 축적과 선진문화의 수용에 이바지하였으며 나아가 女眞 社會 內의 전반적인 분야의 발전에 토대가 되었고, 더욱이 完顔部를 중심으로 한 生女眞 사회의 정치적 통합 운동의 기운을 북돋아 주기도 하였던 것임을 믿어 의심치 않는다.

---

109) 『遼史』卷60, 志 第29, 食貨志下 "厥後東丹國歲貢千疋 女直萬疋 直不古等國萬疋 阻卜及吾獨婉惕德各二萬疋 西夏室韋各三百疋 越里篤剖阿里奧里米蒲奴里鐵驪等諸部三百疋"

Ⅳ. 金의 建國

遼末 女眞 社會를 통일하고 금을 세운 것은 完顔部였다. 완안부는 만주 지역에 산재한 여러 女眞部族 중의 하나였으나 힘을 길러 마침내 전 여진사회를 통일하였다. 완안부가 성장하여 金을 건국하기까지의 과정은 『金史』世紀에 비교적 자세히 전해지고 있다. 그러나 『金史』世紀의 내용에 역사적 사실성이 있느냐 없느냐에 대해서는 그 동안 논란의 대상이 되어왔다. 池內宏은 이 이야기가 생여진 습속의 기원을 설명한 하나의 설화에 자나지 않는 것으로 보아 확실도가 희박하다고 하였고, 따라서 금의 遠祖는 공상인물이며 역사적 사실이 아니라 보았다.[110] 그러나 金 開國 이전의 몇 대에 관한 기록은 『金史』이외의 다른 사서에도 나타나고, 심지어 당시 金을 가장 증오했던 宋人의 기록에도 보이고 있다. 그러므로 오랜 세월을 거쳐 구전되어오는 과정에서 비록 신빙도가 낮고, 自己 先祖의 사적을 다소 과장되게 하려는 시도를 하였을 지라도, 先世의 인물들이 가공인물이 아닐 뿐만 아니라 그들의 행적도 다소 미화는 되었을 망정 그 내용마저 조작이라고는 볼 수 없다.[111] 그러므로 보다 긍정적인 입장에서 그 속에 담겨있는 역사적 배경을 찾지 않으면 안될 것이다. 이러한 시각에서 『金史』世紀에 나타난 金室 완안부의 성장과정을 살펴보고, 이를 통하여 앞에서 살펴본 遼代 女眞社會의 성장과 어떠한 상관관계[112]가 있는지 재검토해 보고자 한다.

---

110) 池內宏, 「金史世紀の研究」, 『滿鮮史研究』中世第1册 384쪽 참조.
111) 金渭顯, 앞의 책, 135쪽 참조.
112) 이에 대한 기왕의 연구로는 趙鳴岐, 앞의 논문 95~121쪽과 楊茂盛, 앞의 논문 282~296쪽 참조.

1. 完顔部의 成長

먼저『金史』世紀에 나오는 金室의 계보를 보면 다음과 같이 정리된다.

- 函普(始祖)
  - 烏魯(德帝)—跋海(安帝)—綏可(獻祖)—石魯(昭祖)—烏古迺(景祖)(1021-1074)
    - 劾者
    - 劾里鉢(世祖)(1039-1092)
      - 烏雅束(康宗)(1061-1113)
      - 阿骨打(太祖)(1068-1123)
    - 劾孫
    - 頗剌淑(肅宗)(1042-1094)
    - 盈歌(穆宗)(1053-1103)
  - 斡魯

金 始祖 函普의 출신내력에 대하여는 사서마다 달라서 新羅來源說과 高麗來源說의 두 가지 기록이 전해 오고 있다. 新羅來源說은『松漠紀聞』[113]·『神麓記』[114]·『異域志』[115]에서 주장하였고, 高麗來源說은『金史』에서 주장되었다. 이와 같이 사서의 기록이 일치하지 않는 이유는 函普가 女眞地에 들어간 시기가 羅末麗初이기 때문에 나타난 혼동이 아닌가 생각된다. 즉 金의 世系를 보면 시조로부터 태조 阿骨打까지 7세가 된다. 1세를 30년으로 보면 약 200 여 년이 되는데, 太祖의 사망시기가 1123년이고, 고려 건국이 918년, 신라의 멸망이 936년 인 것에 미루어 보면, 金의 시조가 女眞地에 들어간 것은 분명 羅末麗初임이

113) 宋 洪皓 撰,『松漠紀聞』2쪽 "女眞酋長乃新羅人 號完顔氏"

114)『三朝北盟會編』卷之18에 인용된 神麓記에 "女眞始祖掯浦 出自新羅 奔至阿觸胡無所歸 遂依完顔因而氏焉"

115) 周致中,『異域志(上)』(臺北: 廣文書局, 1968) 3쪽 "始因新羅人完顔氏者奔於國"

명백하다.[116] 그러므로 函普는 新羅遺民으로 신라 왕실이 고려에 歸附하는 것에 반대하고 여진인 들이 살고있던 만주지방으로 遷徙한 사람이었을 것이다.[117]

函普가 女眞地에 들어와 행한 행적을 적고 있는 『金史』世紀[118]를 보면 당시 여진사회에는 살인으로 인한 부족간의 보복적 연쇄 살인이 일어나고 있었는데, 이를 函普가 무난히 해결해줌으로써 部內의 인정을 받게 되었고, 마침내 女眞女와 결혼까지 하게되었다 한다. 즉 살상자가 자기집안 사람 1口, 馬 10偶, 牸牛 10, 황금 6량을 피해자 집에 배상해 주는 방법을 모색해주어 이 문제가 해결되었다는 것이다. 이러한 해결 방법은 당시 여진사회에 진보된 法俗으로 받아들여지면서 많은 部衆이 信服하였고, 이 때부터 여진사회에는 살인자가 馬·牛 30두로 배상하는 풍습이 생겼다는 것이다. 이처럼 世紀에 전하는 函普의 女眞 社會에 대한 法俗 敎化 내용은 그간 여진 사회가 갖고 있던 전래의 전통에 한반도에서 건너간 선진 문물이 여진사회 내에 서로 융합되고 있음을 의미하는 것으로 볼 수 있다. 또한 馬牛 30頭로 배상할 만큼 당시 여진사회의 생산력도 상당한 수준으로 발전하였음을 엿볼 수 있으며, 이러한 생산력의 증대에 따른 부의 축적이 여진사회를 변화시기는 촉진제이기도 하였다. 결국 貧富의 차이에 의하여 발생한 "酋豪以强凌弱"[119]의 현상이 이러한 사실을 증명한다. 그 후 始祖 函普는 "추장의

116) 金渭顯, 앞의 책, 137쪽.

117) 다른 주장이 없는 것도 아니다. 佟冬 主編, 『中國東北史』에서는 函普가 高麗의 '東北面'에 살고 있던 靺鞨人으로 羅末麗初인 10세기 초 전쟁을 피해 지금의 牧丹江流域으로 이주한 것으로 보았다. 同書, 545쪽 脚註2 참조.

118) 『金史』 卷1, 本紀 第1, 世紀 "始祖至完顔部 居久之 其部人嘗殺它族之人 … 鬩鬪不能解 … 乃爲約日凡有殺傷人者 徵其家人口一馬十偶牸牛十黃金六兩 與所殺傷之家 卽兩解 不得私鬪 日謹如約 女直之俗 殺人償馬牛三十自此始 …旣備償如約 部衆信服之"

119) 『三朝北盟會編』卷18, 政宣上帙 18에 인용된 『神麓記』.

무리들이 연맹체를 결성한 후 수령으로 추대하였다"[120]하였듯이 완안부를 이끌 수 있는 지도력을 갖춘 지도자로 인정되었으며, 이와 함께 完顔部도 혈연에 바탕을 둔 초기적 지배체제를 갖춘 연맹체로 발전했음[121]을 의미한 것이 아닌가 생각된다.

그 뒤 德帝(烏魯)·安帝(跋海) 2대는 특별한 공적을 남기지 않았으나, 獻祖(綏可)代에 오면 家屋을 마련하고, 농사와 원예에 힘쓰면서, 비로소 安出虎水 지방에 정착 생활을 하였다[122]는 것이다. 이는 완안부가 농경을 시작하면서, 비옥한 평야지대인 安出虎水(지금의 阿什河) 유역에 정착생활을 하게 되었음을 나타내주는 것이다. 농업은 적극적인 생산 활동이기 때문에 여진사회의 생활안정에 크게 기여했을 뿐만 아니라, 나아가 富의 축적이 가능해짐으로써 部族의 사회 경제적 발전에 획기적인 변화를 초래하였을 것으로 보인다. 더욱이 『神麓記』를 보면 '隨闊(綏可)이 사람들로 하여금 炭을 피워 煉鐵하게 하고, 목재를 깎아 그릇을 만들며, 선박과 수레도 만들게 하였다'[123]라 하여 綏可 代부터 완안부에 鍛鐵이 시작되고 있었음을 전해주고 있다.[124] 이처럼 농업에

120) 『三朝北盟會編』卷18, 政宣上帙 18에 인용된 『神麓記』에 "捐浦後女眞衆酋結盟推爲首領"이라 전한다.

121) 중국에서는 이때의 聯盟體을 친족부락간의 연맹으로 파악하고 있다. 佟冬 主編, 앞의 책 547쪽 참조.

122) 『金史』 卷1, 本紀 第1, 世紀 獻祖 "獻祖乃徙居海古水 耕墾樹藝 始築室 有棟宇之制 … 自此遂定居于安出虎水之側矣"라 전한다. 海古水는 오늘날 黑龍江省 阿城 동북방을 흐르는 海沟河이고, 安出虎水는 지금의 阿什河이다. 佟冬主編, 앞의 책 548쪽 참조.

123) 『三朝北盟會編』卷18, 政宣上帙 18에 인용된 『神麓記』에 "隨闊自幼習射採生 長而善騎射獵 教人燒炭煉鐵 刳木爲器 制造舟車"라 전한다.

124) 여기에서 말하는 煉鐵은 철광을 개발하여 철을 생산하는 제련기술이 아니라, 철을 鍛鍊하여 도구를 생산하는 제조 기술이었던 것으로 생각된다. 왜냐하면 『金史』世紀의 景祖條를 보면 생여진에는 예부터 철이 생산되지 않아서 교역을 통해 사들였다고 전하고 있기 때문이다. 金室의 발상지였던 黑龍江省 阿城縣 東南쪽 小岭地區에는 수십 곳의 冶鐵址가 발굴되기도 하였다. 黑龍江省博物館,

의한 생산력의 증대와 함께 첨단기술이라 할 수 있는 야철기술의 발달은, 獻祖代 완안부에 혁신적 변화를 초래하였을 것이고, 나아가 다른 女眞部族에 대하여는 교화적인 의미와 함께 지배적 우위를 점할 수 있는 계기가 되었으리라고 생각된다.

昭祖(石魯)代에는 여진사회의 법속을 바로 잡기 위한 條敎가 만들어져 시행되었음을 전해 주고 있다. 『金史』世紀를 보면 당시 여진사회에는 書契도 없고, 約束도 없어 檢制가 불가능하였다는 것이다.[125] 이에 昭祖가 條敎政治를 시도한 것인데, 이는 여진사회가 더 이상 函普代에 시행한 관습법만을 가지고는 사회 질서를 유지시키기 어렵게 되었고, 나아가 사회적 발전도 불가능하였음으로 새로운 法制의 필요성이 더욱 절실히 요구되었기 때문이라 생각된다. 이 과정에서 昭祖는 구세력의 반대에 부딪쳐 위기에 처하기도 하였으나, 숙부 謝里忽의 도움으로 가까스로 그 난국을 극복하고 승리할 수 있었다. 昭祖가 승리를 쟁취한 이후 완안부는 條敎政治의 시행으로 더욱 강성해지고, 뿐만 아니라 遼로부터 惕隱官에 임명되기도 하였다. 昭祖는 새로운 法制에 의한 조교정치를 시행하는 과정에서 順從者는 撫育하고 拒否者는 토벌하는 방법으로 세력을 확장하였고, 나아가 인근 諸部에게도 강요함으로써 女眞諸部를 복속시키는 計略으로 활용하였던 것이다. 이는 여진 사회를 교화한다는 구실로 隣近 諸部를 복속시켜 완안부의 세력을 확장하고자 하는 정벌 전쟁의 시작을 의미하는 것이라 볼 수 있다. 그 결과 완안부의 세력은 점차 강해져 그 영역도 靑嶺·白山에 이르렀고, 蘇濱·耶懶 지역에까지 진출할 수 있었다는 것이다.[126] 이러한 사실을 종합해

「黑龍江阿城縣小岭地區金代冶鐵遺址」, 『考古』, 1965年 第3期 참조.

125) 『金史』 卷1, 本紀 第1, 世紀 昭祖 "生女眞無書契 無約束 不可檢制 昭祖欲稍立條教 諸父部人皆不悅 欲坑殺之 已被執 叔父謝里忽知部衆將殺昭祖 日吾兄子 賢人也 必能承家 安輯部衆 此輩奈何輒欲坑殺之 亟往 彎弓注矢射於衆中 劫執者皆散走 昭祖乃得免 昭祖稍以條教爲治 部落寢强 遼以惕隱官之"

볼 때 昭祖代의 완안부는 혈연적인 색채가 강한 초기적 연맹체에서 점차 지연을 바탕으로 하는 정치적 연맹체로 발전해 가는 과도기적 상태에 있지 않았는가 생각된다. 아울러 遼로부터 北面屬國官職인 惕隱(司徒)官에 임명되었는데, 이는 완안부가 이웃 국가인 遼와 활발한 교류를 시작하였고, 아울러 遼로부터 女眞諸部 중의 한 세력으로 인정받았음을 보여주는 증거라 생각된다.

景祖(烏古迺)는 아버지 昭祖의 유업을 이어받아 條教政治에 반대하는 이웃 諸部를 계속하여 經略하고 白山·耶悔·統門·耶懶·土骨論 일대를 복속 시켰으며, 동으로 오국부에까지 이르렀다.[127] 이는 완안부의 세력이 남으로 백두산과 두만강유역에까지 미치었고, 동으로는 五國部가 위치한 三姓(依蘭) 이동 지방에까지 이르렀음을 의미한다.

景祖의 또 다른 업적으로 遼의 세력을 활용한 女眞部族 統合策을 빼놓을 수 없다. 이것은 밖으로는 遼를 돕는 척 하면서 안으로는 遼兵의 진입을 막고 주변의 女眞諸部를 복속해 나가는 방법이다. 즉 遼의 邊民들과 鐵勒·烏惹部民들이 遼의 압박을 피해 女眞地方으로 도망해오자 遼兵의 女眞地 진입을 막으면서 그들의 새출 자전을 도와주었다든지, 완안부에 不服하는 孩懶水烏林答部 石顯을 遼의 힘을 빌어 제거하기도 하였던 것이 그 좋은 사례이다. 특히 五國蒲聶部 節度使 拔乙門이 遼에 반기를 들고 鷹路를 막아버리자 遼軍을 대신하여 이들을 사로잡아 遼에 바쳤는데, 이 공을 계기로 景祖는 遼로부터 生女直部節度使에 임명되었다.[128] 이 때의 生女直部란 完顔部를 중심으로 그의 직접적 지

---

126) 『金史』 卷1, 本紀 第1, 世紀 昭祖 "昭祖耀武至于靑嶺白山 順子撫之 不從者討伐之 入于蘇濱耶懶之地 所至克捷"라 전하는데, 여기에 보이는 靑嶺은 지금의 張廣才岭, 白山은 백두산, 蘇濱地域은 綏芬河流域, 耶懶地域은 雅蘭河流域에 각각 比定된다. 佟冬 主編, 앞의 책 550쪽 참조.

127) 『金史』 卷1, 本紀 第1, 世紀 景祖 "景祖稍役屬諸部 自白山耶悔統門耶懶土骨論之屬 以至五國之長 皆聽命"

배를 받는 일단의 여진세력을 지칭하는 것이었다. 節度使는 遼의 北面屬國官職으로 상당한 세력을 갖춘 추장에게 수여하던 직위였다. 따라서 생여직부절도사의 직위에 오른 것은 대외적으로는 遼로부터 完顔部 세력이 諸部的 규모의 능력을 인정받았음을 의미하고, 대내적으로는 완안부가 遼의 정치적 배경에 등을 업고 生女眞 諸部에 군림할 수 있는 정치적 입지를 강화시키는 계기를 마련할 수 있었음을 나타낸다.

景祖는 遼로부터 節度使의 職을 수여 받은 후 官屬을 마련하여 생여진 사회의 기강을 바로잡아 나갔다.[129] 이것은 완안부가 生女眞 諸部의 통치를 위하여 정치적 조직을 마련하고 관리를 파견하여 다스리기 시작하였음을 의미하는 것이다. 그러므로 景祖 통치기의 생여진은 완안부를 정점으로 하는 국가적 지배체제를 갖춘 초기 국가적 형태로 발전하였음을 의미한다. 완안부 발전의 새로운 전기가 마련되었다고 할 수 있다.

遼를 배경에 두고 정치적 지배체제를 마련한 완안부는 이어 우수한 경제력을 바탕으로 교역에 힘써 완안부에서 생산되지 않는 철을 다량 확보하였다. 이를 계기로 弓矢를 수리하고 각종 기구를 갖추며 철제무

128) 『金史』 卷1, 本紀 第1, 世紀 景祖 "是時 遼之邊民有逃而歸者 及遼以兵徙鐵勒烏惹之民 鐵勒烏惹多不肯徙 亦逃而來歸 遼使曷魯林牙將兵來索逋逃之民 景祖恐遼兵深入 盡得山川道路險易 或將圖之 乃以計止之曰兵若深入 諸部必驚擾 變生不測 逋戶亦不可得 非計也 曷魯以爲然 遂止其軍 … 是時 隣部雖稍從 孩懶水烏林答部石顯尙拒阻不服 攻之 不克 景祖以計告於遼主 遼主遣使責讓石顯 … 旣而五國蒲聶部節度使拔乙門畔遼 鷹路不通 遼人將討之 先遣同幹來諭旨 景祖曰可以計取 若用兵 彼將走保險阻 非歲月可平也 遼人從之 … 於是景祖陽與拔乙門爲好 而以妻子爲質 襲而擒之 獻於遼主 遼主召見于寢殿 燕賜加等 以爲生女直部節度使"

129) 景祖代부터 官屬에 의한 통치가 이루어 졌음은 여러 기록을 통하여 확인된다. 즉 『金史』世紀 景祖條에 "旣爲節度使 有官屬 紀綱漸立矣"라 전하고, 同書 卷32, 志第13, 禮5, 上尊謚 에 "皇高祖太師(景祖) 質自天成 德爲民望 兼精騎射 往無不催 始置官師 歸者蓋衆"라 하였으며, 同書 卷55, 志第36, 百官1 序에도 "金自景祖始建官屬 統諸部以專征伐 嶷然自爲一國"이라 전한다.

기로 무장하여 군사력을 강화하니 완안부의 세력은 더욱 강화되었다. 이처럼 兵器의 개선으로 군사력이 강화되자 주변의 諸部가 속속 歸附하여 왔으니 斡泯水(通化 북쪽의 哈泥河)蒲察部, 泰神忒保水完顔部, 統門水溫迪痕部, 神隱水(濛江)完顔部 등 이였다.[130] 결국 景祖 治下의 完顔部는 遼와의 접촉을 통하여 선진문물을 수입하고, 節度使의 職을 수여 받아 정치적 입지를 강화하며, 안으로는 국가적 통치체제를 마련하고 관속을 갖추어 국력을 조직화하며, 나아가 경제적 기반을 토대로 무역을 통한 군사력의 강화에 힘씀으로써 완안부 발전의 전기를 마련하였던 것이다. 더욱이 『金史』世紀 의 기사 중, 景祖부터는 최초로 生卒年代(1021-1074)가 기록되고 있는 것으로 보아, 그 기사 내용에 대한 역사적 사실성에 신빙성을 더해준다.

景祖의 사후 生女直 節度使職을 계승한 사람은 둘째 아들 世祖(劾里鉢)였다. 세조가 즉위하자 景祖의 異母弟 跋黑이 桓赤皮, 散達, 烏春, 窩謀罕 등을 꾀어 난을 일으켰다.[131] 桓赤皮, 散達兄弟는 國相 雅達의 아들이고, 烏春은 阿跋斯水(敦化 丹南屯 이남의 牧丹江)溫都部人으로 鍛鐵을 업으로 삼았던 부중의 首長으로 그 세력이 막강하였다. 이 난으로 완안부의 형세는 世祖의 편과 跋黑의 편으로 양분되었다.[132] 그러나 世祖가 차근차근 작전을 전개하여 叛衆들을 모두 무너트리고, 野居女眞의 牧馬를 약탈해간 臘醅·麻産 마저 토벌[133]하는 등 마침내 분

---

130) 『金史』 卷1, 本紀 第1, 世紀 景祖 "生女直舊無鐵 隣國有以甲冑來鬻者 傾貲厚賈以與貿易 亦令昆弟族人皆售之 得鐵旣多 因之以修弓矢 備器械 兵勢稍振 前後願附者衆 斡泯水蒲察部泰神忒保水完顔部統門水溫迪痕部神隱水完顔部 皆相繼來附"

131) 『金史』 卷1, 本紀 第1, 世紀 世祖條 "遼咸雍十年 襲節度使 景祖異母弟跋黑有異志 世祖慮其爲變 加意事之 不使將兵 但爲部長 跋黑遂誘桓赤皮散達烏春窩謀罕爲亂 及間諸部使貳于世祖", 그 외에도 同書 卷65 跋黑傳, 卷67 桓赤皮 散達傳 및 烏春傳 참조.

132) 『金史』世紀에는 이러한 사정을 世紀 世祖條에 "部中流言日 欲生則附於跋黑 欲死則劾里鉢頗剌淑"라 전하고 있다.

열된 女眞諸部의 통합을 이루는데 성공하였다. 이처럼 跋黑의 난을 무사히 평정하게된 완안부는 내부의 결속을 더욱더 공고히 할 수 있었을 뿐만 아니라, 오히려 女眞諸部를 직접 지배할 수 있는 계기를 만들게 되었다. 跋黑의 난 이전까지는 女眞諸部를 단순히 服屬시키는 데에 그쳤지만, 跋黑의 난을 계기로 주모자급의 수령들을 모두 제거해버림으로써 金室 완안부가 명실상부하게 生女眞 諸部의 직접적 통치자로 군림할 수 있는 터전을 마련할 수가 있었던 것이다.

세조 사후 그 위를 물려받은 사람은 肅宗(頗剌淑)이었으나 2년 만에 죽고 그 아우 穆宗(盈歌)이 大安 10년(1094) 節度使가 되었다. 목종은 1096년 陶溫水徒籠古水紇石烈部 阿閤版과 石魯가 五國으로 통하는 鷹路를 막고 遼 捕鷹使를 살해하고 변란을 일으키자 遼의 의뢰를 받아 이들을 진압하였다.[134] 이어 統門·渾蠢水(지금의 圖們江·琿春河) 烏古論部 留可, 詐都와 蘇濱水(綏芬河) 烏古論部 敵庫德이 米里迷石罕城에서 기병 하였다. 이때 반군의 兵勢는 "徒單部의 편 14부가 하나로 뭉치고, 烏古論部의 편 14부도 하나로 뭉치며, 蒲察部의 편 7부도 하나로 뭉치면 무릇 35가 된다. 完顔部는 12부뿐이므로 35부대 12부의 싸움은 3인대 1인의 싸움이 되니 반드시 이길 것이다"[135]라 장담할 만큼 완안부에게 어려운 상황이었다. 그러나 그 해 8월 撒改를 都統으로, 辭不失·阿里合懣·斡帶를 副都統으로 삼아 留可·許都·塢塔 등에 대한 토벌군을 일으키고, 謾都訶·石土門이 敵庫德에 대한 토벌 전을 시작하여 米里迷石罕城, 留可城, 塢塔城 등을 차례로 항복시켰다.[136] 이들

---

133) 『金史』 卷1, 本紀 第1, 世紀 世祖條 "臘醅麻產侵掠野居女直 略來流水牧馬 世祖擊之" 및 同書 卷67 臘醅麻產傳 참조.

134) 『金史』 卷1, 本紀 第1, 世紀 穆宗 "曾陶溫水徒籠古水紇石烈部阿閤版及石魯阻五國鷹路 執殺遼捕鷹使者 遼詔穆宗討之 阿閤版等據險立柵 方大寒 乃募善射者操勁弓利矢攻之"

135) 『金史』 卷67, 列傳 第5, 留可傳 참조.

을 진압한 이후 穆宗은 太祖(阿骨打)의 건의에 따라 統門, 渾蠢, 耶悔, 星顯 4路와 嶺東諸部의 部長들에게 다시는 都部長이란 칭호를 쓰지 못하게 하였다.[137] 이로써 생여진은 "분열(반란)을 일으키면 군사로 평정하고, 일절 모든 부를 本部(완안부)의 법령으로 다스리니 동남으로 乙離骨・曷懶・耶懶・土骨論에 이르고, 동북으로는 五國・主隈・禿答에 이르렀다. 金이 이에 어찌 盛彊하지 않겠는가"[138]의 형세를 이루게 되었다. 이것은 완안부의 직접적 지배를 받게된 생여진의 영역이 동남으로는 圖們江・琿春河 일대(間島지방)에 이르렀고, 동북으로는 三姓(依蘭)이동 지방에까지 미치게 되었음을 의미하며, 生女眞 諸部가 완안부의 법령에 의하여 다스려지는 하나의 통일된 국가체제로 발전하였음을 의미한다고 하겠다. 즉 景祖代 마련된 통치체제가 穆宗代에 이르러 내부적으로 더욱 공고히 다져졌음을 의미하는 것이다.

또한 遼人 蕭海里가 乾統 2년(1102) 난을 일으켜 동북일대에 소동을 일으키자 遼는 郝家奴에게 체포할 것[139]을 명하였다. 그러나 정벌에 나선 遼軍이 토벌에 실패하자 완안부의 목종에게 정벌을 의뢰하여왔다. 이에 목종은 遼軍과 戰力을 비교해볼 좋은 기회라 생각하고 諸部로부터 1천 여명의 군사를 모아 蕭解里 토벌에 나섰다.[140] 이 전투는

---

136) 『金史』 卷1, 本紀 第1, 世紀 穆宗 "統門渾蠢水之交烏古論部留可許都與蘇濱水烏古論敵庫德起兵于米里迷石罕城 納根涅之子鈍銀亦亡去 於是兩黨作難 八月撒改爲都統 辭不失阿里合懣斡帶副之 以伐留可許都塢塔等"

137) 『金史』 卷1, 本紀 第1, 世紀 穆宗 "太祖因致穆宗 教統門渾蠢耶悔星顯四路及嶺東諸部自今勿復稱都部長"

138) 『金史』 卷1, 本紀 第1, 世紀 穆宗條 "自景祖以來 兩世四主 志業相因 卒定離析 一切治以本部法令 東南至于乙離骨曷懶耶懶土骨論 東北至于五國主隈禿答 金蓋盛于此"

139) 『金史』 卷1, 本紀 第1, 世紀 穆宗 "冬 蕭解里叛 入于係案女直阿典部 遣其族人斡達剌來結和 日願與太師爲友 同往伐遼 穆宗執斡達剌"라 하였고, 『遼史』 卷27, 本紀 第27, 天祚皇帝1, 乾統 2年 10月 乙卯條 "蕭解里叛 劫乾州武庫器甲 命北面林牙郝家奴捕之 蕭解里亡入陪朮水阿典部"라 전한다.

140) 『金史』 卷1, 本紀 第1, 世紀 穆宗 "會遼命穆宗捕蕭解里 穆宗送斡達剌于遼 募軍

여진이 요병과 직접 싸워본 최초의 전투였으며, 이를 계기로 여진군은 遼軍의 전투력을 알아내는데 좋은 경험이 되었다. 불과 1천명으로 수천 여명의 蕭解里軍을 討平한 것이다. 이후 완안부에는 未屬의 女眞諸部가 속속 귀부하여 왔고, 고려에서도 이 소식을 듣고 1103년(고려 숙종 8년) 사자를 보내어 축하하였다. 그리고 무엇보다도 중요한 사실은 이 전투를 계기로 女眞軍이 遼軍의 무력함을 알고 얕잡아 보기 시작하였으며, 훗날의 큰 꿈을 키우게 되었다는 점이다.

穆宗의 死後 그 뒤를 이은 것은 세조(劾里鉢)의 아들 康宗(烏雅束)이다. 穆宗의 晩年 완안부의 세력은 간도지방을 넘어 曷懶甸 地方(咸興이북지방)에 까지 진출하였다. 따라서 완안부 세력의 남진은 필연적으로 曷懶甸 地方의 여진을 두고 高麗와 完顔部 간에 서로 차지하려는 일전을 불가피하게 하였다. 강종은 高麗의 長城 以北인 曷懶甸 地方에 石適歡을 파견하여 星顯·統門 지방의 兵士들을 이끌고 曷懶甸을 徇略하여 叛亡 7城을 차지하였다. 이에 고려에서 曷懶甸 彊域에 대한 논의를 통첩해 오니, 완안부는 曷懶甸 속관 斜勒·治剌保 詳穩을 보내고, 石適歡은 盃魯를 보냈다. 그러나 고려는 治剌保 등을 억류하였다.[141] 또한 고려 숙종 9년(1104) 정월 完顔部의 康宗이 別部 夫乃老와 사이가 나빠져 公兄 之助를 보내 정벌코자 定州關 밖에 女眞騎兵을 주둔시켰는데, 고려는 門下侍郎平章事 林幹으로 하여금 대비하도록 하였다. 그러나 2월 전투에서 林幹軍은 패퇴하였고,[142] 동년 2월 樞密使 尹瓘이 파

得甲千餘 女直甲兵之數 始見于此 蓋未嘗滿千也 … 太祖策馬突戰 流矢中海里首 海里墮馬下 執而殺之 大破其軍 使阿里合懣獻馘于遼 金人自此知遼兵之易與也”

141) 『金史』 卷135, 列傳 第73, 外國下, 高麗傳 “嗣 遣石適歡以星顯統門之兵往至乙離骨嶺 益募兵趨活涅水 徇地曷懶甸 收叛亡七城 高麗使人來告日事有當議者 曷懶甸官屬使斜勒詳穩冶剌保詳穩往 石適歡亦使盃魯往 高麗執冶剌保等 而遣盃魯日無與爾事 於是 五水之民皆附於高麗 團練使陷者十四人”

142) 『高麗史節要』卷7, 肅宗明孝大王 9年 正月 및 2月條 “東女眞酋長烏羅首(烏雅束, 康宗) 與別部夫乃老 有隙 遣公兄之助 發病攻之 騎兵來屯定州關外 以門下侍郎

견되었으나 30여 수급을 얻었을 뿐 군사의 태반을 잃게 되었다.[143] 이 두 차례 전투의 승리로 완안부는 曷懶甸 지역을 차지하게 되었다. 그 후 睿宗 2년(1107)부터 尹瓘의 여진 정벌이 다시 시작되고, 이듬해에는 曷懶甸 남부지방을 차지한 고려가 요새에 宜州・通泰・平戎・咸州・英州・雄州・吉州・福州・公嶮城 등의 9城을 쌓고 南界民을 이주시켜 지키게 하였다.[144] 이에 康宗은 아골타의 주장[145]에 따라 斡塞을 파견하여 고려가 점령한 9城의 환부 작전을 전개하고, 화전양면작전을 끈질기게 펼쳐 결국 1109년 曷懶甸地方을 완전히 차지하였다.[146] 이로써 康宗代 생여진의 영역은 高麗 以北의 갈라전지방에 까지 확대되었던 것이다.

2. 金의 建國

遼 天慶 3年(1113) 10月 劾里鉢(世祖)의 次子 阿骨打는 그의 兄 烏雅束(康宗)이 죽자 生女直部의 都勃極烈에 오르고, 이듬해 遼로부터 生女直部節度使에 봉해졌다.

平章事林幹 判東北面行營兵馬使 御宣政殿 授鈇鉞 往備之", "二月林幹與女眞 戰于定州城外 敗績"

143) 『金史』 卷135, 列傳 第73, 外國下, 高麗傳 "二年甲申 高麗來貢 石適歡大破之"라 하였고, 『高麗史節要』卷7, 肅宗明孝大王 9年 2月條 "以樞密院使尹瓘 爲東北面行營兵馬都統 御重光殿 授鈇鉞 遣之 瓘與女眞戰斬三十餘級 我軍死傷陷沒者 過半"

144) 『高麗史節要』卷7, 睿宗文孝大王 2年 10月 및 同 3年 3月條 "築宜州通泰平戎三城與咸英雄吉福州公嶮鎭 爲北界九城 皆徙南界民實之"

145) 曷懶甸 失地回復을 위한 出兵은 阿骨打만이 주장하였다. 『金史』 卷135, 列傳 第73, 外國下, 高麗傳 "康宗歸 衆咸曰 不可擧兵也 恐遼人將以罪我 太祖獨曰 若不擧兵 豈止失曷懶甸 諸部皆非吾有也 康宗以爲然 乃使斡塞將兵伐之 大破高麗兵"

146) 『金史』 卷135, 列傳 第73, 外國下, 高麗傳 "七月 高麗復請和 康宗日事若酌中 則與之和 高麗許歸亡入之民 罷九城之戍 復所侵故地 遂與之和"와 『高麗史』卷13, 世家卷13 睿宗 4年 7月 乙巳條 참조.

그는 어려서부터 "힘이 장사였고 행동거지가 단정하고 무게가 있어" 아버지 세조의 사랑을 듬뿍 받았다. 또한 "好弓矢", "善射"하여 "奇男子"라 불리기도 하였다. 23세 때에는 세조를 따라 烏春의 餘黨 窩謀罕을 토벌할 때 短甲에 투구도 쓰지 않고 말도 타지 않은 채 적진에 뛰어 들어가 제군을 호령하는 등 용맹을 떨쳤다. 그 뒤 直屋鎧水 麻産을 친히 포획하여 그 수급을 遼에 바치고 그 공으로 遼로부터 詳穩職을 받았다. 26세 때는 穆宗 盈歌와 함께 南征北討에 임하여, 跋忒을 정벌하고, 留可를 격파하였으며, 阿疎와 蕭解里 정벌에 참여하여 큰공을 세우기도 하였다.[147)]

康宗 7년에는 자연 재해로 백성들이 流莩하고 도적이 되는 어려움에 처했을 때, 도적들을 사형에 처하자는 의견이 많았다. 그러나 阿骨打는 이에 반대하여 3배로 보상하는 "減盜賊徵償法"을 제정하여 시행하였다. 또한 가난한 사람들은 自活이 불능하여 妻子를 팔아 빚을 갚는 실정을 보고 "지금부터 3년 동안 세금을 징수하지 말고 3년 후에나 서서히 시행할 것"을 건의하여 시행하도록 함으로써 백성들의 민심을 돌릴 수 있었다는 것이다.[148)] 이는 아골타의 위민 정치 사상을 엿볼 수 있는 것으로, 이를 통하여 완안부는 내부적 결속을 더욱 공고히 하고 국력도 배가시킬 수 있었던 것이다.

그러나 아골타가 生女直部節度使의 직위를 세습하게 될 무렵 당시 생여진 사회에는 遼에 대한 불만이 고조되고 있었다. 그 이유는 무엇 때문이었을까? 크게 두 가지 요인을 들 수 있다. 즉 그 하나는 進貢物의 증가, 榷場에서의 거란인의 횡포, 遼 捕鷹使의 전횡 등에 따른 여진 사회의 반발과 反遼 감정이고, 다른 하나는 遼로 도망간 叛敵 阿疎의 송환 문제였다. 특히 阿疎의 송환 문제는 나중에 아골타가 요에 대하

147) 『金史』 卷2, 本紀 第2, 太祖本紀 참조.
148) 『金史』 卷2, 本紀 第2, 太祖本紀 참조.

여 擧兵하는 대외적 명분으로 삼았다.

먼저 여진인에게 遼에 대한 불만을 가지도록 만든 첫 번째 요인은 進貢 액수의 증가였다. 契丹 초부터 접촉을 시작한 만주의 女眞 諸部는 그들 지역에서 생산되는 소위 '方物'이라 일컬어지는 토산품을 수시로 조공의 형태로 진상하고 있었다. 그러나 遼末에 오면 올수록 그 액수가 점점 증가하여 생여진 사회에 그 부담이 매우 가중되었다. 대표적인 예로 天顯 元年(926)에 越里篤・剖阿里・奧里米・蒲奴里・鐵驪 등 諸部의 세공 액수가 馬 3백 필이었는데, 開泰 7年(1018)에는 貂皮 6만5천과 馬 3백 필로 증가하고 있다.[149] 심지어 여진의 세공물을 遼의 官吏가 詐取하는 경우[150]도 있었으며, 遼의 동북지방의 지방관인 東京留守나 黃龍府府尹이 새로 부임해오면 女眞諸部에 貢獻 禮物을 강요[151]당하는 것과 같은 사례들이 좋은 예일 것이다. 이처럼 여진사회에 遼에 대한 조공액수의 증가와 강요는 필연적으로 여진 사회에 反遼 감정을 부채질하였던 것이다.

遼는 寧江州(扶餘縣 伯都訥古城)에 榷場을 설치하여 생여진으로 하여금 필요한 물건을 교역하도록 허용하였다. 이곳에서 교역되는 물건들은 생여진의 토산물들이 주로 이용되었는데 이때 거란 상인들의 횡포가 이만저만이 아니었다. 즉 "가격을 낮게 매겨 강제로 매입하고, 또한 여진인 들에게 욕설과 구류"도 불사하는 횡포였다. 이러한 행위를 "打女眞"이라 했다는 것이다.[152] 이처럼 불평등한 교역은 여진인이 遼

149) 『遼史』 卷16, 本紀 第16, 聖宗7 開泰 7年 3月 辛丑條와 同書 卷60, 志第29, 食貨志下 참조.

150) 『遼史』 卷18, 本紀 第18, 興宗1, 重熙 7年 12月 丁亥條 "南面侍御壯骨里詐取女直貢物 罪死 上以有吏能 黥而流之"

151) 『三朝北盟會編』卷3, 政宣上帙 3 "沿邊諸將如東京留守黃龍府尹等 每到官 各管女眞部族 依例科斂 拜奉禮物 各有等差"

152) 『契丹國志』 卷10, 天祚皇帝上, 天慶 4年條 "先是 州有榷場 女眞以北珠人參生金松實白附子蜜蠟麻布之類爲市 州人低其置 且拘辱之 謂之打女眞"

人들에 대하여 좋지 않은 감정을 가지게 하는 또 다른 원인을 제공하였다.

榷場에서의 打女眞 못지 않게 여진인 들을 괴롭혀온 것이 바로 捕鷹使의 횡포였다. 天祚帝 즉위 이후 遼의 귀족 사회에는 사냥에 도취되어 사냥매의 수요가 급증하였다. 당시 사냥매로 널리 이름을 날린 것은 五國部의 동해안 일대에서 서식하는 海東靑이란 매였다. 따라서 遼는 해동청을 구하기 위하여 수시로 그 산지에 포응사를 파견하였다. 그런데 이때 파견된 포응사들의 횡포가 대단하여 생여진 사회의 원성을 불러일으켰던 것이다. 이들은 매번 여진지에 들어와 오국부로 가는 沿途의 여진부락에서 수요 품의 모두를 요구했기 때문에 그 피해가 많았던 것이다. 더구나 그 요구에 응하지 않는 추장들에게는 매를 가하거나 심지어 사형까지도 불사하였던 것이다.[153] 뿐만 아니라 밤에는 侍寢까지 요구하였다. 초기에는 中下戶를 숙식 처로 삼고 시침 대상도 未出室女였다. 그러나 使者가 끊이지 않고 계속 되면서 대국의 힘만 믿고 美好婦人을 택하고 有夫女나 閥閱高下를 가리지 않는 전횡을 부리었으니 여진인의 분노가 극에 달하였다는 것이다.[154] 이러한 원인으로 야기된 遼人들에 대한 女眞 諸部人들의 분노는 여진사회에 反遼 감정을 널리 확산시켰고, 나아가 阿骨打의 擧兵意志에도 적지 않은 영향을 주었던 것이다.

그러나 阿骨打가 擧兵反遼의 공식적인 구실로 삼은 것은 叛敵 阿疎의 送還問題였다. 阿疎는 星顯水紇石烈部人으로 그의 아버지 阿海 때부터 景祖와 世祖를 섬겨왔다. 阿海 사후 그는 그 아버지의 직을 세습하여 勃

153) 『契丹國志』 卷10, 天祚皇帝上, 天慶 4年條 "天使所至 百般需索於部落 稍不奉命 召其長加杖 甚者誅之 諸部怨叛 潛結阿骨打 至是擧兵伐遼"

154) 『三朝北盟會編』卷3, 政宣上帙 3 "每至其國 必欲薦枕者 其國舊輸中下戶作至宿處 以未出室女待之 後使者絡繹恃大國 使命惟擇美好婦人不問其有夫及閥閱高者 女眞浸忿"

菫이 되었다. 그런데 徒單部의 許都와 다툼이 있을 때 숙종이 중재의 역할을 하였는데 그것에 불만을 품은 阿疎가 毛睹祿勃菫과 함께 起兵하였다. 이에 穆宗과 撒改가 출병하여 阿疎城에 이르렀으나 阿疎는 동생 狄故保와 함께 遼로 도망하였다. 遼가 사자를 보내 공격을 못하게 하므로 목종은 劾者 勃菫을 阿疎城에 남기고 돌아왔다. 阿疎는 그 이후로 遼에 있으면서 감히 돌아오지 못하였다. 이러한 叛敵 阿疎의 귀환문제는 遼와 생여진 사이의 중요한 현안 문제로 대두하게 되었다.155)

遼 天慶 2年(1112) 天祚帝가 春捺鉢地 鴨子河(嫩江과 松花江 合流地域)에서 낚시를 할 때 고사에 의거 千里 내의 생여진부 추장들이 모두 와서 조회하였다. 이들이 모두 頭魚宴에 참석하여 술이 반쯤 취했을 때 天祚帝가 추장들에게 차례로 일어나 춤출 것을 명령하였다. 그러나 유독 아골타만이 춤을 추지 않았다. 天祚帝가 재삼 영을 내렸지만 끝내 듣지 않았다.156) 이 사건 이후 아골타는 天祚帝가 자기를 의심하고 있음을 알고 생여진 병합작전을 전개하며 본격적인 對遼 擧兵對策의 수립에 착수하였다. 또한 외교적으로는 阿疎의 송환을 계속하여 요구하였다. 요에서도 아골타의 동태가 심상치 않음을 깨닫고 영강주 일대의 군사를 동원하여 대비케 하였다. 太祖 2년(1114) 6월 遼로부터 生女直部節度使의 직을 세습하도록 허락 받은 아골타는 요의 동태를 면밀히 파악하고 마침내 동년 9월 거병을 단행하였다. 아골타는 생여진의 諸路에서 모은 2천 5백 여명의 정벌군 앞에서 遼의 죄를 단죄하기 위하여 하늘과 땅에 고하여 말하기를

> 우리가 대대로 遼 나라를 섬김에 있어 닦고 근신하여 직분과 공납을 다하였고, 烏春과 窩謀罕의 난을 평정하고, 蕭解里의 무리들도 격파하였

155)『金史』卷67, 列傳 第5, 阿疎傳 참조.
156)『遼史』卷27, 本紀 第27, 天祚皇帝1, 天慶 2年 2月 丁酉條.

다. 공을 세워도 보살펴 주기는커녕 능멸함을 더하였고, 죄인 阿疎를 누차에 걸쳐 보내달라 하여도 돌려주지 않는 도다. 이제 장차 遼에 이 죄를 물으려 하니 天地神明께서 굽어살피시어 우리를 도와주소서[157]

라하고 있듯이, 伐遼의 대외명분으로 叛敵 阿疎의 送還問題를 내세우고 있다. 그러나 앞에서 살펴 본바와 같이 歲貢額數의 증가, 榷場에서의 거란인의 횡포, 捕鷹使 일행의 專行 등 때문에 여진사회에 널리 퍼져 있던 反遼 감정이 복합적으로 작용하였음이 틀림없다. 결국 그 동안 遼로부터 받아온 압박으로부터 벗어나려는 독립전쟁의 성격을 띠고 있는 것이다.

정벌군을 이끈 아골타는 寧江州전의 승리를 시작으로 遼地를 점령하고 마침내 이듬해 收國 元年(1115) 정월에는 稱帝建元하고 국호를 金이라 칭하여 개국하였다.[158]

Ⅴ. 맺음말

海東盛國을 이루었던 渤海가 신흥의 契丹에게 멸망(926)을 당한 이후 滿洲의 새로운 주인으로 등장한 것은 여진족이었다. 그들은 金을 건국할 때까지 거의 2세기에 달하는 기간 동안 통일된 국가체제를 이루지 못하고 만주의 각 지역에 散居하며 盛衰를 거듭하였다. 그들은 이웃한 여러 나라와 끊임없이 교류하면서 그들의 행적을 남기었는데,

157) 『金史』 卷2, 本紀 第2, 太祖 2年 9月條 "致遼之罪 申告于天地日 世事遼國 恪修職貢 定烏春窩謀罕之亂 破蕭解里之衆 有功不省 而侵侮是加 罪人阿疎 屢請不遣 今將問罪於遼 天地其鑒佑之"

158) 『金史』 卷2, 本紀 第2, 太祖 收國元年 正月 壬申條 "羣臣奉上尊號 是日 卽皇帝位 上日 遼以賓鐵爲號 取其堅也 賓鐵雖堅 終亦變壞 惟金不變不壞 金之色白 完顔部色尙白 於是國號大金 改元收國"

정작 그들 자신들이 기록한 史書는 남기지 못하였다. 따라서 遼代 女眞社會의 실체를 파악하기 위해서는 먼저 이웃 나라의 史書에 남긴 女眞 관계 기사를 검토해 보지 않으면 안 된다. 따라서 本考가 高麗·宋·遼의 기록을 재검토하는데 주목한 것도 바로 그 때문이다.

그리하여 遼代의 女眞은 주변에 이웃한 나라와 시대에 따라 달리 호칭되었으며, 고려에서는 주로 여진인 들이 거주하고 있는 지역의 방위에 따라 구분하여 불러왔고, 東女眞과 西女眞으로 범칭 하는 경우가 많았음을 알 수 있다. 중국에서는 唐末五代인 後唐 莊宗 代부터 기록에 나타나기 시작하였으나 契丹의 대두로 원만한 교류가 어려웠고, 그로 말미암아 宋代의 여진관련 기록도 金初의 사실이 주가 되고 있다. 여진과 활발한 교류를 하였던 遼는 비교적 다른 나라보다 여진에 관한 지식이 구체적이었고, 女眞諸部族들과의 교류기사도 풍부하게 남기고 있다. 특히 삼국의 기록을 통하여 확인할 수 있는 것은 熟女眞과 生女眞에 관한 기록이 遼末에 와서야 비로소 나타나며, 熟女眞은 遼末 遼籍에 편입되어 遼의 직접적인 지배 하에 있던 女眞諸部이고, 生女眞은 遼籍에 편입되지 않고 松花江 이북지역에 거주하며 完顏部의 지배 하에 있던 女眞諸部에 대한 총칭이었음을 알 수 있다.

이처럼 生女眞 諸部 중의 하나였던 완안부가 遼末 女眞 社會를 통일하고 금을 건국할 수 있었던 배경에는 이에 상응한 社會經濟的 뒷받임이 충분하였기 때문임을 알 수 있었다. 즉 농업과 목축의 발전에 바탕을 둔 사회 생산력의 증대와 이에 따른 경제적 부의 축적이 가능했다는 점, 鐵製武器와 騎馬戰術에 의한 戰鬪力의 증강으로 生女眞 諸部를 복속시킬 수 있는 군사력을 확보했다는 점, 土産物 및 馬貿易을 통한 교역의 증대로 文化的·經濟的 향상을 꾀할 수 있었다는 점, 遼와의 원만한 외교관계를 통하여 生女直部節度使를 세습함으로써 대내외적으로 정치적 입지를 강화시킬 수 있었다는 점을 들 수 있을 것이다.

여기에 金室 完顔部의 정치적 지도력을 빼놓을 수 없다는 점이다. 즉 函普로부터 완안부의 수령에 올라 지배력을 갖추더니, 獻祖 代에 이르게되면 농경이 시작되어 阿什河流域에 정착생활이 시작되고 완안부의 생산력을 증대시켜 경제발전에 일대 전기를 이루게되었다. 昭祖 代에는 條教政治를 통해 이웃부족을 經略하여 지연적 聯盟體로 발전하고, 遼와의 교류를 시작하는 등 이 때까지의 완안부는 비교적 女眞社會 內部의 발전을 도모하는 형국이었다. 그 후 景祖 治下의 완안부는 遼와의 대외적인 접촉을 통하여, 節度使 職을 수여 받아 생여진 諸部 內에서의 정치적 입지를 강화하고, 선진문물의 수입에 힘을 기울였다. 또한 안으로 통치체제를 갖추어 관속을 정비하고, 경제적 기반을 바탕으로 국방력 강화에 힘쓰는 등 국력의 조직화에 주력하였다. 世祖때에는 跋黑의 난을 평정하여 분열된 여진사회를 통합하고 女眞諸部를 지배함으로서 완안부 발전의 기반을 마련하였다. 穆宗 代에는 遼의 叛人 蕭解里를 토벌하면서 대외적 명성을 떨치었고, 이를 통하여 앞날의 웅지를 키울 수 있었던 것이다. 이후 康宗은 생여진의 영역을 曷懶甸에까지 넓히었고, 태조 대에는 그 동안 성장한 생여진 사회의 모든 역량을 모아 遼에 대한 여진사회의 불만을 앞세우고 擧兵하여 마침내 金을 건국하였다. 이처럼 완안부가 累代에 걸쳐 정치적 지도력을 갖춘 훌륭한 지도자를 배출함으로써 만주 여진사회가 갖고 있던 모든 역량을 한 곳에 집결시킬 수 있었던 것이며, 이를 통하여 金을 건국할 수 있었던 것이다.

이와 같이 遼末 女眞 社會의 발전과 完顔部를 중심으로 한 통합운동은 2백여 년 간 축적된 여진 사회 내부의 社會經濟的 發展과 政治的 力量의 결과이지 어느 순간 군사력만으로 성장하여 나라를 세우고 군림할 수 있었던 것은 아니었다는 사실이다.

〈白山學報 第64號, 2002.12.25. pp.273~314〉

丙寅洋擾와 中國 淸政府의 對應 硏究

權 赫 秀*

〈目 次〉

Ⅰ. 머리말

1866년의 병인양요는 한국역사상 최초로 서양열강과 대결한 전쟁사태로서 19세기말의 조선왕조에 대한 자본주의 열강세력의 침투와 침략의 시작을 의미하고 있으므로 일찍부터 한국근대사 및 한불관계사 연구의 중요한 과제로 다루어져왔고,[1)] 또한 1990년대 초부터 한불 두 나라 사이에 외규장각도서의 반환문제가 제기되면서 새롭게 각광을 받게 되었다.[2)] 필자의 조사에 의하면 위와 같은 한불관계사의 시각에 의한

* 중국 東北師範大學校 歷史係 부교수, 동 대학교 朝鮮-韓國學 硏究中心 秘書長

1) 이에 대한 한국학계의 대표적 연구서는 다음과 같은 두 책을 꼽을 수 있다.
韓國史硏究協議會 編, 『韓佛修交100年史』, 동 협의회 발행, 1986년.
韓國政治外交史學會 編, 『韓佛外交史 1886~1986』, 平民社, 1987년.

2) 2000년 8월 25일에 한국정신문화연구원 주최로 "병인양요의 재조명과 외규장각도서문제"를 주제로 한 학술토론회가 개최되었고, 李元淳, 장동하, 趙珖, 權熙英이 각각 주제발표를 하였다.

병인양요연구가 나름대로 많은 성과를 나타내고 있는 반면 한중관계사의 시각에 의한 병인양요의 연구는 지금까지 한중 두 나라 학계를 비롯하여 거의 한편도 없는 것으로 나타났다.

실제로 병인양요는 한중관계분야에 있어서 중국을 중심으로 하는 동아시아의 전통적 국제질서인 조공관계체제와 서구자본주의 세력이 "砲艦政策(Gun-Boat Policy)"의 강력한 수단으로 주장하는 근대적 조약관계체제의 최초의 충돌사태로서 19세기 말 한중관계사의 근대적 전환을 예고하는 중대한 사건이었다. 또한 당시 프랑스는 강경한 鎖國政策을 고집하고 있는 조선왕조 대원군 정권과 직접 교섭할 수가 없어 이미 公使級 외교관계를 맺고 있는 중국 청정부를 통해 병인양요와 관련된 외교적 교섭을 전개해 왔는데, 그만큼 중국 청정부의 대응에 관한 고찰은 병인양요연구에 있어서도 분명 하나의 중요한 구성부분이라고 할 수 있다. 이에 本 稿에서는 한중관계사의 시각에서 먼저 당시 조선왕조의 對西洋 鎖國政策에 대한 중국 청정부의 입장 및 영향을 살펴보고 이어서 병인양요 당시 중국 청정부와 중국주재 프랑스 공사관 및 조선왕조 측과의 삼각교섭을 중심으로 청정부의 대응과정을 고찰함으로서 19세기 말 한중관계사의 연구는 물론 병인양요의 연구에 一助하고저 한다.

Ⅱ. 조선왕조의 對西洋 鎖國政策과 중국 청정부의 입장

주지하는 바와 같이 대략 18세기 말엽부터 이른바 "夷洋船"으로 불리우는 서구 자본주의국가의 商船 또는 軍艦들이 한반도 해역으로 출몰하기 시작하면서 西勢東漸의 세계사적 변화의 충격은 서서히 "고요한 아침의 나라"인 조선에까지 미치기 시작하였다. 19세기에 들어서면서 이양선의 출몰은 純祖(1800~1834) 재위 33년에 겨우 2회 정도에[3]

그치던 것이 憲宗 재위 14년(1834~1849)과 哲宗 재위14년(1849~1863)에는 각각 7회 즉 2년에 한번 정도로 증가되었다.[4] 한편 1860년에 중국 청정부와 체결한 『北京條約』을 통해 한반도와 국경을 접하게 된 러시아도 고종원년인 1864년부터 조선으로 직접 陸路로의 통상을 요구해오기 시작하였다.[5] 당시 조선왕조의 대외관계는 중국과의 조공관계, 일본과의 통신사관계 및 서양각국에 대한 鎖國關係로 요약할 수 있었는데,[6] 그중 서양각국의 통상요구에 대하여 중국과의 조공관계를 이유로 거부입장을 밝혀왔고 또한 그러한 거부사실을 중국 청정부로 통보해주는 것이 하나의 관례처럼 굳어져왔다.

1832년(순조32년) 6월에 영국상선 앰허스트(Lord Amherst, 阿姆斯特勛爵)호가 충청도 앞 바다에 나타나 통상과 조난구조에 관한 교섭을 요청해오자, 조선정부는 곧바로 청정부 禮部로 보낸 咨文을 통해 "藩臣에게는 外交가 있을 수 없고 關市에서는 異言을 나무란다"는 이유로 거부입장을 표명하였다.[7] 이에 당시 청나라 道光황제는 조선 측의 "충성"을 칭찬한다는 뜻으로 비단을 下賜하였다.[8] 그후 1845년(헌종11년) 6월에 영국군함 사마랑(Samarang)호가 제주도 일대에서 약탈행위와 더불어 해양탐사활동을 전개한 뒤 조선정부는 역시 1832년의 前例에 따라 청정부 예부로 咨報하면서 특히 청나라 황제가 "廣東番泊所"의 영국인들에게 諭旨를 내려 조선을 "禁斷의 땅"으로 지켜주도록 조처해줄 것을 요청하였다.[9]

---

3) 金源模 編著, 『近代韓國外交史年表』, 檀國大出版部, 1984년, 89-90면 참조.
4) 李元淳, 「병인박해, 병인양요 그리고 외규장각 도서」, 병인양요의 재조명과 외규장각도서문제 학술토론회 발표논문(한국정신문화연구원, 2000년 8월 25일), 16-17면.
5) 『承政院日記』 고종원년3월2일, 고종2년11월11일.
6) 董德模, 『朝鮮朝의 國際關係』, 博英社, 1990년, 51-52면.
7) 『純祖實錄』 순조32년7월乙酉條.
8) 趙爾巽 等撰, 『淸史稿』 卷526 列傳333 屬國一 朝鮮 琉球, 北京: 中華書局, 1977年, 第48册, 14593면.

이에 道光황제는 곧바로 兩廣總督 耆英에게 命하여 영국 측에게 더 이상 조선해역으로 군함을 출동시켜 소란을 일으키는 일이 없도록 권고하게 하였다.[10] 1847년(헌종13년)에 프랑스함대가 전라도 앞 바다에 나타나 청나라와 수호조약체결사실 등을 통보하면서 조선 측과 수교교섭을 요청해 왔을 때도, 조선정부는 곧바로 청정부로 그 사실을 咨報하면서 청나라 황제가 兩廣總督에게 諭旨를 내려 프랑스사람들이 다시 찾아오는 일이 없도록 조처해줄 것을 요청하였다.[11]

이처럼 서양 열강세력의 교섭 및 통상요청에 대한 조선왕조 측의 거부입장은 줄곧 중국 청정부의 공개적 지지를 받아왔고, 그러한 지지입장은 청나라가 1842년의 中英『南京條約』을 비롯한 일련의 불평등조약을 통해 歐美列强과 근대적 조약관계를 맺은 뒤에도 여전히 변함없었다. 여기에는 물론 중국으로 중심으로 하는 전통적 동아시아 국제질서인 조공관계체제에 대한 미련과 서양열강의 포함정책에 의해 강요받은 근대적 조약관계체제에 대한 불만이 뒷받침되어 있다.[12] 특히 異民族으로서 중원대륙을 지배하고 있는 청나라 滿洲貴族集團에게 있어서 한반도가 저들의 이른바 "龍興之地"인 滿洲지역의 안전을 보장해주는 울타리 역할을 담당하고 있는 사실을 감안한다면 조선왕조의 對西洋 鎖國政策을 지지해주는 것은 결국 당시 중국 청정부의 현실적 안보 및 외교적 이익에서 비롯된 것이다. 그러한 의미에서 중국 청정부의 위와

---

9) 『憲宗實錄』 헌종11년6월己未條, 7월甲子條 참조.

10) 『淸史稿』 第48冊, 14593면.

11) 『憲宗實錄』 헌종13년8월丁巳條.

12) Hosea Ballou Morse, *The International Relations of the Chinese Empire, Vol. I, The Period of Conflict 1834-1860.* lKelly and Walsh, 1910, LimitedShanghai, Hongkong, Singapore & Yokohama; 〔美〕馬士 著, 張匯文 等譯, 『中華帝國對外關係史』 第1卷, 上海: 上海書店出版社, 2000年, 357- 358면; Fairbank, John King ed., *The Chinese World Oder, Traditional China's foreign relations.* Cambridge(Mass.) & London: Harvard University Press, 1968, 267쪽.

같은 지지입장은 당시 조선왕조의 對西洋 鎖國政策을 뒷받침해주는 유일한 국제적 지지요소 또는 영향력으로 이해할 수 있다.

조선왕조의 경우 당시 "事大"로 일컬어지는 중국과의 조공관계는 단순히 서양열강세력의 교섭요구를 물리치는 외교적 구실의 차원을 넘어서 나름대로 구미 자본주의 세력의 침투 자체를 막아주는 제도적(국제관계) 메커니즘의 역할을 해왔고, 그러한 상황은 高宗시대 초기의 대원군 집권 시절에 들어서도 별다른 변함이 없었다. 그 중에서도 조선해역에서 조난 당한 서양인들을 청나라로 送致하여 처리하도록 하는 것은 벌써 하나의 관례처럼 되어 있었다. 병인양요가 일어나기 한 해 전인 1865년(고종2년) 10월에 대원군 정권은 江原道 三陟에 漂到한 異樣人을 "問情"한 뒤 1860년(철종11년, 庚申年)에 琉球人을 청나라로 보냈던 前例에 따라 역시 청나라 鳳凰城으로 送致하였고,[13] 이에 청정부도 과거의 前例에 따라 조선에서 送致해온 "難夷"들을 받아주고 또한 救護해 주었다.[14] 병인양요가 발생하기 직전인 1866년 7월초에도 대원군 정권은 평안도 鐵山府 앞 바다에서 조난 당한 미국상선 서프라이스(Surprise)호에 탑승했던 서양인 6명과 중국인 1명을 역시 청나라로 송치하였다.[15]

이처럼 성리학 중심의 유교문명을 바탕으로 한 전근대적 통치이념과 지배체제를 유지하면서 서로 전통적 조공관계를 갖고 있는 중국 청정부와 조선왕조에게 있어서 기독교문명과 근대적 이념 및 질서를 주장하는 서양열강세력의 조선진출을 한결같이 반대하는 것은 결국 상호간의 정치적 외교적 그리고 안보적 이익의 일치성에서 비롯된 것으로 볼

13)『日省錄』 고종2년9월4일, 9월11일;『高宗實錄』 고종2년9월4일, 9월11일.

14) 寶鋆 等纂,『淸穆宗毅皇帝實錄』(이하『淸穆宗實錄』으로 약칭함), 北京: 中華書局, 1987年, 第48冊, 727면.

15)『承政院日記』 고종3년5월23일;『備邊司謄錄』 고종3년5월23일; *Papers relating to Foreign Relations of the United States, 1867.* Washington, 1868. 414~417쪽.

수 있다. 즉 19세기 후반 西勢東漸의 세계사적 변화 속에서 조선왕조의 전근대적 사회체제와 지배구조를 존속시키고 나아가서 한중 두 나라의 조공관계를 수호하는 것은 세계사적인 근대적 전환의 大勢를 거부하고 있는 조선왕조 대원군정부 및 중국 청정부의 보수적 입장을 단적으로 보여주었고, 바로 그러한 조공관계가 포함정책의 강력한 수단을 이용하여 근대적 조약관계를 주장해오는 서양열강의 공식 도전을 받기 시작하였다.

병인양요가 일어나기 한 해 전인 1865년 10월말에 청나라 주재 영국 대리공사 웨이드(Wade, Sir Thomas, 威妥瑪)는 청정부 총리아문으로 보낸 照會에서 영국군함의 중국 북방지역해안 및 조선해안 탐사계획을 통보하면서, 특히 "安南"의 실례를 들어 조선을 비롯한 "泰西以東各國"에서 "海禁"을 이유로 군사력이 막강한 "泰西各國"과 분쟁을 일으키는 것은 결국 나라의 멸망 또는 분할점령과 같은 엄청난 후과를 초래할 수 있다고 경고하였다. 따라서 그는 청정부에서 조선 측으로 이번 탐사행동에 나선 영국군함의 식품구매요청 등을 거부하지 말도록 권고해 줄 것을 요청하였다.[16]

이에 청정부는 청나라 연해지역의 지방관들에게 영국 측의 중국 북방연해지역 탐사에 대한 협조를 지시하였지만,[17] 영국 측의 요청대로 조선정부로 위와 같은 영국군함의 조선해역 탐사계획을 통보해주지는 않았다. 이처럼 조선과의 조공관계를 계속 고집하면서도 강대한 군사적 실력으로 조선진출을 시도하는 서양열강세력을 효과적으로 제지할 수 없는 것이 당시 중국 청정부가 對朝鮮關係분야에서 직면하고 있는

---

16) 中央研究院近代史研究所編, 中國近代史資料彙編 『清季中日韓關係史料』(이하 『關係史料』로 약칭함) 第2卷, 「總署收英署使威妥瑪照會」, 臺北: 中央研究院近代史研究所, 1972年, 25-26면.

17) 『關係史料』 第2卷, 「總署發三口通商大臣等文」, 27면.

현실적인 困境이었다. 이미 두 차례의 阿片戰爭에서 연이어 패전을 당한 청정부는 무엇보다도 강력한 군사력이 뒷받침되지 않는 외교정책은 더 이상 고집할 수 없다는 사실을 통감하였고,[18] 따라서 서양열강의 확장과 침략의 觸手가 조선을 포함한 청나라 주변국가에까지 직접 미쳐오기 시작하면서 중국에서 이미 근대적 조약관계가 실시되었음에도 불구하고 중국과 주변국가 사이의 전통적 관계분야에는 아무런 변화가 없었던 그러한 상황은 더 이상 존속할 수 없게 되었다.[19]

즉 동아시아의 전통적 국제질서인 조공관계는 이미 그 체제의 중심으로 되어 있던 중국의 몰락으로 말미암아 "서양의 충격(Western Impact, 西方衝擊)"에 맞설 수 있는 자아방어의 능력을 차츰 잃어버리기 시작하였고, 한중 두 나라 사이의 전통적 조공관계 역시 더 이상 서양세력의 조선진출을 막아주는 제도적 장치역할을 제대로 할 수 없게 되었다. 따라서 조공관계의 체제 속에서 중국의 커다란 그림자 뒤에 "은둔"해 있던 조선은 부득불 서양열강의 침략위협 앞에 직접 노출될 수밖에 없었고 바로 그러한 상황에서 병인양요가 발발하였다.

Ⅲ. 청정부의 불간섭정책과 병인양요의 勃發

필자의 조사에 의하면 병인양요가 일어나기 전까지 중국 청정부는 1866년 초부터 시작된 조선왕조 대원군 정권의 천주교세력에 대한 병인박해의 사실을 모르고 있었고, 따라서 청정부는 앞서 조선왕조의 對

18) 상게『中華帝國對外關係史』第1卷, 695-696면.

19) Fairbank, John King ed., *The Cambridge History of China*, Volume 10, *Late Ch'ing 1800-1911*, Cambridge, London · New York · Melbourne: Cambridge University Press, 1978; 〔美〕 費正淸 編, 中國社會科學院歷史硏究所編譯室 譯, 『劍橋中國晩淸史 1800-1911年』 上卷, 北京: 中國社會科學院出版社, 1993年, 288면.

西洋 鎖國政策을 지지해오던 입장에 따라 프랑스 측의 조선선교계획에 관한 협조요청을 그대로 거절하였다. 바로 병인양요가 일어나기 한해 전인 1865년에 중국주재 프랑스 공사 벨데미(Berthemy, Jules Francois Gustave, 栢爾德密, 伯爾得米)는 청정부에서 프랑스의 선교권을 인정한 1858년 『中法天津條約』 제13조의 관련규정에[20] 따라 조선선교에 나설 프랑스 선교사들에게 필요한 여행증명서를 발급해주고 아울러 그 사실을 조선 측으로 통보해주기를 요청하였지만, 청정부 총리아문에서는 이를 거절하였다.[21]

당시 총리아문의 답변인즉 "조선은 물론 (청나라의)屬國이지만 오로지 正朔을 받들고 해마다 때에 따라 朝貢을 할뿐 그 나라에서 奉敎를 원하고 있는지 않는지에 대해서는" 중국정부가 강요할 수 없고 또한 『中法天津條約』을 조선에 적용한다는 규정도 없으므로 프랑스 측의 요청을 받아들일 수 없다는 것이었다. 이처럼 조선과 명분상의 조공관계만 고집하면서도 조선과 서양열강 사이의 문제에 대한 실질적인 책임을 회피하려는 보수적 그리고 이기적 입장은 결국 조선문제로 인한 서양열강과의 직접적인 무력충돌을 두려워하는 청정부의 결정적인 약점을 드러내었고, 나아가서 근대적 조약관계의 원칙과 관례를 주장하고 있는 서양열강세력이 한중 두 나라 사이의 전통적 조공관계 자체를 무시하고 부정해 가면서 저들의 조선침략행동을 합리화할 수 있는 빌미를 제공해주었다.

---

20) 王鐵崖編, 『中外舊約章彙編』 第1冊, 北京: 三聯書店, 1957年, 107면. 1858년 6월 27일 중국 天津에서 체결된 총 42개 조항의 『中法天津條約』 제13조의 내용은 대략 다음과 같았다. "天主教原以勸人行善爲本, 凡奉教之人, 皆全獲保佑身家, 其會同禮拜誦經等事, 概聽其便. 凡按第八款備有蓋印執照安然入內地傳教之人, 地方官務必厚待保護. 凡中國人願信奉天主教而循規蹈矩者, 毫無查禁, 概免懲治. 嚮來所有或寫或刻奉禁天主教各明文, 無論何處, 概行寬免."

21) 『同治朝籌辦夷務始末』 卷42, 同治5年10月戊戌; 『關係史料』 第2卷, 「總署發英國照「總署奏摺」, 29면, 30면.

실제로 이듬해인 1866년 7월초에 대원군 정권의 병인박해사실을 전달받은 프랑스 대리공사 벨로네(Bellonnet, Claude Henri Marie, 伯洛內, 白龍納)는 7월 13일자 조회를 통해 청정부 총리아문으로 조선에 대한 프랑스 측의 군사적 보복계획을 통보하면서 한중 두 나라의 관계에 대하여 다음과 같이 언급하였다.[22)]

"조선 小王國은 일찍이 屬國으로 中國帝國에 예속되어 있었으나 이 야만적 행위로 인해 영원히 중국제국으로부터 분리되었습니다……중국정부는 조선에 대해 권한도 권리도 없음을 본인에게 수차 선언하였고 이러한 구실 하에 이 나라에 天津條約을 적용하고, 우리 선교사에게 우리가 요청한 여권을 발부하는 것을 거절하였읍니다. 우리는 이 선언을 기록하여 두었고, 이제, 조선왕국에 대한 중국정부의 아무런 권위도 인정하지 않음을 선언하는 바입니다."

즉 벨로네는 조선문제에 대한 실질적인 책임을 회피하려는 청정부의 거듭된 태도표명을 이유로 조선에 대한 청정부의 권위와 영향력 즉 조공관계를 공식적으로 부정하였는데, 그 목적은 물론 프랑스 측의 조선원정에 대한 청정부의 간섭을 원천적으로 봉쇄하기 위한 외교적 전략이었다. 이에 총리아문에서는 7월 16일자 회답조회를 통해 韓佛 두 나라의 전쟁사태를 막고 서로 인명의 손실이 없도록 하기 위해 화해권고

22) 韓國敎會史硏究所 譯, 「韓佛關係資料 1866~1867 ―丙寅洋擾―」(이하 『韓佛關係資料』로 약칭함), 『敎會史硏究』 第2輯(1979. 3), 205면. 이 조회의 중국어 본은 寶鋆 纂修, 『同治朝籌辦夷務始末』 卷42 및 『關係史料』 第2卷, 「總署收法國照會」, 27면 등에 수록되어 있다. 상기 프랑스 측의 기록과 대조해 볼 때 조회의 중국어 본은 일부 중요한 대목의 표현 상에서 상당한 차이가 있고 또한 조회의 접수시간 역시 프랑스 측의 기록보다 하루 늦은 7월 14일로 되어 있다. 이에 본고에서는 대체로 프랑스 측의 조회 등에 관해서는 주로 프랑스 측 문헌을 인용하면서 청정부측 문헌과 대조해 보고 청정부 측의 조회 등에 대해서는 주로 청정부 측 문헌을 인용하면서 프랑스 측 문헌과 대조하여 사료인용의 정확성을 기하도록 한다.

를 하면서 프랑스 측이 군사보복에 앞서 먼저 사실확인과 진상조사를 진행하도록 요청하였다.[23)]

당시 총리아문에서 한중 두 나라의 조공관계를 부정하는 벨로네의 상기 조회내용에 대하여 아무런 항의도 하지 않은 것은 바로 "조선이 중국을 종주국으로 승인해주기만 한다면 제3국의 인정여부는 별로 중요한 것이 아니다"라는 조공관계의 전통적 관념에서 비롯된 것이다.[24)] 그 다음날인 7월 17일에 총리아문에서는 1865년에 프랑스 공사 벨데미의 요청을 거절하였던 이유를 다시 언급하면서 영국함대의 조선해역 탐사계획을 조선 측으로 미리 통보해달라는 영국 공사 알콕(Alcock, Sir Rutherford, 阿禮國)의 요청을 공식 거절하였다.[25)] 이와 관련하여 총리아문에서는 7월 18일자 同治황제에게 올린 상주문을 통해 프랑스 측의 조선침략 움직임에 대한 입장을 다음과 같이 보고하였다.

첫째, 일찍 지난 해(1865년)부터 선교사들의 조선선교계획을 통보하면서 조선정부로 연락해주도록 요청해 온 것으로 보아 프랑스는 분명 오래 전부터 조선에 선교하려는 뜻을 품어 왔고, 이번에 저들 선교사의 피살을 이유로 조선에 대한 군사보복계획을 공식 통보해온 이상 결코 쉽게 넘어갈 것 같지는 않다.

둘째, 조선과의 조공관계를 감안할 때 프랑스 측의 행동을 그대로 내버려 둘 수는 없으므로 현재 프랑스 측을 설득할 수도 없고 제지할 수도 없는 상황에서 오로지 프랑스 측에 화해를 권고하면서 그 과정에서 저들의 교만한 자세를 나름대로 제압해보려고 한다.

---

23) 『關係史料』 第2卷, 「總署發法國照會」, 28면. 상게 『韓佛關係資料』 205면에 수록된 프랑스 측의 번역본은 상기 중국어본과 대조해 볼 때 전문의 번역이 아니었고, 일부 중요한 구절 역시 중국어의 본 뜻에 정확히 부합되는 번역이 아니었다.

24) 陳偉芳 著, 權赫秀 譯, 『淸日甲午戰爭과 朝鮮』, 백산자료원, 1996년, 53면; 蔣廷黻, 『中國近代史硏究』, 臺北: 里仁書局, 民國71年(1982), 222-223면.

25) 『關係史料』 第2卷, 「總署收英使阿禮國照會」, 「總署發英國照會」, 26면, 28면.

여기서 프랑스 측의 조선침략 움직임을 "설득하기도 어렵고 제지하기도 어렵다(勸禁兩窮)"는 표현은 당시 청정부의 난처한 입장을 잘 대변해 주고 있다. 즉 청정부의 안보적 그리고 외교적 이익상 청나라와 소공관계를 갖고 있는 조선에 대한 침략위협을 관심하지 않을 수도 없지만, 그렇다고 강력한 군사력을 앞세워 보복전쟁을 공언하는 프랑스를 효과적으로 제지할 수 있는 군사적 실력은 물론 그러한 의지조차 없는 상황에서 오로지 프랑스공사에게 보내는 위와 같은 회답조회를 통해 화해권고의 노력을 시도해볼 수밖에 없었다.

프랑스 공사관으로 위와 같은 회답조회를 보내는 한편 총리아문에서는 다음과 같은 두 가지 대응조처를 강구하였다. 첫째로 총리아문에서 天津주재 欽差三口通商大臣 崇厚와 上海주재 兩江總督겸五口通商大臣 吳棠을 비롯한 연해지역과 동북지역의 군사 및 행정장관들에게 프랑스의 조선침략계획을 비밀리에 통보하면서 한반도와 마주한 중국연해지역의 대비태세를 강화하도록 요구하였다.[26] 한편 총리아문에서는 특히 위와 같은 통보내용에 대한 보안을 철저히 유지하도록 요구하였는데, 그 것은 바로 위와 같은 통보내용이 청나라 연해지역의 안전을 위한 군사적 대비조치에 불과할 뿐 결코 프랑스의 조선침략계획을 실력을 저지하려는 의도가 아니므로 대내외적으로 각별한 보안을 유지하지 않을수 없었던 것이다.

그 뒤 8월초에 山東巡撫 閻敬銘은 총리아문으로 조선에서 탈출한 리델(Ridel, Felex Clau, 李福明) 신부일행이 탑승한 소형선박이 같은 해 7월 6일 오후에 煙臺港으로 입항하였고 리델 신부는 그 다음날로 南潯號 기선 편에 天津으로 출발하였다는 요지의 정보를 보고하였다.[27] 위와

26) 『關係史料』 第2卷, 「總署發上海通商大臣函」, 「總署發三口通商大臣函」, 33-34면, 35면.
27) 『關係史料』 第2卷, 「總署收山東巡撫閻敬銘文」, 35-36면; 샤를르 달레 저, 安應烈, 崔奭祐 譯註, 『韓國天主敎會史』(下), 왜관: 분도출판사, 1980년, 452-453면 참조.

같은 정보는 이미 연대주재 프랑스 영사를 통해 확인한 믿음직한 내용이었고 특히 조선으로부터 탈출한 리델 신부 일행이 이미 프랑스 극동함대 사령관과 접촉을 가졌다는 사실은 프랑스함대의 조선침략행동이 곧바로 개시될 수 있음을 예고하는 중요한 정보였다. 그러나 청정부에서는 결국 위와 같은 중요한 정보를 조선정부로 통보해주지 않았는데, 그 원인은 당시 한중 두 나라사이의 연락채널의 미비 등 기술적 문제보다도 역시 프랑스와 조선의 전쟁사태에 직접 개입하지 않으려는 청정부의 소극적 불간섭정책에서 비롯된 것으로 생각된다.

당시 총리아문에서 취한 두 번째 조치는 바로 7월 24일자로 조선과의 조공관계사무를 담당하고 있는 禮部로 위와 같은 사실을 통보해 주었는데,[28] 그 목적은 물론 예부의 채널을 통해 조선정부로 프랑스의 군사보복계획을 통보해주기 위해서였다. 이에 청정부 예부는 곧바로 수 백년 동안 유지되어온 한중 두 나라의 조공관계를 감안하여 프랑스의 군사보복계획을 조선으로 통보해주어 나름대로 대비하도록 해야 한다는 요지의 상주문을 올려 같은 해 8월 1일자로 同治皇帝의 裁可를 받아내고, 곧이어 조선으로 위와 같은 내용을 급히 咨報해주면서 신중하게 대처하도록 요구하였다.[29] 조선왕조 측에서 청정부 예부의 위 咨

28) 『關係史料』 第2卷, 「總署發禮部文」, 32면.

29) 國史編纂委員會 編纂, 『同文彙考』 三, 「丙寅禮部知會因法國敎士殺害等情排解搆兵仍行查照咨」, 2467-2468면. 한편 위 자료에 수록된 예부 자문의 마지막 부분에는 "同治五年월 일"이라고 하여 구체적으로 어느 달 어느 날인지를 밝히지 않았다. 위 咨文의 내용에 의하면 청정부 軍機處에서 위와 같은 咨報 奏請과 관련하여 同治황제로부터 "面奉諭旨"한 것이 同治5年6月21日 즉 서기 1866년 8월 1일이었으므로 위 咨文은 적어도 8월 1일 이후 즉 8월 초에 禮部에서 작성하여 조선으로 발송한 것으로 추정된다. 그리고 당시 한중 두 나라 사이에 咨文왕래의 시간이 보통 한달 정도 걸리는 점을 감안한다면 불과 반달 남짓한 8월 16일에 벌써 서울로 전달된 위 자문은 분명 보통 전달수단이 아닌 긴급전달수단 즉 飛咨로 보내진 것으로 추정된다.

文을 받은 것은 프랑스 함대가 제1차 침략을 감행하기 한달 전인 8월 16일이었는데, 대원군 정권은 곧바로 감사의 뜻을 밝히는 한편 병인박해의 진상을 설명하는 입장에서 회답 咨文을 작성하여 청정부로 보내주었다.[30)]

같은 해 8월 20일자로 작성된 이 회답자문에서 대원군 정권은 프랑스 신부들이 조선으로 불법 입국한 뒤 "凶徒匪類"를 집결시켜 不軌를 도모하였기에 국법에 의해 처단된 것이라고 해명하면서 프랑스 측의 군사보복계획을 비난하였고, 아울러 "藩臣에게는 외교가 있을 수 없다(藩臣無外交)"는 전통적 조공관계의 원칙을 다시 한번 언급하면서 서양열강에 대한 鎖國政策의 의지를 再闡明하였다.[31)] 한편 대원군 정권은 청정부 측의 위와 같은 咨報에 근거하여 분명 조선국내에 아직도 천주교세력이 활동하고 있다고 판단하고 대대적인 검거행동을 실시함으로써 "한때 뜸하여졌던 천주교의 박해가 다시 일어나게 되었다."[32)]

또한 대원군 정권은 연해지역을 비롯한 전국적 범위 내에서 군사대비태세를 적극 강화하였는데, 같은 해 9월초에 평양으로 진입한 미국상선 제너럴 셔먼(General Sherman, 舍門將軍)호를 소각한 사건도 당시 크게 강화된 군사적 대비태세와 무관하지 않다고 볼 수 있다. 실제로 대원군 정권은 제너럴 셔먼호 사건직후인 9월 30일자로 청정부에 자문을 보내 제너럴 셔먼호 사건을 통보하였는데, 특히 1832년(淸 道光12년, 조선 純祖32년)이래 서양열강의 통상 및 교섭요청을 거절하여 청정부

30) 『承政院日記』 고종3년7월8일; 『高宗實錄』 고종3년7월8일.

31) 『同文彙考』 三, 「回咨」, 2468면; 『承政院日記』 고종3년7월8일; 『高宗實錄』 고종3년 7월8일; 『同治朝籌辦夷務始末』 卷44, 同治5年8月丁未, 己酉. 한편 달레의 상게 『韓國天主教會史』(下) 455면에 의하면 청정부 禮部의 상기 咨文 및 대원군 정권의 回答咨文의 내용은 곧바로 조선 각지로 널리 전파되었고 심지어 당시 조선에 아직 숨어 있던 프랑스선교사들까지도 그 사본을 입수할 수 있었다고 한다.

32) 柳洪烈, 『增補 韓國天主教會史』 下卷, 카톨릭출판사, 1984년 四版, 98면.

의 지지를 받아온 사례를 열거하면서 위와 같은 對西洋 鎖國政策은 사실상 한중 두 나라의 전통적 조공관계의 이익과 부합되는 것이라고 역설하였다.[33)]

청정부 예부에서는 병인양요가 이미 일어난 뒤인 9월말에 賚咨官 吳慶錫 편에 전달된 대원군 정권의 상기 8월 20일자 회답자문을 접수한 뒤 곧바로 동치황제에게 그 내용을 상주하였다. 이어서 軍機處를 거쳐 예부의 상주문 내용을 전달받은 총리아문에서는 9월 29일자 상주문을 통해 다음과 같은 요지의 대응책을 제시하였다.[34)] 즉 이미 7월 16일자 회답조회를 통해 화해권고를 하였지만 두 달이 지난 현재까지 벨로네 측으로부터 아무런 반응도 없는 이상, 현재로서는 과연 프랑스 측이 조선침략계획을 포기하였는지 아니면 여전히 해군함대를 동원하여 전쟁을 일으키려고 하는지를 확실하게 파악할 수 없으므로 일단 예부를 통해 조선정부에게 미리 대비태세를 갖추도록 통보해주어야 한다는 것이었다.

총리아문에서 최초로 병인양요사태에 관한 정보보고를 받은 것이 10월 11일경이었으므로 9월 29일 현재까지 프랑스 측의 조선침략계획 포기여부를 확실하게 파악하지 못하고 있다는 총리아문의 언급은 사실이라고 생각되며, 그만큼 전통적 조공관계의 상황에서 청정부가 조선에서 일어난 상황을 제때에 파악하지 못하고 있음을 보여주고 있다. 여하튼 이틀 뒤인 10월 1일자로 동치황제의 裁可를 받은 총리아문에서는 곧바로 그 내용을 예부로 통보해주었고, 예부에서도 그 다음날인 10월 2일자로 총리아문의 상기 상주문 내용을 통보해주는 자문을 작성하여 다시 한번 조선으로 "飛咨"해주었다.[35)] 그러나 이 咨文은 병인양요가 일

33) 『同文彙考』 三, 「同年歷陳洋船情形咨」, 3468-3470면; 『承政院日記』 고종3년7월27일; 『高宗實錄』 고종3년7월27일; 『同治朝籌辦夷務始末』 卷45, 同治5年10月丁亥, 辛卯.

34) 『同文彙考』 三, 「禮部知會洋船前往均未可定咨」, 「原奏」, 2471-2472면.

어난 뒤인 10월 18일에야 조선으로 전달되었으므로 사실상 조선정부에게 미리 대비태세를 갖추도록 사전통보 해주려던 본의를 달성하지 못하게 되었다.

뿐만 아니라 프랑스에 대한 총리아문의 화해권고 노력 역시 곧바로 수포로 돌아가고 말았다. 앞서 조선에 대한 청정부의 아무런 권위도 인정하지 않는다고 선언한 벨로네 공사는 더 이상 총리아문의 회답조회에서 밝힌 화해권고의사를 아랑곳하지 않은 채 병인양요를 일으킬 때까지 총리아문으로 아무런 조회도 보내지 않았다. 그후 프랑스 극동함대 사령관인 로즈(Roze, Pierre Gustave, 羅玆)해군소장의 지적에 따라 벨로네의 상기 조회 내용은 같은 해 11월에 프랑스 외무성에 의해 무효화되었지만,[36] 한중 두 나라 사이의 전통적 조공관계를 부정하는 입장은 로즈제독 및 프랑스 정부에 의해 그대로 계승되었다. 로즈해군소장은 병인양요를 일으키기 직전인 1866년 9월 7일자로 해군장관에게 보낸 서신에서 恭親王의 선언 등을 이유로 "중국과 조선사이에 이미 宗主關係가 존재하지 않는 것이 확실"하다고 주장하였고, 프랑스 외무성 역시 같은 해 11월 10일자로 벨로네에게 보낸 훈령에서 "조선이 中國帝國의 屬國인가 아닌가는 지금 검토할 필요가 없다"고 명백히 지시하였다.[37]

결국 청정부는 병인양요가 일어나기 2개월 전에 이미 벨로네 대리공사의 조회를 통해 프랑스 측의 조선침략계획을 통보 받았지만 소극적 불간섭정책을 고집한 나머지 프랑스 측의 조선침략계획을 끝내 제지하지 못하였고, 프랑스 측에서는 조선의 내정외교문제에 대한 불간섭입

35) 『同文彙考』 三, 「禮部知會洋船前往均未可定咨」, 「原奏」, 2471-2472면.
36) 『韓佛關係資料』, 197-21면; 장동하, 『병인박해에 대한 프랑스의 대응과 강화점령사건』, 병인양요의 재조명과 외규장각도서문제 학술토론회 발표논문, 71-79면.
37) 『韓佛關係資料』, 206-207면, 211-212면.

장에 관한 청정부의 거듭된 성명을 이유로 한중 두 나라의 전통적 조공관계자체를 공개적으로 부정한 뒤 총리아문의 화해권고를 그대로 묵살하였고 나아가서 저들의 조선침략행동에 대한 청정부의 간섭을 원천적으로 봉쇄해버렸다. 그리고 청정부는 프랑스 함대의 조선침략행동이 청나라 연해지역의 안전에 미칠 영향을 걱정하여 自國 연해지역의 군사적 대비태세를 강화하였고, 또한 선후로 두 차례의 자문을 통해 조선정부에게 나름대로 군사적 대비태세를 강화하도록 통보해주었는데 그중 병인양요가 일어나기 한달 전에 전달된 제1차 자문은 대원군정권의 군사대비태세 강화 및 새로운 천주교탄압에 직접적인 영향을 미쳤다.

결과적으로 조선과의 전통적 조공관계를 고집하면서도 조선과 프랑스의 군사적 충돌사태에 대한 실질적인 책임 및 개입행동을 회피하려는 청정부의 소극적인 불간섭정책은 프랑스 측이 거리낌없이 병인양요를 일으킬 수 있었던 하나의 객관적 원인이라고 볼 수 있다.

Ⅳ. 병인양요 및 청정부의 대응

조선에서 일어난 병인양요에 대한 청정부의 대응은 크게 프랑스 측의 조선침략행동에 대한 대응과 조선정부와의 상호연락 등 두 가지로 나누어 볼 수 있는데, 순서 상 먼저 프랑스측의 조선침략행동에 대한 대응을 살펴보기로 한다.

필자의 조사에 의하면 청정부가 최초로 병인양요사태에 관한 보고를 받은 것은 병인양요의 제1차 단계가 이미 끝난 1866년 10월 11일에 三口通商大臣 崇厚를 통해 전달된 東海關道 潘霨의 정탐보고에 의해서였다.[38] 烟臺지역에서의 정탐결과 및 煙臺주재 영국영사와의 면담 등 루

38)『關係史料』第2卷,「總署收三口通商大臣崇厚函」, 37면.

트로 수집된 위 정보에 의하면 당시 영국과 미국도 자국국민의 피살사실을 이유로 군함을 파견하여 프랑스 함대와 함께 조선을 공격하려고 있으며 약소한 조선의 군사실력으로는 아무래도 맞설 수 없을 것이라고 하였는데, 여기서 영국과 미국에 관한 내용은 물론 앞서 제너럴 셔먼호 사건과 관련된 訛傳이었다.

곧이어 총리아문에서는 벨로네 대리공사의 10월 21일자 조회를 통해 프랑스 함대에 의한 조선 서해안 및 漢江의 봉쇄소식을 통보 받았는데,[39] 그 것은 이미 병인양요의 제2차 단계에 관한 군사적 조치에 해당하였다. 당시 로즈사령관은 실제 봉쇄시일보다 10일이나 앞당겨 기록한 문서로 위와 같은 漢江봉쇄령을 중국 및 일본주재 각국 공사를 통해 열강정부로 전달하였는데, 그 이유인즉 한강봉쇄를 사실화하여 청정부를 비롯한 외국의 간섭을 배제하려는 외교적 전략에 의한 것이다.[40] 그러나 아직도 조선에서 전개되고 있는 병인양요의 구체적 상황을

39) 『韓佛關係資料』, 255면. 벨로네의 이번 조회의 날자와 관련하여 위 자료의 같은 페지에 모두 세 가지 서로 다른 발송시간이 기록되어있다. 먼저 벨로네의 조회 본문에 앞서 "북경 1866. 10. 21."라는 발송시간이 표기되어 있고, 바로 그 뒤에 수록된 공친왕의 11월 4일자 회답조회의 첫 부분에는 "위의 경고와 함께 10월 24일자 공문을 받았으며"라고 하여 발송시간을 10월 24일로 기록하였고, 같은 회답조회문의 두 번째 부분에서는 또 "금월(음력) 6일 각하는 불란서 해군에 의한 조선해안의 봉쇄를 알리는 서신을 보내고" 운운하면서 음력으로 금월 즉 9월 6일에 위 조회를 보내온 것으로 기록되어 있다. 필자의 확인결과 위의 두 번째 발송시간인 서기 1866년 10월 24일에 해당하는 음력은 병인년 9월 16일이므로 이른바 "금월(음력) 6일"로 기록된 부분은 "금월(음력)16일"의 誤記로 추정할 수 있으며, 그렇다면 공친왕 명의의 회답조회에서 언급한 벨로네의 조회의 발송시간는 모두 음력 9월 16일 즉 서기 10월 24일로 일치하게 되므로 오히려 첫 번째의 발송시간으로 기록된 10월 21일이라는 시간의 신빙성이 문제시될 수 있다. 그러나 위와 같이 세가지 서로 다른 발송시간을 보다 더 자세하게 고증할 수 있는 傍證의 자료가 부족하므로 여기서 일단 문제 제기를 한 뒤 본문에서는 여전히 상게 『韓佛關係資料』의 기록에 따라 벨로네 조회의 발송시간을 10월 21일로 함으로서 신중을 기하도록 하겠다.

40) 『同治朝籌辦夷務始末』 卷45, 同治5年10月戊子; 李元淳, 「丙寅洋擾一考」, 『韓佛修

제대로 파악하지 못하고 있는 총리아문에서는 거의 반달이 지난 11월 4일에야 恭親王 명의의 회답조회를 통해 앞서 7월 16일자 회답조회를 언급하면서 다시 한번 프랑스 측의 전쟁행위 자제 및 진상조사를 요청해 나섰다.[41)]

이에 벨로네는 곧바로 11월 11일자 회답조회를 통해 조선정부의 천주교 박해에 대한 "중국정부 측의 공범에 아주 진지한 의심"을 강력하게 지적하였다.[42)] 벨로네의 위와 같은 지적에 당황해난 총리아문에서는 11월 16일자 조회를 통해 벨로네의 지적사실을 일일이 해명하는 한편 11월 23일에는 벨로네 및 북경 주재 각국 공사에게도 조회를 보내 프랑스 공사관과의 왕복조회 내용을 통보하면서 "공평한 평가"를 요청함으로서 은근히 열강의 간섭을 호소하였다.[43)] 당시 청정부가 벨로네의 위와 같은 지적에 유난히 민감한 반응을 보이는 것은 바로 병인양요가 일어나기 전부터 조선과 프랑스 사이의 충돌사태에 대한 실질적인 책임을 극구 회피하려는 불간섭정책의 일환에서 이해할 수 있다. 한편 총리아문에서는 프랑스 측이 청정부의 거듭된 군사보복행동 자제요청과 화해권고에 대해 아무런 반응을 보이지 않으므로 이른바 "以夷制夷"적 수법으로 열강세력을 끌어들여 프랑스의 조선침략행동에 대한 견제를 시도하였는데, 청정부의 對朝鮮政策 분야에서 위와 같은 "以夷制夷"적 수법은 그후에도 종종 나타났다.[44)]

交100年史』, 56-57면.

41) 『韓佛關係資料』, 255면.

42) 『韓佛關係資料』, 256-257면; 『同治朝籌辦夷務始末』 卷45, 同治5年11月乙巳. 상기 『韓佛關係資料』의 257-258면에 수록된 恭親王의 11월 16일자 회답조회에 의하면 "음력 10월 4일에 貴下의 急書를 받았습니다"로 되어 있는데, "음력 10월 4일"이란 서기로 1866년 11월 10일에 해당되므로 위 자료 256면에 기록된 "1866. 11. 11."이라는 날짜와 하루가 차이나며 이에 대한 보다 자세한 고증이 필요하다고 생각된다.

43) 『韓佛關係資料』, 257-259면; 『同治朝籌辦夷務始末』 卷45, 同治5年11月乙巳.

그러나 벨로네는 총리아문의 위와 같은 행동이 국제적 관례를 위반하는 것이고 그 어떤 나라도 프랑스와 조선 사이의 전쟁사태에 개입할 수 없다면서 역시 중국주재 각국 외교대표들에게 청정부 측과 왕복조회 문서를 통보해주는 등 외교적으로 맞불 작전에 나섰다.[45] 그러던 중 로즈사령관이 이끄는 프랑스함대가 11월 18일자로 한강봉쇄의 해제를 선언하고 21일까지 조선에서 철수함으로써 병인양요사태가 종료되자 청정부 총리아문과 북경주재 프랑스 공사관 사이의 외교전 역시 龍頭蛇尾로 끝나고 말았다.

이처럼 두 단계에 걸쳐 두 달 남짓이 전개된 병인양요 기간에 청정부는 단 한 건의 불확실한 정보만 입수한 채 병인양요의 사태진상을 전혀 파악하지도 못하였고 따라서 프랑스의 조선침략에 대한 아무런 실질적인 행동을 취하지 못하였으며, 병인양요의 제2단계에서는 조선정부에 병인박해사태에 대한 청나라의 책임문제를 둘러싸고 프랑스 공사관과 외교적 논쟁을 벌이다가 병인양요의 종결을 맞이하고 말았다.

한편 병인양요가 전개되는 기간에도 한중 두 나라 사이에는 전통적 조공관계에 의한 使臣의 왕래는 그대로 유지되었는데, 1866년 한 해 동안 한중 두 나라의 사신왕래사실에 관해서는 다음 표1을 참조할 수 있다. 즉 1866년 한해 동안 조선왕조에서는 歲幣行 또는 年貢行으로 불리는 冬至使의 파견[46]외에도 王妃책봉을 위한 奏請使를 파견하였고

44) 權錫奉, 『淸末對朝鮮政策史硏究』, 一潮閣, 1986년, 79-116면; 權赫秀, 『19世紀末韓中關係史硏究—李鴻章의 朝鮮認識과 政策을 中心으로』, 白山資料院, 2000년, 38-51면.

45) 『韓佛關係資料』, 258-290면.

46) 『通文館志』 卷3, 1-2면; 〔韓〕全海宗 著, 全善姬 譯, 『中韓關係史論』, 北京: 中國社會科學出版社, 1997年, 183면. 청나라가 北京에 定都하기 전의 1637년부터 1644년 기간에 조선왕조에서는 해마다 冬至, 正朝, 聖節, 歲幣(年貢)으로 불리는 네 차례의 朝貢使臣을 보내야 했는데, 1645년(淸 順治2年, 조선 仁祖24年)에 이르러 위의 네 차례 使行을 冬至使로 통합하여 해마다 한번씩 보내게 되었다.

청나라에서도 왕비책봉을 위한 勅使를 조선으로 파견하였다.

〈表 1〉 1866年 韓中兩國間 使臣往來 一覽表[47]

왕래시간	使臣名稱	왕 래 내 용	사료출처
1866. 2. 12.	冬至正使李興敏, 副使李鍾淳 일행	北京의 紫禁城 午門 밖에서 同治皇帝를 "瞻覲"	『淸穆宗實錄』 同治4年12月戊午
1866. 8. 9.	王妃冊封奏請正使柳厚祚, 副使徐堂輔 일행	北京의 紫禁城 午門 밖에서 同治皇帝를 "瞻覲"	同上書 同治5年 6月丙辰
1866. 11. 1.	朝鮮國王妃冊封正使魁齡, 副使希元	서울 景福宮 仁政殿서 王妃冊封儀式 거행하고, 고종을 만남.	『承政院日記』, 『高宗實錄』 高宗3年 9월24일
1866. 11. 30.	冬至正使李豊翼, 副使李世器 일행	서울서 고종에게 "辭陛"	同上書 고종3년 10월24일

그 중에서도 청나라의 朝鮮國王妃冊封使 理藩院右侍郎 魁齡과 委散秩大臣 希元 일행은 프랑스 함대가 본격적인 조선침략행동을 감행하는 병인양요의 제2단계 기간에 서울에 도착하여 11월 1일부터 3일까지 3일 정도 체류하면서 朝鮮國왕비 즉 閔妃에 대한 책봉의식을 거행하고 고종과 두 차례 회견을 가졌는데,[48] 이 과정에서 당시 가장 위급한 사안이었던 병인양요문제를 논의한 기록은 한중 두 나라의 문헌에서 모두 찾아볼 수 없었다. 이처럼 한중 두 나라 사이의 전통적 조공관계는 "서양의 충격"이라는 새로운 도전을 대응할 수 있는 능력을 사실상 잃어버리고 말았는데, 그러한 의미에서 병인양요는 중국중심의 동아시아 전통적 국제질서인 조공관계체제의 몰락을 예고하는 역사적 사건이라

47) 『淸穆宗實錄』, 『高宗實錄』등 韓中兩國의 여러 문헌에 근거하여 필자가 작성함.
48) 『承政院日記』 고종3년9월24일, 9월26일; 『高宗實錄』 고종3년9월24일, 9월25일, 9월26일.

고 할 수 있다.

전통적 조공관계에 있어서 위와 같은 사신왕래가 대체로 공식적이고 의례적인 절차를 의미한다면 咨文의 왕래는 보다 구체적인 사무를 논의하는 일종의 공식연락채널이라고 할 수 있다. 필자의 조사에 의하면 병인양요를 전후하여 1866년 8월부터 1867년 3월까지 반년 남짓한 기간에 한중 두 나라는 무려 13건의 자문을 주고받았는데, 그에 대한 자세한 내용은 다음 표2를 참조할 수 있다.

이처럼 빈번한 咨文의 왕래는 물론 프랑스 함대의 조선침략으로 나타난 "서양의 충격"에 대한 한중 양국간 전통적 조공관계의 구체적 반응이라고 볼 수 있다. 그러나 무려 13건에 달하는 咨文을 살펴보면 프랑스 함대의 조선침략을 공동대응하기 위한 실질적인 논의나 협상이 전혀 없었던 반면 주로 전통적 조공관계의 권위와 관련된 사안 및 마침 병인양요기간에 일어난 제너럴 셔먼호사건의 문의 등 내용에 불과하였다.

〈表 2〉 丙寅洋擾前後 韓中兩國間 咨文往來 一覽表[49]

번호	대원군정권	청정부禮部	작성/발송시일	咨文내용	비 고
1		咨 文	1866년 8월초 작성 및 발송	프랑스 宣戰내용통보, 조선측의 신중대처 요청	飛咨,8월18일 서울에전달됨.
2	8월초 禮部飛咨 의 회답		1866년8월20일 작성	천주교탄압사실통보, 및 쇄국입장 밝힘.	9월 말경, 北京에 전달됨.
3	咨 文		1866년9월30일 작성	제너럴 셔먼호 사건 통보, 쇄국입장 밝힘.	11월 6일, 北京에 전달됨.
4		8월20일자 回咨再回答	1866년10월2일 작성	프랑스함대의 침략가능성에 대비 요청	飛咨, 10월 18일서울에전달됨.

49) 『清穆宗實錄』, 『同治朝籌辦夷務始末』, 『高宗實錄』, 『同文彙考』등 韓中兩國의 여러 문헌에 근거하여 필자가 작성함.

번호	대원군정권	청정부禮部	작성/발송시일	咨文내용	비고
5	"洋檄緣由" 咨報		1866년10월 23일경 작성	프랑스측"回檄" 내용 중 "侵逼上國"사실 咨報	12월12일, 북경으로전달됨.
6		9월30일來咨의 회답	1866년11월 17일 작성	9월30일자 來咨 접수 및 轉奏사실 통보	飛咨, 12월 3일에서울로전달.
7		9월30일來咨 再回答	1866년11월하순 작성 및 발송	제너럴셔먼호사건의 신중대처 요구	韓文奎 "帶回"시간불명.
8	병인양요 경과 咨報		1866년11월30일 작성 및 발송	병인양요경과 咨報 및 "排解法國搆兵"감사 등	1867년2월초, 북경에 전달.
9		李興敏私函관련 咨文	1866년11월말경 작성 및 발송	李興敏이 萬靑黎에게 보낸私函件 처리결과 통보	1866년 12월 16 서울로전달됨.
10	11월하순 回咨 회답		1866년12월 11일 작성	제너럴셔먼호사건 해명, 쇄국의지 再闡明	1867년 2월초, 북경에전달됨.
11		10월23일 朝鮮來咨 회답	1866년12월 24일 작성	프랑스"回檄"관련 來咨 上奏사실 통보	서울로 전달된 시간 不明.
12		12월11일 回咨에회답	1867년2월16일 작성	제너럴셔먼호사건 해명 咨文 轉奏사실 통보	서울로 전달된 시간 不明.
13		咨 文	1867년3월9일 작성	『中法天津條約』第31條 내용 통보	1867년 3월 30일 서울에전달.

표2에서 列擧한 총 13건의 왕복자문 가운데서 병인양요가 일어나기 전 청정부가 조선으로 보낸 자문이 두 번 있었는데, 그 중 벨로네의 7월 13일자 照會내용을 통보하면서 조선 측의 대비를 촉구하던 禮部의 8월 초 飛咨는 앞서 살펴본 것과 같이 대원군 정권의 군사대비태세 강화에 나름대로 도움이 되었다. 그러나 프랑스 함대의 조선침략 가능성을 직접 경고하는 청정부 禮部의 10월 2일자 咨文은 역시 飛咨였음에도 불

구하고 병인양요가 일어난 뒤인 10월 18일에 서울로 전달됨으로써 조선정부로 사전통보 해주려던 본의를 달성하지 못하였다.

따라서 상기 청정부 禮部의 10월 2일자 飛咨에 대한 조선 측의 10월 23일자 回咨에는 앞서 8월 20일자 回咨내용과 대조적으로 별다른 감사의 뜻을 밝히는 내용이 없이 극히 사무적인 간단한 문구뿐이었다.[50)]

즉 청정부는 병인양요가 일어나기 전인 8월초부터 10월 초 까지 두 번이나 조선으로 飛咨라는 긴급전달수단을 통해 프랑스함대의 조선침략 가능성을 통보해주었고 그중 8월 초 飛咨는 대원군 정권의 군사대비태세 강화에 상당한 도움이 되었다. 그중 두 번째의 10월 2일자 飛咨는 사실상 사전경고와 통보의 역할을 제대로 하지 못하였지만, 여하튼 두 달 동안에 연속 두 번의 飛咨라는 긴급연락수단을 통해 프랑스 함대의 침략가능성을 경고하면서 나름대로 대비하도록 통보하는 것은 바로 당시 청정부가 프랑스측의 조선침략행동에 대한 불간섭정책을 고집하면서도 조선에 대한 전통적 조공관계를 그대로 유지하려는 모순된 입장을 단적으로 보여주고 있었다.

상기 10월 2일자 飛咨를 받은 지 이틀 뒤인 10월 20일에 대원군 정권은 프랑스함대의 로즈사령관이 조선 측의 항의 檄文에 회답하는 문서("洋檄") 내용 중 프랑스가 청나라를 항복시킨 사실을 언급한 대목이 청정부의 권위를 손상시켰다고 하여 그 내용을 특별히 청정부 禮部로 咨報하였다.[51)] 이처럼 한창 프랑스의 무장침략을 받고 있는 위급한 상황에서 대원군 정권이 당시 한중 두 나라 사이의 유일한 공식연락채널인 자문을 통해 조선의 영토안전 및 주권과 관련된 현실적 문제를 논

50) 『同文彙考』 三, 「回咨」, 2472면.

51) 『同文彙考』 三, 「歷陳洋檄緣由咨」, 「回檄」, 2470-2471면; 『同治朝籌辦夷務始末』 同治5年11月甲子; 崔奭祐 編著, 『韓佛關係資料 1846-1887』, 『韓國敎會史硏究資料』第19輯, 韓國敎會史硏究所, 1986년, 330면.

의하지 않고 오히려 조공관계체제와 관련된 청정부의 명분 및 권위의 문제만 다루고 있는 것은 바로 열흘 뒤인 11월 1일 즉 병인양요 기간에 서울로 도착한 청정부 冊封勅使 일행이 조선 측과 병인양요문제에 대한 아무런 실질적 논의를 하지 않았던 것과 마찬가지로 한중 두 나라 사이의 전통적 조공관계가 이미 西勢東漸의 세계사적 변화의 현실과 얼마나 괴리되어 있는가를 단적으로 보여주고 있다.

청정부 禮部에서는 병인양요사태가 이미 종료된 같은 해 12월 12일에야 盛京禮部를 거쳐 대원군 정권의 상기 10월 20일자 咨報를 받아보았는데, 그 내용을 의례 同治황제에게 轉奏하면서 조선 측에서 가장 우려하던 이른바 "上國侵逼"의 내용에 대해서는 별다른 반응을 보이지 않고 오로지 총리아문에서 "(청나라)朝廷의 懷遠의 뜻을 보여주고 또한 藩邦의 嚮化의 정성을 굳게 하도록" 잘 대처해야 한다고 주장하였다. 禮部의 위와 같은 주장은 12월 15일자로 同治황제의 재가를 얻어내었고 따라서 禮部에서는 위와 같은 내용을 곧바로 12월 24일자 回咨를 통해 조선으로 통보해주었다.[52] 대원군 정권에서 프랑스 측의 "洋檄"내용을 크게 문제시하는 것과 대조적으로 청정부의 위와 같은 무관심한 태도는 역시 병인양요 당시의 불간섭정책과 같은 맥락에서 이해할 수 있다.

한편 대원군 정권은 병인양요기간 중 9월 30일자 자문을 통해 平壤에서 일어난 제너럴 셔먼호 사건을 청정부 예부로 통보해주면서 조선의 현실사정 및 성리학 중심의 유교적 "學術"이념상 서양열강의 통상요청과 "異教"의 전파는 결코 허용할 수 없다는 단호한 입장을 표명하였다.[53] 위 咨文은 領時憲書賚咨官 韓文奎에 의해 같은 해 11월 6일에

52) 『同文彙考』 三, 「禮部知會歷陳洋檄轉奏咨」, 2477면.

53) 『承政院日記』 고종3년7월27일; 『高宗實錄』 고종3년7월27일; 『同文彙考』 三, 「歷陳洋船情形咨」, 2468-2470면; 『同治朝籌辦夷務始末』 卷45, 同治5年10月丁亥. 辛卯.

북경의 예부로 전달되었는데, 이에 예부에서는 일단 위 자문의 내용을 의례 同治황제에게 轉奏하였다는 요지의 간단한 回咨를 먼저 11월 17일자로 조선에 飛咨해 주었다.[54] 이처럼 의례적인 간단한 내용의 回咨를 飛咨의 긴급연락수단으로 전달하는 것은 그만큼 당시 청정부에서 제너럴 셔먼호 사건을 중시하고 있다는 사실을 입증해주고 있다.

실제로 10월 11일 경 총리아문에서는 이미 三口通商大臣 崇厚의 보고를 통해 프랑스의 목조선 한 척이 조선 측에 의해 격침되었고 그 과정에서 영국인과 미국인의 피해도 있어 영국과 미국 측이 프랑스와 연합하여 조선에 대한 공동원정을 계획하고 있다는 정보를 입수하였다.[55] 곧이어 총리아문에서는 또 북경주재 미국공사대리 윌리엄스(Williams, Samuel Wells, 衛廉士, 衛三畏)로부터 미국상선 한 척이 조선에서 소각되고 선장 및 선원들이 모두 피살되었다는 내용의 조회를 받았다.[56] 따라서 대원군 정권의 9월 30일자 자문을 통해 확인된 제너럴 셔먼호 사건은 병인양요 당시 청정부가 조선문제에 대한 실질적인 책임을 회피하면서 고집해온 불간섭정책을 근본적으로 동요할 수 있는 엄중한 후과를 초래할 수 있다는 점에서 청정부에게 새롭게 큰 불안을 안겨준 셈이었다.

同治황제에게 올린 총리아문의 11월 12일자 상주문은 청정부의 위와

---

54) 『同文彙考』 三, 「禮部知會洋舶情形據咨轉奏咨」, 「原奏」, 2473면.

55) 『關係史料』 第2卷, 「總署收三口通商大臣崇厚函 附件一: 東海關道潘霨稟」, 37면. 여기서 프랑스의 목선이 조선에서 격침되었다는 소문은 물론 앞서 제너럴 셔먼호 사건의 訛傳이었지만 그와 관련하여 미국 및 영국 측이 조선에 대한 공동원정을 계획하였던 것은 사실이었는데, 자세한 내용은 金源模, 『近代韓美交涉史』, 弘盛社, 1979년, 166-167면 참조.

56) 『淸代中朝關係史檔案史料續編』, 「照錄美國衛廉士信函」, 353면; *United States Diplomacy Correspondence*. Mr. Williams to the Foreign Office, Legation of the United States, Peking. October 23, 1866. Appended in *USKR*, 32～33쪽; 金源模 상게서, 464면 참조.

같은 불안한 입장을 잘 보여주었는데, 그 내용은 대략 다음과 같았다.[57] 첫째, 프랑스의 조선침략행동이 이미 시작된 이상 청정부의 화해권고는 더 이상 실질적인 효력이 없을 것이며 나아가서 조선 측에서 화해하려고 하더라도 프랑스 측은 과거에 요구하던 宣敎權 외에 조선원정과 관련된 전쟁비용의 배상도 함께 요구해 나설 것으로 예상된다. 둘째, 현재 영국과 미국도 프랑스와 연합하여 조선에 대한 공동작전을 시도하고 있으며 그 중에서도 프랑스가 가장 위협적이고 그 다음이 영국으로 보인다. 셋째, 조선에 대한 군사행동을 시작한 이상 프랑스는 물론 영국과 미국도 장차 분명 조선에 대한 通商, 宣敎 및 군비배상의 요구를 제기할 것으로 예상되는데, 프랑스와 영국 측에서 청정부의 화해권고를 받아들일 리가 없고 그렇다고 청정부가 조선정부에 열강의 위와 같은 요구를 받아들이도록 강요할 수도 없다.

따라서 총리아문에서는 禮部의 채널을 통해 청정부와 북경주재 佛美 두 나라 공사관 사이의 왕복조회내용을 전달해주면서 조선정부에서 만반의 대비태세를 갖추도록 통보해주자고 건의하였고, 곧바로 동치황제의 재가를 거쳐 11월 하순 경 귀국하는 韓文奎 편에 위와 같은 내용의 回咨를 조선으로 다시 전달해주었다.[58] 이처럼 제너럴 셔먼호 사건과 관련하여 청정부에서 한번의 飛咨를 포함한 연속 두 번의 回咨를 보내 조선 측의 적절한 대응을 요구한 것은 사실상 조선의 안전을 걱정하기에 앞서 조선과 서양열강 사이의 군사적 충돌사태가 걷잡을 수 없이 확대되어 청정부까지 끌어들일 수 있는 최악의 사태를 막기 위한 외교

57) 中國第一歷史檔案館 編, 『淸代中朝關係檔案史料續編』, 「總理衙門大臣奕訢等奏陳酌辦朝鮮洋船請飭禮部咨照該國相機設法摺」, 北京: 中國檔案出版社, 1998年, 349-351면.

58) 『同文彙考』 三, 「禮部再行知會洋船情形轉奏咨」, 「禮部知會總理衙門相機酌辦仍示法美往復函咨」, 2474-2476면; 『同治朝籌辦夷務始末』 卷45, 同治5年10月壬辰. 이번 咨文이 제너럴 셔먼호 사건과 관련하여 앞서 禮部의 11월 17일자 飛咨에 이어 다시 발송되었으므로 작성 및 발송시일은 대략 11월 하순으로 추정된다.

적 노력의 일환이었다.

실제로 훗날 미국공사 버링게임(Burlingame, Anson, 蒲安臣, 蒲麟痕, 蒲玲堪)이 제너럴 셔먼호 사건에 대한 청정부의 책임을 추궁해 왔을 때 총리아문에서는 조선에 대한 실질적인 관할권행사를 거부하면서 한중 두 나라의 조공관계는 의례적(ceremony)인 것에 불과하다고 답변하였는데,[59] 이처럼 병인양요와 직접 관련이 없는 제너럴 셔먼호 사건의 대응과정에서도 청정부는 여전히 불간섭정책을 고집해왔다.

제너럴 셔먼호 사건과 관련하여 대원군 정권은 또한 李興敏私函이라는 비공식적 채널을 통해 청정부에게 사태의 진상에 대한 설명을 시도하였다. 李興敏은 1865년(乙丑, 淸 同治4年, 조선 高宗2年)에 冬至正使 자격으로 청나라를 방문하면서 禮部尙書 萬靑黎와 의례적인 만남을 가진 적이 있는데, 그후 병인양요가 방금 시작된 1866년 9월 21일에 萬靑黎 앞으로 개인명의의 私函을 작성하여 같은 해 11월 6일경 領時憲書賚咨官 韓文奎 편에 북경의 萬靑黎 댁으로 직접 전달해주었다.[60] 여기서 이흥민은 제너럴 셔먼호 사건의 경과를 설명하면서 서양열강의 통상요구를 거부하고 앞으로 서양에서 들어온 이른바 "洋貨"를 "一切禁斷"하겠다는 단호한 입장을 전달하였고, 특히 제너럴 셔먼호 측에서 "上國公文"운운해가면서 청정부의 지지를 받고 있는 것처럼 공언한 사실을 언급하면서 은근히 서양열강의 조선진출시도에 대한 청정부의 태도와 관련한 조선 측의 우려와 의구심을 전달하였다.

앞서 살펴본 바와 같이 대원군 정권에서 제너럴 셔먼호 사건을 청정부로 공식 통보하는 咨文이 李興敏의 상기 私函보다 거의 열흘 늦은 9월

59) *United States Diplomacy Correspondence*. Inclosure C. Mr. Burlingame to H. H. Bell, Acting Admiral Commanding, U. S. Asiatic Squadron, Pecking. November 27th, 1866. Appended in *USKR*, pp.39~40; 金源模 상게서, 164-165면 참조.

60) 『淸代中朝關係檔案史料續編』, 「禮部尙書萬靑黎奏報接據朝鮮國貢使李興敏來函恭錄呈覽摺」, 「抄錄李興敏原函」, 355-358면.

30일자로 작성되었고 또한 거의 일년 전에 단 한번 의례적인 만남 밖에 없었던 李興敏이 갑작스럽게 萬靑黎의 집으로 직접 私函을 보내면서 그 내용 중 異例的으로 고종과 대원군에 대한 칭송을 가득 늘어놓는 등 흔적으로 보아, 위 私函은 분명 대원군 정권에서 李興敏私函이라는 사적인 채널을 통해 제너럴 셔먼호 사건 및 방금 시작된 병인양요사태에 대한 청정부의 진실한 태도를 알아보기 위한 의도적인 행동으로 추정된다. 이에 萬靑黎도 同治황제에게 위와 같은 사실을 상주하면서 조선정부에서 이번의 "洋船搆兵"사태와 관련하여 咨文과 같은 공식 문서를 통해 충분히 언급할 수 없었던 내용을 私函의 형식으로 전달한 것이며 자신의 회답서신 역시 분명 조선국왕에게 보여질 것으로 판단하였다.

따라서 萬靑黎는 同治황제의 裁可를 거쳐 청정부에서 "公文"형식으로 "洋船"의 조선진출을 허락해주는 일은 결코 있을 수 없지만 그렇다고 "洋船"의 출몰이 과연 中止될 수는 없으므로 조선정부에서 나름대로 적절한 대응이 필요하다는 요지로 回信을 작성하여 귀국하는 韓文奎 편에 발송하였다.[61] 萬靑黎의 위와 같은 回信내용이 총리아문 측과 사전협상에 의해 작성되었는지는 자세히 밝혀지지 않고 있지만, 여하튼 원칙적으로 조선정부의 鎖國政策을 지지하면서도 제너럴 셔먼호 사건 및 병인양요사태에 직접 개입하지 않으려는 불간섭정책의 기조에 있어서는 서로 일치하였다. 그리고 萬靑黎의 回信은 앞서 李興敏의 私函처럼 개인적 차원에서 전달된 것이 아니라 예부의 回咨라는 공식 절차로 발송하였는데,[62] 그 것은 바로 병인양요의 긴급한 상황 속에서도 이른바 "人臣無外交"라는 전통적 조공관계의 원칙과 관례를 고집하고

61) 『淸代中朝關係檔案史料續編』, 『禮部尙書萬靑黎奏報擬覆朝鮮使臣李興敏書函摺』, 「擬覆李興敏函」, 358-360면.
62) 『同文彙考』 三, 「禮部知會抵萬尙書信函轉奏天聽咨」, 2477면.

있는 청정부 측의 보수성을 잘 보여주었다.

같은 해 12월 16일에 萬青黎의 회신을 포함한 상기 禮部 回咨를 전달받은 대원군 정권은 곧바로 李興敏을 譴罷하는 한편 冬至使行 편에 그와 같은 사실을 통보하는 咨文을 발송해주었는데, 그것은 사실 청정부의 위와 같은 보수적 조처에 대한 마지못한 호응자세로 생각된다.[63] 이처럼 병인양요기간에 조공관계의 관례를 벗어나 청정부의 관계당국자와 보다 효과적인 연락채널을 확보하려던 대원군 정권의 시도는 전통적 조공관계의 원칙을 고집하는 청정부 측의 보수성으로 말미암아 곧바로 좌절되었는데, 훗날 고종정권이 李裕元을 통해 李鴻章과 개인적 서신연락채널을 확보한 것도 사실상 위와 같은 노력의 연장선상에서 이해할 수 있다.[64]

같은 해 11월 18일에 프랑스 함대의 철수로 병인양요사태가 종료되자 대원군 정권은 11월 30일자로 병인양요의 자세한 경과를 통보하는 咨文 및 청정부의 화해권고노력에 대한 감사의 表文을 작성하여 謝恩冬至使 李豊翼 일행 편에 발송하였다.[65] 그리고 앞서 제너럴 셔먼호사건을 거듭 문의하는 청정부 禮部의 두 차례 咨文에 대한 회답으로 12월 11일자 回咨를 작성하여 冬至使行의 所到處로 下送해주었는데,[66]

63) 『承政院日記』 고종3년11월11일, 13일; 『日省錄』 고종3년11월11일, 13일; 『同治朝籌辦夷務始末』 卷45, 同治5年10月庚子; 『關係史料』 第2卷, 「總署收軍機處鈔交禮部摺 附件三: 朝鮮國王咨文」, 44-45면.

64) 李裕元, 『嘉梧藁略』 書 「與年貢使鄭穉仲書」, 서울대학교 奎章閣 所藏本; 졸저, 『19世紀末 韓中關係史研究』, 43-44면 참조.

65) 『同文彙考』 三, 「歷陳洋匪侵擾咨」, 「謝排解法國搆兵表」, 2472-2474면; 『同治朝籌辦夷務始末』 卷47, 同治6年1月丁卯; 『關係史料』 第2卷, 「總署收禮部文」, 「總署收軍機處片」, 「總署收軍機處鈔交禮部摺」, 「總署收禮部文」, 38-47면.

66) 『同文彙考』 三, 「覆陳洋舶事實仍謝總理衙門相機酌辦咨」, 2476-2477면; 『同治朝籌辦夷務始末』 卷47, 同治6年1月丁卯; 『關係史料』 第2卷, 「總署收軍機處鈔交禮部摺 附件二: 朝鮮國王咨文」, 40-44면.

여기서 대원군 정권은 제너럴 셔먼호 사건을 자세히 해명하면서 특히 프랑스가 요구하는 通商, 傳敎, 賠償 따위는 비록 앞으로 몇 년 동안 더 곤욕을 당하더라도 결코 허용할 수 없다는 단호한 鎖國의지를 밝혔다. 위와 같은 문서는 앞서 살펴본 李興敏 譴罷관련 回咨 및 『中法天津條約』 제31조의 내용을 문의하는 別單과 더불어 다음해인 1867년 2월 초에야 李豊翼 일행에 의해 북경으로 전달되었다.[67]

이와 관련하여 청정부 총리아문에서는 1867년 2월 27일자 상주문을 통해 병인양요 사태가 종료된 뒤 청정부의 입장을 정리하였는데, 대략 다음과 같은 세 가지 내용으로 요약할 수 있다.[68]

첫째, 프랑스 측의 향후 움직임. 현재 프랑스 함대가 조선으로부터 철수하였지만 그대로 조선침략행동을 포기한 것인지 아니면 새로운 침략행동을 다시 준비하고 있는지는 아직 속단할 수 상황이다.

둘째, 조선 측의 입장. 조선정부가 이미 "民情國勢"상 "通商傳敎"의 요구를 결코 허용할 수 없다고 강력하게 밝혀온 이상 중국도 조선정부를 강요할 수 없으며, 다만 禮部의 回咨를 통해 스스로 잘 대처하도록 통보해줄 수밖에 없다.

셋째, 『中法天津條約』과 조선의 관계. 조선 측이 문의해온 『中法天津條約』 제31조에는 중국 또는 프랑스가 제3국과 교전시 상대국 선박의 통행권과 관련된 내용인데, 그 내용을 조선 측으로 통보해주면서 중국이 프랑스를 비롯한 서양열강과 체결한 모든 조약의 내용은 "오로지 중국 본토를 가리키되 外藩에 미치는 것이 아니며 조선과 관련된 것은 추호도 없다"는 뜻을 함께 전달해주어야 한다.

---

67) 『淸穆宗實錄』 同治5年12月癸丑; 『關係史料』 第2卷, 「總署收禮部文」, 「總署收軍機處片」, 「總署收軍機處鈔交禮部摺」, 「總署收禮部文」, 38-47면.

68) 『關係史料』 第2卷, 「總署奏摺」, 48-49면; 『淸代中朝關係檔案史料續編』, 「總理衙門大臣奕訢等奏朝鮮覆陳洋船侵擾請仍由禮部咨照預爲籌備摺」, 371-372면.

한마디로 서양열강의 조선진출문제에 대한 불간섭정책을 그대로 이어나가겠다는 총리아문의 위와 같은 주장은 곧바로 同治황제의 裁可를 받은 뒤 禮部의 回咨를 통해 조선으로 전달되었다.[69] 청정부의 위와 같은 不干涉政策은 그후 1871년의 辛未洋擾 때도 그대로 지속되었으며 이에 대한 자세한 연구는 훗날로 기약하겠다.

Ⅴ. 맺음말

위에서 살펴본 바와 같이 1866년의 병인양요가 한국역사상 최초로 서양열강과 대결한 전쟁사태로서 그후 한국에 대한 자본주의 열강세력의 침투와 침략의 시작을 의미한다면, 오래 동안 전통적 조공관계를 유지해온 한중관계사에 있어서도 분명 하나의 획기적인 사건이었다.

당시 중국과의 조공관계는 조선왕조가 對西洋 鎖國政策을 고집하면서 서양열강의 통상교섭요구를 거부하는 제도적 장치의 역할을 하였고, 중국 청정부 역시 아편전쟁이후 서양열강과 근대적 조약관계를 체결하였음에도 불구하고 조선왕조의 위와 같은 對西洋 鎖國政策을 변함없이 지지해주었다. 그러나 서양열강세력이 "포함정책"의 강력한 수단을 통해 근대적 통상 및 조약관계를 요구해오고 또한 동아시아 조공관계체제의 중심이었던 중국이 몰락하기 시작하면서 전통적 조공관계는 더 이상 서양열강의 조선침략을 막아주는 제도적 장치의 역할을 할 수 없었고, 중국의 커다란 그림자 뒤에 "은둔"해 있던 조선은 결국 서양열강세력의 침략위협 앞에 직접 노출될 수밖에 없었다.

1866년 당시 조선왕조 대원군 정권의 천주교 박해사실을 모르고 있

---

69) 『關係史料』 第2卷, 「總署發禮部文」, 49면; 『同文彙考』 三, 「禮部知會覆陳洋船事實謝總理衙門酌辦知道咨」, 2477-2479면.

던 청정부는 북경주재 프랑스 대리공사 벨로네의 7월 13일자 조회를 통해 프랑스 측의 군사보복 계획을 갑작스럽게 통보 받았다. 이에 청정부는 곧바로 7월 16일자 회답조회를 통해 프랑스 측에 진상 조사 및 화해를 권고하면서도 조선문제에 대한 불간섭정책을 고집함으로써 프랑스 측의 조선침략계획을 적극 제지하지 못하였다. 한편 청정부는 自國 연해지역의 군사적 대비태세를 강화하는 동시에 두 차례의 자문을 통해 조선정부에게 나름대로 군사적 대비태세를 강화하도록 통보해주었는데, 그 중 병인양요직전에 도착한 첫 번째 자문은 대원군 정권의 군사적 대비태세 강화에 나름대로 도움이 되었다.

여하튼 프랑스 측은 청정부의 對朝鮮 불간섭정책에 관한 거듭된 성명을 빌미로 한중 두 나라의 전통적 조공관계를 공개적으로 부정하면서 청정부의 화해권고를 그대로 묵살하고 나아가서 저들의 조선침략행동에 대한 청정부의 간섭을 원천적으로 봉쇄할 수 있었는데, 결과적으로 청정부의 불간섭정책은 프랑스 측이 거리낌없이 병인양요를 일으킬 수 있는 객관적 원인으로 되었다.

같은 해 9월부터 11월까지 두 단계에 걸쳐 두 달 남짓이 전개된 병인양요 기간에 청정부는 병인양요 사태의 자세한 상황을 거의 파악하지도 못하였고 따라서 프랑스의 조선침략에 대한 아무런 실질적인 행동을 취하지 못하였으며, 10월부터 시작된 병인양요의 제2단계에서는 대원군 정권의 천주교박해와 관련된 청나라의 책임문제를 둘러싸고 프랑스 공사관과 외교적 논쟁을 벌이다가 병인양요의 종결을 맞이하고 말았다. 이처럼 청정부는 병인양요기간에 프랑스의 침략행동을 제지하거나 조선왕조의 항전을 지원해주는 그 어떤 실질적인 행동도 취하지 않은 채 袖手傍觀의 불간섭정책으로 一貫하였다.

한편 병인양요 기간에도 한중 두 나라 사이에는 전통적 조공관계의 의한 사신왕래 및 자문의 왕래가 그대로 유지되었지만, 마침 병인양요

기간에 서울로 도착한 청정부의 조선왕비책봉칙사 일행이 대원군 정권 측과 병인양요의 대응과 관련된 구체적 논의를 가졌다는 기록은 전혀 찾아볼 수 없었다. 그리고 병인양요를 전후하여 한중 두 나라가 서로 주고받은 무려 13건의 咨文에서도 프랑스 함대의 조선침략에 공동 대응하기 위한 실질적인 논의의 내용이 전혀 없었던 반면 제너럴 셔먼호 사건 및 전통적 조공관계의 권위와 관련된 사안 등 내용으로 가득하였는데, 바로 한중 두 나라의 전통적 조공관계가 이미 병인양요와 같은 "서양의 충격"에 효과적으로 대응할 수 있는 능력을 잃어가고 있는 사실을 단적으로 보여주고 있다.

한마디로 전통적 조공관계 체제의 유지 및 자국의 안보이익 차원에서 조선에 대한 서양열강세력의 진출을 반대하면서도 프랑스 측의 군사실력에 직접 대항할 수 없으므로 조선에서 일어난 병인양요에 대한 아무런 실질적 개입행동을 취하지 않은 것이 바로 당시 중국 청정부의 보수적이고 이기적인 不干涉政策이었고, 그러한 불간섭정책은 결과적으로 포함정책의 강력한 수단으로 근대적 국제질서의 원칙을 주장하는 프랑스 측이 사상 최초로 한중 두 나라 사이의 전통적 조공관계를 공식 부정하고 거침없이 병인양요사태를 일으킬 수 있는 객관적 원인을 제공해주었다.

그러한 의미에서 병인양요는 오로지 조선왕조와 프랑스 두 나라의 충돌뿐만이 아니라 또한 천주교를 매개로 하는 서구문명 및 프랑스를 비롯한 서양열강이 주장하는 근대적 국제관계질서와 한국과 중국을 포함한 동아시아의 유교문명 및 중국을 중심으로 한 전통적 조공관계질서 사이의 일대 충돌사태로서 한중 두 나라의 비극적 근대사 및 한중 두 나라 사이의 전통적 조공관계의 몰락을 예고해주는 역사적 사건이었다.

〈白山學報 第65號, 2003.4.25. pp.249～280〉

20세기 초 조선족의 중국 내몽골지역 이주과정 연구

김 선 호*

〈目 次〉

Ⅰ. 머리말

본 연구는 20세기 초 한반도내의 빈곤과 외세 침략에 의한 사회적 불안을 배경으로 자의적, 타의적 대륙 깊숙이 유목문화권으로 이동한 조선인들의 이주과정과 그 역사적 의의에 대한 이해를 목적으로 한다.

농경문화에 이미 오랜 기간 길들여져 있던 한민족의 이동은 일반적으로 특수한 형태로 받아들여진다. 그러나 사실 열린 공간에서 자유로운 이동을 영위하였던 유목문화의 흔적이 인식의 깊숙한 어느 곳에 여전히 남아있다는 것을 철저히 부정하지도 못한다. 우리는 여기서 현대에 이르러 여전히 형상으로 보여지는 한민족의 이동(자의든 타의든)과 성공적인 새로운 환경에의 정착을 전 세계 지역별로 발굴하여 정리할 필요가 있다. 이는 한민족 공동체라는 거창한 낱말을 사용하지 않는다

* 부산외국어대학교 교수

해도 현재에서 보여지는 형상과 인식이 우리의 정체성을 깨닫게 해준다는 평범한 진리로 그 중요성을 강조할 수 있기 때문이다.

현대사회에서 일반화 된 민족국가의 개념 즉, 주권과 영토와 민족이라는 3요소 중에서 영토는 흔히 선으로 그어진 경계선이 면을 만들어 낸 것을 말한다. 이는 고립된 공간을 의미하고 근대에 이르러 무한한 이동의 자유를 정체성으로 하는 유목문화권의 쇠퇴를 조장한다. 반대로 농경문화에 안착한 민족들은 그 영토 안에서 안정된 농업생산을 기반으로 근대에 획기적인 물질문명의 발전을 꾀할 수 있었다.

근대를 맞이했던 우리민족은 그렇다면 어떠하였는가? 우리는 수 천년 농경문화에만 길들여진 민족으로서 한반도 내부의 혼란과 외세의 침략이 가져다주는 빈곤과 억압에 그냥 자신의 삶의 근거지에서 묵묵히 현실을 받아들이며 맥을 이어갔었다고 결론 내리기 쉽다. 그러나 실제로는 많은 인구가 근접한 만주지역과 한랭지대인 연해주지역으로 이주하였을 뿐만 아니라 내륙 깊숙이 유목문화권인 내몽골지역까지 이주하였다. 이 사건들은 결국 우리민족의 내면적 정체성을 다시 한번 생각해 보게 하는 역사적 사실이다. 즉, 이것은 우리민족이 여전히 인식의 깊숙한 곳에 남아있는 자유로운 공간이동이라는 개념을 실제 행위의 형태로 현대에서도 표현한 한 예라고 할 수 있다는 것이다. 20세기 초 한민족의 내몽골지역 이주는 바로 이러한 대표적인 사례로서 그 역사적 의미를 내포한다.

지금까지 조선족의 중국동북방(만주지역) 移民史와 러시아 연해주 移住史등은 상당부분 다루어져 왔지만[1] 내몽골지역에 이주한 조선족들의 역사에 대한 연구는 없었다. 비록 적은 숫자이긴 하나 유목문화권으로의 이주 그리고 그곳에서의 어려운 정착은 본 문헌 연구로 끝나

1) 한민족의 만주지역 및 기타 대륙이주에 관한 연구는 먼저 기본적으로 김준엽의 韓國共産主義運動史(청계연구소, 1986)에서 개괄적인 내용을 접할 수 있다.

서는 안되고 이후 현지조사를 통한 더욱 세밀한 연구가 필요하다고 생각한다.

Ⅱ. 清代 조선인의 대륙이주

1. 변경 개방시기(1644~1677)

1644년 清朝가 건립되었을 때 청은 조선과의 국경을 봉쇄하지 않고 개방하여 많은 조선인들이 국경을 넘어 대륙으로 이동 혹은 이주 할 수 있었다. 물론 明末清初에는 이미 적지 않은 조선인들이 만주지역에 장기간 거주하고 있었는데 이들의 이주 역사는 오래 되었고 그 수도 상당히 많았다는 기록이 있다. 『八旗滿洲氏族通譜』에 의하면 清의 건국 후 중국의 지역별 姓氏조사결과 전국에 1276개의 성씨가 있었는데 그중 만주에는 741개의 성씨가 있었고 몽골족 성씨가 235개 漢族 성씨가 247개 그리고 고려인 성씨가 43개였다고 기록되어져있다고 한다.[2] 물론 이것은 정식으로 등록된 일반인만을 조사한 것이지 임시 거주자와 노예들은 포함하고 있지 않아 더욱 많은 수의 조선인들이 이곳에 진출한 것으로 보인다.

이들은 특히 清軍이 北京으로 입성할 때 清軍의 일원으로 清의 건국을 도왔고 후예들은 清정부에서 다양한 활약을 하였다.

전체적으로 清정부의 국경개방은 만주족이 入關한 후에 자신들의 原鄕인 만주지역의 발전을 위해 취한 "遼東招民開墾"[3]정책의 일환으로 조선인들의 이주를 자유롭게 한 정치적 배경을 갖고 있다.

2) 內蒙古朝鲜族研究會編, 內蒙古朝鲜族, 內蒙古出版社, 1995. 54쪽에서 재인용.
3) 특히 順治(1644~1661)년간에 적극적으로 시행되었음.

2. 변경 폐쇄시기(1677~1845)

"遼東招民開墾"정책이 시행될 때에 한반도 북쪽에는 자연재해를 통한 상황의 변화가 일어난다. 즉 1668년 평안도에 기근이 발생 3만8천명의 이재민을 낳았고, 1671년에는 함경도의 이재민이 2만1천명에 이르러 이들은 두만강 압록강을 건너 국경지역과 만주지역, 그리고 내륙 깊숙이 이주할 수밖에 없었다.[4] 특히 1668년의 경우 7월 25일에는 전국 여러 곳에서 지진이 발생하고 평안도 철산에서는 해일도 일어날 정도였다.[5]

물론 한반도내의 재해만이 조선인들의 대규모 대륙이주의 원인이 되어 국경폐쇄에 이른 것은 아니다. 淸정부의 입장에서도 중국 통치를 위해 대규모 만주족 인구가 중국지역으로 이주한 후에 유입되어오는 조선인들이 자신들의 原鄕에서 개간은 물론 수렵에 이르기까지 다양한 경제활동을 통해 자연스러운 정착과정을 보여주었기 때문에 국경의 존재 자체가 무의미해지는 위협을 받았기 때문이다. 결국 淸정부는 1677년부터 개간, 벌목 산삼채취, 수렵등을 금지하다가 그 후에는 이주자체를 금지하였고 1712년 5월에는 조선정부와 압록강과 두만강을 경계로 하는 국경선을 확정하고 경계비를 세우고 양국의 수비대를 배치시키고 정기적으로 순찰하여 越境을 막는다는 협정을 맺는다.[6]

실질적인 폐쇄시기만도 150여년에 달하면서 상당기간 조선인들의 대륙이주는 제약을 당했고 이미 이주한 조선인들은 점차 현지문화에 동화되어갔다. 물론 소규모의 불법 이주는 지속적으로 이루어져 1714년부터 1757년 사이에만도 겨울 압록강과 두만강의 결빙시기에 소규모

4) 內蒙古朝鮮族研究會編, 內蒙古朝鮮族, 內蒙古出版社, 1995. 56쪽.
5) http://www.newtonkorea.co.kr/newton/magazine/newton/2000_10/sub68.htm
6) 內蒙古朝鮮族研究會編, 內蒙古朝鮮族, 內蒙古出版社, 1995. 56쪽.

越境이 이루어지다가 구경수비대에 체포되었다는 기록이 무수히 나타나고 1757년 조사에는 寧安縣을 중심으로 약 4천여 조선인 불법 越境者들이 거주하고 있는 것으로 나타났다.7)

이러한 장기간의 한반도와 대륙산의 단절은 마치 한반도의 역사가 대륙과 완전히 분리되어 형성되었을 거라는 인식의 착각을 불러일으키고 심지어 역사학자들 조차 그 눈을 한반도로 고정시키는 결과도 낳았다.

3. 폐쇄와 개방의 반복시기(1845～1905)

1840년 1차 아편전쟁이후 만주족 지배하의 淸은 굳게 닫아걸었던 문을 열지 않으면 안되었다. 1858년과 1860년 영국은 중국과 『中英天津條約』을 러시아는 『中俄瑷輝條約』과 『北京條約』을 통해 흑룡강 및 우수리강 지역을 중심으로 표면적으로는 국경무역을 내면적으로는 러시아세력의 남하와 중국 동북지역의 개방을 시작하였기 때문이다.8)

결국 淸정부는 변방의 이민족을 이용하여 러시아세력의 남하를 저지하는 정책을 시행한다. 이미 200여년 전에 조선족의 이주를 통해 자신들의 原鄕을 풍요롭게 유지하려 했던 정책을 재시도한 것이다. 1845년 이후 조선과의 국경 폐쇄를 점차 완화하던 정책은 1875년에 이르러 安東, 通化縣의 이주개발을 허가하였고 1881년에는 吉林省전체와 내륙지역을 개방하고 완전 개방의 정책을 실시하였다.9) 이 정책은 1860년에서 70년에 이르는 기간동안 한반도내의 외세 침입과 자연재해와 맞물려 많은 조선인들의 대륙이주가 나타나는데 이는 단순한 현실도피의 성격도 있었겠지만 과거와 연계된 능동적인 이동의 개념도 배제할 수

7) 위의 책 56쪽.

8) 존 킹 페어뱅크, 중국사연구회 역, 신중국사, 까치, 1994, 264～269쪽.

9) 內蒙古朝鮮族研究會編, 內蒙古朝鮮族, 內蒙古出版社, 1995. 56～57쪽.

는 없다.[10)]

더욱이 漢族이 거의 없었던 러시아령에서는 이주된 코작인들이 환경에 적응치 못하고 돌아간 반면 많은 조선인들이 성공적으로 정착하여 의도적으로 조선인들의 러시아령 이주를 러시아 정부가 묵인하면서 조선인들의 이주는 활발해지기 시작하였다.[11)]

1870년에는 集安(당시: 輯安)에는 집성촌이 형성되 조선인의 수가 千戸에 이르렀고 1881년 延邊지역의 조선인들은 만여명이었다. 1883년의 동계에 의하면 通化, 柳河, 桓仁지역의 조선족은 3,700여가구에 대략 37,000명의 인구에 다다랐다. 결국 3월에 淸정부는 조선과 『奉天與邊民交易章程』을 체결하였고 같은해 9월에는 『吉林朝鮮商民貿易地方章程』을 체결하여 자유무역이 활발히 진행되었다.[12)]

1885년에는 延邊에 3개의 通商局을 설피하고 심지어 두만강 북쪽으로 길이 700여리 넓이 4,5천리에 이르는 광대한 지역에 조선인들의 집단 거주 지역을 설치하기도 하였다.[13)]

1904년에 이르러서는 延邊의 조선족은 5만여명 1909년에는 184,867명으로 급격한 증가추세를 보인다. 이는 물론 일본제국의 한국침략과 직접적인 관계가 있으며 이들은 후에 일본의 만주점령과 함께 더욱 북쪽으로 혹은 서부지역으로 이주하는 집단의 주요 구성원이 된다.[14)]

---

10) *기후관련은(http://climate.snu.ac.kr)에서 참고(1860년부터 기온기록시작)
*당시 서양인에 대하여는 오랑캐보다는 人獸之別의 인식이 더 강했다.
(참조 : http://mahan.wonkwang.ac.kr/nonmun/99/9638.htm: 동학농민혁명의 사상적 배경에 대한 고찰)

11) 박노자(V.M. Tikhonov,경희대), 19세기후반 韓人의 露領 이민의 초기단계(1861~1869), (http://www.humanrights.or.kr/HRLibrary/HRLibrary2-njpa가2.htm)

12) 內蒙古朝鮮族硏究會編, 內蒙古朝鮮族, 內蒙古出版社, 1995. 57쪽.

13) 위와 같음.

14) 위의 책 57~58쪽.

Ⅲ. 淸末民國初 조선인의 대륙이주[15]

1904년 2월 일본의 旅順공격으로 시작된 러일선생에서 다음해 9월 러시아의 항복을 받아낸 일본은 본격적으로 한반도와 남만주지역 진출을 개시한다.[16] 특히 한반도에 대한 영향력이 강화되는 1905년 11월의 을사보호조약 체결이후 한반도에서 만주로 그리고 만주에서 연해주와 내몽골지역으로 이주하는 韓人들의 수가 급격히 증가한다. 정리하여 보면 국경부근에서 내륙지역별 그리고 시기별 조선이주자들의 수치의 변화는 아래와 같다.

1. 延邊지역: 1910년~1911년사이 17,753명 1917년 36,890가구, 남 107,660명 여자 87,961명 총계 19,621명 전체인구 중 점유율 약80%
2. 通化, 桓仁지역: 1905년이후 항일 비밀결사단이 많이 조직되었고 191년11월1일 丹東-沈陽간 철도 개통후 더욱 많은 조선인들이 서쪽으로 이동. 1913년 이 지역의 韓人들은 286,000명에 이르렀고

15) 본 장은 이번 연구내용의 보조적인 부분으로 이주 부분만 간략히 서술하였다. 기타사항은 이 장에 해당하는 시기의 전문연구자 손춘일의 연구논문들을 참조하기 바란다.
1. 滿洲事變 前後 在滿朝鮮人 問題와 그들의 困境 /손춘일/ 정신문화연구83(2001.6) 143~159쪽 / 韓國精神文化硏究院.
2. 滿鮮拓植株式會社의 土地經營形態와 在滿韓人 /孫春日 / 忠南大忠南史學 10('98.8) 107~136쪽.
3. 滿洲事變後 在滿韓人安全農村과 集團部落 建設 및 그 實態 /孫春日 / 한국학대학원 논문집 12('97.12) 151~188쪽.
4. 滿洲國성립후 土地商租權문제와 在滿韓人에 대한 土地政策(1932-1937) /孫春日 翰林大아시아文化 13('97.12) 203~236쪽.
5. 淸代 江北의 開拓과 韓人에 대한 土地政策 /孫春日 /淸溪史學 13('97.2) 325~362쪽.
6. 日帝下 中國 朝鮮人의 敎育發展 實態에 대하여, 1905-1931 /孫春日 淑明女大韓國學硏究 2('92.12) 37~63쪽 등

16) http://chungdong.or.kr/highroom/history/dictionary/러일전쟁.html

이른바 "西間島"지역에는 10만의 조선인들이 거주하고 있었다.

3. 沿海州지역: 1902년 32,300명, 1910년 전후 15만 이상으로 추정
4. 黑龍江지역: 1900년에서 1903년사이 "中東鐵路"건설중에 대량의 조선인들이 만주지역에서 이동하여 왔으며 1910년부터는 조선인 학교도 건립하고 다수의 조선인들이 거주한 것으로 추정[17)]

전체적으로 1905년 이미 국경부근으로 대규모 이주하였던 조선인들이 1910년 일본이 조선을 강제합병하는 시기를 기점으로 대규모 이주가 일어나고 나아가 일본 세력의 대륙 진출로 해마다 더욱 깊숙한 내륙지역으로 이동하는 현상을 보여주었다. 즉 1909년 6월 82,900명의 조선인들이 대륙으로 이주하였고 1910년에서 1912년사이 49,000명, 1918년 36,000명, 1919년 44,000명, 1920년 22,000명 1921년 13,000명으로 변화되었다.[18)] 1919년 3.1운동이후에는 일본의 강압적인 통제로 그 이주자의 숫자가 많이 줄어드는 것을 알 수 있다.

Ⅳ. 20세기 초 조선인의 내몽골 이주

기록에 공식적으로 남아있는 조선인들의 내몽골지역 이주는 1897년 中露협약에 따른 "中東鐵路"증축의 노무자들로 시작한다. 이들은 1903년 철로가 개통되어 러시아가 중국에 운영권을 넘겨주고 난 후에 일부는 그들의 근거지였던 만주지역으로 되돌아가고 일부는 남아서 철도에 관련된 일을 하고 그 나머지는 철도 주변의 지방도시에서 논농사를 지으며 정착하였다. 기록에 의하면 정착할 때까지 많은 조선인들이 자주

---

17) 참고: 內蒙古朝鮮族硏究會編, 內蒙古朝鮮族, 內蒙古出版社, 1995. 60~64쪽.
18) 위의 책 65쪽.

이주하였다고 하여 논농사에 적합한 지역의 물색과 이를 위한 이동의 적극성 등을 엿볼 수 있다.[19)]

특히 1919년 3.1운동이후 많은 조선인들이 내몽골지역으로 이주하는데 이는 조선인 이주의 최고전성기인 1920년대를 예견하게 하는 초기 상황이라고 할 수 있다. 내용적으로는 일제의 핍박을 피하려는 이주도 있었지만 만주지역 혹은 연해주로 일단 이동했다가 내몽골로 들어오는 경우도 많이 있어 열린 공간의 개념에 따른 자유로운 이동이라는 면도 인식의 내면에서 찾아볼 수 있다.

1. 呼倫貝爾盟 지역

呼倫貝爾盟은 내몽골의 동북지역을 말하며 흑룡강성과 외몽골동부지역과의 접경지역으로 훌룬호와 부이르호로 흘러 들어가는 많은 강들이 있어 초원과 삼림을 골고루 갖춘 한랭지역이다.

"中東鐵路"가 개통된 후에 본 철도건설에 참여하였던 많은 조선인들 중에 일부는 관련된 여러 기관에서 공무원으로 근무하였고, 일부는 주변에 정착하였다. 특히 "中東鐵路"의 증축에 참여하기 위해 일부 조선인들은 만주로 이주한 이후 러시아영내로 이주하였다가 다시 내몽골지역으로 이주했던 사례도 많았다.[20)]

1910년경 海拉爾市에는 조선인이 경영하는 조선식당이 문을 열기도 하였고 20년대 초반 扎蘭屯市 西哈拉素 기차역등의 역이 있던 지역에서 거주하다가 呼倫貝爾盟으로 이주한 사람들도 상당수가 있었다. 특히 1926년부터 1928년 사이 抗日의용군의 일부가 바로 哈拉素지역에

19) 위의 책 68쪽.

20) 免渡河鎭에 거주하고 있는 鄭正玉이란 노인의 회고에 의하면 1903년 부모와 함께 러시아에서 현재 내몽골지역으로 이주하였다고 한다. 위의 책 68쪽.

머물다가 博克圖지역으로 옮기고 결국에는 소련으로 옮겨간 사실도 있었다.[21)]

이 시기에 있어서 내몽골의 呼倫貝爾盟지역으로 이주하였던 조선인들은 몇 년간 거주한 후 다시 다른 곳으로 이주하였던 경우가 많았다. 그리하여 기록이 남아있지 않아 정확한 이주형태를 분석하기가 힘들다. 예를 들어 滿洲里市의 경우 "中東鐵路"에서 매우 중요한 역으로 여러 민족들이 혼합 거주하였었는데 檔案에는 단지 1921년 滿洲里시내에 3가구의 조선상인들이 거주하고 있었으며 약 11명에 이르렀다고 만 기록되어져 있을 뿐이다.[22)]

그러나 같은 呼倫貝爾盟의 成吉思汗鎭은 조선족 농민들은 잠시 거주하다가 다른 곳으로 떠나는 것이 아니라 비교적 일찍이 농사를 지으며 정착을 시도하였다. 즉, 1926년 14가구의 조선인들이 成吉思汗鎭으로 이주하여 황무지를 개간하여 정착하려 하였는데 한랭한 기후와 자금의 부족으로 1년 후에 다른 곳으로 떠나게 되었고, 1939년에는 비로소 만주각지에서 대규모 조선인 집단을 이루어 약 300여명이 成吉思汗鎭으로 이주해와 물을 끌어들이고 황무지를 개척하여 결국 논농사를 성공시켜 처음으로 내몽골지역에 논농사를 시작하는 개가를 올렸다.[23)] 이들은 다음해인 1940년 "浜州鐵路"등 철로를 따라 대규모로 침략해 들어오는 소위 일본의 "開拓團"에 의해 성공한 논을 빼앗기고 다시 이주의 길을 걷게 되었는데 이번에는 철로와 많이 떨어진 蘑菇气炕沿山(扎蘭屯남쪽 100km지점)지역으로 강제 이주되어 이른바 새로운 "朝鮮屯"을 만들어 500여가구의 집단촌락을 이루고 초등학교도 세웠지만, 1945년 일본의 패전후 20여가구는 다시 成吉思汗鎭으로 이주하기도 하였다.[24)]

---

21) 위의 책 68쪽.
22) 위의 책 68~69쪽.
23) 위의 책 69쪽.

2. 興安盟 지역

興安盟지역은 大興安嶺산맥의 동남쪽 자락에 걸쳐있으며 3줄기 강이 동남쪽으로 흐르며 각각 嫩江과 松花江으로 흘러 들어간다. 즉, 興安盟의 북부 扎賚特旗안의 綽爾河는 嫩江으로 흘러 들어가고 興安盟 중부지역의 科右前旗에서 흘러나오는 洮儿河와 남부지역의 蛟流河는 吉林省안으로 흘러 합류해서 松花江으로 흐른다.[25] 바로 이라한 풍부한 수자원을 기초로 그리고 吉林省과의 지리적 근접성으로 20년대부터 많은 조선인들이 이주하여 논농사를 지으며 정착할 수 있었다.

綽爾河유역에서는 1919년 3.1운동직후 沈愚楚등이 30여가구를 이끌고 와서 綽爾河 하류지역의 北巴岱 황무지에 물을 끌어들여서 논농사를 지으며 정착하였다. 그 다음해인 1920년 北巴岱부근에 10여가구의 조선인들이 이주해와서 정착하였고, 1924년에도 10여가구의 조선인들이 都爾本新村에 이주해왔고, 1925년에는 牧特豪에 140여가구의 조선농민들이 이주해와서 대규모 논을 만들었다.[26]

그러나 1929년 여름 대홍수로 인해 綽爾河하류의 농경지가 대부뷴 물에 잠겨 황폐해 졌고 北巴岱의 10여 가구와 和平屯의 50여 가구만 남긴 채 나머지 조선인들은 黑龍江省 일대로 분산 이주하였다. 1930년에는 다시 20여가구가 만주지역에서 이 지역의 王家子, 臺輔등지에 이주해와서 논농사를 시작하였고 金在宇등은 여러 곳에 흩어져 거주하던 조선인들을 불러모아 지금의 保安沼에서 집단적으로 대규모 논농사를 지으며 정착하였다.[27]

---

24) 위와 같음.
25) 內蒙古大辭典編輯委員會, 內蒙古大辭典, 內蒙古人民出版社, 1991. 9쪽.
26) 內蒙古朝鮮族研究會編, 內蒙古朝鮮族, 內蒙古出版社, 1995. 69쪽.
27) 위의 책 70쪽.

1919년에서 1931년 동북지역이 일본 제국에 의해 침략 받을 때까지 조선인들은 만주지역에서 근접한 내몽골의 興安嶺盟지역에 풍부한 수자원을 바탕으로 논농사를 지으며 집단적으로 이주하여왔다. 이들은 외압에 의한 이주가 아니고 먼 옛날 조상들이 활약하던 故地에 논농사라는 획기적인 식량생산 기술을 가지고 다시 정착하기 시작하였다는 데에 많은 역사적 의미가 있다고 하겠다.

1931년 이른바 9·18사변을 통해 만주지역을 점치 손해 넣는 일본제국은 綽爾河지역에도 혼란을 가져다 주었다. 먼저 일본의 침략에 밀려 만주지역에서 내몽골지역으로 이주한 조선인들은 수자원이 풍부한 이 지역에 집단으로 모여들어 和平, 北巴岱, 五家子, 仁合屯, 好力堡등지에 100여가구가 그리고 保安沼에 100여가구가 집성촌을 이루었다.[28)]

그러나 滿洲國이 건립되고 그 세력이 점차 확장되어 1937년 이른바 "滿鮮拓植會社"는 만주지역의 조선인들을 내몽골진출을 위한 선발대로 활용하기 위해 먼저 保安沼지역에 100여가구를 강제 이주시키고 논농사 위주의 농장을 건설하게 하였고 "滿蒙會社"라는 국영 수탈기업을 통해 이 지역의 조선인들의 수확물을 강탈하다시피 수거해 갔다. 내몽골의 척박한 환경에서도 오랜 어려움을 극복하고 이루어낸 조선인들의 논농사가 매우 성공적이라는 점을 몸소 체험한 일본 제국은 1942년 제2의 논농사 위주의 농업단지를 건설하기 위하여 600여가구의 조선인들을 대규모로 강제 이주시켰다. 1945년 일본이 패망했을 당시 保安沼를 중심으로 이 지역의 조선인들은 800여가구에 이르렀다.[29)]

洮儿河유역은 일찍이 1928년경 정운락이라는 사람이 100여가구의 조선인들을 이끌고 이 강의 하류로부터 북상하여 王斧廟(지금의 烏蘭浩特市) 부근에서 논농사를 하며 정착하였다. 이들은 당시 162가구나 되

28) 위와 같음.
29) 위와 같음.

었고 전체 인구는 902명으로 기록되어있으며 4개의 농장으로 이루어진 집단거주형태였다. 1930년의 수재와 31년의 9·18사변으로 대부분 흩어졌다가 1932년 2월 30명정도의 선발대가 다시 와서 洮儿河유역에서의 논농사 가능성을 타진해보고 후에 柳樹川과 公主領등지에서 정착하며 149가구 623명으로 증가하기도 하였다.30)

당시 王斧廟 즉 지금의 烏蘭浩特市는 당시에도 興安盟의 핵심 도시로서 일본과 내몽골군벌, 중국국민당, 중국공산당 모두에게 매우 중요한 도시였다. 이곳에는 조선인들도 예외 없이 내몽골 이주를 위한 중요 거점으로 여겨졌다. 1935년 이 도시의 북쪽 교외에 "朝鮮人民會"가 조직되어 150여가구가 대규모 농장을 이루고 집단 거주하고 있었는데 1937년 "滿拓會社"는 100여가구의 조선인들을 강제로 이 도시의 남쪽 5km지점 三合平川에 "三合滿拓會社農場"을 만들어 조선인들간의 대립을 조장하였는데 "三合滿拓會社農場"은 오늘날 여전히 조선인들이 집단 거주하는 烏蘭浩特市의 三合村의 전신이다.31)

이 도시와 근교부근에 조선인들의 수는 지속적으로 증가하여 수천명에 까지 이르고 1943년에는 초등학교가 있었으며 이 학교의 학생수는 140여명에 이르기도 하였었다. 주목할 만한 것은 1945년 일본세력의 퇴각이후 절반의 조선인만이 만주지역이나 한반도로 되돌아가고 나머지는 되돌아가지 않고 계속 이곳에 정착하였다는 것이다.32)

그 외에 突泉縣 蛟流河유역은 조선인들이 늦게 그리고 소수만이 이주한 지역으로서 1938년 10여가구의 조선인들이 蛟流河 부근에서 소규모로 논농사를 경작하기 시작했으며 이 지역에서는 최초의 논농사였다. 1939년 崔林虎등 3가구가 吉林省에서 이주해와 敖寶屯지역의 황무

30) 위의 책 70~71쪽.

31) 劉殿生, 鄭殿全 主編, 烏蘭浩特市志, 內蒙古出版社, 1993. 112쪽.

32) 內蒙古朝鮮族研究會編, 內蒙古朝鮮族, 內蒙古出版社, 1995. 71쪽.

지를 개척하여 논을 만들었다. 이들은 科右中旗에서 최초로 논농사를 성공시킨 사람들이었다.[33)]

3. 哲里木盟 지역

哲里木盟 특히 중심도시 通遼는 沈陽, 長春과 매우 가까운 지역으로 일찍이 개발되었다. 1917년 겨울 金一善이 15가구 74명의 조선 농민들을 이끌고 白音太來安營扎寨에 이주해와서 攔河의 물을 끌어들여 황무지를 개간하고 논농사를 지으며 公濟號농장을 건설하였다. 비슷한 시기에 余太奎라는 사람은 16가구 69명의 조선인들을 인솔하여 落風堡에 정착하였는데 이들 집단은 大田이라고 불리우는 농장을 건설하였다. 1918년에는 金基童등 16가구가 公濟號 농장에 합류하였다. 그 해 金志輝등 2가구 14명은 敎來河하류에 이주해 와서 논농사를 지었다. 1919년에는 평안도 등지에서 50명 그리고 1920년에는 50가구, 1922년에는 李成貴등의 11가구 56명이 지속적으로 通遼市 인근에 이주하여와서 정착하였다. 이들은 모두 논농사를 짓는 공통점 외에도 다른 지역과는 달리 만주지역에서 2차 이주를 한 것이 아니라 한반도 각지에서 직접 이곳 내몽골지역으로 이주하였다는 특징을 갖고 있다.[34)]

그러나 1920년대 이곳 通遼지역은 일본의 영향력이 점차 커지면서 현지 지주들을 이용하여 "華興公司"라는 농업관련 착취회사를 만들어 소규모 조선인 경작자들을 철저하게 착취하는 시기로 특징 지워진다. 맨손으로 이주한 조선인들은 현지 지주들의 땅을 임대하여 경작하는데 농산물을 사들이는 "華興公司"와 소작료를 받는 지주들이 손을 잡고 조선농민들을 착취한 것이다. 그래서 1924년 5월에는 농민폭동이 일어

---

33) 위와 같음.
34) 위의 책 72쪽.

나기도 하였는데 일본이 미리 앞잡이를 통해 이러한 계획을 알고 현지 군벌들과 연계하여 진압하며 安太俊, 羅正相, 鄭次植등의 주동자를 잡아 처벌하기도 하였다. 결국 많은 조선인들이 다시 다른 내몽골지역으로 이수하는 결과를 낳기도 하였다.[35]

일본의 대륙침략이 본격적으로 전개되는 1930년대에는 이 지역에 특히 많은 조선인들이 이주해왔다. 1931년 겨울 通遼市부근으로 이주해온 禹德奎는 "朝鮮人會"를 조직하여 회장이 되었고 다른 지역과 마찬가지로 집단농장체제를 설립하였다. 그러나 "滿鮮拓植會社"의 대규모 농장 운영이 이 지역에도 실시되어 결국 조선 농민들은 소작농으로 전락하게 된다. 이러한 악조건에서도 이주해오는 조선인들의 수는 꾸준히 증가하여 1935년 興蒙屯에는 200가구 瓦房에는 100가구, 慶合農場에 80가구 五道灣에 50가구 大罕淸河橋에는 80가구 通遼市에는 100가구 그리고 전체적으로 7개의 초등학교가 있었다. 1945년 일본패망시기에는 그 수가 興蒙屯 240가구, 五道灣 60가구, 兩家子 30여가구 등으로 증가하였지만 1946년부터 다시 한반도로 되돌아가는 사람들이 급증하였고 같은 해 8월의 콜레라 때문에 더욱 많은 사람들이 흩어졌다.[36]

특히 兩家子라는 이름의 촌락은 1936년 禹昌善과 裵松嶺 두 가구가 이곳에 이주하여 한랭한 기후를 극복하고 지하수까지 개발하여 논농사에 성공하였기에 주변의 漢族과 몽골족의 상당한 존중을 받아 이 지역을 "兩家子村"이라고 부른데서 연유하였다.[37]

이 지역에서 주목할 만한 것은 논농사뿐만 아니라 1921년 宋仁昊라는 조선인을 시작으로 상인들도 通遼市에서 많은 활동을 하였고 1922년에는 李弼根이 "通遼醫院"을 열기도 하여 1945년 8월까지 通遼市와 주변

35) 위와 같음.
36) 위의 책 72~73쪽.
37) 위의 책 74쪽.

에는 200여 가구의 조선인들이 상업, 의원, 정미소, 소규모 자영업, 그리고 관료까지 진출하는 직업의 다양성을 보여주었다는 것이다.[38)]

당시 哲里木盟 조선인들의 原籍을 조사한 자료에 따르면 758명의 조선인들을 무작위로 추출하여 표본조사를 한 결과; 평안남북도 287명으로 38.7%, 경상남북도 239명으로 36.8%, 전라남북도 90명으로 13.8%, 황해도 49명으로 7.4%, 충청남북도 29명으로 4.4%, 함경남북도 27명으로 4.04%, 강원도 22명으로 3.3.%, 경기도 15명으로 2.3%등으로 알려져 평안남북도와 경상남북도 출신이 대부분이었다.[39)]

4. 赤峰 지역

赤峰市와 주변은 과거 熱河省의 일부분이었는데 1910년 일한합방이후 조선인들의 이주가 급격히 늘어난 곳이다. 대략 林東지역과 花都什일대에 1920년대부터 조선인들이 이주한 것으로 알려졌는데, 林東지구는 西拉沐倫江의 지류인 烏力吉沐倫河가 지나는 곳으로 1928년 金天明, 金天志 형제가 가족을 이끌고 貝子廟지역에 소작농으로 정착하였다. 1931년에는 車永龍, 金風模, 具明會, 金學鐠등 8가구가 이주해와서 역시 소작농으로 정착하였다.[40)]

1934년에 이르러서는 이 지역에 정착한 조선인들의 수는 101명으로 증가하였고 1937년에는 通遼에서 이주해온 金大煥이 방앗간을 운영하기도 하였으며, "朝鮮僑民會"가 성립되고 金天志가 제1대 회장을 맡았으며 그가 병사한 후에는 具明會가 제2대회장을 역임하였다. 1940년에는 巴林左旗의 조선인이 281명으로 증가하였는데, 1945년 이후에는 무

38) 위의 책 73~74쪽.
39) 위의 책 74쪽.
40) 위의 책 75쪽.

정부 상태로 들어가 東林지역엔 "朝鮮族自治會"가 회장 孫仁球를 중심으로 결성되어 조선인들이 스스로 뭉쳐 하나의 조직화된 공동체를 구성하려 하였지만 1946년 100여 가구의 조선인들이 한반도로 되돌아가고 나머지는 滿洲지역으로 흩어져 결국 20여 가구만이 거주하는 형태로 축소되어 정치적 역량을 발휘하지 못하였다.[41]

花都什지역은 西拉沐倫江의 하류지역으로 1928년 熱河省 대지주 湯玉麟이 대규모 농장을 조선인들로 하여금 운영하게 하면서 조선 농민들의 이주가 본격화되었다. 1934년에는 경상북도에서 黃大力이라는 사람이 이주해 와서 그곳의 지주였던 當水把頭의 소작농이 되기도 하였다. 1937년 그가 花都什일대에 논농사를 성공적으로 정착시키자 조선반도에 많은 사람들이 이곳으로 직접 이주해 오기 시작하였다. 1941년에는 30여 가구까지 증가되었다가 1945년 이후 상당수가 다시 한반도로 되돌아갔지만 1950년 조사에 의하면 이 지역에 여전히 109명의 조선족이 거주하고 있는 것으로 알려졌다.[42]

Ⅴ. 나오며

20세기 초 조선인들의 내몽골이주는 표면적으로 보았을 때 한반도 내부의 생활고와 외세의 침략으로 만주지역으로 이주하였다가 일본제국의 대륙침략에 의해 내몽골지역까지 밀려나간 형태로만 설명되어진다.

그러나 본 연구에서 분석하였듯이 당시 조선인들의 내몽골이주는 두 가지 점에서 또 다른 내면적인 특징을 발견할 수 있다. 즉, 첫째로 滿洲國이 성립되었을 때 혹은 그 이전에 난을 피해 중국에서 논농사가

41) 위의 책 75~76쪽.

42) 위의 책 76쪽.

쉬운 河北 혹은 河南지역을 택하지 않고 다시말해서 동일한 농경문화권안에서 疏概되어지지 않고 서부지역의 유목지역을 택하여 더 어려운 정착의 길을 택하였다는 것과, 둘째로 이러한 타의적인 유목지역에 의 이주이전에는 자발적인 이주도 분명 상당수 있었다는 것이다.

이주에 있어서는 외부에서의 강압적인 영향이 동기유발에 강한 힘을 행사하지만 지역선택에 있어서는 자신들의 전통적인 경제행위가 반드시 고려되어져야한다. 그러나 내몽골에 이주한 조선인들은 논농사에 절대적으로 불리한 지역을 택하였고 끊임없이 집단으로 이주하는 형태가 계속적으로 이어지는 특징에서 유목지역에서의 정착은 분명 이주 조선인들의 자유로운 공간이동의 개념이 절대적으로 영향을 주었다고 할 수 있다. 가장 뚜렷한 특징은 내몽골지역에의 이주이후 1945년 일본의 패망에 의해 조국으로 되돌아 올 수 있었던 상황에서 많은 조선인들이 내몽골지역에 그대로 뿌리를 내려 정착하였다는 것도 초기 이주과정에서 주목할 만한 것이며 이들의 후손들은 여전히 내몽골자치구에서 집단 거주하고 있다. 특히 1982년이후 내몽골지역의 조선족들은 매년 3.21%의 증가율을 보여 당시 5천여명에 불과했던 인구가 98년에는 2만3천명으로 증가하였다.[43] 이것은 중국 조선족들의 제2의 내몽골 이주라는 또 하나의 역사적 사건이며 현지조사 등을 통한 심도 있는 연구가 필요하다.

〈白山學報 第66號, 2003.8.30. pp.119~136〉

---

43) 1998년 중국의 전국 인구조사에 의하면 內蒙古自治區에 거주하고있는 조선족은 23,000명으로 주로 대도시 赤峰, 呼倫貝而盟, 通遼市, 興安盟등지에 집단 거주하며 논농사를 생업으로 삼는다.(http://www.e56.com.cn/minzu/west/menggu4-8.htm)

조선 전기 여진족의 2대 종족—오랑캐(兀良哈)와 우디캐(兀狄哈)*

김 구 진**

〈目 次〉

Ⅰ. 머리말

만주의 女眞族은 그 혈통과 생활 양식에 따라 종족구분을 오랑캐(兀良哈)와 우디캐(兀狄哈)의 두 종류로 나누어졌다. 오랑캐는 강가의 평야에서 농사를 짓던 종족을 말하고, 우디캐는 숲속에서 수렵생활을 하던 종족을 말한다. 일반적으로 여진족은 우리 민족과 같은 남방 퉁구스 계통에 해당하나, 만주의 동북 산악지역에서 수렵생활을 하던 우디캐는 남방 퉁구스 계통으로 분류되지만, 북방 퉁구스 계통에 가까웠다. 왜냐하면, 흑룡강 유역의 북방 퉁구스(Evenky족) 계통이 만주 內地로 남하하여, 남방 퉁구스 계통과 혼혈한 경우가 많기 때문이다.

북방의 밀림(Taiga)에서 수렵생활을 하던 우디캐는 그 경제생활이 몹

* 이 논문은 2003학년도 홍익대학교 학술연구 조성비에 의해 연구되었음
**홍익대학교 역사과 교수

시 곤란하였기 때문에 남방으로 남하하여 두만강과 압록강의 양강 유역과 요동지역에서 농경을 하려는 경향을 보였다. 그러므로 만주사를 보면, 만주에 거주하던 여진족을 포함한 여러 종족들은 항상 "南下하는 속성"을 지녔던 것이 만주사의 일반적인 현상이다.[1)]

중국 明나라는 太祖 朱元璋과 成祖 永樂帝 때 만주지역을 경략하고, 만주에 살던 여러 종족을 명나라에 복속시켰는데, 영락제는 오랑캐가 살고 있던 요동지방과 압록강 · 두만강의 양강 일대에는 이른바 建州 3衛(建州女眞)를 설치하였고, 우디캐가 살고있던 만주의 서북 내륙지방과 동북 산악지대에는 海西衛(海西女眞)와 野人衛(野人女眞)를 설치하였다. 그러나 野人女眞은 흑룡강 지역에 살던 북방 퉁구스족의 영역에 설치하였기 때문에 실제로 野人女眞은 명나라에 복속하지 않았다.

그러나 ≪조선왕조실록≫을 보면, 조선측에서는 建州 3衛의 建州女眞을 오랑캐라고 통칭하였고, 海西衛의 海西女眞을 우디캐라고 통칭하였던 것이다. 이것은 조선측에서 명나라의 建州 · 海西 · 野人의 3衛를 인정하지 않고, 여진족 자신의 지칭하는 데에 따라서 오랑캐와 우디캐의 두 종류로 자연스럽게 구분하였던 결과였다.

당시 중국의 明나라는 만주의 내륙 지역에 衛 · 所를 설치하였는데, 184衛 20所를 두었다.[2)] 1409년 永樂帝는 누르칸(奴兒干) 都司를 설치하여 그 衛 · 所를 통솔하게 하였으나, 곧 원주민인 諸種 여진족의 반항을

---

1) 만주사에 있어서 肅愼 · 挹婁 · 勿吉 · 靺鞨 · 女眞의 계통은 만주의 동북부 지방에서 남만주 지방으로 남하하였으며, 朝鮮 · 濊貊 · 夫餘 · 高句麗 · 渤海의 계통은 만주의 서북부 지방에서 남만주와 한반도로 남하하였다. 이것은 농경에 부적합한 만주의 산악 지방과 黑龍江 유역에서 농경에 적합한 松花江과 두만강 · 압록강 유역으로 移住한 결과였다. 말하자면, 수렵 · 유목생활에서 농경생활로 移行하는 현상인데, 이것도 만주사의 일반적인 특성이다. 女眞의 사회는 물론이고, 高句麗 · 渤海의 사회도 모두 이러한 경제생활의 변화 위에서 해석해야 마땅하다고 생각된다.

2) 『大明一統志』 권22, 『大明會典』권 124.

받아서 소멸되었다. 1432년에 명나라는 누르칸(奴兒干) 都司를 중건하였으나, 곧 유명무실해져서, 만주의 내지의 여진족을 제대로 통솔하지 못하였다.[3] 누르칸 都司가 전혀 힘을 미치지 못하였기 때문에, 만주 내지에 살던 제종 여진족들은 명나라에 入朝할 때에 한하여 衛·所의 명칭을 사용할 뿐이었고, 실제로는 명나라의 통제에서 벗어나서 "打圍 放牧"[4]하면서 자유롭게 생활하였다.

당시 명나라가 지배한 만주 지역은 遼東·遼西 지방에 국한되었는데, 명나라는 여기에 遼東都司를 설치하고 그 관할 아래에 25衛 2州를[5] 두었다. 25衛는 漢族과 高麗人이 거주하였고,[6] 2州는 歸化한 여진족이 살

3) 楊暘·袁閭琨·傅朗云『明代 奴兒干都司 及 其衛所 研究』(河南省 中國人民大學 淸史硏究所, 1982)

4) "打圍放牧"은 중국측의 기록에 나오는 용어로서 여진의 수렵·유목생활을 나타내는 말이다. "打圍"는 사냥할 적에 여러 사람들이 공동으로 산을 둘러싸고 막대기를 서로 두들겨서 짐승을 몰이하여 사냥하는 모습을 나타낸다. "放牧"은 유목생활을 하면서 가축을 놓아서 기르는 것을 말하는데, 만주에서는 東蒙古 지역을 제외하고는 草原이 없기 때문에 몽고처럼 羊을 기르지 못하고, 그 대신에 돼지를 방목하여 상수리와 도토리 등을 주어먹게 한다. 그러나 학자들 중에 돼지는 移動性이 약한 동물이기 때문에 만주에서는 이동을 위주로 하는 유목생활은 불가능하다고 지적하는 사람도 있다. 일반적으로 만주사에 있어서 수렵생활에서 바로 농경생활로 이행하는 현상을 나타내는데, 이것도 만주사의 특성의 하나이다.

5) 25衛 2州는 주로 洪武 연간에 설치되었는데, 1434년에 편찬된『遼東志』를 보면, 인구가 모두 275,155명이었고, 1566년에 편찬된『全遼志』를 보면, 96,441戶 381,496口였다.

6) 25衛는 定遼衛·廣寧衛·遼陽衛 등 25衛였는데, 중국의 漢族이 주로 거주였으나, 그 중에서 東寧衛는 高麗人만이 거주하는 지역이었다. 명나라는 元나라 때에 瀋陽王의 관할 아래에 있던 만주의 遼陽과 瀋陽 일대에 거주하던 高麗 출신 軍官民의 후예들을 모아서 東寧衛에 집단으로 거주시켰던 것이다.『遼東志』에 보면, 그 戶口는 15,634명이었다. 그러므로 조선 초기에 중국 明나라에 사신으로 갔던 사람들의 使行錄을 보면, "만주에서 韓服을 입고, 조선말을 하는 사람들이 많이 모여서 살고 있는 지역을 보았다."는 글이 자주 나오는데, 바로 그 지역이 東寧衛였다. 졸고,「元代 遼東지방의 高麗軍民」『李元淳교수 화갑기념 史學論叢』(1986) 참고.

았다.[7] 명나라는 萬里長城을 연장하여 遼東 지방을 둘러싸고 'ㄱ'자 처럼 만든 遼東邊墻을 구축하였는데, 명나라의 통치 지역은 遼東邊墻 안에 있던 25衛 2州에 지나지 않았다. 명나라는 遼東都司를 두어 요동 지역의 漢族을 통치하고, 누르칸(奴兒干) 都司를 두어 만주 내지의 여진족을 다스리게 하였다. 그러나, 누르칸 도사가 유명무실하여져서, 실제로 명나라는 만주 내지의 諸種 여진족을 통제할 수 없었다. 오히려 만주 내지의 여진족은 조선과 밀접한 관계를 가졌으며, 그 중에서도 토착여진과 오랑캐 · 오도리족은 조선에 더욱 복속하는 경향을 보였다.

본고에서는 조선에 동화된 토착 여진은 제외하고, 오랑캐와 우디캐만을 다루기로 하겠다.[8] 왜냐하면, ≪조선왕조실록≫에서 쓰여진 오랑캐의 용어를 보면, 광의의 오랑캐 범주 안에는 토착여진과 오도리족이 포함되어 있기 때문이다.

17세기 조선의 임진왜란을 틈타서 建州右衛 오도리족 출신의 누르하치(奴兒哈赤)이 만주의 諸種 여진족을 통일하여 1616년에 後金을 세울 적에, 오도리와 오랑캐는 「舊 滿洲族(Fe Manju)」으로서 淸나라의 중심 세력을 형성하여 滿洲 8旗의 甲士 계층을 이루었고, 우디캐는 누르하치의 여진족을 통일할 적에 반대 세력으로서 저항하다가 늦게 합류하였기 때문에 「新 滿洲族(Iti Manju)」으로서 만주제국의 평민 계층을 형성하였다. 淸나라 太宗(皇太極)은 민족의 명칭을 여진족에서 만주족으로 바꾸었는데, 이것은 신 · 구 만주족을 하나의 민족으로 통합하기 위해서였다. 淸나라 太宗은 통합된 만주족의 힘을 中原으로 돌려서 1644년에 마침내

---

7) 2州는 安樂州와 自在州인데, 중국에 歸附한 女眞人들이 집단적으로 거주하던 지역이었다.

8) 졸고, 「조선 초기에 韓民族으로 동화된 土着 女眞」『白山學報』제 58호(백산학회, 2001) 139~180쪽. 토착 여진에 대한 부분은 이 논문을 참고하기 바라며, 본고에서는 생략한다. 토착 여진은 오도리와 오랑캐 중에서 조선 근경에 살면서 조선에 歸附한 女眞人들이었다.

중국을 정복하고, 청나라를 중국의 내지에다 굳건히 세울 수가 있었던 것이다.

Ⅱ. 여진의 종족 구분

女眞에 대한 구분은 조선과 중국이 각기 그 관점이 달랐기 때문에 그 명칭도 달랐던 것이다. 明나라는 만주를 경략한 다음에 軍政을 실시하려고, 서둘러 만주의 남부에 建州衛를, 만주 서북지역에 海西衛를 설치하고, 또 만주 동북지역과 黑龍江 유역에 野人衛를 두었다. 이것이 이른바 明代의 建州女直·海西女直·野人女直인데,[9] 이것은 여진을 지배하기 위한 지역적인 행정 구분이었다. 말하자면, 都司의 관할 아래에 만주의 諸種 女眞을 衛·所 체제에 편입시키려는 정책이었다.[10] 그러나 여진족의 반항으로 인하여 이 정책은 곧 실패하였다.

이에 대하여 조선은 명나라의 여진 구분을 그대로 따르지 않았다. 조선은 당시 여진족 스스로 자신들의 구분하는 방법을 따라서, 여진(토착여진)·오랑캐(兀良哈)·오도리(斡朶里)·우디캐(兀狄哈)로 나누었다. 이것은 지역적 구분보다는 혈연적 구분의 성격이 강하다.[11]

그러나 농경생활로 깊이 이행한 단계에 있었던 토착여진과 오랑캐·오도리는 혈연 공동체가 무너지고, 지연적인 성격을 보였기 때문에 단순히 혈족 관계만으로 구분할 수가 없었다. 오랑캐는 잡다한 씨족이 모

9) 女直과 女眞은 만주어 *Durchin*을 한자로 달리 표현한 데에 지나지 않는다. 조선측의 女眞이 원어 *Durchin*을 그대로 표현하고 있으며, 중국측의 女直은 만주어 *Durchin*에서 *-n*가 탈락된 현상이다. 만주어 *Durchin*은 "동쪽"을 나타내는 「*dur(der)*」과 접미어 「*-chin*」, 또는 「*-chi*」가 합쳐진 말인데, 「*-chin*」과 「*-chi*」는 모두 "사람"을 뜻하는 접한다. 그러므로 *Durchin*은 "동쪽 사람", 즉 東夷를 뜻한다.

10) 李健才, 『明代 東北』(瀋陽 遼寧人民出版社, 1986).

11) 졸저, 『13~17세기 女眞 사회의 硏究』(환경과 복지, 1989) 27~71쪽.

인 집합체의 성격이 강하였으나, 오도리는 그 종족 명칭을 그대로 유지하고 있는 점을 보면, 순수한 혈연 공동체의 성격이 강하였다고 생각된다. 또 우디캐도 생활양식에 따른 구분으로서 잡다한 씨족이 모인 집합체였다. 그러나 당시 諸種 女眞의 사회 조직이 Mukun이라는 씨족과 Hala라는 姓族으로 이루어졌기 때문에[12] 여진의 사회는 여전히 혈연적인 성격이 강하였던 것이 틀림없다. 왜냐하면, 종족의 최하 단위를 이룩한 씨족은 여전히 혈연 공동체를 유지하고 있었기 때문이다.

여진족이 오랑캐와 우디캐로 구분한 기준은, 잡다한 혈통 관계보다 그들의 생활양식에 따른 것이라고 생각된다. ≪조선왕조실록≫에서는 여진족을 오랑캐와 우디캐의 두 종족으로 구분하여 기록하고 있는데, 이것은 당시 여진족이 서로 그 농경생활과 수렵생활의 두 가지 생활양식에 따라서 그 명칭을 반드시 오랑캐(Olangke)와 우디캐(Udike)의 두 종류로 구분해서 불렀기 때문이다.[13] 두 명칭의 原義를 보면, 오랑캐는 "강을 뜻하는 우라(Ula)"와 "사람을 나타내는 케(ke)"의 합성어이며, 우디캐는 "숲을 뜻하는 웨디(Wedi)"와 "사람을 나타내는 케(ke)"의 합성어

12) S. M. Shirokogoroff, *Social Organization of the Manchus – A Study of the Manchus Clan Organization* (Shanghai, 1924) 6쪽. *Mukun*은 씨족을 나타내는 말인데, 우리말의 "묶음"과 같은 말이며, *Hala*는 姓을 나타내는 말인데, 우리 말의 "갈래"와 같은 말이다. *Mukun*과 *Hala*의 관계는 씨족이 분화하는 과정에서 나타나는 현상인데, 만주족은 동일한 조상에서 나왔다는 의식이 강하기 때문에 아무리 씨족이 분화하더라도 모두 같은 姓을 사용하였다. 그러므로 *Hala*는 姓族으로서 일종의 部族적 성격을 지녔다. 元代에 오랑캐·오도리족이 일찍이 牧丹江 지역에 거주할 때부터, 같은 姓을 가진 부족 단위의 정치적 권력이 탄생하였다. 이러한 姓을 가진 몇 개의 姓族이 혼인 관계를 맺어서 부족 연맹이 나타났는데, 14세기 이후 16세기 누르하치 정권이 등장할 때까지 만주의 여러 지역에 3姓·7姓·30姓의 부족 연맹체가 등장하였던 것이다. 오랑캐(오도리·할아·타온족)를 "이란투만(3姓)"이라고 불렀으므로, 오랑캐는 3姓의 부족 연맹체였으며, 嫌眞 우디캐를 "7姓 우디캐"라고 하였으므로 7姓의 연맹체였으며, 高麗의 東女眞을 일명 "30姓 여진"이로 불렀으므로, 30성의 연맹체였던 것이다.

13) 졸저, 앞의 책, 27쪽.

이다. 실제로 당시의 여진족도 서로 만났을 때에 그 생활양식에 따라서 "강가에 사는 사람"들을 오랑캐(Olangke)라고 부르고, "숲속에 사는 사람"들을 우디캐(Udike)라고 구분해서 호칭하였던 것이다. 대개 이러한 종족 명칭은 自稱이 아니고 他稱인 경우가 많다.

오랑캐는 강가의 평야에서 농사를 짓던 종족을 말하고, 우디캐는 숲속에서 수렵생활을 하던 종족을 말하는데, 오랑캐는 만주의 남부 평야 지역에 거주하고, 우디캐는 만주의 서북 산악지역과 동북 산악 지역에 거주하였다. 남부 만주의 두만강과 압록강 유역에서 농경생활을 하던 오랑캐·오도리가 建州女眞이었고, 서북 만주의 산악 지역과 松花江 상류 유역에서 半牧半農 생활을 하던 우디캐가 海西女眞이었고, 동북 만주의 산악 지역에서 수렵생활을 하던 우디캐가 野人女眞이었다.[14)]

일반적으로 여진족은 우리 민족과 같은 남방 퉁구스 계통에 해당하나, 만주의 동북 산악지역에서 수렵생활을 하던 우디캐는 남방 퉁구스 계통으로 분류되지만, 북방 퉁구스 계통에 가까웠다. 왜냐하면, 흑룡강 유역의 북방 퉁구스(Evenky족) 계통이 만주 내지로 남하하여, 남방 퉁구스 계통과 혼혈한 경우가 많기 때문이다.[15)]

당시 여진의 구분을 보여주는 조선 ≪太祖實錄≫ 제 8권을 보면, 다음과 같다.[16)] 또 ≪龍飛御天歌≫에도 실록과 동일한 내용이 기록되어 있는데, 그 종족 명칭과 지명·인명을 당시의 발음대로 표기하여 있어서, 그 연구에 많은 도움을 주고 있다.[17)]

---

14) 졸고, 「明代 女眞 사회의 경제생활 양식과 그 변화」『東洋史學硏究』제 17집(東洋史學會, 1982) 56~64쪽.

15) 呂光天, 『北方民族 原始社會 形態硏究』(中國 社會科學院 民族硏究所, 1981) 3쪽.

16) 조선 『太祖實錄』 권8, 太祖 4년 12월 계묘조. 중국측의 『皇明實錄』과 조선측의 『조선왕조실록』을 비교하면, 중국측의 기록은 소략한데 비하여 조선측의 기록은 보다 상세하고 정확하다. 그러므로 여진의 역사를 연구하는 데 있어서 조선 『太祖實錄』 제 8권과 같은 사료적 가치가 높은 기록은 『황명실록』에서는 찾아볼 수 없다.

(A) 여진(토착 여진)

〈표 1〉 토착여진의 거주지와 추장 성명

거주 지명	추장의 지위	추장의 성과 이름
斡朶里(오도리)	豆漫(투먼)	夾溫 猛哥帖木兒(갸온 멍거터물)
火兒阿(훌아)	豆漫	古論 阿哈出(고론 어허츄)
托溫(타온)	豆漫	高 卜兒閼(가 불어)
哈蘭(하란)	都達魯花赤	奚灘 阿郎哈 (히탄 하랑캐)
參散	猛安(밍간)	古論 豆闌帖木兒(고론 두란터물)
移闌豆漫(이란투먼)	猛安	甫亦莫 兀兒住(푀모 월쥬)
海洋(해연)	猛安	括兒阿 火失帖木兒 (골야 퀏터물)
阿都哥(어두워)	猛安	奧屯 完者 (아툰 원져)
實眼春(샨츈)	猛安	奚灘 塔斯(히탄 타스)
甲州(갸쥬)	猛安	雲 剛括(운 강고)
洪肯	猛安	括兒阿 兀難(골야 오난)
海通(해툰)	猛安	朱胡 貴洞(쥬후 귀툰)
禿魯兀(툴우)	猛安	夾溫 不花(갸온 부허)
斡合(위허)	猛安	奚灘 薛列(히탄 서러)
兀兒忽里(울후리)	猛安	夾溫 赤兀里(갸온 치우리)
阿沙(아샤)	猛安	朱胡 引荅忽(쥬후 인다호)
紉出闊失(닌추커시)	猛安	朱胡 完者(쥬후 원져)
吾籠所	猛安	暖禿 古魯(넌투 구루)
		奚灘 孛牙(히탄 보야)
土門(투문)	猛安	古論 孛里(고론 보리)
阿木剌(아모라)	唐括(탕고)	奚灘 古玉奴(히탄 구유누)

(B) 오랑캐(兀良哈)

〈표 2〉 오랑캐의 거주지와 추장 성명

거주 지명	추장의 성과 이름
土門(투문)	括兒阿 八兒速(골야 발소)

17)『龍飛御天歌』 권7, 제 53장.

(C) 우디캐(兀狄哈)

〈표 3〉 우디캐의 거주지와 종족단위와 추장 성명

거주 지명	종족 단위	추장의 성과 이름
古州(구쥬)	嫌眞(혐진)	括兒阿 乞木那(골야 키무나) 答比那(다비나) 可兒答哥(컬덕거)
速平江(슈핑강)	南突(남돌)	南突 阿刺哈伯顔(남돌 아라카바얀)
眼春(얀춘)	闊兒看(콜칸)	括兒阿 禿成改(골야 투칭개)

위의 기록을 보면, 당시 조선측에서는 만주의 諸種 女眞을 여진(토착여진)과 오랑캐·우디캐로 3종류로 구분하였던 사실을 알 수 있다. (A)의 "여진"은 당시 만주족을 통칭하던 여진족을 나타내는 것이 아니라, (B)의 "오랑캐"와 (C)의 "우디캐"와 구분하여 사용되고 있는 점에 유의해야 한다. (A)의 여진은 그 거주지를 보면, 오도리(斡朶里)·훌아(火兒阿)·타온(托溫)의 이란투먼(移闌豆漫)은 牧丹江과 松花江이 합류하는 이란(三姓)이었고, 나머지는 두만강 유역을 거쳐서 함경도 지방까지의 광범위한 지역이었다.[18] 그러나 元·明 교체 시기에 통제가 약화된 틈을 타서, 이란두만(移闌豆漫)을 비롯한 諸種 女眞族이 두만강 유역으로 남하하여 조선의 국경에 가까운 지역에 거주하였다.

조선 정부는 태조 때부터 세종 때까지 동북면(지금의 함경도) 지역을 개척하여 이곳에 살고 있던 여러 종류의 여진들을 모두 조선의 호적에 올리고 賦役을 부담시켰는데, (A)의 "여진"은 이처럼 "附籍當差"하던 編氓으로서 조선의 백성들과 다름이 없었기 때문에 토착여진으로 보는 것이 타당하다고 생각된다.[19] (A)의 "여진"의 대소 추장 중에서 移闌豆漫

18) 졸고, 「여말선초 두만강 유역의 여진 분포」『白山學報』, 제 15집(白山學會, 1973).

을 제외한 대다수의 추장들은 모두 여말선초에 우리 민족으로 동화되었다. 그 중에서 參散(지금의 北靑)의 猛安(천호) 古論 豆闌帖木兒는 李成桂를 도와서 조선을 건국하는 데에 큰 공로를 세운 퉁두란(童豆闌), 즉 李之蘭이다.[20] 오늘날 함경도 지방에 살고 있는 童씨·馬씨·浪씨·李씨 등이 모두 당시 조선에 동화된 토착여진의 후예라고 추측된다.[21]

위의 (A)에서 대소 추장의 지위가 豆漫(투먼) - 猛安(밍간) - 唐括(탕고)로 구분되는데, 이것은 만주어로서 萬戶 - 千戶 - 百戶를 뜻한다. 따라서 당시 여진은 그 세력 규모에 따라서 그 대소 추장을 萬戶 - 千戶 - 百戶로 나누어, 상하 지배 관계가 형성되었던 것을 알 수 있다. 斡朵里(오도리)·火兒阿(홀아)·托溫(타온)의 移闌豆漫(이란투먼)은 萬戶로서 千戶·百戶등을 통솔하여, 그 중심 세력권을 형성하였다.[22] 또 이란투먼은 3姓을 뜻하므로, 3姓이 혼인에 통한 부족 연맹체를 구성하였던 것을 알 수 있다.

都達魯花赤(다루가치)라는 칭호가 등장하는 것을 보면, 이것은 고려말기에 元나라가 만주를 지배할 때에 자료인 것 같다. 사실 ≪조선왕조실록≫의 기록에서 이 자료를 기록한 목적은 李成桂가 東征西伐할 적에 이성계의 군단에 종사한 여진의 대소 추장과 그 세력을 제시하여, 이성계의 세력이 만주의 넓은 지역에까지 뻗치고 있었던 사실을 입증하려는 것이다. 그러므로, 여말선초에 용맹을 떨쳤던 이성계의 군단은 여진으로 편성된 私兵 조직으로서 씨족(Mukun)에 바탕을 둔 기마 부대였음을 알 수 있다.[23]

---

19) 安部健夫『淸代史の 硏究』(東京, 1971) 102~104쪽.

20) 王永一『李之蘭에 대한 연구』(고려대학교 박사학위 논문, 2003).

21) 졸고, 「조선초기 조선인으로 동화한 토착여진」『白山學報』 55집(白山學會, 2003년) 175~176쪽.

22) 졸저, 『13~17세기 女眞 사회의 硏究』(환경과 복지, 1989) 39~45쪽.

23) 졸고, 「吾音會의 오도리(斡朵里) 여진에 대한 연구」『史叢』鄭在覺박사 화갑기념

그러나 조선의 태조 때 "왕자의 난"이 일어난 이후에, 동북면에 기반을 둔 李成桂와 神德王后 康氏 세력이 李芳遠에게 저항하여 반란을 일어켰는데, 이것이 1402년 趙思義 반란이다. 이때에 이란투먼(3姓)을 비롯한 두만강 유역의 諸種 女眞이 이에 합세하였기 때문에, 조선 태종(李芳遠) 이후에 (A)의 오도리(斡朶里)·할아(火兒阿)가 조선의 통제에서 벗어나서 그 주변의 諸種 女眞을 통합하여 독자적 세력권을 형성하였다. 오도리족은 두만강 유역의 옴회(吾音會: 지금의 會寧)에서 오도리 萬戶府를 이루고,[24] 1405년 그 대추장 동멍거터물(童猛哥帖木兒)가 조선의 회유를 받아 조선에 입조하였다.[25] 이에 비하여 할하(火兒阿)족은 압록강의 지류인 婆猪江(지금의 佟佳江) 유역에 자리잡고 그 주변의 대소 여진을 통합하여 이른바 오랑캐(兀良哈)의 중심 세력권을 형성하였다. 이것은 (B)의 "오랑캐"와는 다른 오랑캐로서 그 대추장 고론 어허츄(古論 阿哈出)는 明나라의 회유를 받고 중국에 입조하여, 이른바 建州衛를 개설 받았다.[26]

위의 기록에서는 (B)의 "오랑캐"와 (C)의 "우디캐"가 대비되어 나오지만, 실제로 (C)의 "우디캐"와 대비되는 세력을 형성한 것은 (A)의 오도리(斡朶里)·할아(火兒阿)였으므로, 그 뒤의 ≪조선왕조실록≫에서는 오랑캐의 세력으로서 할아(火兒阿)를 지칭하고, 그 범위 안에 (B)의 "오랑캐"를 포함시켰다. (B)의 "오랑캐"는 毛憐衛 오랑캐로서 별종 오랑캐로 취급하였다.[27] 따라서 오랑캐라는 명칭은 협의로 보면, 할아(火兒阿)족이고, 광의로 보면, 할아족과 毛憐 오랑캐 등이 포함된다. 사실 오랑캐와 우디캐로 대비하면, 오도리족은 오랑캐에 포함되는 것으로 보아야 한

논총(高史會, 1973) 96~102쪽.
24) 졸고, 앞의 논문, 102~107쪽.
25) 朝鮮『太宗實錄』卷10, 太宗 5년 9월 壬子條.
26) 明『太宗實錄』卷24, 太宗 永樂 원년 11월 辛丑條.
27) 졸고,「초기 毛憐 오랑캐 연구」『白山學報』제 17號(白山學會, 1974).

다. 왜냐하면, 建州衛에 오랑캐와 오도리가 함께 포함되었기 때문이다.

오랑캐·오도리가 독자적인 세력을 형성하는 과정에, 중국 明나라와 조선과의 관계가 복잡하였다.

여말선초에 만주를 둘러싸고 중국과 우리나라는 크게 대립하였다. 고려 말에 元나라의 잔존 세력이 만주의 遼東 지방에 웅거하여 明나라에 대항할 적에, 특히 明나라 太祖(朱元璋)는 몽고의 나하추(納哈出)와 고려가 손을 잡을까봐 몹시 두려워하였다. 나하추의 등의 항복을 받고 요동 지방을 평정한 명나라 태조는, 다시 만주 내지를 경략할 적에도 먼저 요동에서 압록강·두만강으로 진출하여, 만주의 오랑캐와 오도리족이 조선에 복속하는 것을 차단하려고 시도하였다.[28] 그 뒤를 이은 成祖 永樂帝가 오랑캐와 오도리의 지역에 建州衛를 개설하려고 하였을 때에, 조선의 太宗(李芳遠)은 이것을 가능한 한 저지하려고 온갖 노력을 다하였다.

그러나 (C)의 우디캐는 동북 산악 지역에 있었던 미개한 종족이었기 때문에 상대적으로 명나라의 관심이 적었다. 그러므로 (C)의 우디캐는 명나라보다 조선에 많이 入朝하였다. (C)의 嫌眞 우디캐는 일명 "7姓 우디캐"라고 불렸는데, 牧丹江 중류 寧古塔 지역에 거주하면서 조선에 침입과 복속을 거듭하였다. 7姓의 우디캐 종족이 연합하여 牧丹江 유역에서 가장 강력한 세력을 형성하였다. 이에 비하여 (C)의 콜칸(闊兒看: 骨看) 우디캐는 조선과 가장 우호적 관계를 유지하였다. (C)의 콜칸 우디캐는 연해주 바닷가에서 어로 생활을 하던 종족이었기 때문에 일명 "물(水) 우디캐"라고 불렸다. 조선 초기에 그 추장 골야 투칭개(括兒牙禿成改: 劉禿成改)는 조선의 회유에 적극 호응하여, 자주 조선에 入朝하여 충성을 바쳤다.[29]

成祖 永樂帝는 압록강의 婆豬江(지금의 佟佳江)에 거주하던 오랑캐를

---

28) 和田清, 「明初の 滿洲經略」(上) 『東亞史硏究』(東洋文庫, 1955) 270~311쪽.
29) 졸고, 「콜칸(骨看) 우디캐 여진 연구」 『史叢』20집(高史會, 1976) 167~193쪽.

회유하여 중국에 복속시키고, 이른바 建州衛를 설치하였다. 명나라는 다시 두만강의 吾音會(지금의 會寧)에 자리잡은 오도리족을 회유하자, 조선의 태종은 이를 적극적으로 저지하고, 「오도리 萬戶府」를 조선의 지배 아래에 누려고 하였다.[30] 이리하여, 明나라 永樂帝와 조선의 太宗은 東北面(함길도) 지방의 오도리족의 지배권을 둘러싸고 서로 첨예하게 대립하였다. 그러나 오도리의 대추장 동멍거터물(童猛哥帖木兒)가 명나라의 회유와 압력에 견디지 못하고, 1405년 중국에 입조하여 建州左衛를 개설 받자,[31] 조선 태종의 노여움은 慶源의 貿易所를 폐지하여 여진에게 생필품 교역을 중단시켰다.[32] 이리하여 생필품의 공급로가 막히자, 가장 많은 타격을 입은 (C)의 嫌眞 우디캐가 조선의 변방을 약탈하였다.[33] 이것을 응징하기 위하여 1410년 태종은 이른바 毛憐衛 정벌을 단행하였다.

한편 조선의 정벌을 두려워한 오도리족은 1411년 두만강의 본거지를 버리고 建州本衛의 거주지인 鳳州(지금의 北山城子)로 합류하였다.[34] 그 뒤에 조선에서 태종이 승하한 직후 세종 5년(1423) 오도리의 대추장 동멍거터물은 그 부족 6,256명을 거느리고 본거지 옴회(吾音會: 지금의 會寧)로 돌아왔다.[35] 그러나 1423년 오도리족의 대추장 동멍거터물이 (C)의 嫌眞 우디캐의 침입을 받아서, 그 부자가 죽음을 당하자,[36] 조선의 世宗은 이러한 여진의 내분을 틈타서 金宗瑞를 보내어 두만강 유역에 6鎭을 차례로 개척하고, 두만강 이남의 함경도 땅을 우리의 땅으로 만

---

30) 朝鮮『太宗實錄』卷9, 太宗 5년 정월 庚子條.
31) 朝鮮『太宗實錄』卷10, 太宗 5년 9월 乙巳條.
32) 朝鮮『太宗實錄』卷11, 太宗 6년 2월 己卯條.
33) 朝鮮『太宗實錄』卷19, 太宗 10년 2월 庚子條.
34) 園田一龜『明代 建州女直史 硏究』(東洋文庫, 1953).
35) 朝鮮『世宗實錄』卷20, 世宗 5년 4월 己亥條.
36) 朝鮮『世宗實錄』卷62, 世宗 15년 11월 乙巳條.

들었다. 당시 세종과 金宗瑞는 두만강 북쪽 7백 리 지역에 있는 (C)의 速平江(지금의 綏芬河)까지 정벌하려고 계획하였다.[37] 이 지역이 바로 金宗瑞가 사람을 보내어 조사한 바, 尹瓘 9城의 최북단에 있던 公嶮鎭이 위치한 지역이었고,[38] 또 당시 조선에 가장 복종하던 "물(水) 우디캐"인 (C)의 골칸(骨看) 우디캐가 거주하던 지역이었기 때문이다.

이처럼 建州 3衛가 설치되는 과정에 建衛州의 오랑캐와 오도리를 둘러싸고 명나라와 조선이 서로 대립하였다. 중국 明나라는 여진의 조선에 入朝하는 것을 공식적으로 금지하였으나,[39] 諸種 女眞은 조선에 계속하여 朝貢하고 교역을 행하였다. 여진이 조선에 朝貢하는 목적은 모피 등의 특산품을 進上하고, 생필품을 下賜 받기 위해서였다. 비록 명나라에서 여진의 조공을 금지하더라도, 생필품이 부족한 諸種 女眞의 대소 추장들이 앞을 다투어 조선에 入朝하는 것을 막을 수가 없었다.[40] 오히려 조선의 世宗은 諸種 女眞의 朝貢을 통제하기 위하여 오도리・오랑캐・우디캐의 입조 회수를 제한하는 정책을 취하였다.

≪조선왕조실록≫을 보면, 토착여진과 오랑캐・오도리와 우디캐가 조선과 얼마나 긴밀한 관계를 가졌던가를 알 수 있다. 그들이 入朝한 기사를 중심으로 통계를 내어보면 다음과 같다.

아래의 〈표 4〉에서 보면, 조선의 세종과 세조 때에 토착여진과 오랑캐・오도리와 諸種 우디캐의 入朝 회수가 많았다. 이것은 조선에서 여진의 회유와 정벌에 적극적인 정책을 추진한 결과였다. 세종 때에는 諸種 여진의 入朝가 너무 빈번하여 국가의 경비 지출이 많아지자, 오랑캐와 오도리의 대추장에게 書契를 발급하여 그 入朝 회수를 스스로 조절

37) 졸고, 「公嶮鎭과 先春嶺碑」『白山學報』 제 21號(白山學會, 1976) 61~115쪽.
38) 朝鮮『世宗實錄』 卷155, 地理志, 咸吉道 會寧都護府條.
39) 和田淸, 「明初の 滿洲經略」(下) 『東亞史硏究』(東洋文庫, 1955) 385~427쪽.
40) 졸고, 「明代 여진의 중국에 대한 公貿易과 私貿易」 『東洋史學硏究』 제 48집(東洋史學會, 1994) 1~61쪽.

〈표 4〉≪조선왕조실록≫에 등장하는 여진의 종족과 그 출현 회수

조선 역대 실록		여진	오랑캐 (兀良哈)		우디캐 (兀狄哈)
왕조실록	재위 연대	토착여진	오랑캐	오도리	세종 우디캐
太祖 실록	1395-1398	16	17	14	6
定宗 실록	1399-1400		3	2	2
太宗 실록	1401-1418	14	81	66	78
世宗 실록	1419-1450	148	464	463	384
文宗 실록	1451-1452	16	7	4	3
端宗 실록	1453-1454		22	16	8
世祖 실록	1455-1468	104	482	206	415
睿宗 실록	1469	4	20	9	20
成宗 실록	1470-1494	69	303	243	505
燕山君 일기	1495-1505	11	18	13	64
中宗 실록	1506-1544	8	5	8	39
仁宗 실록	1545				
明宗 실록	1546-1567			1	4
宣祖 실록	1568-1608	3	1		4
光海君 일기	1609-1622	8			2
仁祖 실록	1623-1644		4		
총 계		401	1,427	1,045	1,535

하게 하였는데, 오랑캐는 1년 10회, 오도리족은 1년 7회, 골간(骨看) 우디캐는 1년 7회로 그 입조 회수를 제한하였고, 또 추장이 입조할 때에 대동하는 인원수도 正官 1명, 伴人 2~4명으로 줄였다.[41] 이것은 조선 세종 때부터 對馬島 島主로 하여금 書契(圖書)를 발급하여 대소 倭人의 入朝 회수를 스스로 조절하게 하던 것과 같은 정책인데,[42] 세종의 이른바 "交隣 정책"의 일환이었다. 당시 중국의 明나라도 建州女眞과 海西女眞의 입조 회수를 조절하여, 도합 1년에 1,500명으로 제한하고, 建州와 海西의 입조 회수의 비율을 1:2로 조절하였다. 명나라는 建州와 海西의 대추장에게 貢勅을 발행하여, 그 관할 하의 대소 추장의 입조 회수를 스스로 조절하게 하였다.[43] 이처럼 조선의 書契와 명나라의 貢勅은 여진 사회에서 똑같이 조선과 중국에 입조하여 공무역을 행할 수 있는 중요한 證書였기 때문에, 諸種 女眞의 대소 추장 사이에는 무력으로 書契와 貢勅을 쟁탈하는 싸움을 끊임없이 전개하였다.[44] 이러한 싸움에서 최후로 승리하여 富와 권력을 독차지한 누르하치는 이것을 기반으로 하여 後金을 건국할 수 있었던 것이다.

또 위의 〈표 4〉에서 보면, 오랑캐와 우디캐의 명칭이 조선시대 전반기 2, 3백 년 동안 줄곧 여진의 구분으로 통용되었던 것을 알 수 있다. 그러나 ≪조선왕조실록≫의 기록에서, 太祖부터 成宗까지 오랑캐와 우디캐의 구분이 명확하였으나, 그 이후 16세기에 들어가면, 오랑캐와 우디캐의 구분이 점차 약해지고 있다. 이것은 오랑캐와 오도리의 사회가 점차 농경생활로 깊이 이행가면서 씨족적 성격이 약화되고 지연적 성격이

---

41) 朝鮮『世宗實錄』권 110, 世宗 29년 정월 壬申條.

42) 中村榮孝, 「朝鮮初期の 受圖書倭人」『日鮮關係史の 研究』(上) (東京, 吉川弘文館 1965)

43) 졸고, 「明代 여진의 중국에 대한 公貿易과 私貿易」『東洋史學研究』 48집(東洋史學會, 1994) 3~5쪽.

44) 졸고, 「明代 여진 사회의 貢勅과 書契」『宋甲鎬교수 정년퇴임기념 論文集』(高史會, 1993) 208~218쪽.

강해졌던 현상이라고 볼 수 있다. 말하자면, 초기에는 여진의 생활양식이 그 차이에 따라서 씨족적 성격이 강하였으나, 점차 후기로 가면 농경생활의 지연사회로 이행한 결과 씨족적 성격이 약화되었던 결과이다.

조선에서 女眞을 野人이라고 불렀으나[45] 조선 중기에 가면, 함경도의 두만강 유역에 살고있던 여진을 일반적으로 藩胡라고 불렀다. 藩胡라는 말은 내지의 우디캐의 침입을 막아주는 울타리 역할을 하는 여진을 말하는데, 바로 오랑캐와 우디캐를 가리킨다. 16세기 이후에 조선의 여러 기록에서 오랑캐·오도리라는 명칭이 사라지는 대신에, 두만강과 압록강의 근경에 사는 여진을 모두 藩胡라고 일컬었는데, 이것은 오랑캐와 오도리가 토착여진으로 동화하는 과정에 나타났던 현상이었고, 또 여진의 사회가 발달된 농경 생활에 깊이 들어가면서 여러 갈래 종족이 피가 섞여서 종족의 구분이 사라지는 현상이라고 해석된다.[46] 16세기 간행된 ≪制勝方略≫을 보면, 함경도 두만강 유역의 5鎭에 藩胡의 부락이 280촌이고, 그 호수를 계산하면 7,750호인데, 1호를 소가족으로 계산하면, 약 45,000명 정도였다.[47]

두만강 유역의 5鎭 부근에 살면서 조선에 복속한 藩胡들은 오랑캐와 오도리족으로서 明나라의 建州 3衛를 이루었던 종족이었다. 이들이야말로 후일 누르하치(奴兒哈赤)의 세력의 주류인 舊 滿洲族(Fe Manju)을 형성하여, 淸나라 8旗의 甲士(Jusen) 계층을 형성하였다. 오도리와 오랑캐

---

45) 중국 明나라와 조선에서는 여진을 일반적으로 野人이라 불렀다. 이는 "들판에 사는 사람", 또는 "문화가 낮은 야만인"이라는 뜻이다. 대개 女眞을 경멸하여 부를 때에 흔히 사용하는 칭호이다. 중국『皇明實錄』을 보면, 女直이라는 말을 붙여서 「女直野人」이라고 일컬었으나,『조선왕조실록』에서는 女眞이라는 명칭을 野人이라는 칭호보다 훨씬 많이 사용하였다.

46)『조선왕조실록』의 기록은 물론이고,『制勝方略』에서도 함경도의 두만강 유역에 사는 여진족을 모두 藩胡라고 기록하고 있다.

47) 졸고, 「制勝方略의 북방 방어체제」, 국역『制勝方略』(세종대왕 기념사업회, 1999) 49쪽. 〈표 8〉 "5鎭의 藩胡 부락의 규모" 참고.

의 대소 추장은 그 氏族(Mukun)의 "管下民戶"[48]에서 正軍을 차출하여 私兵으로 삼았는데, 이를 家別抄(Gabci)[49]라고 하였다. 이러한 私兵이 바로 누르하치의 滿洲 8旗의 甲士를 이루었던 것이다. 이에 비하여 수렵·어로생활을 하던 우디캐는 그 종족 명칭을 그대로 유지하면서 살다가, 누르하치가 만주족을 통일할 적에 이에 대항하다가 가장 늦게 합류하였다. 그러므로 우디캐는 新 滿洲族(Iti Manju)으로서 後金 사회의 평민(Irgen)[50] 계층을 형성하였다.

처음에 여진족은 조선과 중국의 변경에 살던 農民들을 사로잡아 가

---

48) "管下民戶"라는 말은 『조선왕조실록』에 자주 나타나는데, 또는 "管下百姓"이라고도 하였다. 대소 추장들은 같은 氏族의 壯丁을 차출하여 正軍으로 삼았는데, 이들이 바로 대소 추장의 私兵(家別抄)의 주류를 이루었다. "管下民戶"는 자기 추장에게 軍役(*Alban*) 이외에도 세금도 내었던 것 같다. 고구려 사회에 등장하는 下戶가 바로 이 "管下民戶"를 말하는 것이라고 생각된다. 安部健夫는 "管下民戶"를 일반 百姓이라고 보아서 후일 淸나라 Irgen계층을 형성하였다고 주장하지만, "管下民戶"의 正軍으로 차출된 家別抄는 甲士(*Jusen*) 계층을 이루었고, 또 온가족이 추장의 군대에 소속하여 잡역을 맡았으므로 일종의 軍戶와 같았다. 그러므로 家別抄는 淸나라의 甲士(*Jusen*) 계층을 이루었던 것이 틀림없다.

49) 家別抄는 만주어 *Gabci*로서 여진의 弓士를 말한다. 여진은 말을 타고 활을 쏘면서 싸우는 騎兵이었기 때문에 家別抄(*Gabci*)는 騎兵의 일반군사인 正軍을 뜻한다. 이러한 家別抄는 여진 사회의 기초를 이루었을 뿐만 아니라, 그 경제 생활의 단위를 두었다. 후일 누르하치의 滿洲 8旗는 이러한 대소 추장의 私兵, 즉 家別抄(*Gabci*)를 모아서 조직한 군대였다 그러므로 家別抄가 바로 滿洲 8旗의 甲士(*Jusen*) 계층을 형성하였던 것이다. 여말선초의 李成桂와 李之蘭(퉁두란)의 군사도 家別抄로 조직되었던 私兵이었다. 조선 太宗(李芳遠)이 私兵을 혁파할 때까지 李成桂의 아들 李芳遠과 李之蘭의 아들 李和英은 각각 咸吉道에서 토착 여진의 家別抄를 수백 호씩 거느리고 있었다.

50) 누르하치의 後金 사회에서 일반 平民을 Irgen이라고 하였는데, 누르하치가 만주족을 통일하는 과정에서 보면, Irgen은 정벌에 의하여 새로 들어온 다른 종족인 新 滿洲族의 우디캐가 대다수를 차지하였다. 또 Irgen은 軍役이 없고, 오도리·오랑캐 출신 지배 계층의 농장(Tokso)에 소속되어 농사일을 책임졌다. 安部健夫는 Jusen을 隷農으로 보았으나, 오히려 Irgen을 자유민과 노예의 중간에 위치한 隷農이라고 보는 것이 타당하다고 생각된다. 安部健夫 『淸代史の 研究』(東京, 1971) 102~104쪽 참고.

서 農耕奴隷로서 여진 사회에서 고가로 轉賣하였다.[51] 초기에 여진 사회의 노예(Aha)를 형성하였던 농경노예는 15, 6 세기 여진의 농경 발전에 큰 기여를 하였다. 그러나 후기에 누르하치가 정복 전쟁을 할 때에는 항복한 자와 포로된 자(Olji)를 엄격히 구분하여, 항복한 자는 평민(Irgen)으로 편입하였다가, 나중에 8旗의 규모가 확대되자, 甲士로 소속시켜서 Jusen계층으로 만들었으나, 포로된 자는 일반 가정의 노예 신분으로 전락시켜서 Aha계층으로 만들었던 것이다.[52]

Ⅲ. 오랑캐(兀良哈) 종족

1. 오랑캐의 명칭

조선측의 ≪조선왕조실록≫에서 「오랑캐(兀良哈)」는 建州女眞을 가리키는 말로서 적대감을 나타내는 비칭으로 해당하며, 중국 明나라의 기록에 나오는 兀良哈은 東蒙古族에 속하는 三衛우량하(兀良哈)를 가리키는 말이나.[53] 오랑캐와 우량하가 종족 명칭으로서 발음은 다르면서도

51) 졸고, 「여진 사회의 農耕奴隷에 대한 연구」 『北方民族史研究』(北方民族史學會, 1995) 135～171쪽.

52) 오도리 · 오랑캐의 舊 滿洲族 출신 家別抄 正軍이 후일 滿洲 8旗의 甲士 계층의 주류를 형성하였으므로, 오랑캐의 正軍은 8旗의 甲士, 즉 *Jusen*계층을 이루었다. 피정복민인 新 滿洲族의 우디캐는 정복 전쟁에서 항복한 자와 포로된 자(*Olji*)에 따라서, 平民(*Irgen*) · 노예(*Aha*)의 신분으로 구분하였다. 그러나 나중에 8旗의 규모가 확대되자, 新 滿洲族도 甲士(*Jusen*)로 대거 편입되었다. 安部健夫는 *Jusen*이 *Irgen*보다 그 신분이 낮았다고 추측하였으나, 8旗가 그 근간을 이루었던 滿洲族의 사회에서 *Jusen*이 *Irgen*보다 그 신분이 높았다고 생각된다. 그뿐만 아니라, 『滿洲實錄』 · 『滿文老檔』에 보면, *Jusen*이란 말은 *Manju*라는 말이 등장하기 전에 일반적으로 女眞族을 통칭하는 용어로도 많이 사용되었다. 安部健夫 『淸代史の研究』(東京, 1971) 84～90쪽 참고.

같은 한자로 표기한 것을 보면, 서로 혈연적인 관계가 있는 것인지도 모른다. 조선에서는 오랑캐를 "되놈"이라고도 하는데, "되"는 조선의 「뒤쪽(後)」을 가리키는 말로서,[54] 두만강과 압록강의 後門 일대에 살고 있던 女眞을 일컫는 일종의 비칭이다.

≪五洲衍文長箋散稿≫ 제 33권을 보면,

> "지금 조선 사람들은 三綱 五倫을 알지 못하여 사람의 도리를 하지 못하는 자를 가리켜서 오랑캐라고 한다."

라고 하여,[55] 조선 후기 조선 사람들 사이에 "오랑캐"란 용어는 윤리 도덕을 모르고 짐승처럼 행동하는 자를 비하하여 사용하던 말이었다. 당시 일반적으로 조선이나 중국에서는 女眞을 「野人」이라고 통칭하기도 하였는데, 이것도 "들판의 거친 사람"들이라는 경멸의 표현이다.

그렇다면, "오랑캐"란 과연 무엇을 뜻하는 것인지 알아보기로 하자.

첫째, 오랑캐란 말이 地名에서 나왔다는 설이 있다. Dòhsson의 ≪蒙古史≫를 보면,[56] Tungus인은 그들이 거주하던 Siberia 동부의 광막한 지방을 「Ouriangkhai」라고 불렀으며, 13세기 몽고인은 그 지방에 살던

---

53) 兀良哈을 조선에서는 "오랑캐"로, 明나라에서는 "우량하"라고 발음하는데, 당시 建州 兀良哈을 朝鮮에서 "오랑캐"라 일컬었고, 三衛兀良哈을 明나라에서 우량하라 불렀다.

54) 「되」는 뒤를 가리키는 말인데, 조선에서는 北邊을 가리키는 말로서 後門이라고 썼다. 『조선왕조실록』을 보면, 豆滿江邊을 後門이라고 지칭한 기사도 있으며, 鴨綠江邊을 가리킨 기사도 있다. 그러나 대체로 북쪽 대신에 「뒤」를 쓰고 문은 關門을 가리킨 듯하다.

55) 『五洲衍文長箋散稿』 卷 33. 五倫을 알지 못하여 사람도리를 못하는 자를 오랑캐(兀良哈)라고 하며, 오랑캐를 속칭 五囊犬(다섯 주머니가 달린 개)이라고 하였는데, 이것은 그 음이 서로 비슷하였기 때문에 속칭으로 일컬었던 말이다.

56) Dohsson. M. de M- "*L'Histoire des Mongols, depuis Tohingnis-khan jusgua Tamerlan*" (Paris, 1824). 田中華一郎 역. 『トーソン 蒙古史』 265쪽.

민족에 대해서도 이러한 명칭을 붙였다고 한다.[57] 당시 黑龍江 상류 내외 몽고지방의 산림지역을 「Ouriangkhai」라고 부른 듯하다. 13세기 프란체스코 修道士 Rubruquis가 교황의 명령을 받고 몽고의 황제에게 보내는 친서를 가지고 몽고지방으로 왔다가 갔는데, 귀국 후 그가 쓴 여행기에서도 「Oregnay」라는 지역을 서술하고 있으며,[58] 그 지역에 사는 사람들은 骨片을 부착하여 氷雪 위를 활보하고 노상에서 鳥獸를 포획하였다고 기술하고 있다. 또 핀란드의 세계적 언어학자 Ramstedt도 19세기 말엽에 몽고지역을 여행하고 쓴 여행기에 「Uryankhai」지역을 언급하고 있다.[59]

이러한 사실로 보아 몽고의 서북지역에 「우량카이」라는 지명이 역사적으로 존재하여 왔으며, 이 지역에 살던 사람들을 「우량하(兀良哈)」라고 부른 것이 확실하다. 東蒙古 지역에 살던 明代의 三衛 우량하(오늘날의 Dahur족)의 연원을 유추할 수 가 있는 설이라 생각된다.

또 建州女眞의 주류를 형성하였던 할아(火兒阿)족의 원거주지는 胡里改江(지금의 牧丹江)이었다. 元代에 牧丹江과 松花江이 합류하는 三姓(Iran)지역 일대에 오도리족 · 할아(火兒阿)족 · 타온(托溫)족 등의 三萬戶部(Irantumen)가 자리잡고 있었다.[60] 할아(火兒阿)족의 명칭은 그들이 거주하던 胡里改江에서 나왔으며,[61] 오도리의 명칭도 그들의 거주하던 지

57) 高文德 『蒙古奴隷制研究』 (內蒙古, 1981) 144~145쪽. 몽고에서는 兀良哈部라는 종족이 지금도 살고 있다고 한다.

58) Rubruguis(1220~1293)는 Rubruk라고도 쓰는데, 교황 인노센트 4세의 친서를 가지고 1253년에 콘스탄티노플을 출발하여 남러시아 · 중앙 아시아를 거쳐 Kara Korum (和林)에 도착하여, 1254년 4월부터 8월까지 4개월 간 蒙古의 大都(北京)에 머물다가 1255년 트리폴리에 돌아가서 ≪*Itinerarium fratris willam de Rubruguis de ordine fratrum Minorum*≫이라는 여행기를 지었다. Wilhelm von Rubruk, *Reise zu den Mongollen* (Leipzig, 1934).

59) G. J. Ramstedt는 1898년부터 7차례나 동방여행을 하고 『*Seitseman Retkea Itasn*』 (1944)라는 기행을 썼는데, *Khalkha* 와 *Uryankhai*라고 불리우는 서북지역에 대해 언급하고 있다. (高松茂 번역, 『일곱차례 동방여행』(민음사 1986) 209쪽.

60) 『龍飛御天歌』 卷7, 제 53장 註.

명에서 비롯되었다. 胡里改(Hurka)의 원음이 바로 火兒阿(Harha)다. 그러므로 火兒阿江(牧丹江)에서 명칭이 유래된 할아(火兒阿)족이 牧丹江을 따라 남하하여 朝鮮의 근경 일대에 자리잡으면서, "오랑캐"라고 바꾸어 불리게 되었던 것이다.[62] 할아(火兒阿)와 오랑캐는 서로 관련성이 있는 것이 틀림없는데, 이러한 오랑캐를 淸代에 들어가서는 「瓦爾喀(Warka)」라고 불렀으므로,[63] 할아(火兒阿) - 왈카(瓦爾喀) - 오랑캐(兀良哈)는 서로 어원이 같은 것으로 생각된다. 그러므로 오랑캐라는 말은 할아(火兒阿)족의 명칭에서 나왔기 때문에, 오랑캐의 어원은 胡里改江에서 비롯된 것이 틀림없다.

조선 ≪太祖實錄≫ 제 8권의 기록을 보면, 할아(火兒阿)족이 오도리(斡朶里)족·타온(托溫)족과 함께 토착여진의 중심세력으로 기록되었으며,[64] 또 豆滿江 중류의 毛憐지방에는 별종 오랑캐가 거주하였다고 하였다.[65] 〈표 1〉과 〈표 2〉에서 보는 바와 같이, 할아(火兒阿)족과 별종 오랑캐는 서로 관계가 없는 것처럼 보인다. 그러나 후일 ≪조선왕조실록≫에서 할아(火兒阿)족의 명칭은 사라지고, 오도리족 이외의 諸種 여진족

---

61) 上揭書 "蓋因江爲名也".

62) 할아(火兒阿)족이 남하하기 전에 두만강 유역 북쪽 일원에 할아족의 別種에 해당하는 毛憐 오랑캐가 이미 살고 있었으므로, 그밖에 다른 지역에도 잡종 오랑캐가 살고 있었으리라고 믿어진다.

63) *Warka* 와 *Orangke*는 語源이 같은 것으로 생각된다. 「*War*」와 「*Or(ang)*」는 「*Oro*」에서 나온 말이며, 「*ka*」와 「*ke*」는 사람을 뜻한다. 明代의 오랑캐를 明末淸初의 史料에서는 *Warka*(瓦爾喀)라고 기록하고 있다. 『滿洲實錄』 제 1권을 보면, "*dergi mederi golgi Weji, warka, kurkai aiman*"라고 하여, 東海의 *Warka*는 나중에 누르하치 세력에 합류한 別種 오랑캐를 가리키고 있다. 和田淸도 『東亞史硏究』(滿洲篇, 397쪽)에서 "東海의 瓦爾喀部가 兀良哈에 해당한다."고 하였다. 누르하치는 조선에 대하여 東海의 瓦爾喀部의 지배권을 주장하였는데, 당시 東海의 瓦爾喀部는 토착여진으로서 조선의 藩胡였기 때문이다.

64) 朝鮮『太祖實錄』 권8, 4년 12월 癸卯條.

65) 졸고, 「초기 毛憐 오랑캐 연구」『白山學報』 제 17號(白山學會, 1974).

은 모두 오랑캐라고 불리어졌다. 할아(火兒阿)의 명칭이 사라진 이유는 농경생활로 진입하여 그 혈연 공동체가 급격히 무너졌기 때문이다.

비록 할아(火兒阿)와 오랑캐(兀良哈)라는 말 사이에 직접적인 轉音관계가 이루어지지 않는다고 하더라도, 할아(火兒阿)족이 오랑캐(兀良哈)로 전환하는 데는 반드시 이유가 있으리라 믿어진다. 가령 할아(火兒阿)족이 남하하기 이전에 조선 근경에 살던 諸種 女眞을 오랑캐라고 이미 일컬었다면, 그 뒤에 이동해 들어간 할아(火兒阿)족도 이들 오랑캐 세력에 합류하였을 것이므로, 명칭이 저절로 오랑캐라고 불리어졌을 가능성도 있다. 다만 이 지역이 오랑캐라고 불리어진 것은, 오늘날 東蒙古 일대에 사는 "三衛 우량하"와 접촉이 있었거나, 또는 "三衛 우량하"가 元代에 이 지역에 일부 거주하였기 때문에 아닌가 생각한다. 그러므로 오랑캐의 어원은 아무래도 "三衛 우량하"와 직접, 또는 간접으로 관련성이 있다고 생각된다.

둘째, "오랑캐"란 말은 그 생활양식에서 나왔다는 주장이 있다. Dóhsson의 ≪蒙古史≫를 보면, 역사가 Raschide의 말을 인용하여, 「森林의 사람」을 일컫는 Ourianquites와 몽고족에 속하는 Ourianquites와의 서로 다른 점을 자세히 설명하고 있다.[66] 더구나 「森林의 사람」들이 눈이 쌓였을 때 타는 썰매를 Tchana라고 불렀는데, Russia인들이 여기에서 「Sani라는 썰매」를 배워왔기 때문에 Russia사람들이 썰매를 Sani라고 부른다고 한다. 이로써 보면, "오랑캐"라는 말은 「숲속(山林)의 사람」을 지칭하는 데에서 비롯되었다고 하는 것이다.

한편 중국의 孟森은 ≪華夷譯語≫에서 이른바 "우량하(兀良哈)는 바로 山林 중의 사람"이라는 말을 인용하여,[67] Raschide처럼 오랑캐는 山林의 사람을 일컫는 것에서 비롯되었다고 주장하고 있다. 그러나 이미 明代에

66) Dohsson, ibid, 田中華一郎 역 265쪽.
67) 孟森『明元清系通記』正編 卷1.

오랑캐나 우량하는 Taiga 지대의 산림지역에 살고 있던 사람들은 아니었다. 建州 오랑캐는 이미 평원에서 생활하는 농경민에 가까운 생활을 하고 있었고, 東蒙古族의 三衛우량하는 Steppe지대에서 유목생활을 하고 있었다.[68] 그러므로 만약 오랑캐의 어원이 森林의 사람이라는 뜻에서 비롯되었다면, 그들이 이주하기 이전에 살았던 지역이 森林지대였을 것이라고 추측할 수 있다. 말하자면, 처음에 森林지대에서 수렵생활을 하던 오랑캐가 평야 지대로 이주하여 점차 농경생활로 이행하였으리라 추측된다. 더구나 明代에 있어서 "오랑캐"란 말을 당시 「森林의 사람」을 일컫던 「우디캐」와 대칭되는 용어로 쓰여졌다. 그러므로 明代에 있어서 "오랑캐"라는 말은 森林의 사람을 가리키는 명칭이 아니었다.

셋째, 馴鹿이라는 동물의 이름에서 나왔다는 설이 있다. Shrokogoroff는 ≪북방 Tungus의 사회 조직≫에서 Oro는 북방 Tungus어로서 순록을 뜻하는데, 「Oro(순록) + ingge (~하는 사람)」가 합쳐져서 이룩된 용어라고 한다.[69] 다시 말하면, 올랑캐란 「순록을 치는 사람」 즉, 「순록을 먹이는 사람」이란 뜻이다. 북방 Tungus족은 그들 스스로 Evenky라고 부르는데, 이 말도 Eve(순록)에서 나온 것으로 순록을 뜻하는 Oro와 같은 어원이다. 북방 Tungus 사회에서는 추운 한냉대의 초원지대에서 순록을 사육·방목하는 유목생활을 광범위하게 하고 있다. 그러므로 남방 Tungus인 만주족이 북방 Tungus에서 갈라져 나온 것이라고 가정한다면, 오랑캐란 말이 북방 Tungus가 수렵의 대상으로 삼고 있는 순록에서 나왔다고 보는 것이 타당할지도 모른다. 오늘날 흑룡강 상류, 또는 중류 일대에 살고 있는 Orocon(Oroncon)[70]은 물론이고, 烏蘇里江 동쪽, 즉 만

---

68) 兀良哈은, 『明史』에서는 朶顔衛 등 三衛우량하의 종족 명칭을 가리켰으며, 『조선왕조실록』에서는 建州女眞을 통칭하였으나, 반드시 오도리족과는 구분하여 사용하였다. 孟森, 앞의 책 참고.

69) S. M. Shirokogoroff 『*Social Organization of the Northern Tungus*』(Shanghai, 1929) 55쪽.

70) 鳥田好, 「近代 東部 滿洲民族考」 『滿洲學報』 5號. 72쪽.

주의 동부 삼림지대에 살고 있는 Oroci족, 또는 흑룡강 하류 연해주 일대에 살고 있는 Orochi족도 모두 그 어원이 순록을 의미하는 Oro 또는 Oron에서 나온 것이라[71] 생각된다.

넷째, 토작 野人이란 뜻에서 유래되었다는 설이 있다. Shirokogoroff는 Oro-이라는 말이 만주어로서 「좌석, 장소, 영역」의 뜻을 나타내는 것이므로, 土着의 뜻으로 해석하여, 오랑캐는 Oro(土着) 와 Kai(사람)를 일컫는 말이라고 주장하였다.[72] 그러므로 오랑캐는 여진의 土着民이라는 뜻이다. 다시 말하면, 산림지대에서 미개한 생활을 하던 諸種 女眞이 삼림을 벗어나서 중국이나 한반도 가까운 지역에 이주하여, 농사생활을 하면서 토착하는 사람이라는 뜻이다. 明代에 있어서 오랑캐는 우디캐에 비하여 발전된 농경생활로 들어가 농경생활에 들어가 정착생활을 하였으므로, 사실상 토착 여진으로 분류되었다. 그러나 元代부터 농경생활에 들어가서, 중국이나 조선의 세력권 내에 들어간 여진을 土着女眞이라 불렀으므로, 오랑캐는 곧 土着女眞을 가리키는 말인지도 모른다. 그러나 明代에 있어서 조선측 기록을 보면, 여진과 오랑캐를 분명히 구분하여 쓰고 있다.

다음으로 安部建夫의 주장을 보면, 몽고어에「Uriyan」이라는 말이 「경계, 울타리」를 의미하는데, 만주어로는 이를 Uljan이라 하므로, 「Uljan(울

---

71) E. G. Ravenstein, 『*Russians on the Amur*』 (London, 1861) 339쪽에 의하면, *Orochon, Oroke*는 1860년대에 *Amur* 상류 *Sakhalin* 지역에서 순록을 치는 사람(reindeer keeper)이었고, *Orochi, Orocha(Manguns)*는 순록을 치는 전통이 고대에만 있었을 뿐이고, 당시에는 순록을 치지 않고 어로생활을 하고 있었다고 한다.

72) S. M. Shirokogoroff (ibid p. 55)에 의하면, *Manchu* · *Mongol* · *Yakut*의 말에는 *Oro*는 「자리(seat), 장소(place), 영역(territory)」을 뜻하므로, "거주지를 차지한 사람(having residence)", "자리를 차지한 사람(having a seat)"의 뜻으로 사용되고 있다고 하였다. 三田村泰助는 『清朝前史の 研究』 88쪽에서 이러한 뜻을 '土着'으로 해석하였다. Dohsson의 『蒙古史』 6쪽을 보면, *Dahur*족의 어원도 경계를 나타내는 *Daune*에서 유래하였다고 한다.

타리) + Kai(사람)」가 합쳐져서 오랑캐, 또는 우량하가 되었다고 한다.[73] 다시 말하면, Urjan – Ulijan – Uran – Oran으로 轉訛하여 결국 몽고어 Uriyan과 같은 어원으로 되었는데, 오랑캐는 「변방인」이라는 의미로서 이른바 藩胡를 나타내며, 이것이 아마도 조선과 중국에서 여진족을 비하하던 野人이라는 용어와 합치하는 것이 아닌가 유추하였던 것이다. 당시 조선에서는 모든 오랑캐를 野人이라고 불렀고, 또 중국에서도 "三衛우량하"는 물론이고, 建州女眞까지 野人이라 불렀다. 토착여진이 변방의 울타리로서 이른바 藩屛 노릇을 하였기 때문에 藩胡라고 불렀는데, 「오랑캐」, 또는 「우량하」는 藩胡를 일컫던 말이라고 생각할 수도 있다.

野人이란 말은 ≪金史≫에서 "野居女眞"이라고 하는 뜻으로 해석하였는데,[74] 이것은 "들판에서 거주하는 사람", 즉 "들 사람"이라는 뜻으로서 여진을 야만시하는 데서 비롯된 말이다. 당시 조선과 明나라에서는 여진보다 野人이라는 호칭을 즐겨 사용하였는데, 이것은 여진을 짐승과 가까운 사람으로 멸시·천대하려던 의도에서 나온 것이다.

다섯째, 오랑캐란 말은 신분계층에서 천한 사람을 일컫던 말이라는 설이 있다. ≪燕山君日記≫를 보면, "오랑캐는 곧 野人 平民이다."[75]라고 하여, 곧 野人 평민을 나타내는 말이라고 하였다. 이에 대하여 오도리는 金나라를 세운 후예로서 그 계층이 상당히 높은 것을 뜻하는 것으로 보았다.[76] 그러나 오랑캐와 오도리가 이와 같은 신분관계를 나타낸다면, 오도리가 오랑캐를 지배해야 하나, 실제로 당시 할아(火兒阿)족이 오랑캐를 지배하였던 것이다. 아마 오랑캐를 신분이 낮은 평민으로 해석한 것은, 그 추장의 지배체제가 무너지면서 혈연 공동체의 씨족이 해체

---

73) 安部建夫『清代史の 研究』101쪽.

74)『金史』卷1, 世紀 世祖條. 津田左右吉「金代 北邊考」『滿鮮地理歷史 研究報考』卷4, 199~200쪽.

75)『燕山君日記』卷50, 9년 9월 辛巳條. "兀良哈乃野人平民"

76) 앞의 책, "斡朶里乃大金支裔也"

되고 지연적인 사회로 넘어가고 있었기 때문이다. 다시 말하면, 오랑캐란 말은 혈연공동체의 우디캐라는 말에 대칭되는 용어로서 지연사회로 이행하는 과정에 있었던 雜種 女眞을 일컫던 말로 해석할 수가 있다.

이상의 여러 가지 설[77]은 모두 타당한 근거를 가지고 있는 듯하나, 明代의 여진사회를 수렵사회와 농경사회라는 이중 구조에서 파악한다면, 그 생활양식에서 접근하는 방법이 가장 타당하다고 생각한다. 위의 두 번째 Raschide의 주장에서 오랑캐란 말이 생활양식에서 나왔다고 보는 것은 타당하다. 그러나, Raschide는 오랑캐가 「森林의 사람」을 일컫는 이른바 수렵생활을 하던 사람을 말한다고 하였으나, 이것은 元代 이전의 오랑캐의 생활양식을 가리키며, 明代에 있어서 建州 오랑캐나 三衛 우량하는 이보다 발달된 생활을 하고 있었다. 明代의 우디캐라는 명칭이 바로 「森林의 사람」을 일컫는 용어로서 널리 쓰여졌다.

우디캐가 「숲속의 사람」을 의미한다면, 그 대칭되는 용어로 쓰여지는 오랑캐는 평야지대의 농경생활과 관계가 있지 않은가 생각한다. 그러므로 「오랑캐」, 또는 「우량하」의 어원을 「Ula(강)」에서 나온 것으로 보는 것이 적당하다고 본다.[78] 당시 만주어로 江을 일컫던 말이 Ula와 Bira라는 두 가지 용어가 있는데, Ula는 큰 강을 지칭하는 말이고, Bira

77) 이상의 諸說 이외에도 (1) 三田村泰助는 『淸朝 前史の 硏究』 95쪽에서 "오랑캐가 할아족이 살았던 胡里改에서 나왔는데, 「森林의 사람」을 지칭하는 우디캐(兀的改)에 대하여 「城郭의 사람」을 胡里改, 즉 "*Hurka - Hurikai*"라고 지칭하였다."고 한다. (2) 金光平·金啓琮은 『女眞 語言文字 硏究』에서 "여진어로서 돼지를 兀里彦(*Uliun*)이라고 하였는데, 여진인이 돼지를 주식으로 삼아서 돼지를 많이 길렀기 때문에, 당시 사람들이 女眞人을 「돼지를 키우는 사람」이란 뜻으로 *Uliun-kai* 라고 불렀다."고 한다. (3) 金在鵬은 「高句麗 國號 釋義」(『朝鮮學報』 第 74輯, 1975)에서 "高麗를 여진어에서 *Sokuo*, 만주어에서 *Solho*, 몽고어에서 *Solko*, *Solongat*라고 부르는데, 한반도 일대에서 頭音의 S자가 소멸되어 *"Oulangce"*로 되었다."고 한다.

78) S. M. Shirokogoroff, 『*Social Organization of the Northern Tungus*』 (Shanghai, 1929), 362～365쪽.

는 조금 작은 강을 나타내는 말이다.

예를 들면, 흑룡강을 Sakhalin(검다는 뜻)과 Ula(강)을 합하여 당시 만주어로서 「Sakhalin-ula」라고 불렀던 것이다. Siberia나 동북 Asia의 수렵민족, 또는 유목민족은 대개 그 종족명칭을 살펴보면, 대개 그들이 살던 江의 이름에서 붙이는 것이 일반적인 현상이었다.[79] Bira에서 유래된 종족 명칭으로서 Biracen족이 있는데, Bira(강)와 Chen(사람)이 합쳐져서 붙여진 것이다. Birarcen족은 흑룡강 중류 북쪽일대에 살고 있는 Evenky족의 한 족속이다.[80] 그러므로 ula(강)와 -ingge(~하는 사람)가 합쳐져서 오랑캐, 또는 우량하로 되었다고 생각한다. 다시 말하면, "강가에서 농경생활을 하던 사람"들을 「오랑캐」라고 불러, "숲속에서 수렵생활을 하던 사람"인 「우디캐」와 대칭되는 용어로 사용하였던 것이다.[81]

2. 오랑캐의 거주지역

여말선초의 기록을 보면, 오랑캐라는 명칭을 사용하지 않고 女眞으로 통칭하였다. 오랑캐란 말이 최초로 나타나는 문헌은 ≪高麗史≫이다. ≪高麗史≫를 보면, 공양왕 4년(1392) 2월에 다음과 같은 기사가 나온다.[82]

---

79) S. M. Shirokogoroff, *ibid*, 362쪽.

80) S. M. Shirokogoroff, *ibid*, 76~77쪽. *Birarcen*의 명칭을 보면, *Bira*, 또는 *Bera*가 江을 뜻하기 때문에 *Birarcen*은 "강가에 거주하는 사람"을 말한다. *Birarcen*의 명칭이 흑룡강의 지류에서 거주하기 때문에 생겨난 종족 명칭인데, 흑룡강의 지류인 *Kumaro* 강가에 거주하는 *Kumarcen*족, *Di* 강가에 거주하는 *Dicen*족, *Taun* 강가에 거주하는 *Tauncen*족이 모두 *Birarcen*이라고 불리운다. 그러나 그들은 스스로를 *Evenky*족이라고 부르며, 만주인을 *Orochon*이라고 부른다.

81) 졸고, 「明代 여진사회의 경제생활 양식과 그 변화」『東洋史學研究』第 17輯(東洋史學會, 1982) 55~84쪽.

82) 『高麗史』卷 46, 恭讓王 4년 2월 丁丑條.

"오랑캐와 오도리가 來朝하여 우두머리 자리를 다투었다. 오도리가 말하기를, '우리들이 온 것은 우두머리 자리를 다투려는 것이 아니다. 옛날 侍中 尹瓘이 우리의 땅을 평정하려고 碑를 세워서 「高麗地境」이라고 하였는데, 지금의 경내의 인민들이 모두 諸軍事(李成桂를 가르킴)의 威信을 흠모하여 來朝하였을 뿐이다.'라고 하고, 드디어 더불어 다투지 아니하였다. 태조(이성계)가 오랑캐와 오도리를 私邸에서 대접하였는데, 그들이 충성을 다해 복속하여 왔기 때문이었다."

이것이 오랑캐와 오도리의 명칭이 역사 기록에 처음으로 나타나는 기사이다. 같은 내용은 조선의 ≪태조실록≫ 총설편에도 그대로 실려 있다.[83] 오도리가 말한 기사의 내용을 살펴보면, 당시 오랑캐와 오도리족이 살던 지역이 고려 尹瓘이 설치한 9城의 영역 안에 있었던 것을 알 수 있다. 여기에서 말하는 尹瓘이 세운 碑는 9城 중에서 가장 북쪽에 위치한 公嶮鎭의 先春嶺 碑이다.[84] 또 이 기사에 나오는 오랑캐는 바로 할아(火兒阿)족을 말한다. 1392년(공양왕 4)에 내조한 할아(火兒阿)족을 오랑캐라고 통칭하였는데, 아마도 할아족이 남하하여 근경에 살면서 토착 여진과 같았기 때문이었으리라 믿어진다. 1392년에 조선이 건국하였는데, 조선의 건국에 큰 공로를 이룩한 오랑캐와 오도리의 대추장은 〈표-1〉에 나타나는 할아(火兒阿)족의 고론 어허츄(古論阿哈出)와 오도리(斡朶里)족의 갸온 멍거터물(夾溫猛哥帖木兒)라고 생각되는데, 이들이 李成桂를 만나려고 일부러 入朝한 것 같으며, 이성계는 이들을 私邸에서 극진히 대접하였으리라고 생각된다.

또 ≪고려사≫에 공양왕 4년 3월의 기사를 보면,

"오랑캐와 오도리 등이 내조하였다."

---

83) 朝鮮 ≪太祖實錄≫ 卷 1.
84) 졸고, 「公嶮鎭과 先春嶺碑」『白山學報』 제 21집(白山學會, 1976) 61～115쪽.

라고 하여,[85] 오랑캐와 오도리의 대추장 등이 다시 고려에 입조하였다. 이 두 기사가 ≪고려사≫에 기록되어 있는 오랑캐의 전부이다.

중국측의 기록을 보면, 明나라 ≪太宗實錄≫ 永樂 4년 12월 초에,

> "吾藍兒 등지의 女眞野人 두목 火失剌·程哥納乞 등이 내조하니, 掃隣狗站의 땅에 木魯罕山衛를 설치하였다."

라고 하여, 吾藍兒 등지의 女眞에 대한 기사가 나오는데,[86] 三田村泰助는 이 기사의 吾藍兒, 즉 Wulang을 오랑캐라고 보았다.[87] 和田清은 掃隣狗站을 ≪遼東志≫에 보이는 海西 水陸站 가운데 招陰(Chaoyin)站으로 비정하였다.[88] 그렇다면 위의 기사도 建州지역의 오랑캐로 보기가 어렵다. 아무튼 明나라 기록에서 나타나는 建州의 오랑캐에 대한 기록은 없다.

위의 〈표 4〉에서 보는 바와 같이 오랑캐와 오도리가 가장 조선과 밀접한 교섭관계를 가졌다. 오랑캐와 오도리는 1427회 : 1045회의 비율로 기록에 등장하고 있다. 오랑캐가 가장 조선에 위협적인 세력이 되었기 때문에 조선에서는 오랑캐를 비칭으로 일반화할 정도였다. 오랑캐가 建州女眞을 대표하기 때문에 建州 左右衛의 오도리족도 넓은 의미에서는 오랑캐에 포함된다고 생각된다.

왜냐하면, 처음에 土着女眞으로 분류되었던 할아(火兒阿)족이 오랑캐로 개칭되었기 때문에 오도리족도 土着女眞의 범주에 넣지 않을 때에는 오랑캐라는 범칭에 속할 수도 있다고 본다. 그러나 ≪조선왕조실록≫에서는 오랑캐와 오도리를 끝까지 구분하여 쓰고 있다.

---

85)『高麗史』卷 46, 恭讓王 4년 3월 庚子條.
86) 明『太宗實錄』卷47, 永樂 4년 12월 己亥條.
87) 三田村泰助『清朝前史の 研究』(京都大學, 1972) 88쪽.
88) 和田清,「明初の 滿洲經略」(上)『東亞史研究』(東洋文庫, 1955) 498쪽.

오랑캐의 거주지역은 주로 建州女眞이 자리잡았던 남만주 일대로서 「遼東邊牆」의 동쪽에서 압록강·두만강 북쪽 일원이었다. 오랑캐는 建州本衛가 있었던 輝發河 유역의 鳳州(지금의 北山城子) 일대에 주로 분포하였으며, 또 압록강의 지류인 婆豬江(지금의 佟佳江) 일대에도 많이 살았다.[89] 그 뒤에 오랑캐는 그 본거지를 渾河의 상류인 興京으로 옮겼다.

오도리(Odoli)족을 孟森 같은 학자는 "오도리 오랑캐"라고 불렀는데,[90] 이것은 오도리족의 本流를 따지면, 오랑캐와 동일한 계통임을 말한다. 오도리족은 차칭 "大金의 後裔"라고 하고, 오랑캐를 平民이라 하여, 신분적으로 오도리족은 귀족이고, 오랑캐는 그 나머지 평민으로 보았는데,[91] 오도리족이 오랑캐 잡종보다 우위에 있음을 자랑하였다. 그러나, 실제로 오랑캐와 오도리는 金나라를 건국한 完顔部의 직계 후손과는 다른 계통이었다.

오랑캐와 오도리는 일찍이 遼나라·金나라 시대에는 牧丹江의 松花江에 합류하는 지점인 三姓(지금의 이란) 지방에서 五國府[92]를 이루었다. 三姓(이란)이라는 지명으로 보면, 오랑캐와 오도리족·타온족의 3 종족이 이 지역에서 연맹체을 이루고 정치적 세력을 형성하였던 것 같은데, 五國府는 3 종족이 그 외의 2姓과 연합하여 만주 내지에 중심 세력권을 형성하였던 것을 말한다. 몽고족의 元나라가 만주를 지배할 때

89) 졸고, 「여말선초 두만강 유역의 여진 분포」 『白山學報』, 제 15집(白山學會, 1973)
90) 孟森, 앞의 책.
91) 『燕山君日記』卷50, 9년 9월 辛巳條.
92) 『元史』 地理志에 의하면, 五國府에 5萬戶府를 설치하였는데, 桃溫(타온)·胡里改(오랑캐)·斡朶憐(오도리)와 脫斡憐·孛苦江의 5萬戶府는 松花江과 牧丹江이 합류하는 광범위한 지역에 散居하였다고 한다. 그러나 五國城의 위치에 대하여, 明代에 중국측은 牧丹江의 중류에 있는 寧古塔으로 인식하였고, 조선 시대에 李重煥·韓百謙 등 실학자들은 함경도 會寧으로 인식하였다. 조선과 明나라는 만주의 內地를 지배하지 못하였기 때문에 만주 지역을 제대로 파악하지 못하고 있었던 결과였다.

에 五國府에 5萬戶府를 설치하고, 開原路에 소속시켜,[93] 만주의 松花江과 牧丹江 유역에 살던 諸種 女眞을 지배하게 하였던 것이다.

元나라가 멸망할 무렵에, 몽고족의 元나라 남은 세력이 만주 지역을 거점으로 하여, 明나라의 朱元璋과 치열한 공방전을 벌렸다. 14세기 이러한 혼란기를 틈타서, 오랑캐와 오도리족 등은 우디캐와 투쟁을 벌리다가 牧丹江을 따라서 南下하여,[94] 오도리족은 두만강 유역의 海蘭河 일대에 자리잡고, 오랑캐는 압록강 유역의 佟佳江(옛 명칭은 婆豬江) 일대에 자리잡았다.[95] 明나라 太祖는 李善長을 보내어 만주의 원나라 세력을 토벌하였다. 만주의 요충지를 거점으로 삼고 나하추(納哈出)·야센부카(也先不花) 등이 강력히 저항하였으나,[96] 명나라의 정벌과 회유에 의하여 나하추(納哈出) 등이 明나라에 항복함으로써 몽고족의 저항은 끝났다.

15세기 成祖 永樂帝 때에 만주 지역의 남부 지역을 經略하고, 남만주 일대의 여진족을 회유 복속시키면서 衛·所를 설치하였다. 1403년 明나라의 회유를 받은 압록강 유역의 오랑캐가 가장 먼저 明나라에 복속하자, 명나라는 이 지역에 建州本衛를 설치하였다.[97] 明나라는 조선에 대하여 東北面(지금의 함경도) 일대의 영유권을 주장하고 東北面에 살던 「10處 人民(여진)」을 송환하라고 촉구하였다.[98] 조선의 太宗은 "公嶮鎭 이남이 조선의 땅이라"고 주장하고, 그 대신에 만주에서 도망쳐온 漫散

93) 『元史』 卷 59, 地理志 2, 哈闌府條. "土地廣闊, 人民散居. 元初設軍民萬戶府五, 一曰桃溫, 距上都四千里, 一曰胡里改, 距上都四千二百里, 大都三千八百里, 一曰斡朶憐, 一曰脫斡憐, 一曰孛若江."

94) 朝鮮 『太宗實錄』 卷 9, 太宗 5년 5월 庚子條. "當初 我(三萬戶府)與兀狄哈相鬪, 挈家流移, 到來本國(朝鮮)"

95) 和田淸, 「建州本衛の 移動に ついて」 『東亞史研究』(東洋文庫, 1955) 478~484쪽.

96) 『遼東志』 卷 8, 雜志. 『元史』 卷 142.

97) 明 『太宗實錄』卷 24, 太宗 永樂 元年 11월 辛丑條.

98) 朝鮮 『太宗實錄』 卷 7, 太宗 4년 4월 甲午條. 『龍飛御天歌』 卷 7, 第 52章.

軍[99])을 4차에 걸쳐서 15,921명을 송환하였다.[100])

조선은 두만강의 오도리족의 대추장 동멍거터물(童猛哥帖木兒)에게 明나라에 入朝하지 말도록 회유하였다. 조선에 충성을 다하던 두만강의 오도리족의 동멍거터물은, 명나라의 압력을 이기지 못하여, 1405년 明나라에 입조하였다.[101]) 명나라 永樂帝는 동멍거터물이 늦게 입조하였다고 하여, 그 보복 조치로서 관례대로 오도리족에게 새로운 衛·所를 설치하여 주지 않고, 오랑캐의 建州本衛의 관할 아래에 建州左衛를 설치하였다.[102]) 그러나 오랑캐와 오도리족은 서로 경쟁 관계에 있었기 때문에, 그 이후에 建州本衛 대추장 이만주(李滿住)가 建州左衛 대추장 동멍거터물을 지배하는 상하 관계가 이루어진 것은 결코 아니었다.

15세기 중엽 조선 세종 때에 會寧에 살던 오도리족의 童猛哥帖木兒 부자가 7姓(혐진) 우디캐의 침입을 받아서 비명횡사하자,[103]) 세종은 두만강 일대에서 여진의 중심 세력이 붕괴된 틈을 타서, 承旨 출신 金宗瑞

---

99) "漫散軍"이란 明代에 도망쳐서 흩어진 軍戶를 말한다. 元代에 만주에 살던 高麗의 軍官民들이 명나라 건국 후에 귀국하지 못하고 遼東의 軍戶로서 붙잡혀 있었는데, 革除 연간(建文帝와 永樂帝가 권력 다툼을 벌리던 1400~1402)에 명나라의 반주 통세가 느슨한 틈을 타서 고국인 조선으로 많이 도망쳐서 돌아왔다. 그러나 永樂帝가 집권하자, 「10處(11處의) 인민」, 즉 함길도의 토착여진을 요구하면서, 이들 漫散軍의 송환을 강력히 요구하여 왔다. 명나라의 압력에 못이겨, 조선 太宗은 4차에 걸쳐서 漫散軍 17,414명을 송환하였는데, 실제로는 귀국한 漫散軍의 숫자는 이보다 훨씬 많았으리라고 추측된다. 이때에 명나라에 송환된 高麗人은 遼東의 25衛의 중의 하나인 東寧衛에 소속되어 있다가, 결국 중국인으로 동화되었다. 후일 壬辰倭亂 때에 조선을 도우려고 온 명나라 군사의 사령관인 遼東 總兵官 李如松도 바로 이러한 漫散軍의 후손이다.

100) 졸고, 「초기 毛憐 오랑캐 연구」『白山學報』제 17號(白山學會, 1974) 183쪽.

101) 朝鮮『太宗實錄』卷10, 太宗 5년 9월 乙巳條.

102) 建州左衛를 설치한 연대는 實錄에 기록이 없다. 明나라『太宗實錄』의 기록을 종합해 보면, 永樂 11년(1413) 6월에서 永樂 14년(1416) 2월 사이였던 것으로 추측된다. 졸고, 「吾音會의 오도리(斡朶里) 여진에 대한 연구」『史叢』鄭在覺박사 화갑기념논총(高史會, 1973) 111~113쪽 참고.

103) 朝鮮『世宗實錄』卷 62, 世宗 15년 11월 乙巳條.

를 급파하여, 6鎭의 개척에 착수하였다. 한편 童猛哥帖木兒의 막내아들과 동생 사이에 建州左衛 오도리족의 대추장 지위를 둘러싸고 분쟁이 일어났다. 明나라는 이 분쟁을 조정하는 과정에서, 그 아들 童倉에게는 建州左衛를, 그 동생 童凡察에게는 建州右衛를 맡겼다.[104] 이것이 이른바 明나라의 「建州 3衛」이다.

永樂帝 이후에 明나라의 국력이 약화되어, 明나라의 힘은 「遼東邊牆」안에 국한되었다. 말하자면, 明나라의 지배 영역은 실제로 「遼東都司」가 지배하던 遼東·遼西 지방의 25衛·2所뿐이었다.[105] 萬里長城의 연장선인 「遼東邊牆」을 넘어서 만주의 內地까지 명나라의 통치권이 전혀 미치지 못하였기 때문에, 建州 3衛의 오랑캐와 오도리족은 그들 방식대로 자유롭게 살면서, 마음대로 明나라와 조선에 넘나들면서, 복속하고 배반하기를 거듭하였다. 16세기 말엽에 오도리족의 建州右衛에서 누르하치(努兒哈赤)가 출현하여, 여진족을 통일하고, 金나라를 잇는 後金을 건국하였다.

Ⅳ. 우디캐(兀狄哈) 종족

1. 우디캐의 명칭

우디캐란 명칭은 일찍부터 수렵생활을 하던 Taiga 지대의 「森林의 사람」들을 가리키는 말이었다. 조선시대에 있어서 삼림의 사람을 일컫던 우디캐란 말은, 만주에서 고대 시대부터 森林에서 생활하던 사람들을 총칭하는 용어로서 널리 쓰여왔던 것이 사실이다.[106]

104) 園田一龜『明代 建州女直史 硏究』(東洋文庫, 1953).
105) ≪遼東志≫卷 1~3.

먼저 우디캐라는 말의 語源을 보면, 山林을 뜻하는 만주어 「웨지(Weji)」와 사람을 뜻하는 「캐(ke)」가 합쳐져서 「우디캐(Udike)」로 되었다.[107] 말하자면, 우디캐란 말은 "삼림에서 생활하는 사람", 즉 「숲속의 사람」을 의미한다.[108] 만주의 시세를 보면, 松花江과 牧丹江, 그리고 두만강과 압록강 일대의 평야지대를 제외한 대다수 지역이 삼림(Weji)과 초원(Bigan) 지대로 형성되어 있다.

≪조선왕조실록≫에서 우디캐라고 일컫는 여진의 여러 종족을 보면, 만주의 삼림지대에서 수렵생활을 하던 사람들뿐만 아니라, 초원지대에서 유목생활을 하던 사람들도 이에 포함시킨 듯하다. 중국의 역사에서 보면, 우디캐를 가리키는 용어가 역대에 여러 가지 표현으로 쓰여졌다. 金代에는 삼림의 사람을 兀的改(우디캐)라고 하여,[109] 성곽에 살던 사람을 일컫는 胡里改와 대칭하여 사용하였다.[110] 金代에 있어서 우디캐를 가리키는 兀的改는 만주의 서북부, 또는 동북부에서 수렵생활을 하던 諸種 女眞을 총칭하는 말이었다. 이에 비하여, 金代 오랑캐를 가리키는 胡里改(후리캐)는 元代의 五國府가 설치되어진 지역에 散居하였기 때문에, 이 지역에 胡里改路까지 설치하였던 것이다.[111] 三田村泰助는 胡里改를 「성곽의 사람」으로 해석하여 삼림의 사람을 일컫던 兀的改와 대칭되는 것으로 보았다.[112] 이로써 보면, 우디캐라는 말은 金代 이후에 쓰여진 것이 분명하다.

---

106) 凌純聲 『松花江下遊的赫哲族』上(南京, 1934) 45~46쪽.

107) 和田淸, 「明初の 滿洲經略」(上) 『東亞史硏究』(東洋文庫, 1955) 141쪽. 三田村泰助 『淸朝前史の 硏究』(京都大學, 1972) 78쪽.

108) 安部健夫 『淸代史の 硏究』(東京, 1971) 101쪽.

109) 『金史』 卷24 地理志. 和田淸, 「明初の 滿洲經略」(上) 『東亞史硏究』(東洋文庫, 1955) 146쪽.

110) 三田村泰助 『淸朝前史の 硏究』(京都大學, 1972) 93~96쪽.

111) 『金史』 卷24 地理志. 三田村泰助 『淸朝前史の 硏究』(京都大學, 1972) 93쪽.

112) 三田村泰助 『淸朝前史の 硏究』(京都大學, 1972) 95쪽.

그 뒤에 조선에서는 여진의 명칭을 그대로 받아들여, 우디캐(兀狄哈)라고 썼으나, 明나라에서는 兀者라고 기록하였다.[113] 兀者라는 말은 숲을 뜻하는 Udi, 즉 Weji를 音譯한 것이다. 말하자면, 兀者라는 용어는 우디캐라는 말에서 사람을 뜻하는 「Ke」를 탈락시킨 것뿐이다. Udi나 Weji는 모두 Vedi라는 어원에서 비롯되었다고 한다.[114]

만주의 역사를 돌이켜 보면, 이러한 Udi · Weji · Vedi와 관계가 있는 명칭이 많다. 고대에 있어서 沃沮라는 명칭도 Udi에서 나온 것이라고 추측되는데,[115] 당시 삼림에서 생활하였기 때문에 붙여진 이름이라고 한다. Shirokogoroff에 의하면, 만주 고대에 勿吉라는 종족도 그 어원이 Udi와 관계가 있는데, 勿吉의 원음은 Wutsi라인데, 삼림을 뜻하는 「Udi」와 같다고 한다.[116] 勿吉과 靺鞨이라는 명칭도 그 생활양식에 의하여 구분한 것인데, 勿吉은 森林에서 생활하는 사람인 우디캐를 말하며, 靺鞨은 江가를 뜻하는 Moxo(물을 뜻함)를 말한다.[117]

遼代에도 만주의 내지에 兀若이라는 종족이 있었는데, 和田清은 이것을 「Udi」라고 하여, 우디캐에서 나왔다고 주장하였다.[118] 그러나 遼나라

113) 중국측의 사료를 보면, 『金史』에서는 兀的改 · 烏底改라고 썼고, 『元史』에서는 吾者라고 썼고, 『明史』에서는 兀者라고 썼다. 吾者와 兀者는 같은 말이므로, 이미 元代부터 吾者 · 兀者라는 말을 사용한 듯하다.

114) S. M. Shirokogoroff, 『*Social Organization of the Northern Tungus*』(Shanghai, 1929), 362쪽.

115) 和田清, 「明初の 滿洲經略」(上) 『東亞史研究』(東洋文庫, 1955) 125～180쪽.

116) S. M. Shirokogoroff, *ibid*, 362～364쪽.

117) S. M. Shirokogoroff, *ibid* 363쪽. 만주의 역사에서 보면, 肅愼 계통의 민족으로서 勿吉과 靺鞨이 두 종족이 女眞이 등장하기 전에 있었다. 勿吉과 靺鞨이라는 명칭도 濊 · 貊이나, 生女眞 · 熟女眞처럼 서로 대비되는 양상을 나타내므로, 그 생활양식에 의하여 구분하는 것이 타당하다고 본다. Shirokogoroff는 勿吉의 원음은 「*Wutsi*」인데, 森林을 뜻하는「*Udi*」와 같으며, 靺鞨의 원음은 「*Moxo*」인데, 물을 뜻하는 「*Muxe*」와 같다고 한다. 그러므로 勿吉은 森林에서 수렵생활을 하는 사람을 나타내며, 靺鞨은 江가에서 농경생활을 하는 사람을 뜻한다. 말하자면, 勿吉은 우디캐처럼 "森林의 사람"이며, 靺鞨은 오랑캐처럼 "江가의 사람"인 것이다.

118) 和田清, 「兀若考」(上) 『東亞史研究』(東洋文庫, 1955) 141쪽.

의 兀若은 당시 성곽을 쌓고 상당히 발달된 생활양식을 가졌던 점으로 미루어 보면, 兀若은 발음이 Udi보다는, 오히려 Ula, 또는 Ora에 가깝기 때문에, 농경생활을 하던 오랑캐로 해석하는 것이 타당하다고 본다.

清代에 만주의 지명과 종족 이름에서 窩集·渥集과 烏稽라는 말이 있는데, 이것들은 森林을 뜻하는 「Weji」에서 나온 말로서 우디캐와 관계가 있다. ≪滿洲原流考≫에 보면, 窩集이라는 용어가 지명과 종족 명칭에 많이 쓰이고 있다.[119] 清代에 만주의 동북부 沿海州 일대의 삼림지대에 살던 사람들을 東海 窩集部, 또는 東海 渥集部라고 불렀던 것이다.[120] 清代에 吳振臣의 ≪寧古塔記略≫에 의하면, 呼兒哈·黑斤·非牙哈의 종족을 총칭하여 烏稽라고 부르는데, 黑哲·黑斤의 명칭도 이 烏稽에서 나온 것으로서 窩集의 轉音이라고 하였다.[121]

清代에 楊賓의 ≪柳邊紀略≫을 보면, 納木窩稽·色齊窩稽 등의 지명이 나오는데,[122] 모두 만주 동북부의 森林지대에 있었으며, 窩稽에서 貂皮를 생산한다고 하였다. 窩稽란 말은 삼림을 의미하는데, 만주 동북부 長白산맥의 森林지대는 貂皮 생산지로 유명하다. ≪柳邊記略≫에서 말하는 清代의 貂皮 생산으로 이름난 "窩稽 韃子"[123]는 바로 明代의 嫌眞 우디캐를 가리키는 것이다. 말하자면, 窩集·渥集과 烏稽·窩稽라는 말은 모두 숲을 나타내는 「Udi」에서 나온 것이다.

조선에서는 明나라의 海西女眞과 野人女眞을 모두 우디캐라고 일컬었고, 建州女眞을 오랑캐라고 불렀다. 중국의 사료를 보면, 遼代에는 삼림에서 수렵생활을 하던 우디캐를 生女眞이라고 일컬었고, 江가에서 농경생활을 하던 오랑캐를 熟女眞이라고 불렀다. 完顔部의 아쿠타(阿骨打)

119) 『滿洲源流考』卷 31.
120) 『吉林外記』下卷 277쪽.
121) 吳振臣 『寧古塔記略』 卷 1.
122) 楊賓 『柳邊紀略』卷4.
123) 楊賓 『柳邊紀略』 卷3.

가 30姓의 東女眞을 본거지로 삼아서, 西女眞과 北女眞을 통합하는 과정이 바로 熟女眞과 生女眞을 하나의 민족으로 묶는 작업이었는데, 바로 누르하치가 오랑캐와 우디캐를 하나의 滿洲族으로 통일하는 과정과 동일하다. 또 만주의 자연 환경을 고려하면, 아쿠타와 누르하치의 본거지가 곧 옛날 渤海의 발상지였다는 점도 결코 우연의 일치가 아니다.

2. 우디캐의 거주지역

우디캐란 建州女眞의 우디캐와 오도리 이외의 諸種 女眞에게 모두 붙이던 명칭이다. 그러므로 우디캐라고 불리우던 諸種 女眞의 거주 지역은 상당히 광범위하였다. 明代의 海西女眞과 野人女眞이 모두 이에 속하였다. 먼저 ≪조선왕조실록≫에 나오는 우디캐를[124] 다시 거주지역과 종족별로 구분하면, 다음과 같다.

沿海州 일대(綏芬河 이남~두만강)에 살던 콜칸(骨看) 우디캐는 주로 어로생활을 위주로 하였기 때문에, "물(水) 우디캐"라고 일컬어졌다.[125] 콜칸(骨看) 우디캐는 오로치(Orochi)족으로 추정되는데, 고려 때부터 女眞 해적으로서 동해안과 일본까지 침략하였으나,[126] 조선시대에 들어와서는 조선과의 관계가 좋았으며, 또 오랑캐·오도리족과도 사이가 좋았다.

---

124) 『조선왕조실록』에서는 당시 만주의 諸種 女眞을 오랑캐·오도리·우디캐로 분류하였는데, 이러한 명칭이 그 종족 사이에서 발생하였던 것은 분명하나, 그것이 自稱인지 他稱인지는 알 수 없다. 이러한 명칭에 대하여 凌純聲은 自稱이라고 주장하였고(凌純聲, 앞의 책, 151쪽) Shirokogoroff는 他稱이라고 주장하였다(S. M. Shirokogoroff, ibid. 365쪽).

125) 졸고, 「콜칸(骨看) 우디캐 여진 연구」『史叢』, 제 20집(高史會, 1976).

126) 일본에서는 東女眞의 하나인 "물 우디캐"의 침략자를 「刀伊」라고 불렀는데, 이것은 「되」라는 말로서 되놈에서 비롯된 卑稱이다. 池內宏, 「朝鮮高麗朝に 於ける東女眞の 海寇」『滿鮮地理歷史硏究報告』第 8號 참고.

〈표 5〉 ≪조선왕조실록≫의 우디캐의 종류와 출현 회수

지역	沿海州	呼蘭江	牧丹江	綏芬河					기타	합계
종족	骨看	忽刺溫	嫌眞	尼麻車	都骨	南訥	巨節	亏乙未車		
太祖	2		1			1			2	6
定宗	1								1	2
太宗	25		4						49	78
世宗	30	42	39	4		6	2	5	266	394
文宗		1	1						1	3
端宗		1							7	8
世祖	51	37	10	60		8		13	236	415
睿宗	3	3	2	3		1			8	20
成宗	25	33	13	50	14	9	3	10	348	505
燕山君	1	5		3					55	64
中宗	3	3		4	1	2			26	39
明宗						2			2	4
宣祖		1							3	4
光海君									2	2
仁祖									1	1
計	141	126	70	124	15	29	5	28	1,007	1,545

松花江의 지류인 呼蘭河(Hurun) 일대에 자리잡았던 忽刺溫 우디캐는 海西女眞의 주류를 이루었다.127) 忽刺溫 우디캐는 建州女眞의 오랑캐·오도리와 서로 경쟁하면서 요동지역으로 진출하여, 중국의 馬市를 통하여 경제적 기반을 구축하였다. 이리하여 海西女眞과 建州女眞은 만주 내지의 諸種 女眞의 지배권을 둘러싸고 항상 서로 대립하였다.

松花江의 지류인 牧丹江 유역에 거주하던 嫌眞 우디캐는128) 海西女

127) 河內良弘, 「明代 兀者衛に 關する 研究」 『史林』58卷 1號(1975).
128) 和田淸, 「兀若考」(上) 『東亞史研究』(東洋文庫, 1955) 156~157쪽.

眞과 野人女眞의 중간지역에 위치하며, 野人女眞에서 海西女眞으로 넘어가는 과정에 있었다. 나중에 그 일부는 海西女眞의 일부를 형성하였으며, 누르하치가 여진족을 통일하여 後金을 건국할 때에도 建州女眞보다 나중에 정벌을 통하여 참여하였기 때문에 이른바 「新 滿洲族」으로서 淸나라의 하층민을 형성하였다.

한편 沿海州의 Possiet만으로 흐르는 綏芬河 유역에 일군의 우대캐가 살고 있었다. 尼麻車 우디캐를 비롯한 南訥·都骨·亐乙未車·大小 巨節 우디캐는 동해안 연안을 따라서 綏芬河까지 분포하였는데, 이들은 野人 우디캐 가운데에서 어느 정도 농경생활로 들어간 우디캐 종족이었다. 그들은 때때로 세력을 연합하여 3姓, 또는 5姓 우디캐로서 그 세력을 주변에 미쳤기 때문에, 조선을 비롯한 오도리·오랑캐·骨看 우디캐의 위협적인 존재가 되었다.

尼麻車·南訥·都骨 등은 牧丹江 상류에 살던 嫌眞 우디캐와 연합하여, 明代에 유명한 "7姓 우디캐"라고 불리워졌다. 이로써 보면, 嫌眞 우디캐와 尼麻車·都骨·南訥 등은 종족적으로 같은 계통일 가능성이 많다고 본다. 이들은 오늘날 흑룡강 유역의 골디(Goldi)족으로 추측되는데,[129] 尼麻車·南訥·都骨 등은 남방 퉁구스 계통라기 보다는, 고 아시아족이나 북방 퉁구스 계통으로 분류된다. 왜냐하면, 골디(Goldi)족이 "古아시아족" 계통으로 분류되기 때문이다.

그밖에 松花江 하류 흑룡강 유역에는 黑水 野人·使犬部·使鹿部의 諸種 우디캐가 살고 있었는데, 이들은 모두 북방 퉁구스 계통으로서 오늘날 Evenky족이다.[130] 당시 남방 퉁구스 계통의 諸種 女眞에 포함되지 않던 북방 퉁구스 계통의 여러 종족도 모두 우디캐라고 통칭하였던 것이다.

---

129) 凌純聲, 앞의 책.

130) 田中克己, 「明末の 野人女直に ついて」『東方學報』42卷 2號(東方學會, 1959).

Ⅴ. 맺음말

러시아의 Shirokogoroff가, 1930년대 만주 현지를 조사한 바에 의하면, 滿洲族은 氏族을 뜻하는 Mukun과 姓을 의미하는 Hala로 구성된 사회라고 한다.[131] 만주족의 淸나라 초기 사료에 보더라도, 만주족의 전신인 女眞族도 Mukun과 Hala를 단위로 구성되었던 것을 알 수 있다.[132] 일반적으로 만주족의 씨족이 분화하는 과정에서 발생하는 작은 단위의 씨족을 Mukun이라고 일컬었고, 큰 단위의 姓族을 Hala라고 불렀기 때문에, Hala는 姓을 의미하는 것으로 보았던 것이다.

여진족의 경제생활을 보면, 농경사회와 비농경 사회로 나누어지는데, 비농경 사회는 수렵과 유목을 하였다. 여진족의 사회는 Mukun(씨족)과 Hala(姓)가 혈연적 기초 단위를 형성하고, 또 Gasan(촌락)이나 Tatan(텐트)이 지연적 생활 단위를 이루었다. 말하자면, 농경생활을 하던 오랑캐는 촌락을 이루고 정착생활을 하였는데, 당시 여진족은 오랑캐의 정착 촌락을 Gasan(촌락)이라고 불렀고,[133] 수렵이나 유목생활을 하던 우디캐는 이동생활을 하였기 때문에 텐트 생활을 하였는데, 여진족은 이러한 텐트 촌락을 Tatan(텐트촌)이라고 불렀다. 그러므로 여진족은 농경생활을 하던 오랑캐와 수렵·유목생활을 하던 우디캐는 그 생활 양식과 그 사회 조직이 확연히 달랐던 것이다. 이리하여 농경생활을 하던 오랑캐와 오도리족의 사회 조직은 Hala - Mukun - Gassan의 형태를 취하였고,[134] 수렵이나 유목생활을 영위하던 우디캐의 사회 구성은 Mukun -

131) S.M. Shirokogoroff, *Social Organization of the Manchus - A Study of the Manchus Clan Organization* (Shanghai, 1924)

132)『滿洲實錄』卷2,『淸文總彙』卷3,『御製淸文鑑』卷5.

133) 劉小萌,「明代 女眞的 地緣組織—噶柵(Gasan)」『滿族的社會 與生活』(北京圖書館, 1998) 35～45쪽.

Hala - Tatan의 형태를 취하였다.[135)]

16세기 말기에서 17세기 초기에 걸쳐 建州右衛의 오도리족 출신 누르하치(奴兒哈赤)가 오도리족을 중심으로 建州女眞의 오랑캐를 통합하고, 반대 세력이었던 海西·野人女眞의 우디캐를 정벌하여 여진족을 통일하였다. 이 시기에 만주 내지의 여러 지역에서는 대추장들이 Gasan(촌락)과 Tatan(텐트촌)을 연합하여 하나의 Gurun(부족 국가)을 형성하고 스스로 Beile(부족 왕)이라 칭하는 자들이 나타났다.[136)] 만주에서 Gurun을 형성하는 과정을 보면, 농경생활을 하던 오랑캐는 Gasan - Golo - Gurun의 순서대로 국가를 형성하였고,[137)] 수렵생활을 하던 우디캐는 Tatan - Kol - Gurun의 순서대로 국가를 형성하였다.

농경생활을 발달하던 오랑캐와 오도리족이 Hala - Mukun - Gassan의 Gurun을 형성하여 먼저 강력한 지배구조를 이루었으나, 수렵·유목생활을 하던 우디캐는 Gurun의 형성이 아직 성숙하지 못하였다. 오도리족을 중심으로 강력한 Gurun을 형성한 누르하치는, 먼저 오랑캐의 Gurun들을 하나하나 실력으로 정복한 다음에, 적대 관계에 있던 우디캐의 Gurun들을 차례로 정복하여, 이른바 "Manju Gurun"을 이룩한 다음에 스스로 Han(황제)이라 일컬었다. 만주의 Han이란 몽고의 Khan과 같은 말로써 누르하치의 Han은 만주에 형성된 "Manju Gurun"을 지배하는 황제를 뜻한다.[138)]

17세기 누르하치가 여진족을 통일하여 後金을 세운 과정을 살펴보면, 먼저 남만주의 평원에서 농경생활을 하던 오도리를 중심으로 일차적으로 주변의 오랑캐의 여러 종족을 통합하였으며, 그 다음에 이차적으로

134) 졸고, 「清代 滿洲 八旗의 淵源」『張忠植박사 화갑기념논총』(檀國大學, 1992).

135) 졸고, 「여진 사회의 Tatan 제도의 연구」『弘大論叢』 9집 (인문과학연구소, 2001).

136) 『滿洲實錄』 卷1～3.

137) 『滿洲實錄』 卷1. 『滿文老檔』卷 1.

138) 졸고, 「"*Manju Gurun*"의 성립 과정」『弘大論叢』 10집 (인문과학연구소, 2002).

동북 산림지대에서 수렵생활을 하던 우디캐를 차례로 정복하여, 이른바 「滿洲族(여진족)」이라고 하는 민족단위를 이룩하게 되었다. 이 과정에서 建州女眞의 오랑캐는 「舊 滿洲族(Fe Manju)」이 되고, 海西·野人女眞의 우디캐족은 「新 滿洲族(Iti Manju)」으로 되었다. 만주족의 종족 구성을 보면, 만주족 안에서 농경생활을 영위하던 발달된 오랑캐의 "구 만주족"이 수렵생활을 하던 미개한 우디캐의 "신 만주족"을 정복하여 지배하는 체제였다.

누르하치가 金나라를 잇는다는 뜻의 「後金」이라는 국호를 반포하고, 신·구 만주족을 일단 하나의 지배체제 아래에 통합하였다. 누르하치의 "Manju Gurun"을 보면, Golo를 바탕으로 하는 Gurun의 연합체였다. Golo는 각 지역에 Gurun이 형성된 범위를 말하는데, 우리말의 "고을"과 같은 말이다. 高句麗와 高麗의 어원이 이와 같은 Golo와 관계가 있다고 생각된다. 오랑캐의 Golo와 우디캐의 Kol은 말할 것도 없이 고을을 뜻하는 지역의 범위이다. 이러한 Golo의 Gurun을 바탕으로 하여서 여러 씨족이 결합하여 상하계층을 이루었는데, 상층은 구 만주족인 오도리와 오랑캐가 차지하고, 하층은 신 만주족인 우디캐가 차지하였다. ≪八旗滿洲 氏族通譜≫에 의하면, 신·구 만주족 642개의 씨족이 결합하여, 만주제국(淸나라)을 이루었는데,[139] 이것이 이른바 "族的 結合"으로 이루어진 "Manju Gurun"이다.[140]

---

139) 『八旗滿洲氏族通譜』卷1~80. 만주국(Manju Gurun)의 기초를 이룩한 8旗를 구성한 씨족 642 姓을 기록하고 있다. 만주족의 著姓을 차례로 기록하였는데, 그 지배자는 거의 오도리·오랑캐 출신의 "舊 滿洲族"이었으나, 그 하층민으로 우디캐 출신의 "新 滿洲族"도 다수 포함되어 있다. 또 몽고족·高麗人·漢族도 8旗에 참여하고 있는데, 제 72권의 金氏·韓氏·李氏·朴氏·張氏·傅氏·栢氏는 모두 淸나라에 귀부한 高麗人이었다. 그 외에도 제 73권에 高麗人 36 姓, 제 74권에 高麗人 36 姓이 기록되어 있다. 8旗를 이룩한 642姓 가운데 高麗人 79 姓이 참여하고 있는 점은 참으로 흥미로운 사실이다. 제 75권부터 제 80권까지 漢族 224 姓이 기록되어 있다.

또 滿洲 八旗는 씨족으로 형성된 군대인데, 씨족(Mukun)이 8旗의 최하 단위의 Niru를 이루었다. 滿洲 八旗는 이처럼 "族的 結合"에 바탕을 둔 군사 체제였기 때문에 만주의 샤머니즘의 정신과 결합하여 강력한 힘을 발휘할 수 있었다. 滿洲 八旗는 대개 10만 명으로 추산되는데, 소수의 군사로서 당시 2, 3억만 명의 漢族을 정복하고, 중국으로 들어가서, 마침내 淸나라 제국이 중국 전체를 지배할 수 있었다.(2004. 2. 25.)

〈白山學報 第68號, 2004.4.30. pp.289~331〉

140) 三田村泰助,『清朝 前史の 研究』(京都大學, 1972) 469~479쪽.

왜란·호란 시기 조선의 對中國 輸入政策에 대한 연구

李 賢 淑*

〈目 次〉

Ⅰ. 머리말

조선의 무역정책은 明나라의 對外 貿易政策과 밀접하게 연관되어 있었다. 王圻의 『續文獻通考』에 보면, "貢舶과 市舶은 같은 일이다"라는 말이 있는데,[1] 이것은 주변국가의 朝貢과 중국의 대외무역이 서로 표리관계를 가지고 있었다는 사실을 말하는 것이다. 명조가 대외무역에 대하여 中華思想에 바탕을 둔 편협된 인식을 가지고 있었으므로, 중국과 무역을 하고자 하는 주변국가는 먼저 使節을 중국에 파견하여 朝貢을 해야만 하였다. 말하자면, 주변국가에서 조공을 하지 않는 경우에는 중국과 무역을 할 수 없었던 것이다.[2]

* 전 세종대학 사학과 겸직교수

1) 王圻, 『續文獻通考』, 卷 26, 市糴考. "貢舶與市舶一事也."
2) 內田直作著 王懷中譯, 「明代的朝貢制度」 『明代國際貿易』(臺北, 民國 57年) 61쪽.

朝貢은 일종의 통제무역이었으므로, 주변국가가 중국과 무역을 하기 앞서 먼저 朝貢 기간(貢期)를 설정하고, 朝貢의 물량과 使節의 규모 등을 확정하는 것이 선결 문제였다. 貢期란 중국에서 설정한 주변국가의 조공하는 기간을 말하는데, 貢期가 길면 길수록 조공의 기회가 줄어들고, 짧으면 그만큼 조공 회수가 늘어나는 것이었다. 주변국가에서는 조공을 통해서만 중국과 무역을 할 수 있었으므로, 貢期의 길고 짧음은 바로 무역할 기회와 교역할 물량을 결정짓는 중요한 요인이었다. 명나라에서는 조공무역에 대하여 소극적이었고, 宗主國으로서 단지 주변국에 대하여 일종의 施惠를 베푸는 것으로 여겼다. 주변국가의 빈다한 조공으로 인하여 곤란을 겪던 명나라는 번다한 비용을 줄이려고 하여, 주변국가에 대하여 가능한 한 貢期를 늘려서 잡아서 조공의 횟수를 줄이려고 하였다.

명나라 태조(朱元璋)는 조선에 대하여 貢期를 「3年 1貢」으로 조공을 제한하였다. 중국의 선진 문물의 유입을 원하던 조선으로서는 되도록 貢期를 단축하여 교역할 기회를 늘리고자 하였다. 조선에서는 「3年 1貢」을 「1年 3貢」으로 늘려주도록 거듭 요청하였다. 그러나 당시 조선과 명나라는 만주의 영유권과 女眞 문제를 둘러싸고 서로 대립하였기 때문에, 양국 관계가 크게 악화되어 印信과 誥命 문제조차 해결하지 못하고 서로 대립하고 있던 상태였다. 명나라 태조 때에 악화되었던 양국관계가 명나라 成祖(永樂帝)의 등극으로 말미암아 원만하게 풀려서, 조선의 요구대로 「1年 3貢」의 貢期를 실현할 수가 있었다. 당시 조선측이 명나라로부터 「1年 3貢」의 허락을 받은 것은,[3] 다른 주변국가와는 비교할 수 없는 특혜였던 것이다.[4]

3) 『大明會典』 卷 105, 禮部 63, 朝貢 1. "永樂初, 賜印誥. 自後每歲聖節・正旦・皇太子千秋節, 皆遣使奉表朝賀貢方物. 其餘慶慰謝恩無常期. 若朝廷大事. 則遣使頒詔於其國, 國王請奉亦遣使行禮."

중국 물화에 대한 조선의 수입정책은 명의 수출정책과 맞물려 있었다. 특히 조선측에서 수입이 절실하게 필요하였던 물화를, 명나라측이 제한하거나 금지하였으므로, 조선으로서는 적극적인 정책적 대응이 필요하였다. 왜냐하면 명나라는 건국 초부터 말, 水牛角·焰硝와 같은 軍器, 史書·비단 등의 대외수출을 금지하였기 때문이다. 특히 명나라에서는 軍器를 해외에 유출하는 자를 극형에 처하도록 규정하였다.[5] 이러한 물품은 조선의 국가나 왕실·양반 사이에서 아주 긴요한 것이었으므로, 조선 정부에서는 그 수입을 늘리려고 여러 가지 방법을 적극적으로 강구하지 않을 수 없었다. 조선 정부에서는 국가의 정책수행에 필요한 軍器·書籍·말과 같은 물화에 대해서는 수입을 장려하였다. 그 반면에 紗羅綾緞과 같은 사치품은 그 수입을 억제하였다.

본고에서는 수입장려 정책의 부분에서 軍器의 수입을 주로 고찰하였는데, 임진왜란 당시 수입물품 가운데 軍器가 차지하는 비중이 다른 물화에 비하여 컸기 때문이다. 조선정부가 직접 권장하였던 軍器의 수입을 통하여 수입장려 정책의 일단을 살펴보고자 한다. 임진왜란 이전에는 角弓의 주원료인 水牛角이 많이 수입되었으나, 임진왜란이 발생한 이후에 종래의 활 대신에 鳥銃이 주요한 무기로 등장하면서부터 화약의 주원료인 焰硝가 대량으로 수입되는 변화의 양상을 보였다.

이처럼 조선의 대명 수입품이 변화하는 과정과 정책 대응을 중점적으로 다루려고 한다. 당시 임진왜란의 전쟁을 치르던 조선측에서는 전쟁 물자에 대한 수요량의 폭발적으로 증가하자, 이에 따라서 전쟁물자의 수입을 적극적으로 장려하였다. 그러나, 군사 기밀의 해외 유출을 꺼리던 명나라측에서는 焰硝의 해외 수출을 엄격하게 통제하였다. 이처럼

4) 『大明會典』 卷 105, 禮部 63, 朝貢 1. 명나라는 조선과 더불어 가장 우대를 하였던 琉球에게 대해서도 2年에 1朝하도록 허락하였다.

5) 『大明律集解附例』 卷 55, 兵律, 私出外境及違禁下海條, 1195~1196쪽·1202~1203쪽.

조선의 수입정책은 명의 무역정책에 따라 큰 영향을 받았으므로, 본고에서 명나라의 무역정책도 아울러 서술하려고 한다.

반면에 조선에서 그 수입을 억제하려고 애쓰던 紗羅綾緞과 같은 사치품에 대해서는 오히려 명나라측에서 그 수출을 적극적으로 장려하였다. 그러나 조선측의 입장에서 보면, 이러한 중국 사치품의 대량 유입은 궁중과 양반 사회의 기강을 해칠 뿐만 아니라, 농업경제의 기반을 흔들 수도 있었기 때문이다. 그러나 중국 물화의 대량 유입은 이러한 역기능만이 있었던 것이 아니었다. 조선 중기의 침체된 경제 구조에 새로운 활력소가 되어, 국내적으로 상권과 시장을 발달시키고, 국제적으로 중국·일본의 중개무역을 통하여 자본을 축적시킨 결과, 17세기 이후 오히려 조선 사회가 비약적으로 발전하는 계기를 마련하여 주었던 것이다. 17세기 이후 중국무역이 조선사회의 경제적 발전에 끼친 영향에 대해서는 다음 기회에 고찰하고자 한다.

다만 본고에서는 조선정부의 검약을 숭상하고 사치를 억제하던 "崇儉抑奢 정책"과 국제무역의 변화에 오로지 중점을 두어 고찰하고자 한다. 특히 임진왜란(1592) 발생 이후부터 명나라의 멸망(1644)까지의 약 반세기 동안에 倭亂과 胡亂 등 몇 차례의 큰 전쟁을 겪으면서 조선을 둘러싼 동북아의 국제정세가 크게 바뀌었을 뿐만 아니라, 무역환경도 상당히 달라졌는데, 이러한 격변기에 조선 정부는 과연 어떠한 무역정책을 취하여 어떻게 대처였는가 하는 점을 체계적으로 살펴보고자 한다.

Ⅱ. 왜란·호란 이전 조선의 수입정책

1. 조선의 수입장려 정책

明나라에서는 조선의 使節이 遼東의 懷遠館과 北京의 會同館에서 각

각 무역을 할 수 있도록 허락하였다. 조선 초기에는 조선의 사절이 무역장소로 가장 많이 이용하였던 곳은 요동이었다. 명나라의 금지 물품을 많이 구매하였던 조선의 사절은,[6] 통제가 엄격한 북경의 會同館을 무역장소로 이용하기보다는 북경과 멀리 떨어져 있어서 규제가 비교적 느슨한 遼東의 무역장을 이용하는 것이 유리하였기[7] 때문이다.

조선의 사절은 北京의 會同館에 머물거나 開市를 할 때에도 다른 나라 사절과는 다른 특별한 대우를 받았다. 명조에서는 주변국가의 일반 사신들에게는 會同館에 머무는 동안 5일에 1회씩 館所 밖으로 나갈 수 있도록 허락하였으나, 조선의 사절에게는 매일 館所 밖으로 출입할 수 있도록 허락하였다. 그러므로, 조선의 사절 일행은 이 기회를 이용하여 자유로이 會同館을 출입하면서 무역을 할 수 있었다.[8] 또 開市하는 기한도 주변국가의 일반 사절에게는 3일 동안, 혹은 5일 동안 교역하도록 규정하였으나, 朝鮮과 琉球의 사절에게는 이러한 제한을 두지는 않았다.[9]

명나라의 조선에 대한 이러한 우대정책은 언제부터 실시되었는지 알 수 없지만, 聖祖 永樂帝 때에 조선의 사절을 다른 외국 사절보다 가장 우대하였으며,[10] 永樂帝가 조선의 「1年 3貢」을 허락하였다는 사실로 미루어 볼 때에, 永樂帝 때부터 실시된 것이라고 추측된다. 이러한 우대를 받았던 조선의 사절은 금지물품을 구입하여 관문을 통과할 때마다, 통

---

6) 선조 7년(1574) 聖節使 書狀官이었던 許封의 使行錄인 『燕行錄選集』上册(18쪽)에 보면, "대개 본국인(朝鮮人)은 금지 물품을 많이 구매한다〔盖本國人貨買多禁物〕." 라고 하였다.

7) 『世宗實錄』卷6 5, 世宗 16년 9월 壬午條; 같은 책 卷 68, 世宗 17년 4월 甲庚條; 같은 卷 121, 世宗 30년 7월 丁酉條.

8) 明 『世宗實錄』卷 169, 嘉靖 13년 11월 己巳條. "先是四夷貢使至京師, 皆有防禁, 五日一出館, 令得遊觀貨易, 居常皆閉不出, 唯朝鮮·琉球使臣防之頗寬."

9) 『大明會典』卷 108, 禮部 66, 朝貢 4, 朝貢通例條 ; 趙令揚, 「記明代會同館」『明使論集』(香港, 1975) 79쪽.

10) 張德昌, 「明代廣州之海舶貿易」『明代國際貿易』(臺北, 1968) 14쪽.

관의 대가로 명나라의 관리들에게 상당한 양의 人情物品을 주었기 때문에,[11] 15세기 중엽까지 조선에서는 비교적 순조롭게 중국의 금지물품을 수입할 수 있었다.

조선 成宗 7년(1476, 成化 12년)에 이르러, 명나라 정부가 자국의 변경을 위협하는 建州女眞의 무역을 통제하기 위한 정책의 하나로서 "遼東 貿易場"을 폐지시켜버렸다.[12] 이 조치는 요동에서 자유롭게 금지물품을 무역하던 조선에게 큰 타격을 주었다. 이때부터 조선은 주요한 무기의 하나인 角弓을 제조하는 주원료인 水牛角을 수입하는 데에 상당한 애로를 겪게 되었다. 그러나 成宗 8년(1477)부터 명나라 정부는 조선사절에게 제한적이지만 水牛角을 매입할 수 있도록 허락하였다.[13] 또 조

11) 선조 7년(1574) 聖節使 書狀官이었던 許封의 使行錄인『燕行錄選集』上册(18쪽)을 보면, "대개 본국인(朝鮮人)은 금지물품을 많이 구매한다. 예를 들면, 黃紫色 비단, 史記 등의 書册은 명나라에서 국외 유출을 금지하는 것이다. 그러므로 鴻臚寺 序班은 이것을 가지고 위협하고 이것을 "通關 人情"이라고 일컬으면서, 序班인 繼儒는 우리에게 白布 50疋을 내라고 한다."〔盖本國人, 貨買多禁物, 如黃紫色段. 史記等册, 皆中朝不許出境者. 故序班(鴻臚寺), 持此恐赫, 稱之日過關人情. 繼儒(序班), 要我人出白布五十疋〕라고 하였는데, 이로써 보더라도 人情物品이란 예물로서 주는 선물이지만, 여기에서 序班은 "通關 人情"의 물품으로 白布 50필을 요구하고, 금지물품을 통관시켜 주는 대가로서 거액의 대가를 요구하였던 것이다. 이러한 명나라 관리들이 외국 사절에 대한 대가성 뇌물은 당시 명나라의 관리와 외국의 사절단 사이에 일종의 默契로 공공연히 이루어졌던 것이라고 생각된다.

12)『憲宗實錄』卷 159, 成化 12년 11월 癸亥條 ; 田園一龜,『明代建州女直史研究』續編(東洋文庫, 1953), 30~67, 140~149쪽 ;『明史』卷 162, 列傳 70, 馬文升傳.

13) 朝鮮『成宗實錄』卷 88, 成宗 9년 정월 甲戌條 ; 같은 책 卷 128, 成宗 12년 4월 癸亥條; 明『憲宗實錄』卷 172, 成化 13년 11월 乙亥條; 같은 책 卷 212, 成化 17년 2월 丙庚條. 명나라에서 "遼東 貿易場"을 폐지한 조치는 사실상 여진의 무역을 견제하려는 정책이었으므로, 조선의 무역과는 무관한 정책이었다. 명나라에서는 조선의 요청에 따라서, 成宗 8년(1477)부터 1년에 50對를 무역하게 하였고, 成宗 12년(1481, 成化 17년)부터는 150對를 구입하게 하였다. 여기에서 1對란 조선에서 水牛角을 한 쌍씩 취급한 데에서 나온 용어이다. 중국에서는 1副라고 칭하였고, 일본에서는 1對를 2桶으로 계산하였다. 1對의 水牛角은 약 5장의

선 使節은 아직 會同館 무역의 특전을 누리고 있었기 때문에, 조선은 "遼東 貿易場"의 폐지로 인한 타격은 최소화할 수 있었다.

永樂帝 이후 조선에 대하여 비교적 개방적이었던 명나라의 대외무역 정책은 弘治(1488~1505), 正德(1506~1521) 연간에 이르러 폐쇄적으로 기울어졌다.[14] 조선 中宗 16년(1521, 正德 16년)에 이르러, 명나라는 조선사절이 다른 외국사절과 마찬가지로 중국의 會同館에 머물 동안에, 5일에 1회씩 館所 밖으로 출입하게 허락하였고,[15] 會同館의 開市 기한도 3일로 축소하였다.[16] 명나라측의 이러한 규제 조치로 말미암아 중국물화의 수입에 심각한 타격을 받게 된[17] 조선에서는, 중종 29년(1534)에 명나라에 사신을 파견하여, 이러한 규제 조치를 해제시켜 줄 것을 요청하였다.[18]

弓角을 만들 수 있었다.

14) 梁方仲, 「明代 國際貿易 與銀的輸入」『中國 經濟發展史 論文選集』下册(臺北, 民國 72) 1511~1512쪽. 梁方仲은, "16세기 초에 이르러 명나라에 入貢하는 주변 국가들이 貢期와 貢物品目의 규정을 지키지 않아서 여러 가지 폐단이 생겨났으며, 바닷가 연안(沿海)에 사는 백성들이 사사로이 무역을 행하거나, 심지어 해적 행위까지 하였으며, 또 유럽인들은 명나라에 공무역인 朝貢을 하려고 하지 않고 오로지 사무역(밀무역)을 통하여 중국 상인들과 직접 거래하기를 원하였으므로, 弘治 · 正德 연간에 이르러, 명나라 정부는 외국 사절을 초치하고 외국상인에게 교역하게 하는 종래의 관대한 개방정책에서 벗어나서, 그 貢期와 品目을 줄이고 그 규모를 축소하는 財政的인 收入위주의 정책으로 바뀌었다."고 지적하였으나, 필자는 명나라의 이러한 변화를 일종의 폐쇄적인 정책이라고 생각한다.

15) 朝鮮『中宗實錄』卷 45, 中宗 17년 6월 庚辰條.

16) 16세기말~17세기초의 使行記錄을 보면 조선사절단에게도 3일간만 개시를 하도록 하였다는 것을 알 수 있다.(『燕行錄選集』上册, 大同文化硏究所刊, 1960, 65~66쪽 ; 黃汝一, 『海月先生文集』, 26쪽.) 조선에 대해서 언제부터 이처럼 개시의 기한을 준수하도록 했는지는 알 수 없으나 대개 회동관의 출입에 대하여 규제를 가한 嘉靖년간(1522-1566)초기가 아닌가 한다.

17) 朝鮮『中宗實錄』卷 61, 中宗 33년 4월 乙巳條. 그 당시의 사정을 보면, 中宗(1528)에 聖節使로 중국에 파견되었던 韓效元은 "通事(譯官)들이 무역을 할 수가 어서, 그 물건값을 가지고 갔다가 그대로로 돌아왔다."라고 걱정할 정도였다.〔通不能貿易, 持其價物空還, 至爲有弊.〕

18) 魚叔權, 『巧事撮要』上, 「大明紀年」, 55쪽 ; 明『世宗實錄』卷 169, 嘉靖 13년 11월 己巳條.

이리하여 명나라측에서는 잠시 조선의 요구를 받아들여 완화하여 주었으나,[19] 이것은 일과성의 조치였을 뿐이었고, 시간이 지날수록 명나라의 규제는 점점 더욱 심해졌다.[20] 이리하여 조선정부에서는 이러한 금지물품을 구입하기 위한 적극적인 방안들을 강구하므로써,[21] 명나라의 조선 우대정책을 폐지함으로 말미암아 생겨난 어려움을 극복해 나갔다.

2. 조선의 수입억제 정책

조선은 유교를 건국이념으로 하는 신분사회였으므로, 의복과 器皿 등

---

19) 朝鮮『中宗實錄』卷 79, 中宗 30년 正月 戊子條.

20) 『明宗實錄』卷 13, 明宗 7년 4월 甲子條. 명종 7年(1552) 영의정 沈連源 등이 말하기를, "우리 나라 사신으로 北京에 가는 자가 玉河館에 이르면, 門禁이 매우 엄격한데, 이것은 祖宗朝 이래 아직 듣지 못한 바입니다. 비단 早牌와 晩牌를 가지고 아침 辰時와 저녁 申時에만 출입하는 것이 하나같이 山海關의 출입과 같았습니다. 심지어 국경 상에 棘圍를 설치한 것이 마치 오랑캐를 가두어 놓은 것과 같았습니다. "〔我國使臣赴帝京者, 到玉河館, 門禁甚嚴, 此自祖宗朝以來所未聞也. 非徒以早牌·晩牌, 出入於辰·申兩時, 一似山海關之事, 至於墻上設棘圍, 如囚韃子".라고 하여, 당시 명나라의 외국 사절에 대한 삼엄한 통제 상황을 짐작할 수 있다.

21) 명나라의 금지물품을 구입하기 위한 조선의 방안들을 보면, 대개 두 가지였다. 첫째는 遼東의 밀무역장을 이용하는 방법이었는데, 조선정부에서는 상인들에게 부족한 水牛角이나 말 등을 이곳을 통해서 수입해 오도록 적극 장려하였다.(朝鮮『明宗實錄』卷 21, 明宗 11년 윤11월 丙戌條 ; 같은 책, 卷 25, 明宗 14년 9월 丙戌條 ; 『中宗實錄』卷 22, 中宗 10년 6월 壬申條.) "遼東 貿易場"은 이미 언급한 바와 같이 명나라의 成化 연간에 폐지되었으나, 그후 점점 禁令이 해이해져서, 中宗 5年(1510, 正德 5) 경에 요동에 밀무역장이 형성되었던 것이다. 둘째는 이때에 이르러 명나라의 금지물품을 순조롭게 교역하고 통관하기 위해서, 조선정부는 사절 일행에게 정해진 人情物品보다 더 많은 수량을 가지고 가서 뇌물을 주고 금지물품을 구해오도록 하였다.(『大典後續錄』 兵典, 驛路條.) 원래 조선 사절 일행이 명나라에 사신으로 갈 적에 사행을 관장하는 명나라 관리들에게 예물을 선물로 주었는데, 이것을 人情物品이라고 하였다.

의 사용을 모두 신분에 따라 정해서, 일반 백성들이 僭越하게 이것들을 사용하지 못하도록 제한하였다. 따라서 조선정부는 신분사회의 질서를 유지하기 위해서뿐만 아니라, 경제적 부담을 줄이기 위해서 '검약을 숭상하고 사지를 억제하는 崇儉抑奢 정책'을 시행하였다.[22] 조선정부는 중국물화 가운데 주종을 이루던 絲羅綾段과 같은 중국산 비단을 사치품으로 규정하여 그 수입을 억제하는 정책을 실시하였다.

태조 3년(1394)에 조선 정부는 각 品官에 대한 服飾의 등급을 제정하였는데, 兩府 이외에는 紗羅綾綺를 입을 수 없도록[23] 중국산 비단의 사용을 제한하였다. 그후 태종 연간(1400~1418)과 세종 연간(1419~1450)에는 점차 미비한 法制를 정비하여 나가면서,[24] 사치해지기 쉬운 婚需에는 조선에서 생산된 鄕織의 綿紬나 綿布를 쓰도록 규정하는[25] 한편, 몸소 실천하는 모범을 보이기도 하였다.

15세기 중엽에 국가가 안정기에 접어들어 도시인들의 생활이 점차 부유해지면서부터 사치 풍조가 나타나기 시작하였다. 이러한 현상은 15세기 후반 成宗연간(1470~1494)에 이르러 심화되어, 勳戚과 貴近뿐만 아니라 신분이 낮은 富商大賈를 비롯하여 庶人에 이르기까지 사치가 눈에 띄게 늘어나서 큰 사회문제가 되었다. 성종 3년(1472)에 조선정부에서는 奢侈禁制 節目을 제정하여, 이미 제정된 사치의 금지 법령을 거듭 시행하는 한편, 금법을 어기고 紗羅綾緞으로 만든 의복을 입는 장사아치(商賈)는 가산을 적몰하도록 엄격한 법을 제정하였다.[26] 그 3년 뒤인 성

---

22) 張存武, 『淸·韓 宗藩貿易 1637~1894』(臺北, 1985), 76쪽.

23) 朝鮮 『太祖實錄』 卷 6, 太祖 3년 6월 甲午條.

24) 朝鮮 『太宗實錄』卷 17, 太宗 9년 3월 壬戌條; 같은 책, 卷 23, 太宗 12년 6월 丁卯條; 朝鮮 『世宗實錄』卷 94, 世宗 23년 11월 辛亥條; 같은 책, 卷 112, 世宗 28년 5월 壬辰條; 같은 책, 卷 123, 世宗 31년 정월 丙午條.

25) 朝鮮 『世宗實錄』 卷 67, 世宗 17년 정월 丁酉條; 朝鮮 『成宗實錄』 卷 14, 成宗 3년 정월 己未條.

26) 朝鮮 『成宗實錄』 卷 14, 成宗 3년 정월 己未條.

종 6년(1475)에는 종래의 紗羅綾緞의 착용자만을 처벌하던 수준에서 벗어나서, 그 수입자와 매매자, 그리고 이들의 범법 행위를 적발하지 못하는 지방관도 아울러 처벌하는 보다 강력한 방법을 강구하였다.[27] 그러나 이처럼 엄격한 禁令에도 불구하고 富商大賈의 사치풍조는 별로 개선되지 않았고, 심지어 小民까지도 분수에 지나친 사치를 할 정도였다.[28]

15세기 말에 일본에서는 渡嶋國 知內와 佐渡西三川의 金鑛, 越中國 新川郡의 松倉 金鑛, 但馬國 養父郡 中瀬의 金鑛을 비롯한 많은 금광이 개발되면서,[29] 金의 생산량이 늘어나게 되었다. 성종 15년(1484)을 전후한 시기에 이르러 일본산 金이 조선으로 대량으로 수입되었다.[30] 倭金의 수입 증가는 조선에서 金의 가격형성에 영향을 미쳐서, 黃金 1냥당 綿布 30필 하던 것이 성종 19년(1488)에 黃金 1냥당 綿布 25필로 떨어지게 되었다.[31]

이리하여 紗羅綾緞은 조선 사절의 對明 수입품 가운데 大宗을 차지하였다. 그러나 紗羅綾緞은 고가의 물품이었으므로, 조선정부에서 공식적으로 지정한 布·人蔘·扇子·茶·雨籠과 같은 수출품[32]으로써는 구

---

27) 朝鮮『成宗實錄』卷 57, 成宗 6년 7월 甲子條. 成宗 6년(1475)에 반포된 條令 가운데에서 이와 관련된 내용을 보면, 첫째; 北京에 가는 사신 행차에 규정된 수량 이외의 물화를 가지고 가는 자를 검거하지 못하는 官員은 파출시키며, 둘째; 紗羅綾緞을 양계에서 교역하는 자는 杖刑 100대에 充軍시키며, 그곳의 수령은 制書有違律로써 논죄하여 파직시킨다는 것이었다.

28) 朝鮮『成宗實錄』卷 77, 成宗 8년 2월 壬子條; 같은 책, 卷 79, 成宗 8년 4월 壬戌條.

29) 小葉田淳,「中後半期に 於ける 日·鮮 金銀貿易の 硏究」,『史學雜誌』第 43編 6, 7號(1932), 877쪽.

30) 柳承宙,「朝鮮前期後半의 銀鑛業 硏究」『震檀學報』55輯(震檀學會, 1983), 17쪽.

31) 小葉田淳, 같은 책, 893쪽.

32) 布·人蔘·扇子등과 같은 物貨가 바로 朝鮮政府의 公貿易 資金뿐만 아니라 사신일행들이 明에 使行했을 때 쓰이는 私貿易 資金이었다.
조선 정부에서는 사신 일행들이 가져가는 사무역 자금에 대하여 그 물품뿐만 아니라 수량까지도 일정하게 규정하였는데,『經國大典』에 의하면, 布는 正使와 副使가 각각10필, 正官 押物 이상이 5필, 打角夫가 3필을, 그리고 齎咨官과 迎送

입하기가 쉽지 않았다. 왜냐하면, 人蔘은 高價品이지만 生蔘이 부패하기가 쉽고, 乾蔘이 오래되면 부서러지는 결점이 있어서 상품으로서의 가치에 한계가 있었고,[33] 그 밖의 잡물은 가격이 싸서 수출품으로 적당치 않았기 때문이다. 그 반면에 금·은은 고가였을 뿐만 아니라, 체적이 작아서 적발하기도 쉽지 않았으므로, 조선정부에서 비록 중국으로 유출하는 것을 엄금하였으나, 소량씩 상인들에 의하여 중국으로 밀수출되었다. 그러나 일본으로부터 값이 싼 금이 대량으로 유입되자, 倭金은 紗羅綾緞과 같은 중국산 고급 물품을 구입는 데에 가장 적합한 유통수단으로써 중국으로 대량 유출되었다.

금·은의 유출은 조선에서 紗羅綾緞과 같은 사치물품을 수입하여 사치풍조가 만연하는 폐단을 일으키는 국내적 문제에만 국한되는 것이 아니라, 이로 말미암아 명조에서 조선을 금·은의 생산이 많은 나라라고 오인을 받을 때에는, 이미 명나라에서 免貢을 받았던 "금·은의 歲貢"을[34]

軍이 각각 10필씩 가져갈 수 있도록 규정하였다. 蔘은 정사와 부사 이하 各人員이 10斤을, 재자관과 영송군이 각각 3斤씩 휴대할 수 있도록 하였으며, 布와 蔘을 제외한 나머지 잡물은 정해진 斤駄 수량안에서 마음대로 가져갈 수 있게 하였다. 1 駄를 太宗 5년(1405)에는 100斤으로 규정했으나 成宗 9년(1478)에는 140斤으로 조정하였다. 經國大典 卷5, 刑典一禁制條 ; 朝鮮 太宗實錄 卷8, 5年 2月 丙戌 ; 成宗實錄 卷88, 9年 正月 戊寅 ; 大典續錄 卷3, 禮典—雜令條 ; 拙稿, 「16~17世紀朝鮮의 對中國 輸出政策에 관한 연구」『弘益史學』제6집, 1996년, 19쪽 참조.

33) 졸고, 「16~17세기 조선의 對中國 輸出政策에 관한 연구」『弘益史學』제 6집(홍익사학회, 1996), 30쪽 주(46)참조.

34) 조선의 명나라에 대한 "금·은의 歲貢"은 對明 관계가 좋지 않았던 조선 건국 초조(李成桂) 때에 명나라 태조(朱元璋)가 이를 관계 개선의 전제조건으로 삼아서 측에 요구함으로써 시작되었다. ≪大明會典≫에 의하면, 그 규정된 수량은 黃金 냥과 白金 700냥이었다. 이것은 당시 조선으로서는 큰 부담이었으므로, 조선정부는 명나라에 바치는 금·은을 모으기 위해서 鑛山을 개발하였고, 국가에서 금·.은의 양을 줄였으며, 士와 庶民 계층이 이것을 사용하는 것을 금지시켰다 뒤에 세종은 보다 근본적인 해결 방법을 모색하기 위해서 명나라에 免貢을 요청 한편, 금·은의 해외유출을 막기 위한 禁令을 마련하여, 사신일행의 密貿易을 엄금지시켰다. 조선의 명나라에 대하여 "금·은의 歲貢"을 면제해 달라는 요청은

다시 강요할지도 모르는 국제적 문제가 발생할 염려가 있었다. 이리하여 성종은 몸소 節儉에 힘쓰며 宮禁의 사치도 일절 금지시키는 한편, 금·은의 밀수출을 방지하기 위해서 노력하였다.[35] 그러나 조선정부의 이러한 금지 정책에도 불구하고 소기의 목적을 달성하지 못하였다.[36]

16세기 초에 조선정부가 국내에서 사용할 은을 생산하기 위해서 銀鑛을 개발하자, 은의 대명 밀수출이 자연히 증가하였다. 은의 명나라 수출에 대한 대가품으로서 중국산 고급비단을 비롯한 사치품의 수입이 늘어나면서 조선의 상류 사회에서는 사치풍조는 더욱 심화되었다.[37] 이리하여 중종 11년(1516)에 조선정부에서는 公卿 大臣들에게 紗羅綾緞을 宴會나 侍衛 때와 같은 공식석상에서만 입도록 하였고, 평상시에는 겉옷에만 착용하도록 하였다. 그 3일 뒤에는 중종은 8도의 관찰사에게 사치를 엄단하고, 사치에 따른 폐단을 개혁하도록 명령하였다.[38] 또 중종 13년(1518)에 중국산 비단의 밀수입 폐단을 근본적으로 막기 위하여, 국

출신 명나라 宦官 尹鳳의 노력에 의하여 世宗 11年(1429)에 명나라로부터 허락을 게 되었다. 그러나 조선의 "금·은의 세공"은 ≪大明會典≫에 등재되어 있어서 라의 면제를 받은 이후에도, 조선은 명나라와 사이가 나빠지면, 명나라에서 "금·은의 세공"을 다시 요구하지 않을까 항상 걱정하였다. 그리하여 조선 정부는 사신일행이 사행 경비나 교역 資金으로 銀貨를 가지고 가서 쓰는 것을 일체 시키고, 그 대신에 인삼·布·扇子 등의 물화로 가지고 가도록 규정하였다. 그 아니라 조선 각지의 금·은 광산을 모두 폐지시켰으며, 日本과 女眞에서 금·밀무역하는 것도 금지시켰다. 柳承宙, 「朝鮮前期의 金銀鑛業 硏究」『韓國史硏究 27호(1979). 93. 88~103쪽 ;『度支志』外篇—經費司, 八包事實 ; 졸고, 「16~17세기 선의 對中國 輸出 政策에 관한 연구」『弘益史學』제 6집(홍익사학회, 1996) 19~20

35) 朝鮮『成宗實錄』卷 276, 成宗 24년 4월 丁未條. 성종 24년(1492)에 명나라에 가는 正使와 副使에게 使行 員役들이 금·은의 금지물품을 중국에 밀수출하는 것을 일절 금지시키도록 명하였다.

36) 朝鮮『成宗實錄』卷 265, 成宗 23년 5월 癸未條; 같은 책, 卷 276, 成宗 24년 4월 丁未條 ; 같은 책, 卷 290, 成宗 25년 5월 甲辰條.

37) 朝鮮『中宗實錄』卷 25, 中宗 11년 5월 己酉條.

38) 朝鮮『中宗實錄』卷 26, 中宗 11년 11월 壬午條; 같은 책, 卷 26, 中宗 11년 11월 乙酉條.

가의 儀章에 필요한 비단은 鄕織으로써 대체할 수 없을 경우에만 한해서 중국에서 무역해 오도록 엄명하는[39] 등 사치풍조를 없애려고 노력하였다.

16세기에 이르러 일본에서 약 30개의 銀鑛에서 은을 채굴하였는데, 그 대부분은 1540년 이후에 개발된 것이다. 그 중에서 兵庫縣 生野 銀鑛은 1542년부터 채굴하기 시작하였는데, 생산량이 점차 증가되어 16세기 말에 이르러 豊臣秀吉에게 1년에 바친 銀課가 10,000斤에 이르렀다고 한다.[40] 그러나 嘉靖 2년(1523)부터 明나라의 勘合貿易이 중단되었던 일본은 자국에서 생산된 倭銀을 조선으로 대량 수출하였다. 그러므로 이 시기를 전후하여 조선으로 수입된 일본산 銀의 양은 엄청난 증가 추세를 보였다.[41]

당시 중국에서는 국내 은의 부족으로 말미암아 銀貨 수급에 불균형이 초래되어, 은의 가격이 점점 품귀하는 현상을 보였으나,[42] 조선으로부터 일본산 白銀이 대량으로 중국에 유입되면서부터 오히려 銀價가 하락하는 현상까지 나타났다.[43] 당시 중국에서는 일본은(倭銀)의 순도가 높아서 「天銀」이라고 일컬을 만큼 품질을 높이 평가하였으므로, 조선 상인이 일본산 白銀을 중국에 가져다가 팔기 시작하면서부터, 白銀의 무역 차액으로 얻는 이익이 약 9배, 내지 10배에 달하였다.[44] 그러므로,

---

39) 朝鮮『中宗實錄』卷32, 中宗13年 4月 癸巳.

40) 全漢昇, 「明中葉後 中 · 日間的 絲 · 銀貿易」『歷史語言研究所集刊』第 55本 4分 (中央研究院, 1984) 636쪽.

41) 申奭鎬, 「朝鮮 中宗時代の 禁銀問題」『稻葉博士 還曆記念 滿鮮史論叢』(1938) 422쪽.

42) 全漢昇, 앞의 논문, 635쪽.

43) 조선에서도 일본의 倭銀이 유입되면서부터 銀價가 하락하였는데, 은 1냥에 綿布 4匹이었던 것이, 중종 39년(1540)에 이르러 은 1냥에 면포 半匹로 하락하였다. 小葉田淳, 앞의 논문, 903~906쪽.

44) 명나라 嘉靖 13년(1534)에 금 · 은의 비교 가격은 1 :6.363이었는데, 중종 33년(1538)에 조선의 銀價는 은 1냥당 면포 4필이고, 黃金과 銀과의 비교 가격은 1 : 7.5였으나, 일본의 倭銀이 대량으로 유입되기 시작하였던 중종 35년(1540)에 이르

조선에 수입된 일본산 白銀은 국제무역을 통하여 막대한 이익을 얻고자 하는 조선사절이나 조선상인들에 의하여 대량으로 중국으로 유출되었던 것이다.[45)]

당시 조선정부는 명나라측에서 "금·은의 歲貢"을 다시 강요하지 않을까 우려하였기 때문에, 중종 33년(1538)에 조선은 倭銀의 수입을 금지하는 정책을 반포하였고,[46)] 또 그 2년 뒤에 중국으로 가는 사신 일행의 은 밀매를 방지하기 위하여 「防禁節目」을 반포하여 은의 유출을 금지하였으며,[47)] 중종 36년(1541)에는 사치풍조를 금지하고 사치품 수입을 억제하기 위하여「婚姻奢侈 禁斷秩」을 반포하였다.[48)]

중종 16년(1521)에 이르러 명나라가 조선사절에게 그 일행이 머물던 會同館 玉河館의 출입을 엄금하면서부터 중국물화의 수입에 큰 차질이 생기게 되자,[49)] 조선정부에서는 명나라에서 기존의 조선 사절 우대조치를 폐지하고 門禁 조치를 강화한 까닭은 바로 조선 通事들의 공무역을

러 은 1냥당 면포 반필로서 은가가 떨어지면서, 황금과 은과의 비교 가격은 1 : 60으로 되었다. 조선에서 불과 6년 사이에 銀價가 무려 9.43 배나 차이가 나게 되었던 것이다. 彭信威, 『中國貨幣史』(上海人民出版社, 1988년 3판) 714쪽.

45) 日本銀의 대명 수출액은 정확히 알 수 없으나, 明宗 5년(1550)에 이르면 사신 일행 중에서 은을 많이 가지고 가는 자는 10,000여냥, 적게 가지고 가는 자는 수 천냥씩을 휴대해 갔다고 한다(『明宗實錄』권10, 明宗 5년 10월 丁亥條). 조선 사신 일행이나 상인들에 의한 倭銀 수출은 遼東지방과의 무역을 촉진시켜, 중종 35년(1540)경에는 요동의 富商大賈가 倭銀을 사려고 南京으로부터 물품을 운송해다가 판매하였는데, 그 물화가 北京에서 파는 것과 별 차이가 없을 정도였다고 한다(『中宗實錄』卷 95, 中宗 36년 5월 庚子條).

46) 中宗 33년(1538)에 조선정부는 일본 倭銀을 구매하는 상인에게 모두 絞刑에 처한다는 규정을 반포하는 한편, 漢城에서는 東平館 관원이, 그리고 薺浦와 釜山浦에서는 僉使가 이것을 규제하도록 하였다. 申奭鎬, 앞의 논문, 423쪽; 小葉田淳, 앞의 논문, 904쪽.

47) 『大典後續錄』卷 5, 刑典 1, 禁制條; 『中宗實錄』卷 95, 中宗 36년 6월 乙丑條.

48) 『大典後續錄』卷 3, 禮典 1, 禁制條.

49) 朝鮮 『中宗實錄』卷45, 中宗17년 6월 庚辰; 같은책 卷61, 中宗33년 4월 乙巳.

빙자하여 밀무역 행위를 심하게 했기 때문이라고 판단하여, 결국 通事들의 밀무역 행위를 근절시키기 위해서 공무역을 없애야한다는 의논까지 대두되었다.[50] 몇 차례의 의논 끝에 중종 35년(1556)에 이르러 冬至使와 聖節使 2사질 이외에 千秋使를 포함한 非定期使節의 행자에는 공무역을 일절 금지하도록 한다는[51] 특단의 조치를 취하기도 하였다.

이처럼 조선에서는 중국의 紗羅綾緞과 같은 고급비단의 수입을 억제하기 위하여 금지법을 엄격하게 제정하고 시행하였지만, 고급물품에 대한 일반인들의 수요는 점차 증대하였고, 이에 따른 상인들의 공급도 더욱 확대되었기 때문에, 오히려 이러한 금지법은 한갓 文具에만 그치고 제대로 시행되지 못하였을 뿐만 아니라, 그 결과 조선정부는 현안문제로서 등장한 금 · 은의 對明 流出과 사치풍조의 만연 등에 대한 금지정책의 수립에만 급급하였던 감이 없지 않다.

이러한 몇 가지 난제들을 해결하고자 하여, 15, 16세기 조선의 역대 정부에서는 여러 가지 금지법을 제정하였으나, 큰 효과를 거두지 못하였다.[52] 다시 말하면, 조선의 역대 정부에서 紗羅綾緞과 같은 사치품의 수입에 대한 억제정책을 끈임 없이 추진하였으나, 이것은 일시적인 彌縫策에 지나지 않았다. 일반 백성들의 중국물화에 대한 강렬한 욕구는 정부의 금지법령 따위로써 결코 억제할 수가 없었다. 생활의 질적 향상을 갈구하던 일반인의 욕구는 역사 발전의 도도한 흐름이었다. 그러나 일반인의 사치풍조는 도리어 조선 전기의 유교적 폐쇄사회에서 국제교역을 활성화시키고 국내유통을 촉진시켜, 사회경제적 발달을 가져왔던 원동력이 되었다고 하겠다.

50) 朝鮮『中宗實錄』卷 49, 中宗 18년 8월 戊申條; 같은 책, 卷 61, 中宗 23년 4월 庚戌條.
51) 朝鮮『中宗實錄』卷 93, 中宗 35년 7월 丁巳條;『大典後續錄』, 刑典. 禁制條.
52) 朝鮮『中宗實錄』卷 95, 中宗 36년 5월 庚子條; 同年 6월 乙丑條; 朝鮮『明宗實錄』卷 10, 明宗 5년 10월 丁亥條.

Ⅲ. 왜란·호란 시기 조선의 수입 장려정책

1. 임란·호란 시기 조선의 전쟁물자 수급정책

1592년에 임진왜란이 일어나기 직전까지 조선시대 가장 중요한 전쟁무기는 弓矢와 槍劍이었다. 활 가운데에서 물소뿔〔水牛角〕로써 만든 角弓이 가장 성능이 좋았으므로, 조선 관군은 角弓을 주로 사용하였다. 그러므로 16세기 말까지 조선정부는 중국으로부터 角弓을 만드는 주원료가 되는 水牛角을 수입하는 데에 온갖 힘을 기울였다. 그러나 임진왜란에 일본군이 사용한 근대식 鳥銃이 조선 관군의 재래식 角弓의 위력을 제압하자, 조선 관군도 성능이 뛰어난 鳥銃을 전쟁무기로 사용하기 시작하면서부터, 鳥銃의 탄환을 발사하는 화약인 焰硝가 종래의 水牛角 대신에 조선의 수입품 가운데 중요한 위치를 차지하게 되었다.

鳥銃은 서양의 신식 무기인 火繩銃으로서, 일본에는 1543년에 포루투갈 상인에 의하여 전해진 후, 織田信長과 豊臣秀吉이 일본의 戰國시대를 통일할 때에 주요한 무기로 이용하였다. 중국에는 그보다 20년 후인 1563년에 일본의 倭寇가 절강성에 침입할 때에 일본인에 의하여 전습되었다. 조선에는 임진왜란이 일어나기 2년전인 1590년에 對馬島主 平義智가 조선에 예물로서 보내었으나,[53] 조선정부에서는 아무도 이에 대한 별다른 관심을 보이지 않았기 때문에, 軍器寺에 그대로 사장되어버렸다.

조총의 彈丸은 鉛丸이라 하여 鉛이 이용되었고, 화약은 鉛丸의 발사물로서 쓰여졌다. 화약은 焰硝와 硫黃, 그리고 柳灰를 배합하여 제조하였는데, 그 배합 비율은 焰硝가 16냥, 硫黃이 1냥 4전, 柳灰가 3냥이었다.[54] 이 가운데에서 유황과 유회는 연료가 되는 것이고, 焰硝는 산화

53) 柳成龍, 『懲毖錄』, 卷 1.

제 구실을 하는 것이었다. 그러므로 焰硝는 화약을 제조할 때 가장 많은 양이 필요하였을 뿐만 아니라, 그 성능을 좌우하는 가장 중요한 원료였다. 그러나, 焰硝는 제조과정이 복잡하여 숙련된 기술을 요구되는 것이었다. 이처럼 焰硝의 제조기술은 바로 전쟁의 승패와 직결되는 국가의 군수산업의 핵심이 되었다.

焰硝의 제조기술을 조선에서는 "煮硝法"이라 하였는데, 그 제조법은 대개 14세기말 중국 元에서부터 전수되었다. 그후 15세기에 이르러 그 기술이 질적으로 진보되어, 그 생산도 대규모로 이루어졌다. 그러나 16세기에 들어와서 평화가 오랫동안 계속되면서부터 거의 생산이 중단되어버렸다. 그 결과 1592년에 임진왜란이 일어났을 때에 焰硝의 재고량은 보잘 것 없이 적었을 뿐만 아니라, 焰硝를 제조할 수 있는 匠人마저 찾을 수 없었다.[55)]

임진왜란이 발생한 직후 조선정부는 전쟁에 당장 필요한 염초를 중국으로부터 수입하여 그 수요를 충당할 수 밖에 없었다. 명나라에서는 비록 염초의 해외 유출을 금지하고 있었으나, 전쟁을 겪고 있는 조선의 절박한 상황을 감안해서 염초와 같은 軍器의 무역에 대하여 규제를 완화하여 주었다. 이리하여 조선의 사절이 중국으로부터 염초와 더불어 弓角 등의 軍器를 비교적 자유롭게 구입해 올 수 있었다.[56)]

임진왜란 전쟁 기간인 선조 25년(1592)부터 선조 30년(1597) 사이에 명나라 정부는 3차례에 걸쳐 도합 7,000냥의 銀貨를 조선 사신에게 긴

---

54) 金指南, 『新傳煮硝方』, 得硝法始末條.

55) 柳承宙, 「17世紀 私貿易에 관한 一考察 – 朝 · 淸 · 日間의 焰硝, 硫黃貿易을 中心으로–」 『弘大論叢』, 제 10집(1978) 112쪽.

56) 朝鮮 『宣祖實錄』卷 28, 宣祖 25년 7월 辛己條 ; 같은 책, 卷 49, 宣祖 27년 3월 戊子條. 『宣祖實錄』에 의하면, 선조 25년(1592)에 謝恩使 申点이 弓角 1,308片과 焰硝 200斤을 중국으로부터 매입해 왔다는 기록이 있으며, 또 선조 27년(1594)에도 동지사가 軍器를 많이 무역해 왔다는 기록이 보인다.

급하게 지급하여, 焰硝·硫黃 等의 軍器를 중국에서 구매해 가도록 조처하는 등 여러 가지 배려를 하여 주었으므로,[57] 조선정부는 염초의 부족으로 인한 어려움을 어느 정도 면할 수 있었다. 그러나 전쟁의 패한 원인이 火器의 열세에 있다고 생각한 宣祖는 염초를 수입에만 의존할 것이 아니라, 중국이나 혹은 일본으로부터 발달된 그 제조기법을 배워 와서, 전쟁이 끝난 이후의 상황에도 대비하고자 하였다.

임진왜란 이전에 조선에서는 전통적인 방법에 의하여 염초를 제조하였다. 그 방법을 보면, 그 원료가 되는 焰硝土를 채취할 때에 건축물의 지하에 있는 鹽氣를 많이 포함한 오래된 塵土를 주로 사용하였으므로, 그 채취과정에서 民家를 괴롭히는 등 폐단이 많았다.[58] 따라서 그 생산을 향상시키기 위해서 선조 26년(1593)에 명의 援兵으로부터 海土를 염초토로 이용하는 새로운 염초의 제조기법을 전습하였다. 왜냐하면, 중국에서 사용하는 海土의 煮取法은 조선에서 사용하던 종래의 방법에 비하여 원료가 되는 염초토를 해변에서 얼마든지 쉽게 구하여 쓸 수 있었기 때문이다.

또 조선에서는 일본군의 포로를 통하여 왜인의 제조법을 전수받으려고 노력하였다. 조선의 장인을 통하여 전통적인 염초법의 계승 발전에

57) 『燕行錄選集』 上冊(大東文化硏究所, 1960) 112, 122쪽.

58) 『光海君日記』卷 93, 光海君 7년 8월 辛卯條 訓練都監에서 아뢰기를, "적을 방어하는 데에는 화약보다 중대한 것이 없으나, 그 제조는 오직 鹹土에 달려 있는데, 鹹土는 山野의 광활한 곳에서 생산되는 것이 아니라, 반드시 오래된 집터의 사람들이 많이 밟은 흙을 취하여야 쓸 수가 있으므로, 흙을 팔 때에 貴賤을 가리지 않고 戶를 계산하여 땅을 파는데, 만약 주인이 不許하면, 家長을 治罪하라는 傳旨를 받들어 시행한 지 이미 오래되었습니다."〔訓練都監啓曰; 禦敵之用, 莫大於火藥. 而劑造惟在於鹹土, 鹹土非山野空曠處所産, 必取久遠家舍人物踐踏之土可用. 掘土時勿論貴賤, 計戶以掘, 而如有不許, 則家長治罪事, 捧承傳已久.〕라고 하여, 焰硝를 채취하는 鹽土는 반드시 오래된 古家의 사람들이 많이 밟은 흙을 취하여야 하며, 집의 흙을 채취할 때에 집주인과 마찰이 많았던 것을 알 수 있다. 許善道, 「火藥兵器」, 399, 421쪽 참고.

도 노력하는 한편, 당시 중국이나 일본 등 외국으로부터 염초의 제조기법을 전수받으려고 시도하였으나, 그다지 성공을 거두지 못하였다. 선조 28년(1595)에 조선정부에서 초미의 관심사였던 海土의 煮硝法을 自力으로 개발하는 개가를 올렸으나,[59] 이것이 곧 염초의 생산성 향상으로 이어진 것은 아니었다.

이리하여 선조 34년(1601) 2월에 조선정부에서는 국내의 염초생산을 촉구하고, 국가의 염초수요에 부응하기 위하여 염초 60근을 국가에 바치는 자에게 免役의 특전을 부여하는 納硝 免役令을 내렸다.[60] 그러나 咸鏡道觀察使 申磼이 "焰硝를 제조하는 것에 대하여 비록 조정의 명령이 있었으나, 그것은 功役이 몇 배가 들어가므로, 차라리 중국인에게 사다가 쓰는 것이 편리합니다."[61]라고 주장하였다. 이러한 주장은 결국 조선의 염초제조가 중국에 비해서 생산성이 떨어진다는 것을 의미하는데, 염초의 가격도 자연히 중국보다 비쌌던 것은 말할 것도 없다.

당시 平安道觀察使 徐渻의 보고에 의하면, 중국 遼陽의 염초 가격은 銀 1냥에 염초 20근이었다[62]고 하였는데, 이것을 환산하면, 염초 1근당 은전 5分이었다. 이에 비하여 조선 국내에서 생산된 염초의 가격을 보면, 선조 36년(1603)에 당시 염초 1근의 값이 棉布 2匹이었는데, 이것을 은전으로 환산하면, 염초 1근에 은화 2錢 정도였다.[63] 이로써 보면, 조

---

59) 柳承宙,「17世紀 私貿易에 관한 一考察 － 朝·淸·日間의 焰硝·硫黃 貿易을 中心으로－」『弘大論叢』, 제 10집(1978) 113～117쪽.

60) 朝鮮『宣祖實錄』卷 139, 宣祖 34년 2월 丁丑條. 平安道觀察使 徐渻馳啓曰… 臣莅職頗久, 風聞於人, 則傾以操鍊一事, 急求焰硝火藥等物, 至於懸賞購募, 而遼陽地方焰硝價廉, 二十斤直銀一兩, 而納硝六十斤則免役, 或有夤緣請囑於各司, 圖得三兩銀子, 因之免役, 甚者守令於將其所納焰硝, 以濟己私者有之. 納硝免役, 移屬公事, 一體革破, 俾絶奸濫之弊云.

61)『宣祖實錄』卷 134, 宣祖 34년 2월 癸巳條. "焰硝煮取雖有朝廷命令, 而其功役倍多, 不如貿易於唐人之便利也."

62) 주(60) 참조, 朝鮮『宣祖實錄』卷 139, 宣祖 34년 2월 丁丑條.

63) 朝鮮『宣祖實錄』卷 134, 宣祖 34년 2월 癸巳條;『光海君日記』卷 5, 光海君 즉위년

선 국내산 염초의 가격은 요동의 중국산에 비하여 무려 4배나 비쌌던 것이다. 선조 30년(1597)에 중국 會同館의 開市에서 거래된 염초의 가격을 보면, 비록 전쟁 중의 비상 시기이지만, 염초 1근에 은전 1分 8釐였는데,[64] 조선의 가격과 비교하면, 약 11배 이상이나 값이 쌌던 것을 알 수 있다. 이처럼 중국의 염초가 값이 쌌기 때문에 조선정부에서는 필요한 염초를 중국의 北京 會同館 開市나 遼東의 무역장으로부터 매입하는 경우가 많았으며, 또 免役의 특전을 받고자 원하던 백성들도 중국 요동 지방에서 중국의 값싼 염초를 사다가 정부에 바치는 경우도 있었다.

2. 명나라의 焰硝 수출 금지조치

임진왜란이 끝난 직후, 선조 33년(1600)에 明나라 군대가 모두 철수하자, 명나라에서는 "조선의 倭寇가 이미 평정되었으니, 염초를 사가지고 귀국하는 것을 허락하지 않는다"라고[65] 통고하고, 그 이듬해 선조 34년(1601) 8월에 염초의 대조선 수출을 전면 금지시켰다. 이런 상황에 직면하자, 조선정부에서는 中江開市에서 염초를 무역하려고 노력하는 한편, 각 道나 邑에 명하여 필요한 염초를 자체에서 생산하여 충당하도록 조치하였다.

6월 丁丑條. 선조 36년(1603)에 국내 생산 焰硝 1斤의 가격은 綿布 2필이었다. 명나라의 염초 가격과 조선의 염초 가격을 비교하려면, 면포: 銀의 換率로써 계산해야 한다. 그러나 은과 면포의 환율은 시기에 따라서 달랐을 뿐만 아니라, 1603년 당시의 환율도 또한 알 수 없다. 그러므로 여기에서는 선조 36년과 시기가 비교적 근접한 광해군 즉 위년(1608)의 환율인 은 1냥당 면포 10필의 가격에 준하여 계산한다. 이 기준에 의하면, 염초 1근의 가격은 당시 은 2전이었다.

64) 『燕行錄選集』上(122쪽)에 의하면, 선조 30년(1597)에 會同館 開市에서 염초의 구매가격은 1근에 1分 8釐였다고 하므로, 조선의 염초 가격과는 약 11.1배 정도의 차이를 보였다.

65) 明『神宗實錄』 卷 362, 萬曆 29년 8월 癸酉條. "萬曆帝日 ;以該國倭平, 不許買焰硝回國."

이처럼 명나라측에서 염초의 수출을 금지하였기 때문에 조선에서는 北京의 會同館 開市에서 감히 염초를 구매할 엄두를 내지 못하였으나, 北京에서 멀리 떨어진 요동지방의 中江開市에서 구매하는 것은 가능할지도 모른다고 생각하였다. 선조 36년(1603) 2월에 조선정부에서는 遼東都司의 鎭江遊擊에게 자문을 보내어, 염초 무역을 요청하였으나,[66] 鎭江遊擊은 이 제안을 거절하였다. 이제 조선에서는 국내에서 그 수요를 자체 해결할 수 밖에 없었다. 그러나 조선에서 염초의 생산기술은 여전히 낙후되어 생산량이 저조하였다.[67]

이에 선조 36년(1603) 3월에 軍器寺副正 李止孝는 軍器寺에서 各道로 보내는 염초의 량이 적은 양이 아니므로 공급하기가 어려우니, 各道나 各邑이 사용할 焰硝는 각 고을에서 자체적으로 생산하여 쓰도록 하자고 건의하였다.[68] 조선정부에서는 이러한 건의에 따라서 각 邑에 매월 염초의 생산량을 할당하여, 大邑은 40근, 中邑은 30근, 小邑은 15근으로 정하였다.[69] 그러나 각 읍에서는 염초를 자체 생산하기가 어려웠기 때문에, 그 수요를 충당하기 위하여 중국에서 염초를 수입할 수 밖에 없었다.

명나라 정부에서는 조선에 염초를 수출하는 것을 전면 금지시키고 있었으므로, 염초의 가격은 폭등하였는데, 지리적으로 중국 遼東지방과 교역이 비교적 쉬운 평안도나 황해도 등지에서도 염초 1근을 구매하는 데에 그 대가로서 棉布를 2匹이나 지불하였다.[70] 당시 염초는 비록 명

66) 朝鮮『宣祖實錄』卷 159, 宣祖 36년 2월 辛丑條.

67)『光海君日記』卷 21, 光海君 원년 10월 辛酉條. 광해군 원년(1609)에 이르러 軍器寺와 訓練院에서 생산한 焰硝의 양이 자체의 수요를 충당하지 못할 정도로 아주 적었다.

68) 朝鮮『宣祖實錄』卷 160, 宣祖 36년 3월 丁卯條. "李之孝進曰 臣本庸劣一武夫, 添居本寺爲日久矣. 辦出火藥極難, 而頒送各道之數亦不少, 勢難應副. 竊聞中朝之法, 許令處處煮出, 故人人皆知煮法, 是以長於用銃. 乞依中朝例, 使各道各邑自煮用之."

69) 朝鮮『宣祖實錄』卷 140, 宣祖 36년 7월 丁丑條.

조의 수출 금지 정책으로 말미암아 구매가격이 폭등하였으나, 조선과 중국 양국의 장사아치(商賈)가 義州에 가까운 中江開市에서 교역을 하고 있었다. 그 3년 뒤인 선조 39년(1606)에 이르러, 中江鎭을 통하여 요동지역의 염초가 밀수입되어,[71] 염초의 가격도 안정세를 유지하게 되었고, 염초의 공급도 큰 차질이 없이 이루어졌다.

이처럼 조선은 국내의 염초 생산량을 늘리려고 노력하는 한편, 중국으로부터 염초를 수입하려고 힘썼다. 당시 조선은 대외적으로 日本과 女眞을 남북으로 방어해야 했으므로, 염초를 많이 확보하여 국방을 튼튼히 할 필요가 있었고, 대내적으로 三手兵制[72]를 채택한 결과 砲手의 수가 급증하여 염초의 소비량도 점차 많아졌다. 왜란 이후에 조선과 일본은 국교가 단절된 상태에 있었으나, 이미 對馬藩을 통하여 강화가 진행중이었으나,[73] 조선에서는 일본에 대한 방어를 조금도 소홀히 하지 않았다. 또 북쪽 만주에서 왜란을 틈타서 女眞族의 세력이 점차 강성하여졌다. 왜냐하면, 만주에서 諸種 女眞族을 진압하던 遼東의 軍戶들이 왜란 중에 조선에 많이 파병되어, 명나라의 여진에 대한 통제가 약화되었기 때문이었다.

16세기까지 조선의 두만강과 압록강 유역에 살던 女眞族들은 대대로

---

70) 朝鮮『宣祖實錄』卷 140, 宣祖 36년 7월 丁丑條. "權憘日 臣自西路還來時, 聞各官焰硝之弊. 大邑則例奉四十斤, 中邑則三十斤, 小邑則十五斤, 逐月措備. 各官不能煮取, 皆以棉布貿換, 一斤之價多至二疋, 其勢難支矣."

71) 朝鮮『宣祖實錄』卷 201 宣祖 39년 7월 癸未條. "平安道觀察使 朴東亮狀啓 臣近觀京外之人, 多於義州中江貿易火藥, 而其價亦不高踊云. 臣以詔使迎候事, 到義州細得其詳. 則所謂唐人之賣火藥者, 無賴唐人之輩, 自遼陽至鎭江, 其間許多鎭堡官上火藥暗裏偷出, 或五六百斤或千餘斤, 本國買賣人處夜間潛賣."

72) 三手制는 明將 戚繼光이 창안한 병법으로서 弓兵인 射手, 槍劍兵인 殺手, 鳥銃兵인 砲手를 말한다. 조선에서는 선조 26년(1593)에 훈련도감을 설치하여 기간병을 양성한 뒤 팔도의 군사를 모두 삼수제로 편성하여 훈련하였다.

73) 田中健夫,「壬辰倭亂과 韓日貿易關係」『東洋學』5輯(단국대학교 동양학연구소, 1985) 64~65쪽.

조선에 복속하면서 농경생활을 하였는데, 이들을 「藩胡」라고 불렀다.[74] 그러나 임진왜란 직후에 만주 內地에 살던 여진의 여러 종족들은 명조의 지배에서 벗어나서 독자적인 세력을 형성하기 시작하였는데, 특히 海西女眞과 建州女眞은 女眞族의 지배권을 확보하기 위해서 서로 경쟁적으로 여러 종족들을 통합하는 나갔다. 建州左衛 대추장 누루하치[努爾哈赤]는 조선변경에 거주하던 藩胡의 촌락들을 차례로 병합하기 시작하자,[75] 조선정부는 이에 위협을 느끼고, 북쪽 변방의 방어를 크게 우려하였다. 왜냐하면, 조선과 內地의 여진족들 사이에서 완충역할을 하던 藩胡가 없으지면, 조선은 내지의 사나운 여러 여진족과 직접 맞상대하게 되었기 때문이다.

결국 이러한 우려가 현실로 나타났는데, 선조 38년(1605) 3월에 海西女眞의 하나인 홀라온[忽剌溫] 우디캐族이 조선 변경의 潼關을 침략한 사건이 일으났다.[76] 조선정부에서는 여진의 침략을 응징하기 위하여 만주의 내지에 있던 홀라온 우디캐족의 지역인 件加退를 공격하였으나, 조선의 정벌군은 도리어 패전하고 말았다.[77] 또 홀라온 우디캐족은 기승을 부려서 그해 7월에 또다시 穩城을 침략하였다.[78] 이처럼 조선의 변경 사정이 급박하게 되자, 조선에서는 선조 38년(1605) 7월에 명나라에게 염초를 수입할 수 있도록 조치하여 줄 것을 요청하였다. 명나라 정부에서는 조선의 요청을 받아들여 倭敵을 방어한다는 명목으로,[79] 그

---

74) 김구진·이현숙 공역 『국역 制勝方略』(세종대왕 기념사업회, 1999). 5鎭의 藩胡 규모는 그 해제인 「『制勝方略』의 北方防禦 체제」에서 〈표 8〉 “『制勝方略』의 5鎭의 藩胡 부락의 규모”(49쪽) 참고.

75) 金九鎭, 『13~17세기 여진 사회의 연구』(환경과 복지, 1989) 329~349쪽, 孟森, 「太祖記」 『明元淸 系統記』(臺北, 1972) 104~210쪽.

75) 朝鮮 『宣祖實錄』 卷 186, 宣祖 38년 4월 庚申條.

77) 朝鮮 『宣祖實錄』 卷 187, 宣祖 38년 5월 癸巳條.

78) 朝鮮 『宣祖實錄』 卷 189, 宣祖 38년 7월 戊寅條.

79) 明 『神宗實錄』 卷 583, 萬曆 47년 6월 乙亥條.

해 10월부터 3,000근의 염초를 매년 한 차례에 한하여 조선사절이 구매해 갈 수 있도록 허락하는데,[80] 무역은 대개 冬至使의 행차 때에 이루어졌다.

명나라측의 특별한 배려에도 불구하고, 조선은 매년 3,000근 정도의 염초를 가지고서는 늘어나는 국내외의 수요를 도저히 충당할 수 없을 만큼 너무나 부족한 형평이었다. 만주의 여진족을 통일한 누루하치가 後金을 건국한 1616년부터 명나라와 조선의 연합군이 누루하치를 대대적으로 토벌하던 1619년까지의 3년 동안에는 염초의 수요가 폭발적으로 증가하였던 것은 두말할 것도 없다. 이처럼 염초의 수요가 급증하는 현실에 직면한 조선에서는, 여기에 부응하기 위하여 몇 가지 비상한 방법을 강구하여, 염초의 수입량을 최대한 늘려나갔다.

첫째는 조선에서는 명나라측에 奏文이나 咨文을 보내어 급박한 사정을 하소연하여 공식적으로 인정된 연례 무역량인 3,000근 이외에도 더 많은 양의 염초를 수입할 수 있도록 요청하였다.[81] 실례를 들면, 명나라와 조선의 연합군이 後金을 정벌하기 직전 광해군 10년(1618)에 稟劃使 李慶全을 중국에 보내어 焰硝를 비롯한 弓角, 弓面等의 軍器의 무역을 요청하였다. 당시 명측은 조선에게 군대의 파병을 요청한 때였으므로, 조선은 당연히 명나라측에서 이러한 무역요청을 들어줄 것이라고 예견하였는데,[82] 그 예견대로 명나라는 조선사절에게 염초를 무역해 가도록 허락하였다.[83]

그 다음해 광해군 11년(1619)에도 또 염초의 무역을 요청하였다. 이

---

80) 明『神宗實錄』卷 414, 萬曆 33년 10월 庚午條; 朝鮮『宣祖實錄』卷 196, 宣祖 39년 2월 壬戌條.

81)『備邊司謄錄』2 冊, 光海君 10년 5월 22일조.

82) 朝鮮『宣祖實錄』卷 189, 宣祖 38년 7월 戊寅條. “王曰 焰硝非我國之産, 近來絕乏, 卿須往稟於經略前, 優數貿來. 慶全日 軍興之時, 想必許貿矣.”

83) 明『神宗實錄』卷 573, 萬曆 46년 윤4월 乙丑條.

때는 비록 명나라와 조선의 연합군이 後金을 정벌하는 데에 실패하였으나, 명나라측에서는 조선의 파병에 대하여 고마워하였고, 그 이후에도 조선과 연합하여 犄角의 勢를 이루어 누루하치의 8旗兵을 다시 정벌하고자 하였으므로, 연례 무역양의 두배인 염초 6,000근을 무역해 가도록 허락하였을 뿐만 아니라, 임진왜란 때의 관례에 따라서 명나라측에서 馬價銀 3,000냥을 지급하여, 조선의 무역을 도와주었다.[84]

둘째는 중국에 들어가서 염초를 구매하는 通事들에게 가능한 한 많은 양의 염초를 구입하도록 각자에게 책임을 지우고, 그 성과를 따라서 상벌을 주던 포상제도를 실시하였다. 通事들은 각 아문으로부터 무역자금을 받아서 중국에 들어간 다음에, 開市를 통하거나 혹은 중국 상인들과 밀매해서, 염초를 가지고 돌아와서 정부에 바치게 하였는데, 정부는 책임을 진 양만큼 염초를 바치지 못한 通事들을 엄중히 문책하는 동시에, 납부하지 못한 양의 두배를 바치게 하였다.[85] 제때에 많은 양의 염초를 구입해 오거나, 혹은 싼값으로 염초를 사오는 通事에게는 司譯院에 實職으로 임명하거나, 사역원 譯官들의 赴京하는 順次에 상관없이 北京에 갈 수 있는 우선권을 부여해 주거나,[86] 혹은 加資시켜 주었다.[87]

이와 같은 방법은 염초의 구매량을 늘리는 데에 매우 효과가 있었던 것 같다. 왜냐하면, 광해군 9년(1617)에 冬至使의 행차 때에 通事들이 공식적으로 허가된 3,000근의 두배가 넘는 7,400근의 염초를 밀매하였기 때문이다.[88] 이처럼 북경에 가는 赴京通事들이 많은 양의 염초를 구매

84) 明『神宗實錄』卷 583, 萬曆 47년 6월 乙亥條. "兵部尙書 黃嘉善覆題：朝鮮… 又請弓面・焰硝・糇糧.… 今因從征師敗, 乞恩請討, 應照萬曆二十年例, 動馬價銀三千兩, 令陪臣自買以示矜恤, 而所買之數則照三十七年之例, 牛角・弓面・焰硝, 俱以增買二倍爲餘作工價等費."
85)『光海君日記』卷 143, 光海君 11년 8월 庚申條.
86)『光海君日記』卷 24, 光海君 2년 정월 癸巳條.
87)『光海君日記』卷35, 光海君 2年 11月 甲申.
88) 李尙吉,『東川集』卷 3,「朝天錄」萬曆 46년 정월 16일~21일 부분 참고.

해 오면, 정부로부터 특별한 포상을 받았을 뿐만 아니라, 사적인 판로를 통하여 판매할 때에는 엄청난 판매 차액을 얻을 수 있었다. 그러므로 通事들은 염초의 밀매에 열성을 기울였고, 이에 따라서 염초의 수입량도 자연히 늘어나게 되었다. 이것을 반증하는 실례로서, 광해군 10년(1618)에 명나라 兵部에서 조선사절의 염초 밀매를 막기 위하여 禁約을 시행할 것을 촉구하였다.[89] 염초를 밀매하다가 명의 관리에게 발각되어 몰수당했을 경우에 한하여 史料의 기록에 남겨졌기 때문에, 당시 발각당하지 않고 조선으로 무사히 수입된 염초의 양도 또한 아주 많았을 것이라고 짐작된다.

셋째로 中江의 貿易場을 이용하여 염초를 구입하였다. 中江開市는 임진왜란이 일어난 다음해인 선조 26년(1593)에 조선정부의 요청으로 말미암아 열리게 되었는데, 그 뒤에 여러 가지 폐단이 많아서 조선측에서 폐지할 것을 요구하여, 만 20년 뒤인 광해군 5년(1613)에 공식적으로 폐지되었다.[90] 그러나 中江의 교역은 양국의 상인들에 의하여 여전히 계속되었는데, 이처럼 국가에서 공인하지 아니한 밀무역을 後市라고 불렀

---

89) 『備邊司謄錄』 2 册, 光海君 10년 5월 22일조. “備邊司啓日 備忘記云云事傳教矣. 朝廷許我以年例焰硝三千斤貿易, 本爲三邊防守, 而近來赴京員役不有禁令, 恣意濫貿. 頃日被促於山海關者, 多至累千斤. 兵部必因主事申報,有此禁約.”

90) 中江開市는 임진왜란 직후인 선조 26년(1593), 조선정부가 領議政 柳成龍의 건의에 따라 국내의 飢荒을 구제할 목적으로 명나라에 교역을 요청하면서 시작되었다(『萬機要覽』, 財用篇 5, 中江開市條; 柳成龍, 『西 厓文集』 雜著, 中江開市條). 그 후, 中江開市는 조선의 기황 구제와 전쟁 물자 구입에 큰 역할을 하였다. 그러나 전쟁이 끝난 후에는 이러한 역할보다는 인삼·水獺皮·銀과 같이 정부가 수출을 제한하거나 금지시키는 물화의 수출이 많아지면서 그 통제에도 어려움을 느꼈다. 이에 조선정부는 中江開市를 폐지시키기 위하여 명나라에 이를 계속 요청하였다. 그러나 中江開市에서 세금수입으로 이익을 얻고 있던 명나라 지방관의 반대에 부딪쳐서 번번히 실패하다가, 광해군 5년(1613)에 이르러 폐지되었다. 拙稿, 「16~17 세기 조선의 對中國 輸出政策에 관한 연구」 『弘益史學』 제6집(홍익사학회, 1996) 24~38쪽 참고.

다. 조선정부에서는 中江後市를 통하여 염초의 부족한 양을 수입하였던 것이다.[91] 그래도 중국으로부터 염초의 수입이 부족할 때에는 조선에서는 釜山館市를 통하여 일본의 염초를 수입하기도 하였다.[92]

3. 명나라의 焰硝 수출 금지조치의 완화

요동지방이 後金에 함락된 이후부터 조선의 염초 수입정책이 크게 바꾸어졌다. 요동이 함락되기 전에는 조선사절이 陸路를 통하여 중국에 들어갔으나, 요동지방의 육로가 막히게 되자, 하는 수 없이 海路를 통하여 중국에 갈 수 밖에 없었다. 그러나 해로는 육로에 비하여 路程이 훨씬 멀고,[93] 풍랑으로 말미암아 배가 전복되어 목숨을 잃는 위험도 컸다. 그러므로 조선의 관리들 가운데 중국에 사신으로 가는 것을 꺼려하여 기피하는 자가 많아서, 조선정부에서 사신을 선발하는 데에 어려움이 많았을 뿐만 아니라, 海路를 통하여 중국에 사신을 보내는 데에는 재정적 부담도 컸었다. 인조 3년(1625)부터는 조선정부에서는 스스로 聖節使와 千秋使를 冬至使에 兼行하도록 하도록 조처하여, 종래의 「1年 3貢」을 「1年 1貢」으로 바꾸었다.

---

91) 『光海君日記』 卷 121, 光海君 11년 9월 庚午條.

92) 졸고, 같은 논문.

93) 요동의 遼陽부터 北京까지의 貢路는 문헌에 대개 총 1,959里, 30日程으로 기록되어 있다.(金正浩, 『大東地志』卷 28, 15쪽 ; 金尙吉, 『東川集』 卷 3, 「朝天錄」, 1~25쪽.) 그러나 문헌에 따라 약간씩 차이가 있는데, 『通文館志』에서는 총 2,049里, 28日程으로 기록되어 있다.(김구진 · 이현숙 공역 『국역 通文館志』(세종대왕 기념사업회, 1997) 권3, 공로(貢路) 참고.) 또 海路는 조선의 宣沙浦를 거쳐서 명나라의 登州에 도착한 뒤에, 다시 육로를 이용하여 북경까지 갔는데, 해로를 이용할 때에는, 水路가 3,760里, 陸路가 1,900里로서 총거리가 5,660 里였기 때문에, (金堤, 『沙西先生文集』 卷 5, 「搓行錄」1~15쪽 참고.) 해로를 이용하는 것이 陸路를 이용하는 것보다 몇 배나 멀고 험난하였다.

이러한 조치로 인하여 海路로 가는 使行의 횟수가 陸路의 使行에 비하여 거의 절반 이상이나 줄어들었다. 실례를 보면, 선조 34년(1601)부터 인조 5년(1627)년까지 사이에는 연평균 사행 빈도수가 4.74회였는데에 비하여, 인조 7년(1629)부터 인조 11년(1633)까지의 사이에는 使行의 빈도는 연평균 2회였다.[94] 이로써 보면, 海路가 陸路에 비하여 使行의 횟수가 두배 이상이나 줄었던 것을 알 수 있다. 이처럼 使行의 횟수가 감소한 것은 그만큼 무역의 교역량이 줄어든다는 것을 의미하는데, 염초의 수입량도 使行의 감소에 따라 자연히 줄어들 수 밖에 없었다.

요동지방이 함락되면서부터 조선은 後金과 국경을 맞대고 대치하게 되었으므로, 국경의 방어와 女眞의 위협에 대비하기 위해서라도 염초를 더욱 많이 확보할 필요가 있었다. 광해군 14년(1622)에 조선은 명나라측에 염초를 무상으로 원조해 줄것을 요청하였는데,[95] 명나라측에서는 조선의 이러한 요청을 선선히 들어주었다.[96] 명나라에서 조선의 요청에 이처럼 협조적이었던 배경에는, 광해군 14년(1622)에[97] 요동지방이 누루하치에게 함락된 뒤에 명나라의 破落戶 출신 毛文龍이 요동지방의 백성들을 이끌고 조선의 鐵山지방 앞바다에 있는 椵島에 들어가서[98] 東江鎭을 설치하여 중개무역의 이익을 독점하는 한편, 조선에 대하여 군량미 등 전쟁물자를 무리하게 요구하였다. 명나라 정부에서는 조선이 椵島의 毛文龍과 협조하여 騎角의 형세를 이루어 누루하치를 물리치고 요동지방을 수복해 주도록 바라고 있었기 때문에 이를 묵인하였다. 이리

94) 졸고, 「16~17세기 조선의 對中國 輸出政策에 관한 연구」『弘益史學』제6집(홍익사학회, 1996), 31쪽의주석 48), 44쪽의 주석 90) 참고.

95) 明『熹宗實錄』卷 23, 天啓 2년 11월 辛丑條.

96) 明『熹宗實錄』卷 61, 天啓 5년 12월 己亥條. "兵部覆, 朝鮮國王李倧 奏貿焰硝言; 臣部議照壬戌(1622)近例, 給與價値, 而該國疏詞, 謂已挾資而來."

97) 朝鮮『光海君日記』卷 183, 光海君 14년 11월 辛酉條.

98) 李光濤, 「毛文龍 釀亂東江 始末」『歷史語言硏究所集刊』(中央硏究所, 1978) 19本; 『光海君日記』卷 183, 光海君 14년 11월 癸卯條.

하여 海路를 이용하던 조선사절은 椵島를 거치면서 東江鎭에서 중국상인들과 교역을 하게 되었다.

인조 2년(1624) 2월에 조선정부는 毛文龍에게 咨文을 보내어 염초와 유황을 구매할 수 있도록 주선해 줄 것을 요청하였다. 이것은 위치적으로 조선과 가까이 있는 椵島에서 물화를 구매하는 것이 조선에서 멀리 떨어져 있는 중국본토에서 무역하는 것보다 편리할 것이라는 판단에서 나온 조치였다. 毛文龍은 염초 600근과 유황 400근을 무상으로 조선에 보내었는데,[99] 이것은 毛文龍이 더욱 많은 물자를 조선에 청구하기 위한 포석이었다. 毛文龍은 며칠 뒤에 조선에게 明盔 1,000정, 堅甲 1,000부를 빌려줄 것을 요청하는 한편, 그가 구입할 米를 조선에서 빨리 운송하고, 蛇浦에 開市를 설치하도록 요구하였다.[100]

조선정부에서 毛文龍에게 椵島에서 염초를 무역할 것을 요청한 것이 본래의 의도와는 달리 毛文龍의 무리한 요구를 가중시키는 결과를 가져오게 되자, 조선에서는 비록 중국본토가 거리가 멀다고 하더라도 명나라와 직접 무역하는 편이 낫다고 판단하였다. 이리하여 조선정부에서는 염초의 무역루트를 다시 중국본토로 바꾸었다.

『備邊司謄錄』을 보면, 인조 2년(1624) 5월에 謝恩使 李德泂의 啓辭에서, "염초에 대해서는 例節과 賀節에서 무역하는 것을 허용하는 것이 분명히 규례로 정해져 있습니다."라고[101] 하였는데, 이로써 미루어 보더

99) 『備邊司謄錄』3 冊, 仁祖 2년 2월 23일조.

100) 위의 책, 仁祖 2년 2월 26일조.

101) 『備邊司謄錄』3 冊, 仁祖 2년 5월 28일조. 인조 2년(1624) 5월 "謝恩使 李德泂啓辭……至於焰哨例節 · 賀節許貿, 明有定規"라는 글이 보인다. 이러한 규례가 정해진 정확한 시기는 사료의 부족으로 알 수 없다. 아마도 요동이 함락된 이후에 毛文龍이 요동에 거주하던 漢族을 이끌고 조선의 椵島에 입거한 후 조선정부의 도움을 받게 되자, 명나라측이 그 보답으로 실시한 것이 아닌가 생각한다. 그렇다면, 대개 광해군 14년 11월 이후부터 인조 2년 5월 이전의 어느 시기라고 추측된다.

라도, 당시에는 명나라측이 대외정세를 고려하여 조선측의 염초무역에 대하여 특별한 배려를 하였던 것이 틀림없다. 이미 앞에서 언급한 것처럼 선조 38년(1605)부터 명나라는 조선에게 매년마다 1차례에 한하여 3,000근의 염초를 구매해 갈 수 있도록 허락하였는데, 대개 節使인 冬至使가 염초를 구매하는 일을 담당하였다.

그러나 인조 2년(1624)에 謝恩使나 進賀使 같은 賀節에서도 염초를 무역하는 것을 허락하였다고 하였다면, 그것은 이 시기에 명나라정부에서 새로운 규정을 만든 것이라고 추측할 수 있다. 또 이 때에 登州로 파견되던 조선의 齎咨官도 염초를 무역할 수 있는 길이 열려 있었고,102) 그 무역양도 이전보다 많아져서 한번에 10,000근의 염초를103) 구매할 수 있었기 때문에 염초의 수급은 비교적 순조롭게 이루어졌다.

4. 명나라의 염초 수출 중단과 조선의 대응 정책

인조 4년(1626) 6월 이후부터 명나라측은 조선에게 登州에서 염초를

102) 毛文龍이 椵島에 주둔한 이후, 조선에서는 그에게 곡식을 무상으로 지급하거나, 혹은 그의 요청에 따라 서 많은 양의 곡식을 수출하였다. 당시 조선이 1622년부터 1635년까지 수출한 양은 은전 80,000냥에 해당하는 곡물과 미곡 194,095여 석이었다(졸고, 「16~17세기 조선의 對中國 輸出政策에 관한 연구」 『弘益史學』제6집, 39~40쪽 참고). 곡물수출의 증가로 인하여 조선은 변경에 저축해 놓았던 곡식이 모두다 떨어지게 되었고, 흉년까지 겹치게 되자, 登州에서 값싼 米穀을 무역해 올 수 있도록 명나라측에 요청하였다. 미곡수입은 조선정부가 사신을 파견할 때 보내는 貢船을 이용하는 방법으로서, 인조 2년(1624)부터 시작되었다(李賢淑, 『十七世紀初葉的中韓貿易(1592~1636)』(中國文化大學 史學硏究所 博士論文, 1997), 202쪽 참고). 조선에서는 명나라측이 군수물자 수입을 문제를 삼았던 인조 4년(1626) 6월까지 곡물교역의 기회를 이용하여 군수물자를 무역하였다(『承政院日記』 13冊, 仁祖 4년 6월 乙未條).

103) 『備邊司謄錄』3 冊, 仁祖 2년 5월 28일조. "謝恩使 李德泂啓辭……至於焰硝貿易, 誠極緊之事, 似難專廢, 且節使亦有年例該貿之數. 本司元啓請數萬斤內, 折半一萬斤貿來

무역하는 것을 금지시켰다. 그뿐만 아니라, 정묘호란 이후부터는 조선에게 겨우 年例 貿易만을 허가할 정도였다.[104] 염초의 무역이 이전처럼 원활하지 못하자, 조선에서는 염초의 가격이 전에 비해서 두배나 폭등하였으며,[105] 그 동안 비축해 두었던 염초도 거의 모두 소비되어, 염초의 부족이 심각하게 되었다. 이리하여 인조 6년(1628)에 조선에서는 명나라 兵部에게 염초의 무역량을 늘려서 연례 무역량인 3,000근 이외에도 더 구매할 수 있도록 허락하기를 요청했다.[106] 명나라 정부에서는 조선의 요청을 들어주지 않았을 뿐만 아니라, 인조 10년(1632)에 이르러 염초의 연례 무역마저도 금지시켜버렸다.[107]

명나라측의 태도가 이와 같이 변화한 것은 조선과 後金의 관계를 의심하였기 때문이다. 명나라 禮部와 兵部에서 조선에 보낸 咨文에 보면, "여진도 또 東山에서 염초를 만드는데, 조선에서 우리에게서 염초를 살 수가 없게 되면, 여진에게서 折價하여 사지 않을까 걱정된다."[108]라고 하여, 명나라측은 조선과 後金의 관계를 의심하였다. 이러한 咨文을 받은 조선에서는 명나라에 대하여 그 의심을 풀기 위하여 변명하는 한편, 염초 무역을 재개할 것을 다시 요청했으나, 결국 명나라는 이를 허락하지 않았다.[109]

이리하여 중국에서 염초를 구매할 길이 막힌 조선으로서는 이제 염초를 국내에서 생산할 수 밖에 없었다. 조선에서는 염초를 만드는 煮硝

---

104) 明『熹宗實錄』卷 77, 天啓 7년 3월 甲戌條. 天啓 7년(1627, 인조5)에 "朝鮮國王李倧 咨請賀冬部臣, 貢回, 乞照先年備倭例買硝黃以禦奴. 禮部代奏. 得旨: "硝黃中國長技, 祖制嚴禁, 不許攔出外夷. 朕念朝鮮累世忠順, 且奴患方棘, 准照常收買."라는 기사로써 이러한 사정을 짐작할 수 있다.

105)『承政院日記』21冊, 仁祖 6년 4월 乙巳條.

106) 위의 책, 仁祖 6년 5월 戊子條.

107)『仁祖實錄』卷 27, 仁祖 10년 11월 壬寅條.

108) 같은 책, "虜又能于東山煎硝, 恐該國不得市於我, 折而市於虜爲患."

109)『承政院日記』6冊, 仁祖 13년 2월 甲申條.

방법을 개선하려고 힘쓰는 한편, 거국적으로 염초를 생산하는 운동을 전개하였다. 조선에서는 중국의 염초를 제조하는 기술을 배우려고 애썼는데, 이미 임진왜란 기간 중에도 이와 같은 노력을 기울였지만, 그 정교한 제조방법을 몰라서 실패를 거듭 하였다.

그러던 중에 요동지방이 누루하치에게 함락된 이후에 조선으로 피난오는 遼東軍民이 많아지자, 인조 2년(1624) 4월에 特進官 李曙는 요동의 피난민들 가운데에 분명히 염초의 제조방법을 알고 있는 사람이 있을 것이라고 생각하여, 그들에게 수소문하여 그 제조법을 배우도록 하자고 정부에 건의하였다. 조선정부에서는 이 건의에 따라서 요동의 피난민들 중에서 염초의 제조기법을 알고 있는 자를 구하기 위해서 많은 상금을 걸고 공모하였다.[110] 이러한 노력의 결과, 軍器寺 別將 成根은 당시 조선으로 피난해 온 요동의 사람들과 後金에 포로되었다가 도망쳐 온 사람들로부터 염초의 제조법을 배워서 그 제조기술을 개량하였다.

1635년(인조 13년) 8월에 軍器寺 都提調 李曙는 그 기술을「新傳 煮取焰硝方」이라 하여「火砲式」의 부록으로 붙여서 刊布하였다.[111] 이리하여「新傳煮 取焰硝方」에 의한 염초의 제조가 전국적으로 이루어졌다. 또 인조 9년(1631)에 陳奏使로 파견되었던 鄭斗源이 중국에서 염초 제조법을 배워서 왔다.[112]

당시 조선정부에서는 염초의 제조법을 각 道에 傳習시키도록 했는데, 인조 11년(1633)에,

> "새로운 방법으로 염초를 굽는 법을 일일이 傳習하고, 本營에 焰硝局을 설치하고 道內의 6邑에서도 또한 구워내게 한다면, 7월 이후에는 염초를 正練한 수량이 많으면 1,000근에 이를 것입니다. 이제부터 여러 곳에

110) 같은 책, 仁祖 2년 5월 15일조.
111) 李曙,『火砲式諺解』- 附錄 "新傳煮 取焰硝方의 序文과 跋文".
112)『仁祖實錄』卷 25, 仁祖 9년 7월 甲申條.

서 염초를 구워내면, 화약이 없다는 걱정은 없을 것입니다."

라고 하여,[113] 염초의 제조법의 효과에 대하여 매우 긍정적이었다. 그러나 효종 · 현종 연간에 이르러서도 염조의 제조기술은 저급한 수준을 면하지 못하였다는 사실로 미루어 보면, 위의 두 가지 방법은 그다지 만족할 만한 수준은 아니었던 것 같다. 이러한 제조기술 문제는 1698년(숙종 24년)에 譯官 金指南의「新傳煮硝方」이 간행된 이후에야 비로소 해결된 수 있었다.[114]

당시 後金의 침입에 대비하여 軍備를 강화하고 있던 조선으로서는 염초의 공급이 부족하여 상당한 곤란을 겪었다. 그러나 이제 명나라측으로부터 수입해 올 수도 없는 처지였으므로, 인조 13년(1635)에 일본의 염초를 수입하고자 하여, 釜山館市에서 일본의 염초를 무역하도록 추진하였다.[115] 마침 對馬島에서는 당시 시마바라(島原)의 變이 발생해서 일본으로부터 오는 무역선이 거의 끊어진 상태였으므로, 당장 일본 염초를 수입하는 것은 불가능한 일이었다. 이리하여 인조 14년(1636)에 다시 椵島의 毛文龍에게 염초무역을 주선하도록 요청하였으나, 椵島都督 毛文龍은 조선의 이러한 요청을 거절하였다.[116]

이처럼 왜란과 호란의 와중에 휩쓸린 조선은 많은 양의 염초가 필요하였으나, 중국에서도, 對馬島에서도, 그리고 椵島에서도 염초를 수입해 올 수 없는 절박한 상황이었다. 이리하여 조선정부는 그해 8월에 일본

113) 『仁祖實錄』 卷 28, 仁祖 11년 10월 丁卯條. "新方煮之法, 一一傳習, 設局於本營. 道內六邑亦令煮取, 則七月以後, 正鍊之數多至千餘斤. 自今諸處煮取, 不患無藥."

114) 김구진 · 이현숙 공역 『국역 通文館志』(세종대왕 기념사업회, 1997) 해제 참고. 柳承宙, 「朝鮮後期 貢人에 관한 一研究」中 『역사학보』 78輯(역사학회, 1978) 120쪽; 柳承宙, 「17세기 私貿易에 관한 一考察 - 朝 · 淸 · 日間의 焰硝 硫黃貿易을 中心으로-」『弘大論叢』 10권(1978), 67쪽.

115) 『承政院日記』 46冊, 仁祖 13년 정월 辛酉條.

116) 같은 책, 52冊, 仁祖 14년 7월 己未條.

으로 보내는 通信使에게 일본의 염초와 유황을 무역해 오도록 하였는데,117) 조선으로서는 지역을 가리지 않고 많은 염초를 구매하여 나라의 위기를 극복하려고 안간힘을 해 썼던 것이다.

Ⅳ. 왜란 · 호란 이후 조선의 수입억제 정책의 변화

1. 조선의 사치금지 정책

조선은 건국 초기부터 신분질서를 유지하고 경제적 부담을 줄이기 위하여 崇儉抑奢 정책을 시행하였다. 服飾제도에 있어서도 신분에 따른 금지규정이 점차 마련되었는데, 정부에서는 중국산 고급비단인 紗羅綾段을 사치품으로 규정하여 그 착용범위를 제한하였다. 15세기 중엽부터 정부에서는 堂上官 이상의 고급 관료들에게만 중국산 고급비단을 입을 수 있도록 하였고, 堂下官 이하의 하급관료들에게는 모두 국내에서 생산되는 交織, 木棉, 苧布 등과 같은 국산 織物인 鄕織을 사용하도록 하였다.

당시 조선의 경제적 여건은 일반 사대부의 집안에서도 대개 이러한 鄕織을 직접 직조하여 사용하는 형편에 있었다. 그나마 임진왜란의 혼란을 겪는 와중에서 鄕織의 생산은 거의 중단되다시피 하였으므로, 전쟁 직후에 국내산 방직품마저 구하기 어려운 처지에 놓였다.118) 임진왜란 이전에는 紗羅綾段과 같은 고급비단은 오로지 使行貿易을 통해서만 수입되었기 때문에 그 수량이 제한되어 있었고, 또 그 가격도 엄청나게 비싸서, 보통사람들은 이것을 구해서 입기가 어려웠다.

117) 東溟 李世濂, 『海搓錄』, 仁祖 14년 11월 12일조, 12월 17일조; 『承政院日記』56冊, 15년 3월 己酉條.

118) 『宣祖實錄』 卷 108, 宣祖 32년 정월 壬辰條.

그러나 전란 기간 중에 명나라의 원군이 대규모로 조선에 파견되자, 중국상인들이 중국 물화를 가지고 조선으로 들어와서 판매하였기 때문에 紗羅綾緞과 같은 고급비단을 쉽게 구입할 수 있었다. 또 선조 26년(1593)부터 中江開市를 통하여 紗羅綾緞과 같은 중국물화를 자유롭게 수입할 수 있었다. 이처럼 전란 이후부터 중국산 비단은 오히려 국산 방직품[鄕織]보다 구매하기가 쉬워져서, 당하관들과 서민들까지도 중국산 비단을 착용하는 것이 보편화되었다.[119]

전란 기간 중에는 조선정부의 대다수 관리들은 전쟁의 책임을 통감한 나머지 근신하는 뜻에서 줄곧 喪服인 검은 색 옷을 입었다. 7년간의 왜란이 끝나자, 선조 32년(1599) 예조에서 조정관리들이 喪服을 벗고 吉服을 입는 釋服문제에 대해서 논의하였다. 이때에 예조에서,

> "大小朝官들이 장차 衣冠제도를 다시 회복하려하는데, 당하관은 의당 구례에 의하여 紗羅綾緞을 사용할 수 없습니다. 다만 지금 사대부가에서 방직하는 일을 전폐하고 있어서 交織·木棉·苧布 따위와 같은 것도 사세상 모두 준비하기가 어렵습니다. 비록 중국산 紬·絹으로 團領을 지어입더라도 참람한 데에 이르지 않을 것이니, 힘닿는 대로 중국상인에게 무역하여 쓰도록 해도 무방할 것 같습니다."

라고 하여,[120] 예조에서 당하관의 하급관료들도 당상관처럼 중국비단을 입을 수 있도록 허락할 것을 제의하였다. 이와 같은 건의는 수용되지

---

119) 『宣祖實錄』 卷 138, 宣祖 34년 6월 甲戌條. "禮曹啓日……"完城府院君李憲國以爲變亂之後, 物力蕩竭. 適因唐商滿城, 雅靑及絹貿易甚易. 以此等物爲團領, 而堂上·堂下同着絲絹. 犯禁者比比, 至於法官亦未免焉"

120) 『宣祖實錄』 卷 108, 宣祖 32년 정월 壬辰條. "大小朝官將復衣冠之制, 堂下官自當舊例, 不用紗羅綾段之服. 但卽今士大夫家專廢紡織造之事, 如交織·木棉·苧布之屬, 勢難一樣籌備. 雖以紬·絹爲團領, 亦不至僭貴, 隨力貿用於唐人實爲無妨. 大臣之意亦然, 以此意知會京外何如."

않았는데, 그 까닭은 祖宗朝에서 한번 정한 복식의 금지 규정을 그대로 지켜나가야 한다는 반론 때문이었다. 이러한 반론은 상하의 신분질서가 혼란해질 것을 우려한 나머지 나온 주장이라고 생각된다. 이리하여 선조 36년(1603)에 정부에서는 조정의 관리들이 吉服으로 갈아입을 때에 奢侈에 대한 금지정책을 거듭 천명하고, 당하관이 중국 비단을 착용하는 것을 엄금하고, 常人들이 이것을 어길 때에는 처벌하도록 하였다.[121)]

선조 39년(1606)에 司憲府의 보고에 의하면, 기존의 법전에서 당상관에게 紗羅綾緞을 입을 수 있도록 규정한 것은 관복에만 해당되는 것이었는데, 지금 당상관은 평상복까지도 綾段으로 만들어 착용하고, 당하관은 生白紬나 草綠紬로 만든 表衣까지 착용하므로,[122)] 전란 이전에 비하여 의복이 오히려 더 사치스러워졌다고 하였다. 사헌부에서는 이러한 위법사항은 기존의 법규에는 들어있지 않아서 규제할 방법이 없으니, 당상관이 紗羅綾緞으로 평상복을 만들어 입거나, 당하관이 生白紬나 草綠紬로 만든 表衣를 착용하는 것을 적발할 경우에는 파직시킬 법조문을 새로이 만들자고 건의하였는데, 선조가 이것을 허락하고, 즉각 시행하게 하였다.[123)] 이때 사치풍조를 바로잡고자 하는 정부의 의지는 확고하였는데, 금지규정을 반포한 뒤에 1년이 지나서, 선조 40(1607)년 4월에 금지규정을 위반한 자를 실제로 파직시키기까지 하였다.

---

121) 『宣祖實錄』 卷 165, 宣祖 36년 8월 癸巳條.

122) 『宣祖實錄』 卷 200, 宣祖 39년 6월 壬子條. “司憲府啓曰……臣等取考法典禁制及本府常行禁條, 成公事以啓. 而但法典內, 堂上官雖有服絲羅綾段之文, 此則指章服而言也. 今則不然, 燕褻之服并用綾緞.……至於生白紬及軟草綠表衣, 亂前所無, 而近來朝官輩公然穿着. 此數款皆不係於法制元禁之中, 若不別立禁條, 無以禁斷. 請自今以後, 堂上官燕褻之服并用綾緞者 ,堂下官白紬及草綠表衣(者), 一切痛禁.”

123) 『宣祖實錄』 卷 210, 宣祖 40년 4월 癸巳條. “司憲府啓曰……上年本府因傳敎別立科條, 禁斷奢侈. 犯者朝官則罷職事, 啓下矣. 僉知中樞府事全繼信穿着帽段褻服, 兼良才道察訪李貴穿白紬單直領, 前承文院正字李弘望穿着草綠袂道袍, 被捉於本府禁吏, 極爲駭愕. 請命罷職. 答曰允.”

이러한 파직사건에 대하여 史官은 회의적인 반응을 보였는데,[124] 그 까닭은 사헌부의 탄핵이 옳기는 하지만, 豪家나 巨室에 대해서는 손을 대지 못하고, 탄핵을 받은 자는 모두 하찮은 관리들뿐이며, 또한 탄핵이 끝나자마자, 이러한 일이 공공연히 다시 행해지니, 무슨 소용이 있겠느냐고 하면서 부정적으로 보았기 때문이다. 史官의 비판에서 보는 바와 같이 근본적인 대책이 마련되지 못하였으니, 사치풍조는 점점 더 심해질 수 밖에 없었다.

광해군 4년(1612)에 司諫院에서는 과거 선대 조정에서도 사치에 대하여 여러 차례 엄격한 금지조항을 만들었으나 사치풍조가 더욱 심해져서, 이제는 당하관까지도 비단으로 속옷을 해입고 미천한 천민들까지 공공연히 중국비단으로 옷을 만들어 입으니, 지금 엄격하게 금지하지 않으면 이러한 폐단이 고질화되어 상하 신분의 차이가 없어지고 기강이 문란해질 것이므로, 금지 방안을 제시하였다. 그 방안은 범법행위에 대해서는 선대에서 만든 법령조항에 의거하여 금단하되, 적발되면 엄격히 다스리고, 법령을 범한 자들을 3개월마다 기록하여 조정에 보고하도록 하자는 것이었다.[125]

유학자 관료들은 의복을 자신의 신분에 맞지 않게 사치스럽게 입는 것이 사회질서를 무너뜨리는 행위라고 생각하였다. 조선 전기에 이어, 전란 이후에도 조정에서는 사치행위를 엄단하려고 노력하는 한편, 이를 금지시키기 위한 법령을 정비하고 보완하여 나갔다. 그러나 조선 사회

---

124) 『宣祖實錄』 卷 210, 宣祖 40년 4월 癸巳條. "史臣曰 憲府之劾然矣, 未免於文具矣. 下陵上替, 章服無別. 豪家巨室務以相勝, 倡優皂隸轉相慕效. 侈靡益甚, 市價踊貴, 古人所謂奢侈之害甚於天災者, 良以此也. 秉國憲者宜先其法之所難, 及而厲其餘矣. 今所彈劾皆是闒茸見輕之人, 烏得以服其心而振法網哉. 彈劾纔罷僭越公行, 尙何益哉."

125) 『光海君日記』 卷 52, 光海君 4년 4월 戊子條. "司諫院啓曰……請令法府査考先朝啓下公事, 其中僭衣一節, 逐日嚴禁, 隨現通治. 每於節季, 通計三朔內, 各月犯禁有無一一錄啓, 永爲恒式."

의 사치풍조는 조금도 개선되지 않았고, 오히려 그 규모나 정도가 이미 법으로는 다스리지 못할 정도로 심화되어 갔다. 이것은 전란 이후에 점차 민생이 안정되어 경제적 여유를 가지게 되었음을 보여준다. 또 광해군 5년(1613)까지 존속되었된 中江開市를 통하여 한중 양국의 상인들이 자유롭게 무역할 수 있었었으므로, 紗羅綾緞과 같은 중국산 고급비단이 자유롭게 수입되었기 때문이라고 생각된다.

2. 대일 수출용 비단의 수입허가와 사치 금지조치의 완화

광해군 8년(1616)에 사헌부에서 이러한 사치풍조를 개선하기 위하여 법령을 위반하는 당하관에 대해서는 파직을 시키고 서용하지 말자고 건의하였으나, 광해군은 이를 허락하지 않았다.[126] 선조 39년(1606)에 "중국비단을 입는 당하관을 파직시킨다."는 금지령을 그대로 적용하려고 하지 않았던 것은 당하관과 같은 하급관료들에게 紗羅綾緞을 입을 수 있다는 정책변화를 묵시적으로 보여주는 조치였다. 이러한 조정의 정책변화는 다음의 몇 가지 원인에서 비롯된 것이 아닌가 생각된다.

첫째는 조선정부에서 銀의 부족 현상을 해결하기 위하여 對日貿易를 개방하였기 때문이었다. 임진왜란 이전에 조선에서 대명무역에 사용하던 銀貨는 대개 일본에서 수입한 倭銀이었고, 일부는 평안도 端川에서 생산된 朝鮮銀이었다. 그러나 임진왜란으로 일본은(倭銀)의 수입이 끊어진 뒤부터 중국으로부터 수입된 中國銀에 의존하게 되었다. 선조 33년(1600) 명나라 군대가 철수한 이후부터 중국으로부터 수입되는 은의 양은 아주 적었는데 반하여, 무역을 통하여 중국물화와 교환되어 중국으로 수출된 은의 양은 많았고, 또 한번 유출된 은화는 거의 되돌아오지

126)『光海君日記』卷 102, 光海君 8년 4월 壬戌條.

않았다. 이처럼 조선 국내의 은화의 양이 크게 줄어들었는 데다가, 조선 정부에서 禁銀 정책의 일환으로 端川銀의 채광마저 금지시켰기 때문에 은의 부족은 심각한 상태였다. 이에 반하여 조선에서는 明使의 접대[127]와 通官무역, 그리고 대명 使行무역에 있어서 모두 은화를 지불하였으므로, 은의 부족 현상에 더욱 심각한 국면에 직면하게 되었다.

북쪽에서 어려움에 처한 조선은 남쪽에서 해결책을 찾으려 하였는데, 그것은 바로 對日貿易의 개방이었다. 광해군은 일본으로부터 銀·銅 등 필요한 물화를 수입하기 위하여 사헌부의 완강한 반대를 무릅쓰고, 광해군 2년(1610) 9월 말에 釜山館市를 통하여, 그 동안 대일 수출금지 물품으로 지정하였던 蔘·綿紬·虎皮·豹皮·蟒龍段子를 제외한, 중국산 견직물을 일본으로 수출할 수 있도록 허락하였다.[128] 이러한 광해군의 개방정책은 바로 정부에서 조선상인들에게 중국으로부터 비단을 수입하는 것을 정식으로 허가하는 셈이었으므로, 이러한 상황에서 조정의 당하관이 紗羅綾緞을 입는다고 하여 파직시킨다는 규정은 이제 더 이상 시행할 수 없다고 판단되었기 때문이다.

둘째로 상인은 물론, 일반 천민들까지 중국비단을 입는 현상이 이미 15세기 말부터 사회문제로 되었는데, 임진왜란 이후 사회경제의 급격한 변화와 발전으로 말미암아 이러한 현상은 더욱 현저하였다. 선조 39년(1606)에 당하관과 하급관료들이 紗羅綾緞과 같은 고급비단을 입지 못하도록 엄격하게 규정한 이후에도, 정부에서는 줄곧 새로운 법조문을 만들어 법령을 보완해 나가는 한편, 이를 어긴 관리들을 실제로 파직시키기도 하여, 이러한 사치풍조를 진정시키려고 애썼다. 그러나 광해군은

127) 당시 조선에서는 광해군의 왕세자 책봉이 최대의 현안문제였는데, 이 문제를 성사시키기 위하여 소비된 은화는 대략 50,000~60,000냥 정도나 되었다. 졸고, 「16~17세기 조선의 對中國 輸出政策에 관한 연구」『弘益史學』제6집, 34~35쪽 참고.

128) 『光海君日記』卷 33, 光海君 2년 9월 辛亥條.

당하관들이 紗羅綾緞을 착용하는 것에 대하여 지나친 법을 적용하는 것은 시대 착오적이라고 생각하였던 것 같다. 실리적인 경제관념을 가졌던 광해군은 수입을 개방하는 과감한 정책을 취하였다.

이로 말미암아 조선상인들은 중국으로부터 수입한 중국산 비단을 다시 일본의 對馬島 상인들에게 팔고, 그 대가로 받은 일본 은화 등의 물품을 대명무역에 재투자하였는데, 이처럼 조선상인들이 中繼貿易에 종사하여 막대한 양의 중국비단과 倭銀을 서로 교역함으로써 엄청난 이익을 남기고 富를 축적할 수 있었다. 그러나 광해군 5년(1613)에 中江開市가 공식적으로 폐지된 이후, 조선상인들이 중국산 비단을 자유롭게 수입할 수 있는 길이 막혔으나, 곧 한중 양국의 상인들은 여전히 밀무역을 통하여 중국비단과 倭銀을 교역하였다. 요동지방이 後金의 누루하치에게 함락된 이후에 전란으로 말미암아 일시적으로 무역이 침체되는 현상이 나타났다.

3. 椵島·日本·後金과의 중개무역에 따른 적극적 수입장려 정책

요동지방이 後金에게 함락당하자, 명나라의 패잔병 毛文龍은 요동의 軍民을 이끌고 조선의 경내로 들어와서 광해군 14년(1622)에 평안도 鐵山 부근의 椵島를 위시한 몇 개의 섬을 점거하여 東江鎭을 설치하였다. 그해 11월부터 東江鎭을 통하여 조선에서는 중국산 비단을 대량으로 수입하기 시작하였다. 당시 椵島와 조선 사이에는 공무역과 사무역이 아울러 행해여졌는데, 조선과 椵島에서 각기 差官을 파견하여 필요한 물건을 구매하는 公貿易과, 조선 鐵山의 蛇浦에서 조선과 중국 상인들 사이에 교역을 행하는 開市가 있었다. 그리고 이와 같은 공인된 무역 이외에 한중 양국의 상인들이 몰래 만나서 대량으로 물화를 교역하는 밀무역이 더욱 성행하였다.

공무역은 세금을 내고 제한된 수량의 물화만을 교역하였으나, 사무역은 관리의 감시를 피하여 자유롭게 물건을 대량으로 교환하였기 때문에, 아무리 양국 정부에서 밀무역을 금지하여도, 전란 이후에 사무역은 더욱 성행할 수 밖에 없었다.

椵島는 지리적으로 비록 後金의 배후를 공격할 수 있는 전략상의 요충지였으나, 그 면적이 겨우 19.97㎢에 불과한 작은 섬이었으므로, 많은 수의 遼東의 피난민들이 이곳에서 생활하기 위해서는 중국과 조선으로부터 물자를 지원 받거나, 혹은 중개무역을 통하여 돈을 만들고 필요한 물화를 확보하여야만 하였다. 조선은 지리적으로 椵島가 조선의 경내에 있었고, 또 임진왜란 때에 명나라측의 원병과 원조를 받았기 때문에, 처음에는 毛文龍이 무리한 요구를 받아들여, 비록 국가의 재정에 부담이 되더라도 가능한 한 도와주었고, 곡물을 무상으로 지원하기도 하였다.

椵島의 東江鎭을 통하여 조선에서 수입한 중국물화를 보면, 대개 織物과 銀子와 藥材 등이었는데, 방직물은 花絲紬·靑藍布·帽緞·絲緞·白絲 등의 다양한 제품이 많았으나, 그 중에서 한·중 상인들 사이에 가장 많이 교역된 물품은 비단과 靑布·白絲 등이었다.[129] 당시 椵島의 교역장에서 거래된 물화의 규모를 자세하게 알 수 없으나, 인조 3년(1625)에 戶曹에서 아뢰기를,

> "李廷龜가 아뢴 바에 의하면, 전일에 鄭斗源의 말을 들으니, '管餉使가 저축한 물화가 아주 많아서 差使를 시켜 부산으로 보내어 무역하게 하면, 10,000냥의 은화를 거의 쉽게 바꿀 수 있다.'고 하였다 합니다.……

---

129) 1622년부터 1635년까지 조선정부가 毛文龍에게 수출한 곡물의 양은 은화 80,000냥에 해당하는 곡물과 미곡 194,095여 석이었다. 毛文龍은 무역을 시작하던 초기에는 銀을 지불하고 미곡을 사가기도 했으나, 나중에 銀을 구하지 못하자, 비단·花蛇酒·靑布 등으로써 미곡을 사가는 물물 교환을 행하였다. 졸고, 「16~17세기 조선의 對中國 輸出政策에 관한 연구」『弘益史學』제 6집, 39~40쪽 참고.

(중략)……근일에 椵島의 물화가 무수히 나와서 京商 가운데 부산에 모여드는 자가 수를 헤아릴 수 없습니다."

라고[130] 하였는데, 이로써 미루어 보면, 椵島를 통하여 중국물화가 엄청나게 많은 양이 수입되었다는 사실을 알 수 있다. 椵島의 물화는 紗羅綾緞과 같은 방직물이 주류를 이루었으므로, 조선에 수입된 중국산 비단의 양도 급증가하였다.이처럼 중국으로부터 수입된 絲織品은 주로 일본으로 재수출되었는데, 조선과 後金과의 교역이 시작된 이후부터는 後金으로도 재수출되었다.

조선과 後金 사이의 무역은 丁卯胡亂을 계기로 시작되었다. 여진의 後金은 본래 명과의 무역을 통하여 필요한 중국물화를 조달하였으나, 명과의 관계가 단절된 이후에 그 수입로가 단절되자, 後金은 조선을 통하여 중국물화를 구득하려고 애썼다. 자연히 조선의 對後金 무역은 중국물자를 女眞에게 파는 중개무역의 성격을 띄게 되었다.

조선에서는 後金과의 교역을 별로 원하지 않았으나, 胡亂에서 패배한 조선은 後金의 무역 강요를 거절할 수 없는 처지였다. 後金의 요구대로 인조 5년(1627) 11월에 中江開市를 열기로 결정하였고, 中江開市의 날짜가 인조 6년(1628) 2월로 확정되자, 조선정부에서는 開市에 참여할 장사아치(商賈)들을 모집했다. 그러나 정부의 예상과는 달리 女眞과의 開市에 참여해 봐야 별 이익이 없다고 판단한 京商들은 한 사람도 참여하지 않았다. 이렇게 되자, 戶曹에서 아뢰기를,

"이제 일을 잘 아는 算員을 차출하여 紙地 · 胡椒 · 丹木 · 靑布 등의 물품을 가지고 開市하는 곳으로 가서 은량과 바꾸게 하고, 돌아올 때에는

130) 『承政院日記』 4册, 仁祖 3년 2월 壬辰條. "戶曹啓曰……知事李廷龜所啓, 頃聞鄭斗源之言, 管餉使所儲物貨甚多, 差使輸送釜山, 而貿易則一萬兩銀子, 似可易辦矣……近日椵島物貨無數出來, 京商之湊集於釜山者, 不知其數."

椵島에 들려서 그 은량으로써 靑布를 바꾸어 오게 하여, 胡差에게 증여할 물품을 마련하게 하소서. 이리하여 결국 이윤을 얻게 된다면, 서울의 장사아치(商賈)들 가운데 달려가기를 원하는 사람이 반드시 많아질 것입니다."

라고 하여,[131] 조선에서 중개무역을 통하여 後金과 무역할 방법을 강구하였다. 이것은 정부가 椵島·後金·日本의 상품을 교환하는 중개무역에서 큰 이익을 많이 남길 수 있다는 것을 보여줌으로써 京商의 中江開市에 참여시키려고 유도한 것이다. 이러한 정책에 힘입어서 그 뒤에 열린 開市에서 중국산 靑布뿐만 아니라 緞段도 많은 양이 수출되었다.[132]

조선과 後金 사이의 무역은 매년 봄·가을에 양국의 사신이 왕래할 때에 행해지는 差官무역과, 中江과 會寧에 설치된 邊市를 통해서 이루어졌다. 조선에서 後金으로 수출한 주요물화는 중국산의 綢緞·靑布와 藥材, 조선산의 米穀·紙張 등이었는데, 綢緞은 대개 大緞·天靑緞·仙緞·蟒龍緞·錦緞·彭緞·帽緞·潞州紬·花絲紬 등이었다. 이러한 중국비단 가운데에서 여진족이 특히 선호한 것은 大緞과 潞州紬였다.[133] 그러나 緞紬는 중국산 비단이었고 조선의 토산품이 아니었으므로, 조선은 명과의 정치적 관계를 고려하여 緞紬의 수출에는 소극적이고 신중한 태도를 취하기도 하였다.[134]

---

131) 『仁祖實錄』 卷 18, 仁祖 6년 2월 丙申條. "今差解事算員齎紙地·胡椒·丹木·靑布等物, 前往開市處換貿銀兩. 回還時, 轉入皮島抵換靑布, 以爲胡差贈給之用. 而終若得贏,則京商願赴者必多. 請以此行會于平安監司, 管餉使,義州府尹."

132) 『仁祖實錄』 卷 18, 仁祖 6년 5월 戊子條. "戶曹啓曰...臣等吏思之, 開市時, 段子狼藉無禁, 而獨不贈給, 則彼(後金差使) 必生怒..."

133) 『承政院日記』 21冊, 仁祖 6년 5월 戊子條, 己丑條.

134) 『承政院日記』 21冊, 仁祖 6년 5월 戊子條, 己丑條. 당시 都承旨 金尙憲은 이 문제에 대하여, 명나라측이 외국인의 各色 有紋大緞의 수입을 엄금하여 조선의 通事들도 이를 구입하기 어려운 상황인데다가, 무역해온 綢緞을 명나라와 적대관계에 있는 後金에 증여하거나 수출하게 되면, 반드시 후일에 난처한 폐단이

後金의 수출품은 銀과 蔘, 그리고 皮物이 대종을 이루었으므로, 後金은 조선에서 수입되는 물화에 대하여 대개 은화나 인삼을 대가로 지불하였다. 그러므로 後金의 조선에 수출한 銀과 蔘의 양은 조선의 後金에 수출한 비단의 총량과 어느 정도 비례하였다고 생각된다.

後金에서 조선에 수출한 銀과 蔘의 총액을 정확히 알 수는 없으나, 사료에 의하면, 인조 6년(1628)부터 인조 13년(1635)까지 後金의 差使員과 장사아치(商賈)를 통해서 조선으로 수입된 銀은 약 113,426냥이었고, 差使員을 통하여 수입된 蔘은 6,000여 근이 넘은 양이었다.[135] 이것은 단지 조선정부에서 後金의 差使員이나 장사아치(商賈)와 공식적으로 무역한 액수에 불과하므로, 실제로 양국의 무역규모는 훨씬 더 컸으리라고 추측한다.

이처럼 정묘호란 이후 조선정부에서 後金과의 무역에 필요한 중국비

있을 것이라고 주장하였다. 姜碩期는 大緞과 潞州紬는 수입이 되기는 하나, 그 물량이 적은 데다가 좋은 제품을 구하기는 더욱 어렵기 때문에, 후일에 이것에 대한 後金의 徵索을 감당하기 어려울 것이라고 하면서 난색을 표시하였다.

135) 後金의 對朝鮮 銀·蔘의 수출액

年 度	貿易人	銀 (兩)	蔘 (斤·馱)
仁祖 6年 (1628)	差使員		480 (斤)
仁祖 7年 (1629)	差使員	1,000 餘	
仁祖 7年 (1629)	差使員		數百 (斤)
仁祖 8年 (1630)	差使員		1,700 餘 (斤)
仁祖 9年 (1631)	商 賈	100,000	
仁祖 9年 (1631)	差使員	10,000	
仁祖 11年 (1633)	差使員		900 (斤)
仁祖 12年 (1634)	差使員		900 (斤)
仁祖 12年 (1634)	差使員	902	
仁祖 13年 (1635)	差使員		1,800 餘 (斤)
仁祖 13年 (1635)	差使員	1,524	
總 計		113,426 (兩)	5,780 餘 (斤)

위의 표는 『承政院日記』, 『朝鮮仁祖實錄』, 『瀋陽日記』, 『淸太宗實錄』에 의하여 작성하였다.

단을 수입하기 위해서 通事들이 밀무역하거나 상인들이 중개무역을 행하는 것을 적극 권장하였으나, 조정 안에서는 서민들의 사치풍조에 대한 논란이 끊임없이 제기되었다. 인조 7년(1629) 윤4월에 侍讀官 趙絅은 사치문제를 해결하려면, 국왕이 먼저 法服을 만드는 데에 필요한 수량만큼의 중국비단을 수입하는 모범을 보일 것을 건의하였다.136) 인조는 이러한 의견에 대하여 별다른 반응을 보이지 않았는데, 이것은 국제적인 상황의 변화 속에서 중국비단의 수입을 제한할 수 없었기 때문이었다. 그렇다고 하여 정부의 사치금지 정책에 대한 기본방침이 바뀌어진 것은 결코 아니었다. 인조 8년(1630)에는 상인들의 사치풍조를 바로잡으라는 명령을 내렸고,137) 그 다음해에 혼인할 때에 繡衣 · 繡裳 · 金鳳釵를 사용하는 것을 엄격히 금지하자는 사헌부의 건의를 받아들여 이를 시행하도록 하였다.138)

실제로 인조 원년(1623) 이후부터 조선정부에서 紗羅綾緞을 착용하는 자와 중국산 고급비단을 수입하는 상인을 직접 규제하지는 않았던 것이다. 이것은 앞에서 언급한 바와 같이 後金과 교역하는 데에 필요한 紗羅綾緞과 같은 중국산 사치품까지도 수입하는 것을 장려해야 하였기 때문이다. 그 뒤에 後金과의 관계가 악화되자, 조선정부에서는 전쟁에 필요한 軍需品을 준비하기 위해서 椵島 - 登州 - 東來(釜山)를 잇는 중개무역을 적극적으로 추진하였던 것이다.139)

---

136) 『仁祖實錄』卷 20, 仁祖 7년 윤4월 丁卯條. "侍讀官趙絅曰, 自上法服外亦勿貿中原之物, 則在下者安敢尙侈."

137) 『仁祖實錄』 卷 23, 仁祖 8년 10월 庚午條.

138) 같은 책, 卷 25, 仁祖 9년 7월 庚辰條.

139) 『仁祖實錄』 卷 25, 仁祖 9년 8월 甲辰條. 인조 9년 당시 조선정부는 강화도에 군수품을 비축하기 위해서 노력을 했는데, 명나라측이 登州로 가는 貢路를 막고 覺華島를 통해서 가도록 하자, 명나라 물품의 수입에 차질이 생겼고, 이것은 곧 중개무역에 큰 타격을 주었다. 金自点은 糧餉과 兵器를 마련하기 위해서는 "반드시 椵島 · 登州 · 東萊에서 물화를 교역해야만 쉽게 마련할 수 있다."〔必通貨於椵

Ⅴ. 맺음말

중국물화에 대한 조선의 수입정책은 물화의 종류에 따라서 수입을 장려하거나, 억제하는 두 가지 방향으로 추진되었다. 수입을 장려한 물품은 조선의 학문과 국방에 필요한 書籍이나 軍器類였으며, 수입을 억제한 물화는 정부에서 사치품으로 규정한 紗羅綾緞과 같은 비단류였다. 조선의 수입정책을 보면, 국내의 정치적 변화나, 경제적 수요와 공급에 따라서 중국물화에 대한 구매를 장려하거나, 또는 억제하였다. 조선에서 수입을 장려한 물품 가운데에 명나라측이 해외 유출을 금지하였던 水牛角·焰硝와 같은 軍器類가 다수 포함되어 있었다 그러므로 명나라의 조선에 대한 수출정책이 변화하는 데에 따라서 그 수입량이 크게 좌우되었으므로, 조선정부에서는 보다 신축성 있는 정책적 대응이 필요하였다.

조선과 명나라와의 관계를 보면, 조선의 건국 직후 명나라 太祖(朱元璋) 때에는 만주의 女眞族 문제로 양국의 관계가 매우 악화되었으나, 15세기에 이르러 명나라 成祖(永樂帝) 때에 이르러 비로소 양국의 관계가 우호적으로 되었다. 주변국에 대하여 적극적이고 개방적인 정책을 취하던 永樂帝는 조선을 다른 나라보다 특별히 우대하는 정책을 취하였다. 이때부터 명나라는 조선에 대하여 1年 3貢의 貢期를 단축하고, 조선 사절에게 會同館을 자유롭게 출입하고, 또 물품을 교역하는 開市기간을 제한하지 않는 등 여러 가지 배려를 행하였다.[140] 이러한 특전을 이용하여 조선에서는 명나라측에서 해외에 유출을 금지하는 금지물품도 비공식적으로 구매할 수 있었다.

16세기에 이르러 명나라측의 무역정책이 전반적으로 폐쇄적인 방향

島·登州·東來然後, 可以易辦矣.」라고 강력히 중개무역을 주장하였다.

140) 金九鎭, 「조선전기 한·중 관계사의 試論」『弘益史學』 제 4집(홍익사학회, 1990).

으로 바뀌면서, 조선에 대한 그 동안의 특전도 점차 없어져버렸다. 이러한 어려운 상황에 직면한 조선 정부에서는 朝貢과 開市와 같은 公貿易의 횟수를 줄이고, 그 대신에 遼東의 밀무역을 이용하여 최대한 명나라의 금지물품을 구매하였다.

15, 16세기에 조선에서 수입하려고 가장 노력을 기울인 중국물화는 활의 재료인 水牛角이었다. 그러나 임진왜란 이후 전쟁의 주요무기는 弓矢·槍劍에서 鳥銃으로 바뀌면서부터, 화약의 원료인 焰硝가 가장 중요한 수입품목으로 대두되었다.

임진왜란이 발생할 당시 조선에서는 염초의 생산이 거의 중단된 상태였으므로, 전란 기간에 사용된 염초는 거의 전량을 중국으로부터 공급받거나 수입하여 충당하였다. 그후 7년 간의 전쟁이 끝나고, 선조 33년(1600)에 명나라 군사가 철수하자, 명나라에서는 조선의 염초수입을 금지시켜버렸다. 명나라에서는 다만 왜구의 방어에 필요한 물량으로 한정하여, 연간 3000근의 염초를 무역해 가도록 허락하였으나, 조선에서는 이 정도의 물량으로써 국내에 늘어나는 염초의 수요를 감당하기가 어려웠다. 조선에서는 이미 전란 중에 중국이나 일본으로부터 염초의 제조기법을 전수받아 그 생산량을 늘리려고 노력하였다. 그러나 생산성이 적어서 가격면에서 보면, 중국 염초를 수입해서 쓰는 것이 훨씬 유리하였다. 조선정부에서는 염초의 수입량을 늘리기 위해서 중국에서 무역을 담당하는 通事들에게 염초 교역량에 따른 상벌제도를 적용하여 염초의 무역을 독려하였을 뿐만 아니라, 中江의 後市 교역장에서 염초를 밀무역하였다.

後金의 누루하치가 遼東지방을 함락하자, 명의 패잔병 毛文龍이 요동의 피난민을 이끌고 조선의 椵島를 중심으로 東江鎭을 설치하였다. 이때부터 조선의 염초수입은 새로운 전환기를 맞게 되었는데, 그것은 조선이 毛文龍과 협력하여 요동을 수복하여 주기를 바라던 명나라측에서 조선의 요구에 따라서 염초를 무상으로 공급해 주기도 하였고, 자유롭게 무역할 수 있도록 배려해 주었기 때문이다. 그러나 정묘호란 이후에 조선이 後金과 국교를 맺게 되자, 조선과 後金과의 관계를 의심한 명나라에서는, 급기야 인조 4년(1626)에 연례무역 이외에는 조선의 염초수입을 금지시켰고, 인조 10년(1632)에는 연례무역마저 금지시켜버렸다. 이리하여 중국으로부터 염초수입이 완전히 단절되었던 조선측에서는, 椴島나 釜山館市를 통해서 외국의 염초를 구입하려고 시도하였지만, 이것마저 모두 실패하였다. 이리하여 조선정부는 通信使를 일본에 파견하여 염초를 수입해 오는 적극적인 대책을 강구하였다.

조선의 염초무역에 대한 명나라의 무역정책을 보면, 평상시에는 염초와 같은 軍器類의 해외유출을 금지하였으나, 전시에는 조선의 사정을 고려하여 금지물품의 유출을 인정하여 주었다. 말하자면, 조선에서 임진왜란과 같은 전시상황이 전개되거나, 또는 後金의 침입과 같은 위급한 상황에 처하여 조선과 명나라가 공조으로 대처할 필요가 있을 때에는 명나라에서 염초와 같은 軍器類의 무역을 묵인하여 주었으나, 이러한 비상시기 이외에는 조선 건국 이후 줄곧 軍器類의 교역을 금지하였다. 그러나 임란·호란 이후에 조선에서는 遼東의 後市를 통한 밀무역을 이용하여 염초를 대량으로 수입하였다.

조선의 수입품 가운데 주종을 이루었던 紗羅綾緞은, 명나라측에서 수출을 적극적으로 막지 않았으므로, 염초와는 달리 수입하는 데에 큰 어려움은 없었다. 그러나 조선정부에서 오히려 紗羅綾緞의 수입을 억제하였는데, 그것은 신분사회의 질서를 유지하고 농업경제의 부담을 줄이기 위하여 사치풍조를 금지하는 정책을 추진하였기 때문이다. 조선정부에서는 紗羅綾緞의 착용을 3품 이상의 고급관료층으로 제한하는 한편, 婚需品을 마련할 때에 紗羅綾緞을 금지하고 국산직물인 鄕織을 쓰도록 권장하였다. 사치는 인간의 기본적인 욕구로서 경제적 발달에 따라 생활이 풍요해지면 나타나는 현상인데, 조선왕조가 안정기에 접어드는 15세기 중엽부터 사치풍조가 만연하여, 점차 사치를 금지하는 禁令을 위반하는 사례가 늘어났다.

15세기 말과 16세기 중엽 두 차례에 걸쳐 일본에서 생산된 銀이 조선으로 대량 유입되었다. 조선상인들은 倭銀을 중국에 수출하고, 그 대신에 중국의 紗羅綾緞과 白絲 등을 구매하여, 다시 일본에 되파는 중개무역을 하였다. 국내에도 중국의 고급비단이 대량으로 공급되자, 사치풍조가 더욱 성행하였다. 중국의 紗羅綾緞과 같은 고급비단을 구매하는 데에 국내의 銀마저 중국으로 대량 유출되는 사태가 벌어지자, 조선 정부는 이것을 크게 우려하였다. 왜냐하면, 이것은 단순히 중국산 고급비단의 유입에 따른 사치풍조가 만연하는 국내문제에 국한되지 않고, 명나라측이 조선에 대하여 조선초기에 부과한 金銀歲貢을 다시 요구하는 국제문제로까지 비화할 수도 있었기 때문이다. 그러므로 조선정부에서는 金銀의 명나라 유출을 금지하는 법률을 점차 강화하였으며, 중국산 비단의 수입을 근본적으로 차단하기 위하여 국내의 사치풍조를 금지하는 정책을 펴나갔다.

임진왜란이 오랫동안 계속되자, 중국비단을 구입하는 것이 오히려 국산직물인 鄕織을 생산하는 것보다 유리하였으므로, 많은 사람들이 값이 저렴한 중국비단을 사서 입었다. 광해군 때에 이르러 銀의 부족현상이 심각하였는데, 그것은 임진왜란이 끝나고, 명나라 군대가 철수하면서부터 중국으로부터 은화의 유입이 현격히 줄어들었기 때문이다. 그 대안으로 순도가 높은 倭銀을 수입하기 위하여 광해군은 對日貿易을 과감히 개방하였다. 당시 조선의 무역은 중국과 일본간의 중개무역의 성격을 띠었는데, 조선 상인은 일본은(倭銀)과 중국비단을 중개무역하였으므로, 일본으로부터 倭銀을 국내에 많이 유입시키기 위해서는 그만큼 중국비단을 많이 수입할 필요가 있었다.

당시 중국의 白絲는 일본에서 가장 인기있던 상품이었다. 당시 조선정부는 京商·松商에게 중국에서 견직물을 수입하여 일본에 수출하는 것을 적극적으로 권장하던 형편이었으므로, 紗羅綾緞을 입은 堂下官을 파직시키는 법률을 그대로 지키기가 어려웠을 뿐만 아니라, 일반서민의 사치풍조를 금지하는 법규도 자연히 유명무실화될 수 밖에 없었다. 그 뒤에 椴島를 통하여 많은 양의 중국비단을 아무런 제한없이 수입한 조선상인들은 명나라 - 椴島 - 일본을 잇는 중개무역을 통하여 중국물화를 다시 일본으로 수출하여 막대한 이익를 보았다. 광해군 시대에 이러한 한·중·일의 중개무역은 조선의 사회적 안정과 경제적 발전에 크게 기여하였다.

정묘호란 이후에 조선과 後金의 무역은 매우 활기를 띄었는데, 이것은 중국과 교역이 단절된 後金이 조선을 통하여 중국물화를 구득하려고 하였기 때문이다. 조선의 後金에 대한 무역은 명나라와 後金 사이에서 중국물자를 공급하는 중개무역의 성격을 띄었다. 조선과 後金의 중개무역에서 공급된 주요물화는 중국산 絲織品과 紡織品이었다. 처음에 中江과 會寧에서 開市를 열었으나, 胡亂을 겪은 灣商·松商들이 참여하기를 꺼려하였다. 만약 여진족이 요구하는 중국물화를 제대로 공급하지 못하면, 조선은 무역 부진으로 말미암아 경제적 손실을 입을 뿐만 아니라, 자칫 잘못하여, 後金으로부터 고의적으로 교역을 기피한다고 오해를 받을 때에는, 조선 정부는 정치적으로, 또는 군사적으로도 심각한 타격을 입을 수도 있었다. 이리하여 조선정부는 상인들의 開市의 참여를 유도하는 한편, 중국비단과 은화를 교환하는 명나라 - 椴島 - 後金의 중개무역을 적극 장려하였다.

그러므로 조선초기부터 紗羅綾緞에 대한 수입억제 정책을 일관되게 추진해 오던 조선은 倭亂과 胡亂을 겪으면서 17세기 초부터 오히려 紗羅綾緞의 수입을 장려하거나 방관하는 정책으로 바뀌어졌다. 이러한 국제 환경의 변화는 조선정부로 하여금 더 이상 국내의 사치풍조를 금지할 수 없게 만들었다. 그 결과 紗羅綾緞과 같은 중국산 고급비단이 조선으로 대량으로 유입되었다.(2004. 3. 1.)

〈白山學報 第68號, 2004.4.30. pp.335~383〉

近刊 한·중 역사교과서의 양국 관련내용 검토*

- 고급중학교(고등학교) 교과서를 중심으로 -

張 世 胤**

〈目 次〉

Ⅰ. 머리말

오늘날 세계의 '국제화'와 정보화의 조류는 보편적인 시대의 추세가 되었다. 따라서 이웃 나라에 대한 올바른 이해와 평가, 상호협력은 매우 중요한 문제라고 할 수 있다. 이런 점에서 더욱 긴밀한 동반자적 협력관계로 발전하고있는 한국과 중국, 양국의 중등학교 학생들이 사용하고 있는 교과서를 검토하는 과제 역시 그 의미가 크다고 하겠다. 왜냐하면 교과서야 말로 학생들에게 매우 커다란 영향을 끼치는 기본교재이기 때문이다.

本稿는 새로운 교육과정에 따라 최근 중국과 한국에서 발간된 고급중학교(한국의 고등학교) 신간 교과서와 일부 중국 초급중학 세계사 교

---

* 이 논문은 2002년도 한국학술진흥재단의 지원에 의해 연구되었음(KRF-2002-075-A00015).
**성균관대학교 인문과학연구소 연구교수

과서를 검토코자 한다. 특히 중국 교과서의 한국관련 서술과 한국교과서의 중국관련 서술 내용을 개략적으로 비교해보려 한다. 이를 통해 현재의 서술동향과 문제점을 검토하는 한편 미래지향적이며 전향적인 상호인식과 협력방안을 모색하려는 것이다. 중국 역사교과서의 한국사 서술이나 교육과정, 역사교육의 동향에 대한 연구는 그 동안 全寅永과 李讚熙 등 상당수 전문가와 연구기관에 의해 그 현황과 문제점이 정리되었다.[1] 특히 역사교육연구회와 국사편찬위위원회는 2002년 10월 공동으로 '중국 역사교과서의 한국사 인식'을 주제로 학술대회를 개최하였다. 이때의 논문은 동년 12월 발간된『歷史教育』84집에 수록되었다. 또 한국교육개발원은 1982년부터 '한국관시정사업'의 일환으로 꾸준히 외국교과서의 한국 서술문제에 대해 관심을 갖고 연구하는 한편, 각국의 교과서 편찬 당사자들과 교류를 갖고 있다.[2] 이에 따라 외국 교과서에 서술

1) 全寅永, 1993,「중국의 중학교 새『국사』교과서의 내용구성과 특성」,『歷史教育』53, 역사교육연구회 ; ＿＿＿, 2002,「중국근대사 교육의 관점과 한국사 인식」, 위의 책 84 ; 朴今海, 1993,「중국사교과서에 나타난 한국사서술」, 위의 책 54 ; 柳裁澤, 1998,「중국의 한국사 이해와 역사해석의 準據」『史學志』31, 단국사학회 ; 鄭夏賢, 1999,「최근 중국 역사교육의 동향 -『歷史教學』의 소개를 중심으로」,『역사와 역사교육』3·4호 합집, 熊津史學會 ; ＿＿＿, 2001,「중국의 역사교육에 있어서 소수민족의 이해」『역사교육의 방향과 국사교육』, 솔출판사 ; 吳炳守, 2001,「중국 중등학교 역사교과서의 서술양식과 역사인식」『역사교육』80 ; ＿＿＿, 2002,「중국 중등학교 역사교육과정의 추이와 최근동향」, 위의 책 84 ; 朴永哲, 2002,「중국 역사교과서의 한국사 서술」, 위의 책 ; 宋相憲, 2002,「세계사 교과서 서술에서 동아시아 譚論의 문제 - 중국 세계사 교과서의 경우」, 위의 책 ; 柳鏞泰, 2002,「중국 역사교과서의 현대사 인식과 국가주의 - 현대 한국사를 중심으로」, 위의 책 ; 尹輝鐸, 2002,「중국의 애국주의와 역사교육」『화해와 반성을 위한 동아시아 역사인식』, 역사비평사.

2) 李讚熙 외, 1993,『중국·일본 역사교과서의 한국 관련내용 검토』, 한국교육개발원 연구보고서 ; 이찬희·孫容澤·김복영, 1994,『중국 역사·지리 교과서의 한국관련내용 분석』; 손용택·鄭永順, 1998,『한러 및 한중 교과서 개선 국제학술회의 세미나 보고』; 이찬희 외, 1999,『일본·중국 중등학교 역사교과서의 한국관련내용 분석』; 許斌, 2001,「중국 인민교육출판사 역사교과서 중의 한반도 역사」

되는 한국관련 내용도 점차 긍정적 방향으로 개선되고 있는 실정이다. 한국 『國史』 및 세계사 교과서의 중국사 서술에 대한 비판과 문제제기도 이루어졌다.[3] 또 최근 한국에서 시행되고 있는 7차 교육과정에서의 한국사 교육 및 교과서의 문제점에 내한 학계의 논의와 연구성과도 있었다.[4] 그리고 2002년 11월 한국사연구회 주최로 '제7차 교육과정 『국사』 교과서의 서술내용과 개선방안'을 주제로 한 학술대회도 개최되었다.

그러나 이처럼 상당수의 연구성과와 수차의 학술대회 개최 등 연구·교류가 있음에도 불구하고 최근 중국에서 발간된 신간교과서에 대한 분석은 아직 미흡하다고 생각된다. 대부분의 연구자들이 1990년대 후반기에 발간된 교과서를 분석대상으로 삼았기 때문이다. 물론 새로 발간된 교과서에도 상당한 문제점이 있는 것이 사실이다. 부분적·점진적으로 개선되고 있는 추세이기는 하지만, 기본구조는 거의 그대로 유지되고 있다. 교과서의 개편과 수정작업은 교육당국의 역사교육 정책이나 학계의 연구동향, 교육과정 등과 밀접한 관련을 맺고있기 때문에 매

『역사·지리교육을 통한 한국과 중국의 상호이해 증진방안』, 국제 학술회의 발표문 ; 이찬희, 「중국 역사교과서의 한국관련 내용분석」, 위 논문집 ; 林相先·孫容澤, 2002, 『일본 및 중국 역사교과서의 渤海史 관련 내용분석』 등.

3) 尹世哲, 1985, 「국사교과서에 있어서 중국관계 서술」 『역사교육』 37·38합집 ; 梁豪煥, 1993, 「한국 『세계사』 교과서의 중국사서술」 『역사교육』 54 ; 金光洙, 「한국 『국사』 교과서 고대부분의 중국 동북지방」, 위의 책 ; 李存熙, 「한국 『국사』 교과서 속의 근·현대 延邊지방」, 위의 책 ; 전인영, 2001, 「중학교 사회교과서 중국사 부분 분석 - 7차 교과과정을 중심으로」 『역사·지리교육을 통한 한국과 중국의 상호이해 증진방안』, 한국교육개발원 주최 국제학술회의 발표문.

4) 신병철, 2001, 「국정 국사교과서 개발과정과 국정교과서 제도의 문제점」 『역사교육』 79 ; 지수걸, 「제7차 교육과정 '한국 근현대사' 준거안의 문제점」 위의 책 ; 서중석, 「현행 중·고교 국사교과서 현대사 부문 분석과 개선방향」, 위의 책 ; 일본교과서바로잡기운동본부·역사문제연구소·전국역사교사모임·한국역사연구회, 『한국사 교과서의 희망을 찾아서 - 21세기 한국사교과서와 역사교육의 방향』, 역사비평사, 2003 ; 李昌成, 「고등학교 제7차 교육과정 『한국근·현대사』 교과서 분석」, 경희대학교 교육대학원 석사학위 논문, 2003.

우 복잡한 상관관계속에서 이루어진다고 볼 수 있다. 때문에 지속적인 대화와 협력, 상호이해 증진방안을 토대로 장기간에 걸친 대책을 강구해야 할 것이다.

최근 고구려사의 귀속문제로 야기된 중국과 한국의 역사갈등은 흔히 '역사전쟁'이란 과격한 용어로 표현되기도 한다.[5] 그러나 한국은 물론 중국 역시 민족주의와 애국주의, 자국중심주의 역사교육이 갖는 위험성을 충분히 인식하고 세계사와 동아시아사, 국제관계라는 거시적 시야에서 보편타당성을 갖는 역사교육이 되도록 다양한 협력방안을 모색할 필요가 있다.[6] 본고는 이러한 문제의식에서 중국에서 비교적 많이 사용되고있는 인민교육출판사본 중국사와 세계사 교과서, 그리고 한국 고등학교 한국사 교과서를 중점적으로 검토하고자 한다.[7]

---

5) 중국의 '東北工程'이 알려지면서 2003년 10월 경부터 한국의 언론들이 큰 관심을 갖기 시작했다. 이후 고구려와 발해, 만주지역에 대한 영토문제와 연고권·역사주권을 부르짖으며 '역사전쟁'을 벌이고 있다고 대서특필하고 있는 실정이다. 현재 동아일보는 '고구려를 다시보자', 한국일보는 '한중 고대사전쟁'이란 표어를 내걸고 매주 기획연재물을 싣고 있다. 물론 한국 역사주권의 정당성과 타당성을 충분히 인정할 수 있지만, 감정적 대응보다는 장기적이며 체계적인 연구와 광범한 대중화, 충실한 역사교육의 실천 등으로 이 문제를 극복해야 할 것이다. 정부와 시민단체는 금년 3월 1일 '고구려연구재단'을 정식 출범시켜 이 문제에 대응하고 있다.

6) 소위 '동북공정'이 크게 문제가 되면서 한국학계와 정부, 언론의 대응도 활발해지고 있다. 학계에서는 2003년 12월 9일 서울역사박물관에서 한국고대사학회 주관으로 '중국의 고구려사 왜곡대책학술발표회'가 열렸다. 또 이 대책위원회의 공동대표를 맡고있는 최광식 교수(고려대)는 금년 초『중국의 고구려사 왜곡』(살림출판사)이란 단행본을 발간하기도 했다.

7) 현재 한국 고등학교에서는 6종의 검인정 교과서가 사용되고 있다. 그러나 발표자가 이 6종을 모두 다 조사할 수 없었다. 때문에 국정『국사』교과서와 새로운 형식으로 주목받고있는 檢認定 교과서(대한교과서(株) 출판)를 선택하여 개략적으로 분석코자 하였다.

Ⅱ. 중국 역사교과서의 한국관련 서술

1. 중국시 교괴서

현재 중국 교육당국은 새로운 교과과정에 따라 새로운 방향을 모색하면서 강한 목적성을 띤 교과목의 교수학습 원칙을 천명하고 있다.8) 중국 교과서는 多種의 審査·選定을 거치게 되어있지만, 각급 학교에서 人民教育出版社가 발행한 교과서가 많이 사용되고 있다. 延邊朝鮮族自治州 역시 인민교육출판사가 발행한 중국어(漢語) 교과서를 그대로 번역하여 교육하고 있다. 따라서 필자는 주로 인민교육출판사본 한글판(朝鮮文) 교과서를 검토하였다.

최근 중국은 소위 改革開放 이후 '素質教育'을 내세우며 개별 학생의 능력개발을 우선적인 목표로 내세우고 있다. 이러한 경향은 2002년부터 적용되는 새로운 교육과정과 역사교과서(실험본)에서도 큰 변화를 초래했다. 새 교육과정은 1996년 5월 국가교육위원회가 발표한 '全日制 보통고급중학 歷史教學大綱'에 따른 것으로 1992년 교육과정을 기초로 고급중학에서 학생의 교과 선택의 폭을 늘린 것이 특징이다. 이에 따라 초급중학(7~9학년)에서 중국역사와 세계역사를 매학기 필수로 학습하고, 고급중학에서는 필수, 한정선택, 임의선택으로 나누어 학습할 수 있도록 짜여졌다.9)

---

8) 고급중학 『중국고대사』(北京 : 인민교육출판사, 2001)의 머리말에서 "교육은 반드시 사회주의적 현대화 건설을 위해 복무해야하며, 반드시 생산노동과 결합되어야 하며, 德·智·體·美가 전면적으로 발전한 사회주의 사업의 건설자와 계승자를 육성해야한다는 방침을 관철하고 素質教育을 전면적으로 추진하는 것을 취지로 하여"라고 밝혔다(한글본 및 漢語本 '說明' 1쪽).

9) 오병수, 앞의 논문(2002), 102쪽. 중학교의 『중국역사』는 4권인데 1학년때 1·2권을,

고급중학의 필수과목으로 중국근현대사(고1, 주 3시간), 문과 한정선택과목으로 세계근현대사(고2, 주 2시간), 중국고대사(고3, 주 3시간)를 정했고, 임의 선택과목으로는 중국문화사(고1)와 세계문화사(고2)를 개설하였다.[10] 학생의 선택권 확대를 위해 다양한 교과목을 개설함으로써 매년 역사를 학습할 수 있는 과정이 되었다. 역사교육이 강화되고 있는 것이다. 이러한 경향은 21세기 세계화시대를 '中華民族 文化'의 계승과 發揚, 애국주의 정서의 고양을 통해 대응하려는 현실인식과 연계되어 있다.[11] 중국 교육부에서 2001년에 발간한 『全日制義務敎育歷史課程標準(實驗稿)』는 1992년의 『歷史敎學大綱』을 바탕으로 그동안의 착오를 수정하는 한편, 변증유물주의와 역사유물주의의 이론에 따라 역사를 이해할 것을 표방하였다.[12] 그러나 '계급투쟁'이란 용어는 사실상 찾아보기 어렵고, 오히려 '민족'과 '애국'이 세계의 이해와 함께 중시되고 있다. 이러한 동향은 최근 20여년간 지속된 중국 역사교과서의 추세라고 할 수 있다.[13]

최근에는 교과서의 체제와 서술도 크게 바뀌었다. 단원개관과 正文, 副文(閱讀文), 그림지도 및 자료, 연습문제 등으로 이루어진 기존의 체제에 활동과 탐구, 자료, 자유열독란을 신설하여 학생들의 적극적 수업참여를 유도코자 하였다.[14] 한국교과서와 다른 점은 본문이 正文과 副文으로 이루어진 것이다. 정문은 반드시 알아야 할 기초지식, 부문은 자습참고용 또는 심화학습을 위한 문헌자료이다. 副文은 학생의 수준별,

---

2학년때 3·4권을 학습한다. 또 『세계역사』는 모두 2권인데, 3학년때 학습한다.

10) 오병수, 앞의 논문(2002), 102쪽.

11) 중화인민공화국 교육부 制訂, 『試敎通訊』 2002-19, 인민교육출판사 ; 오병수, 위의 논문, 105쪽에서 재인용.

12) 박영철, 앞의 논문, 119쪽.

13) 위와 같음.

14) 위와 같음.

지역별, 도시와 농촌간의 차이에 따라 교수내용을 조절할 수 있도록 배려되었다. 부문은 단순한 본문의 부연설명이 아니다.[15] 이밖에 그림·지도·표·주석 등 참고자료를 한면당 2~3종을 게재하고 있어 시청각 효과를 높이고 있다.

1) 上古史 관련내용

현재 고급중학 역사교과서의 상고시대 서술에서 한국사 관련으로 주목되는 내용이 있다.

즉 『중국고대사』는[16] 제1장 조국력사의 시작 - 先秦, 제1절 '太古사회와 전설시대'의 '염제·황제와 요·순·우의 전설' 항목에서 "염제(炎帝), 황제(黃帝)는 지금으로부터 약 4·5천년 전 황하류역 종족동맹의 수령이다. 염제종족과 황제종족은 련합하여 탁록(涿鹿)[17]의 들판에서 동방의 치우(蚩尤) 종족과 크게 싸웠다. 치우는 싸움에서 패배하고 살해되었다."(한글본 4쪽, 중국어본 3쪽)라고 서술하였다.

이 내용은 중학교 교과서에도 거의 비슷하게 서술되고 있다.[18] 물론 先秦시대의 '東夷'개념과 후대의 동이개념이 시기·지리적으로 다르다는

15) 오병수, 앞의 논문(2001), 67쪽.

16) 인민교육출판사 歷史室 編著, 延吉 : 延邊教育出版社, 2003년 8월 출판(4×6倍判), 총 243쪽(한글본). 중국어본(漢語本)은 인민교육출판사, 2003년 1월 출판(crown 版), 吉林省 발행, 총 153쪽. 중국 교육부에서 2002년에 반포한 '全日制 보통고급중학교 課程計劃'과 '歷史教學大綱'에 근거하고 시험수정본 중국고대사(제1권)에 기초하여 수정한 것이다. 중국고대사는 선택과목으로 1주일에 2.5교시씩 도합 60교시를 강의하게 되어있다. 고급중학교 3학년 학생들이 선택하여 배운다(한글본 및 漢語本 1쪽).

17) 涿鹿은 현재 河北省의 탁록현으로 실존하고 있다. 張家口 아래, 北京의 서북쪽 근교이다.

18) 중학교용의 『중국역사』 7년급 상책(인민교육출판사, 2003.6)의 제3과 '華夏之祖'의 '黃炎戰蚩尤' 항목(11~12쪽).

연구도 있다.[19] 그러나 염·황제와 동방의 치우 종족이 대결한 곳이 현재 北京근처의 涿鹿(현재의 涿縣)이었다는 것은 주목할 만하다. 이곳은 東夷族 또는 고조선의 세력범위와 중국문명권 세력이 충돌하는 지점으로 볼 수 있다. 비파형동검이 출토되는 지역과 북방식 고인돌 분포의 西北端인 것이다. 檀君神話를 상기해보면 주목되는 서술이다. 환웅이 데리고 내려왔다는 風伯, 雨師란 이름도 중학교의 『중국역사』에 나온다.[20] 중국의 동이문화권과 우리민족이 상당한 관련이 있다고 볼 수 있다. 중국의 전설에 따르면 동이족은 秦漢에 의해 중국이 통일될 때까지 華夏族과 더불어 중국의 고대사회를 이끌어가던 주역의 하나였던 것이다.[21] 따라서 중국 교과서에서 분명히 명시하지는 않았지만, 太古의 전설시대부터 한국사 관련내용이 언급되는 것이라고 간주할 수 있다.

2) 秦漢의 대외관계 서술과 한국사

『중국고대사』는 한국사 최초의 국가인 古朝鮮에 대해 아무런 서술도 하지 않았다. 그러나 '西漢의 疆域'이란 지도에서 遼東地方과 한반도 중부 이북지방(경기도 및 강원도 북부지방) 전체를 서한의 영역으로 표기하였다.[22] 따라서 중국학생들은 처음부터 이 지역이 중국의 영역이었던

19) 李成珪, 1991, 「先秦 문헌에 보이는 '東夷'의 성격」『한국고대사론총』 1 ; 송호정, 1995, 「한국인의 기원과 형성」『한국역사입문』 1, 한국역사연구회, 풀빛, 103쪽.

20) "전설에 따르면 涿鹿의 전투는 매우 격렬했다. 치우는 風伯, 雨師를 청해와 法術을 베풀어 갑자기 비바람이 몰아쳐 황제, 염제로 하여금 방향을 잃게 했다. 황제는 부하에게 명령하여 指南車를 만들어 방향을 분별하였다. 이에 비로소 치우가 패배하였다(12쪽)."

21) 韓永愚, 1997, 『다시찾는 우리역사』, 경세원, 64쪽. 한편 1936년 평양에 세워진 檀君陵記蹟碑에는 단군이 중국의 3皇5帝와 맞먹는 聖人이므로 단군까지 합하여 4皇6帝라 해야한다고 새겨져있다(이형구, 1999, 「단군과 고조선사 연구의 현황과 과제」『단군학연구』 1, 단군학회, 133쪽). 단군과 고조선에 대해서는 노태돈, 2000, 『단군과 고조선사』, 사계절 참조.

것으로 오해할 수 있을 것이다. 漢4郡의 영역에 대해서는 諸說이 있으나,[23] 이 지도의 표시는 과장된 것으로 판단된다.

조선에 대한 서술은 제2章 '封建大一統時期 - 秦漢', 6節 '兩漢시기의 내외관계'의 〈소선과의 관계〉라는 항목에서 비교적 상세히 서술하였다.[24] 일찍부터 善隣友好 관계를 맺었음을 서술하였다. 그러나 중국인의 이주와 중국문화의 전파를 과도하게 강조하고 있다고 생각된다.[25] 이러한 경향은 '제지술의 해외 전파도'에서도 마찬가지이다(한글본 75쪽 및 漢語本 48쪽). 紀元後 4세기경 조선에 造紙術이 가장 빨리 전파된 것으로 표기하였다. 이 내용은 과거 교과서의 서술내용과 거의 같은 것이다. 중국의 영향을 과도하게 강조하고 있다. 또 한국사 관련내용은 바로 아래 부분에 있는 일본 설명내용보다 서술 분량이 적다.

漢武帝가 위만조선을 멸망시키고 설치한 漢4郡에 대한 언급은 전혀 없다. 한4군의 설치는 중국이 조선을 침략한 것으로서 각 민족 간의 상호원조, 공동발전을 중시하여 서술하라는 지침에 어긋나기 때문에 고의

---

22) 한글본 45쪽 및 漢語本 30쪽. 중학의 『중국역사』 1권은 '秦朝疆域圖'(44쪽)에서 遼東과 평안도 지방까지 만리장성을 연결시켜 진의 영역으로 간주하였다. 또 '西漢강역도'에서는 요동지방은 물론 한반도 북부지역(경기도와 강원도 중부)까지 서한의 영역으로 표기하였다.

23) 최근 이 문제에 대한 개설적 정리는 강종훈, 1995, 「삼국과 동아시아」 『한국역사입문』 1, 한국역사연구회 엮음, 풀빛 166~177쪽 및 金翰奎, 1999, 『한중관계사』 1, 아르케, 125~146쪽 참조. 북한의 주장에 대해서는 원지연, 2002, 「북한의 세계사 인식」 『북한의 역사학』 1, 국사편찬위원회, 359~361쪽 참조.

24) "조선반도와 중국은 이웃으로서 秦, 漢시기에 ≪조선반도에 도망간 燕나라, 齊나라, 趙나라 사람이 수만명이였다≫. (중략) 그 가운데의 辰韓은 중국의 선진문화를 받아들여 ≪禮를 갖추어 혼인을 치렀고≫ 언어, 호칭 등이 秦朝와 비슷하였다. 그리하여 어떤 사람들은 辰韓을 ≪秦韓≫이라고 불렀다."(한글본 68~69쪽, 漢語本 44쪽).

25) 이러한 경향은 중학교 교과서의 경우도 마찬가지이다. 즉 『중국역사』 1권(북경 : 인민교육출판사, 2002.4)는 제16과 「兩漢의 서역경영과 秦漢의 대외관계」의 '秦漢과 조선, 일본의 우호왕래' 항목에서 최초로 한국사 관련내용을 서술하였다(75쪽).

로 제외한 것으로 이해된다.26) 즉 2002년에 반포한 『전일제초급중학 歷史教學大綱』에서 제시한 역사서술의 지침을 적용한 것이다. 각 민족간의 상호원조, 공동발전과 함께 계급적·민족적 억압 및 외래침략에 반항하는 내용을 표현해야 하기 때문에 이렇게 서술한 것이다.

3) 수·당과 고구려·발해 문제

고구려와 발해문제는 최근 중국에서 국가 연구프로젝트로 추진하고 있는 소위 '東北工程'에서도 매우 중요한 문제로 취급되고 있다. 이하에서 고구려와 발해에 대한 서술내용을 검토해보기로 하자.27)

『중국고대사』의 4장 1절 '통치기간이 짧은 隋朝'의 〈隋煬帝의 暴政과 隋朝의 멸망〉 항목에서는 "싸움에 미친 수양제는 세차례나 고구려에 대한 전쟁을 발동하였는데 병사들이 태반이나 죽었다."고 서술하였다. 한글본은 고구려로 정확히 표현하였으나(108쪽) 漢語本은 '高麗'로 표기하였다(68~69쪽). 또 첨부된 지도에서도 요동지역과 한반도 북부지역에 걸친 영역을 '고구려' 대신 '고려'로 표기하였다. 정식국호인 고구려를 쓰지 않았다. 최근 중국학계의 일각에서 5세기 이후 '고려'로 개칭했기 때문에 '고려'로 불러야 한다는 주장도 제기되고 있지만,28) 중국인들이

---

26) 박영철, 앞의 논문, 121쪽.

27) 叢佩遠 主編, 1998, 『中國東北史』 1, 長春 : 吉林文史出版社는 기자집단의 동래와 '압록강 이남'의 '조선반도 북부'에 '箕氏朝鮮'의 건국을 설명하였고(167~169쪽), 고구려가 고조선과는 아무런 관련이 없다고 강변하고 있다(588쪽). 또 중국의 中原文化가 고구려에 심각한 영향을 주었다고 설명하고 있다(646쪽). 또 王鍾翰 主編, 2001, 『中國民族史』(增訂本), 北京 : 中國社會科學出版社 역시 고구려와 발해를 중국민족사의 일부로 수용하여 서술하였다.

28) 최근 문제가 되고있는 '동북공정' 핵심이론가의 한사람인 孫進己(瀋陽 東亞研究中心 主任)는 2004년 3월 27일 발표한 논문(孫泓과 공동집필) 「3~7세기 集安과 평양지역 벽화고분의 族屬과 分期 및 命名」(『고구려의 역사와 문화유산』, '중국의 고구려사왜곡 공동대책위원회' 주최 국제 심포지움 발표문) 333쪽에서 5세기

고구려를 보통 '고려'로 불러온 데 따른 관용적 표현인 듯하다. 그러나 고구려를 '고려'로 표기하는 것은 부당하며 중국 학생들에게 혼동을 불러일으킬 우려가 있기 때문에 시급히 수정되어야 할 것이다.[29] 한편 '폭군 隋煬帝와 隋朝멸망' 항목에서는 고구려와의 전쟁에 대해서는 간단히 서술하는 대신 수양제의 폭정으로 고통받는 민중의 모습을 상세히 서술하였다.[30]

이는 중국의 역사교육 방침과 계급투쟁 사관에 따른 서술이다. 즉 수양제의 고구려 원정 경과를 소략하게 다루고 '폭정'에 따른 중국인들의 고통과 농민봉기를 비교적 상세히 서술한 것은 이들의 계급투쟁을 강조하기 위한 목적이라 할 수 있다. 결국 이렇게 보면 중국과 외국(한국) 사이의 민족모순 관계는 내부의 계급투쟁을 설명하는 주변적 역할을 하는 것일 뿐이라고 평가할 수 있다.[31]

한편 한국학계와 논쟁이 되고있는 발해에 대한 주요 서술(靺鞨과 渤海國 항목)을 보기로 하자.

> "粟末靺鞨은 中原封建文化의 영향을 크게 받았다. 7세기말에 속말말갈의 수령 大祚榮이 정권을 수립하였다. 개원초기에 唐玄宗은 대조영을 渤海郡王으로 봉하고 忽汗州를 통일적으로 관할하게 하였으며 대조영을

중엽에 고구려는 이미 '고려'라고 개칭했기 때문에 이후는 '고려'라고 불러야 한다고 주장하였다.

29) 한국의 고구려사에 대한 대표적 개설서로는 노태돈, 1999, 『고구려사 연구』, 사계절 및 신형식, 2003, 『고구려사』, 이화여대 출판부 등 참조.

30) 한편 중학교 『중국역사』 제2책(인민교육출판사, 2001.12)은 "수양제는 백만의 백성과 노동자, 사병을 징집하여 배를 만들고 군량을 수송하는 등 연이어 고려에 대한 전쟁을 일으켰다. 쉴새 없는 徭役과 兵役으로 수많은 농민들이 고향을 등졌으며, 논밭은 크게 황폐해졌다. 농민들은 나무껍질과 풀로 굶주림을 면했고 심지어는 사람이 사람을 잡아먹는 참극이 일어나기도 했는데, 결국 대규모의 농민봉기를 야기했다."(4쪽)라고 서술하였다.

31) 박영철, 앞의 논문, 125~126쪽.

忽汗州 都督으로 임명하였다. 이때부터 속말말갈은 발해를 국호로 하였으며 발해도 정식으로 唐朝의 版圖에 들어왔다."[32]

이는 발해를 韓國史의 範疇로 파악하는 한국 및 북한학계의 입장과 명백히 다른 것이다.[33] 중학교 교과서 역시 마찬가지이다.[34] 또 그 아래 '唐朝 후기의 疆域과 邊疆 여러민족 분포도'에서도 발해를 중국의 영토로 표시하였다. 물론 중국학계에서는 발해를 중국사의 범위로 간주하는 개설서나 지역사 서적도 상당수 출간되고 있다.[35]

또 '수·당시기의 대외교류'에서는 신라와의 교류에 대해서 상당한 분량을 할애하여 우호적으로 서술하였다.[36] 그러나 역시 중국의 영향을

---

32) 한글본 137쪽 및 漢語本 86쪽.

33) 발해사의 한국사 귀속설 및 중국 연변학계의 학설에 대해서는 다음의 주요 연구업적을 참고할 것. 朴時亨, 1979, 『발해사』, 평양 : 김일성종합대학출판사 ; 이용범, 1987, 「발해왕국」 『제2판 한국사연구 입문』, 한국사연구회 편, 지식산업사 ; 金貞培 외 편역, 1988, 『발해국사』, 정음사 ; 韓圭哲, 1994, 『발해의 대외관계사 연구 - 남북국의 형성과 전개』, 신서원 ; 한규철, 2003, 「발해의 고구려역사계승 문제」 『중국의 고구려사 왜곡대책 학술발표회 논문집』, 한국고대사학회 주관 ; 宋基豪, 1995, 『발해정치사 연구』, 일조각 ; 方學鳳, 1996, 『발해의 강역과 행정제도에 관한 연구』, 연길 : 연변대학출판사 ; 金鍾福, 2003, 『발해 정치세력의 추이 연구』, 성균관대 박사학위 논문.

34) 『중학역사』 제2권(인민교육출판사, 2001)는 제4과 「和同爲一家」에서 역시 발해에 대해 비교적 상세히 서술하였다. 그러나 우리에게 잘 알려져 있듯이 발해는 독자적 정권이 아니라 '邊疆 소수민족'의 일원으로 서술하고 있다. 특히 '당조 전기·후기의 강역과 변강 各族의 분포도'(14·16쪽)에서는 발해의 영역을 당의 판도 안에 있는 것으로 표시하였다. 이에 대한 비판은 林相先, 「중국 역사교과서의 발해사 내용 비판」, 2004년 4월 3일 제2회 교과서 포럼 발표문(미간) 참조.

35) 예를 들면 孫玉良·趙鳴岐, 1998, 『中國東北史』 2, 長春 : 吉林文史出版社 제2장은 아예 '唐朝의 발해왕국'이다. 특히 제3절은 '발해와 당조의 예속관계'로 설정하여 발해가 중국의 예속정권임을 강조하고 있다. 당조는 발해를 전면적으로 관할했다고 주장하고 있다(164~181쪽). 특히 "발해 말갈족 등은 자고로 중화민족의 중요성원이었고, 발해정권은 당조에 예속하였다."라고 서술하였다(164~165쪽).

36) "신라는 당조로부터 茶재배, 목판인쇄술, 뛰어난 자기제조, 銅器製造 기술을 받

지나치게 과장하고있는 것으로 판단된다. 또한 '唐朝의 주요 대외교통路線圖'(한글본 141쪽, 漢語本 89쪽)에서 한반도 지도에 평양만 표기하여 新羅의 首都가 平壤인 것으로 혼동을 불러일으킬 우려가 있다. 이 문제는 이찬희도 몇년전 지적하였으나,[37] 여전히 시정되지 않고 있다.

제4장「봉건사회의 번영 - 隋唐」의 6절 '수, 당 시기 문화의 번영' 항목에서는 한국의 문화재와 관련하여 매우 중요한 異論을 서술하고 있다. 즉 1966년 경주 불국사 석가탑에서 발견된 세계 最古의 목판인쇄물『무구정광대다라니경』을『중국고대사』는 副文에서 武則天 시기에 만든 글자가 있다고 하면서 중국에서 인쇄되어 신라로 들어간 것이라고 설명하고 있다(한글본 146쪽, 중국어본 92쪽). 한국의『국사』교과서 서술과 큰 차이가 있는 것이다.[38] 또 이 책은 868년에 인쇄한『金剛經』을 세계에서 가장 오래된 목판인쇄물로 서술하였다. 물론 이는 한국학계와 전혀 다른 서술이라 할 수 있다(한글본 145쪽, 중국어본 92쪽).

4) 宋·高麗와 明·朝鮮의 관계

한편 그 이후시기인 宋·元代 고려와의 경제교류에 대해서도 서술했는데, 宋·元 모두 고려와 밀접한 경제교류를 맺었다고 서술하였다.[39]

아들였다. 신라인들은 唐詩를 좋아하였으며 많은 문인들이 당시를 지을줄 알았다. 그밖에 성씨, 복장, 명절, 풍속 등 면에서 농후한 중화문화의 색채를 띠고 있었다. 崔致遠의 詩文集 ≪桂苑筆耕≫은 중국문화계의 중시를 받았다."(한글본 141~142쪽 및 漢語本 89~90쪽).

37) 이찬희,「중국 역사교과서의 한국관계 내용분석」(2001) 참조.

38) 2002년 3월 1일 간행된 고등학교『국사』는 248쪽에서 "불국사 3층 석탑에서 발견된 무구정광대다라니경은 8세기 초엽에 만들어진 두루마리 불경으로 지금까지 남아있는 것으로는 세계에서 가장 오래된 목판인쇄물이다."라고 서술하였다.

39) "南宋과의 내왕이 가장 밀접한 나라들로는 고려, 일본, 交趾, 잠바(占城) 등 隣國들이였다. 남송이 明州로부터 수입한 고려물건은 40종에 달하였다. ……고려의 人蔘 등 土産物은 우리 나라 內地에서 환영을 받았다. 우리 나라의 綿紡織

주목되는 내용은 綿紡織技術이 원대에 고려에 전해졌다고 서술한 점이다. 이는 1364년 文益漸에 의한 木花의 전래를 설명하고 있는 것으로 보인다. 그러나 한국에서는 목화(棉花)의 전래를 언급하고 있지만, 이때 면방직 기술이 함께 受容되었다고 보지는 않는다.[40] 추후 재검토가 필요하다고 본다.

명·조선 관계는 세계사 교과서에서 서술하고 있어서인지 초급 및 고급중학 중국사 교과서에서는 별로 언급하고 있지 않다. 초급중학의 『중국역사』 2권은 戚繼光의 抗倭투쟁만 비교적 상세히 서술하였다(漢語本 91쪽).

5) 淸日戰爭과 朝鮮

청일전쟁에 대해서는 『중국근대현대사』 상(필수과목)에서 언급하고 있다.[41] 중국의 교사들은 일반적으로 근대사 부문을 강의하기가 가장 어렵다고 생각한다.[42] 근대사는 학습해야 할 내용이 複雜多端하고 이론성이 높기 때문이다.[43] 이러한 경향은 한국의 교사들도 마찬가지이다.

이 책에서 한국관련 내용은 '甲午中日戰爭'(한국에서는 '淸日戰爭'으로 부름)이 거의 유일하다. 제2장 「중국자본주의의 발생·발전 및 半殖民地·半封建社會의 형성」의 5절을 '갑오중일전쟁'으로 하여 11면(漢語本은

기술은 원조시기에 고려에 전해졌다."(한글본 187쪽 및 漢語本 117쪽).

40) 한영우, 앞의 책, 209쪽.

41) 인민교육출판사 역사실 편저, 연변교육출판사, 2003년 8월 출판, 총 221쪽. 漢語本은 2003년 6월 출판, 吉林省발행, 143쪽. 중국근대현대사는 필수과목으로 고급중학교 1학년에 설정하고, 1주일에 3교시씩 도합 99교시를 강의하게 되어있다(한글본 및 漢語本 1면).

42) 彭衛, 「中學 歷史敎育을 改善하는 데 관한 약간의 思考」 『歷史敎學』 1986-7 ; 鄭夏賢, 앞의 논문, 283면에서 再引用.

43) 정하현, 위의 논문, 같은 면.

6쪽)이나 되는 적지않은 분량을 서술하였다. 일본의 『蹇蹇錄』 등 史料와 左寶貴 등 인물사진, '갑오중일전쟁형세 설명도(示意圖)' 등의 지도와 그림을 삽입하여 학생들의 이해를 돕고 있다. 주요 내용은 다음과 같다.

> "1894년에 조선에서 東學黨 봉기가 일어났다. 淸政府는 조선정부의 요청에 의해 군대를 파견하여 봉기를 탄압하는 것을 도와주었다. 일본도 이 기회를 이용하여 조선에 군대를 파견하였다. 봉기가 평정된 후 청정부는 중일 두나라가 동시에 撤軍할 것을 건의하였다. 그러나 일본은 이 건의를 거절하였을 뿐만 아니라, 도리어 계속 대량적으로 군대를 增派하면서 전쟁을 도발하려고 하였다. (중략) 갑오중일전쟁은 일본이 서방열강들의 지지밑에 조선을 정복하고 중국에 침입하기 위하여 도발한 침략전쟁으로서 중국의 실패로 종말되었다."[44]

전반적으로 간략하게 서술하고 있다. 이 내용은 중학교 교과서의 서술내용과 유사하다.[45] 그러나 '동학당' 봉기의 원인과 경위에 대한 설명이 전혀 없다. 그리고 조선정부의 요청에 따라 군대를 파견한 사실을 강조하고 있다. 그러나 이 무렵 淸政府와 중국 商人들의 조선 내정간섭과 침투는 큰 問題가 되었고 많은 조선인 상인과 서민들의 反淸意識이 고조되기도 했다.[46] 따라서 중국의 조선에 대한 이권침탈과 영향력 행사 의도 등을 빼고 단순하게 조선의 요청으로 출병했다는 설명은 여러가지로 미흡하다고 할 수 있다. 또 한국에서는 '동학농민운동'이란 용어

---

44) 한글본 77·82쪽 및 漢語本 47·50쪽.

45) ①『중국역사』 제3책(연변교육출판사, 2003.4, 한글본)은 81쪽, 중국어본(2003.5)은 60쪽에서 서술하였다. ②上海에서 출판된 華東師範大學出版社의 『中國歷史』 8년급 上(2002년 6월 출판)과 북경사범대학출판사의 『역사』 8년급 上(실험교과서), 2002년 6월 간행본 역시 내용이 유사하다.

46) 상세한 내용은 노영택, 1975, 「개항지 인천의 淸國人 跋扈」 『畿甸文化硏究』 6, 인천 : 인천교대 기전문화연구소 및 김정기, 1987, 「西路電線의 가설(인천-한성-의주)과 反淸의식의 형성」 『김철준박사 화갑기념논총』, 지식산업사 참조.

가 널리 쓰이고 있기 때문에 '동학당'이란 용어와 그 개념을 再考해야 할 것이다. 한국에서는 '시모노세키조약(下關條約)'이라고 하는데 이 책에서는 '馬關條約'이란 용어를 쓰고있어 차이가 있다. 이 조약의 불평등성과 害惡을 지적하고 있다.

6) 중일전쟁(항일투쟁)과 한민족

『중국근대현대사』 상의 제5장 「신문화운동과 중국공산당의 탄생」중 제2절 '≪5・4≫애국운동' 부분에서는 한국 교과서의 설명과 달리 3・1 운동에 대한 언급이 전혀 없다.

한편 『중국근대현대사』 하권(필수과목)은 중국의 항일전쟁에 큰 비중을 두어 제2장 전체를 '中華民族의 항일전쟁'이란 제목으로 서술하였다.[47] 항일전쟁은 중국의 애국주의 교육의 좋은 소재가 되고 있다.[48] 그러나 중국의 항일전쟁이 아니고 왜 '중화민족'의 항일전쟁인가? 사실 중국의 항일전쟁에는 여러 계통의 소수민족이 대거 참여하였다. '조선족'의 경우는 말할 것도 없다. 독립군의 활약에 대한 서술도 없다.

이 책은 1930년대 중국 동북지방에서 활약하던 東北抗日聯軍을 언급하였다(한글본 24쪽과 중국어본 17쪽). 특히 楊靖宇・周保中・李兆麟 등 주요 간부들을 언급했으나, 이 부대 창설의 주역으로 크게 활약한 다수 조선족의 활약상에 대해서는 전혀 서술하지 않았다.[49] 또 중국공산당의

47) 인민교육출판사 역사실 편찬, 2002년 3월 출판, 연변교육출판사, 271쪽. 중국어본은 2000년 11월 출판, 길림성발행, 178쪽. 이 책은 1999년에 시험사용된 '중국근대현대사 하권'을 기초로 수정한 것이다. 하권은 2학기용으로 55교시에 맞게 편찬되었다(한글본 및 漢語本 1쪽). 『중국근대현대사』 하권과 『세계근대현대사』 하권은 모두 시험수정본만 나와있는데, 이 책을 토대로 곧 개정교과서가 출간될 예정이다.

48) 중국의 애국주의 교육에 대해서는 앞의 尹輝鐸과 鄭夏賢의 논문을 참조할 것.

49) 중학교 교과서의 경우 이와 유사한 서술을 보이고 있다. ① 『중국역사』 제4책

영도를 강조하면서도 그들과 함께 日帝와 투쟁했던 朝鮮義勇軍에 대한 언급도 없다. 조선의용군은 1948년의 '동북해방전쟁'에서도 크게 활약했다. 물론 제9장을 '통일전선의 발전과 各族人民의 단결'로 설정하여 통일선선이 중국혁명 승리의 주요 원인이었음을 설명하고 현재도 여러 민족의 단결이 필요함을 역설하는 내용이다.

7) '抗美援朝' 전쟁과 현대 한국

『중국근대현대사』 하권은 '抗美援朝' 전쟁(한국전쟁, 또는 6·25전쟁)에 대해서도 상세히 서술하였다. 특히 제5장 1절은 '새 중국의 창건 및 정권을 공고히 하기 위한 투쟁'인데 그 가운데서 '抗美援朝 保家衛國' 단원을 설정하여 서술하였다. 이밖에 보조자료로서 사진 3장과 '중국인민지원군의 작전설명도' 지도를 실었다. 주요 내용은 다음과 같다.

> "1950년 여름에 조선내전이 폭발하였다. 미국은 신속히 무력으로 조선의 내부사무를 간섭하였고 얼마 안 지나서 또 미군을 위주로 하는 ≪유엔군≫을 조직하여 조선을 침략하였다. 그들은 38선을 넘어 전쟁의 불길을 곧추 중조변경까지 끌고 왔다. 동시에 미국의 제7함대도 대만해협에 들어와 중국의 내정을 간섭하였다. 위급해진 조선국세는 중국의 안전을 엄중히 위협하였다. 준엄한 형세하에서 조선민주주의인민공화국정부는 중국정부에 군대를 파견하여 원조해줄 것을 요구하였다. 抗美援朝, 保家衛國을 위하여 1950년 10월에 彭德懷를 司令員으로 하는 중국인민지원군은 조선에 나가 조선군민들과 어깨겯고 미국침략자를 반격하였으며 미군을 ≪38선≫부근까지 몰아내였다. (중략) 항미원조전쟁의 승리는

(인민교육출판사, 2002.12. 2001년 심사통과, 46쪽). ② 北京師大 간행 『歷史』 8년급 上册은 '9·18사변' 항목에서 일본의 침략, 이에 따른 동북 '인민'과 구 동북군의 항일의용군 결성 및 항전을 소개하였다(85~86쪽). 그러나 여기에 참가한 다수의 한인과 독립운동 조직 등 소수민족의 활약에 대해서는 전혀 서술하지 않았다.

美帝國主義의 침략정책과 전쟁정책을 호되게 타격하였으며 중국의 국제적 성망이 前例없이 제고되게 하였다."[50]

한국전쟁(6·25전쟁)의 원인과 경과, 그 의미와 영향에 대해서는 여러 가지 학설이 있다.[51] 그러나 일반적으로 북한(조선민주주의인민공화국)의 남침에 의한 전쟁발발이 사실로 인정되고 있다.[52] 따라서 이러한 사실을 분명히 밝힐 필요가 있다. 또 북한의 지원요청을 언급하였으나, 중국의 안전에 위협이 된다는 인식이 파병의 직접적 원인이었을 것이다. '미국침략자'라는 표현은 한국의 입장에서 볼때는 부적절한 것으로 분석된다.

이러한 서술은 중학교『중국역사』교과서도 비슷한 실정이다.[53] 추후 한국학계의 문제제기와 긴밀한 협의가 필요하다고 하겠다.

2. 세계사교과서

1) 삼국의 정립과 고려·조선

현재 중국 교육과정에서 세계사는 초급중학교에서 배우고, 고등학교

---

50) 한글본 140~143쪽 및 漢語本 93~95쪽.

51) 한국전쟁에 대한 연구동향과 諸說에 대해서는 정병준, 1996,「한국전쟁」『한국역사입문』3, 풀빛, 655~669쪽 참조.

52) 남침설의 대표적 저술로 박명림, 1996,『한국전쟁의 발발과 기원』1·2, 나남출판 및 박명림, 2002,『한국 1950 : 전쟁과 평화』, 나남출판 ; 유영익 편, 1998,『수정주의와 한국현대사』, 연세대학교 출판부 등 참조.

53)『중국역사』제4책(인민교육출판사, 2002.12)은 "1950년, 조선내전이 폭발했다. 미제국주의는 재빨리 이른 바 "연합국군"을 지휘하여 조선을 침략하였다. 그들은 "38선"을 넘어 곧바로 중국변경에 이르러 우리나라의 안전을 엄중히 위협하였다. (중략) 抗美援朝, 保家衛國을 위해 1950년 10월 彭德懷를 司令員으로 하는 중국인민지원군은 조선으로 가서 조선 軍民과 함께 미국침략자를 抗擊하였다라고 서술했다"(105쪽).

에서는 세계근현대사를 선택으로 공부한다. 따라서 고구려·백제·신라를 비롯한 전근대 시기 한국사의 서술을 보기 위해 중학교『세계역사』교과서를 정리해 보았다. 중학(3년제)은 의무교육이다.

초급중학『세계력사』제1권(연변교육출판사, 2002.7, 2001년 심사통과)은 제10과「동부아세아의 봉건국가」의 '신라의 통일과 조선왕조의 수립'에서 처음으로 '조선'에 대해 아래와 같이 서술하였다.

> "조선민족은 예로부터 조선반도에 거주하였다. 기원 전후에 고구려 노예제국가가 조선반도 북부를 통치하고 있었다. 후에 조선반도 서남부와 동남부에는 또 선후하여 백제, 신라 두 노예제국가가 나타났다. 그후 몇백년 동안에 반도는 줄곧 3국이 정립하고있는 국면에 처하여 있었다. 봉건관계가 선후하여 3국에서 발전하기 시작하였다. 676년에 신라가 조선반도의 대부분 지구를 통일하였다. (중략) 10세기에 왕건이 고려왕조를 수립하였다. 14세기 말에 고려대장 이성계가 조선왕조를 세우고 서울을 도읍으로 정하였으며 국호를 조선이라고 고치였다."[54]

최근 문제가 되고있는 '동북공정'에서 주장되고 있는 내용과는 달리 고구려를 한국사의 범위로 간주한 것을 알 수 있다. 그런데 이 책은 바로 아래의 副文에서 한글의 발명을 '중국어음학'과 연계하여 설명하는 牽强附會를 보이고 있다.[55] 이 문제는 이찬희의 논문에서도 지적된 바 있으나,[56] 2001년 12월에 나온 개정판에서도 거의 변하지 않고 사실을

---

54) 한글본 57~58쪽, 중국어본 48~49쪽. 이 책은 또 고구려 왕관과 조선의 측우기, 경복궁 근정전 사진을 수록하였다.

55) "15세기에 조선은 문자면에서 중대한 성과를 거두었다. 일부 학자들은 조선언어를 연구하고 중국어음학의 성과에 결부하여 28개 자모를 창제하였다. 이 문자는 지금까지 사용되고 있다."(『세계력사』 제1권, 한글본 58쪽). 그러나 上海의 華東師範大學出版社에서 나온『세계력사』 8년급(제1학기)은 64쪽에서 "조선은 처음에 문자가 없어 한자를 사용했는데, 15세기에 이르러 비로소 표음문자(諺文)를 발명했다."라고 사실대로 간략하게 서술하였다.

왜곡하고 있다.

고구려를 독자적 국가로 인정하였으나, '조선반도'에 한정된 국가로 서술하여 한민족의 역사무대를 조선반도(한반도) 이남으로 의도적으로 축소 왜곡하였다. 최근 소위 '동북공정'이 추진되고 있는 가운데, 그 작업에 앞장서고 있는 孫進己는 고구려사에 대해 한국과 중국의 '一史兩用'을 주장하였다. 또 그는 고구려는 '중국 지방민족의 자치정권'이라고 주장하였다.[57] 그러나 위에서 볼 수 있는 것처럼 중국 중학의 세계사교과서는 아직까지는 고구려의 독자성과 한국사 영역임을 서술하고 있다. 이러한 경향은 다른 출판사의 교과서도 마찬가지이다.[58]

한국학계에서는 중국 南北朝 시기 고구려의 조공-책봉 관계는 사실상 정치적 강제력을 갖지 못하였기 때문에 상호대등한 입장에서의 교빙관계로 인정해야 한다고 본다.[59] 또 5~6세기 경 동아시아 국제정세는 중국의 남북조와 북방의 유목민족인 柔然, 동북(만주)의 고구려 등이 다원적 세력균형 상태를 이루고 있었다고 볼 수 있다.[60] 따라서 최근 孫進己 등 중국의 학자들이 고구려를 '중국 지방민족의 자치정권'이라고

56) 이찬희, 앞의 논문(2001), 46쪽.

57) 孫進己, 2004, 「중국 고구려사 연구의 개방과 번영의 6년」『고구려의 역사와 문화유산』, '중국의 고구려사왜곡 공동대책위원회' 주최 2004년도 고구려사 국제학술심포지움 발표문, 61 · 70쪽. 孫進己는 1992년에 『東北各民族文化交流史』(瀋陽 : 春風文藝出版社)를 간행한 바 있다.

58) 초급중학 『세계역사』(8년급 제1학기, 시험본, 上海 : 華東師範大學出版社, 2003.8) 제12과 「동아시아, 남아시아문명」 '조선' 항목 서술의 일부는 다음과 같다. "기원전 1세기, 조선반도에는 점차 고구려, 백제, 신라의 3개 국가가 형성되었다(63쪽)." 역시 고구려를 독자적 국가로 인정하였으나, '조선반도' 이남지역에 국한된 것으로 서술하였다.

59) 서영수, 1981, 「삼국과 남북조 교섭의 성격」『東洋學』 11, 단국대 동양학연구소.

60) 노태돈, 1984, 「5~6세기 동아시아의 국제정세와 고구려의 대외관계」『東方學志』 44, 연세대 동방학연구원 및 노태돈, 1989, 「고구려 · 발해인과 내륙아시아 주민의 교섭에 관한 일고찰」『대동문화연구』 23, 성균관대 대동문화연구원.

간주하는 견해에 대해서는[61] 학계의 충분한 논의와 비판이 있어야 할 것이다.[62]

한편 고급중학의 『세계근대현대사』 상권은[63] 임진왜란과 조선 후기의 상황을 '조선왕조 통치하의 조선반도'란 제목으로 아래와 같이 서술했다.

> "일본군의 첫번째 진공은 애국장령 李舜臣이 지휘하는 朝鮮軍民들의 英勇한 반격을 받았다. 중국의 명조정부는 조선정부의 청구에 응하여 군대를 파견하여 조선을 원조하였다. (중략) 조선의 통치자들은 계속 끝없는 朋黨다툼을 하였기에 모순이 더욱 첨예하여졌으며 국가가 쇠퇴몰락에로 나아가기 시작하였다."(한글본 89쪽 및 중국어본 61~62쪽)

일본군의 침략을 다른 부분에서는 '侵略'으로 표현하기도 했으나, 여기에서는 '進攻'으로 표현하였다. 李舜臣을 강조하다보니 그가 마치 조선의 총사령관인 것처럼 서술되고 말았다. 특히 끝부분은 마치 日帝의 植民史觀을 연상케 하는 서술이다. 당쟁으로 국가가 쇠퇴몰락하게 되었다는 서술은 한국학계의 연구성과를 토대로 시급히 수정되어야 하겠다.

2) 근현대사 관련내용

『세계근대현대사』 상(2002년 심사통과, 인민교육출판사, 선택과목)은

---

61) 孫進己, 앞의 논문, 70쪽.

62) 상세한 내용은 강종훈, 1995, 「삼국과 동아시아」『한국역사입문』 1, 한국역사연구회 엮음, 풀빛, 169쪽 및 최광식, 「고구려는 중국의 지방정권인가」『중국의 고구려사 왜곡』, 20~28쪽 참조.

63) 2002년 심사통과. 인민교육출판사 역사실 편저, 연변교육출판사, 2003년 7월 출판, 207쪽. 중국어본은 2003년 6월 출판, 길림성 발행, 148쪽. 시험수정본 『세계근대현대사』 상권을 수정한 것이다. 세계근대현대사는 선택과목으로 고급중학교 2학년에 부여하고, 1주일에 2교시씩 도합 68교시를 강의한다. 상권은 1학기에 사용한다.

제4장 「독점자본주의의 형성」의 2절에서 일본의 한국 강점에 대해서 비교적 상세히 서술하였다.[64] 그런데 '日韓合併條約'을 설명하는 각주에서 "1897년에 조선은 국호를 韓이라고 고쳤다"고 하여 오류를 범하였다. 1897년에 조선은 국호를 '大韓帝國'으로 바꾸고 高宗 역시 皇帝를 칭하였던 것이다. 조선이 '帝國'을 칭한 사실을 인정하기 싫어서였을까? 朝鮮이 '大韓帝國'으로 국호를 바꾸었음에도 불구하고, 1910년 일본이 '조선'을 병합했다고 하여 여전히 국호를 조선으로 표기하고 있다. 또 조약의 불법성에 대해서는 아무런 언급이 없다.

이 책은 장 3절 '아시아, 아프리카, 라틴아메리카의 민족민주운동의 발전'에서 의병운동에 대하여도 비교적 상세히 서술하여 한국인 대중들의 치열한 항일투쟁을 서술하였다.[65] 영국인 신문기자 맥켄지(F. A. Mckenzie)가 찍은 의병들의 사진도 게재하였다.

한편 『세계근대현대사』 하권은[66] 제1장의 2절 '아시아, 아프리카의 민족해방운동'에서 '조선의 3·1운동' 항목을 설정하고 큰 비중으로 취급하였다.[67] 또 "조선인민들의 투쟁은 중국인민들의 지지와 성원을 받

---

64) "1894년에 일본은 甲午中日戰爭을 도발하여 조선에 대한 통제를 강화했다. 1905년에 일본은 日俄전쟁에서 승리한 기회를 이용하여 미국의 지지하에 조선을 실제상 저들의 식민지로 만들어 버렸다. 1910년에 일본은 또 조선정부를 강요하여 ≪日韓合併條約≫을 체결하고 정식으로 조선을 併呑하였다."(한글본 153~154면, 漢語本 108~109면).

65) 副文 : "일본이 점차적으로 조선을 併呑하는 과정에서 조선인민들은 일본제국주의를 반대하는 투쟁을 끊임없이 벌려나갔다. (중략) 비록 의병운동이 종국적으로 실패하기는 하였지만, 이 운동은 조선의 민족해방투쟁력사에 빛나는 한 페이지를 엮어놓았다"(한글본 158쪽 및 중국어본 111~112쪽).

66) 이 책은 시험수정본이다. 인민교육출판사 역사실 편저, 연변교육출판사, 2002년 10월 인쇄, 205쪽. 중국어본은 2002년 11월 인쇄, 길림성발행, 141쪽. 이 책은 고급중학교 2학년 2학기에 사용하는데 1주일에 2교시씩 모두 25교시용으로 쓰여졌다.

67) "일본제국주의는 조선을 병탄한 후 조선에서 포악한 식민지통치를 실시하였다. (중략) 며칠 후 시위행진은 무장봉기로 변하였고 다시 전국적인 반일민족대봉기로 발전하였는 바, 투쟁에 참가한 사람은 200만명을 초과하였다. 일본 식민지

았다."고 하며 李大釗가 발행하는『新青年』등 간행물의 내용도 간단히 소개하였다. 3·1운동에 대한 서술은 대체로 정확하고 우호적인 내용이다. 다만 조선족 학생들을 위한 교과서에는 독립선언서 원문이 소개되지 않고 중국어 번역본이 실려있어[68] 원문과 약간 차이가 있는 점이 아쉽다. 副文에서 3·1운동 이후인 1919년 4월 上海 임시정부의 수립과 중국 동북지방에서의 항일무장투쟁 발전, 항일투쟁 기간 韓人 민족운동가들이 중국인들과 함께 공동투쟁한 사실을 서술한 내용(한글본 13쪽, 중국어본 9~10쪽) 역시 긍정적으로 평가할 수 있다. 한국의 교과서에도 중국 義勇軍이나 官民들과의 공동투쟁 및 지원사실이 언급되고 있으나, 미흡한 실정이다.

한편 제2장의 4절 '파쑈(法西斯)침략을 반대한 아세아·아프리카 인민들의 투쟁' 항목에서 "일본 식민지통치의 고통을 받을대로 받은 조선인민들도 민족의 해방을 쟁취하기 위하여 영용한 투쟁을 벌리였다. 당시 중국에 망명해온 조선의 애국자들은 앞다투어 義勇軍을 조직해가지고 중국의 항일군민들과 함께 일본침략자들을 반격하였다(한글본 61쪽 및 중국어본 42쪽)."라고 서술하였다. 그러나 '의용군'이란 표현보다는 '獨立軍'이나 한국독립군·조선혁명군 등의 정식 부대명칭을 표기해야 적합하다고 본다. 일제하 韓民族(韓國人)의 민족해방운동은 중국 동북지방과 關內地域, 沿海州, 일본, 美洲地域 등 광범한 지역에서 다양한 방법으로 전개되었다. 그런데 이러한 다양한 민족운동을 거의 언급하지 않은 채

당국은 봉기를 피비리게 탄압하였다. 그 해 하반기에 이르러 봉기는 기본적으로 중지되었다. 이번 민족운동은 독립을 쟁취하기 위하여 죽음도 두려워하지 않는 조선인민들의 투쟁정신을 구현하였으며 일본의 식민지 통치를 호되게 타격하였다."(한글본 12~13쪽 및 중국어본 8~9쪽).

68) "우리들은 다음과 같이 선언한다. 우리 조선은 독립국이요, 조선사람은 자유민임을 세계만방에 알리노라. 하여 인류평등의 대의를 천명하며 이로써 자손만대에게 민족자립의 정권이 영원히 있음을 알린다."(한글본 14쪽).

金日成 부대의 普天堡戰鬪와 김일성의 활동을 보여주는 그림만을 담고 있다는 점에서[69] 추후 수정·보완되어야 하겠다.

이 책은 또 제2차 세계대전 이후 '兩極構造의 形成'을 설명하면서 "1950년에 미국은 對朝鮮侵略戰爭을 敢行하였으며 공공연히 함대를 대만해협에 파견하여 중국의 내정을 간섭하였다."고 서술하였다.[70] 『중국근대현대사』와 마찬가지로 '조선전쟁'이 미국의 침략으로 발발한 듯이 썼다. 또 "조선을 침략한 미국이 조선 북방에 포사격을 하는 장면"이란 설명이 있는 사진도 수록되었다(한글본 97쪽, 중국어본 67쪽).

제4장 「양극구조하의 세계」하 제6절 '아세아경제의 발전'에서는 한국의 경제발전을 높이 평가하고 "수출을 기다리고있는 한국의 승용차들"이란 설명을 붙인 사진까지 곁들였다.[71] 또 副文에서 한국의 경제발전에 대해 상세히 설명하고 있다. 그러나 그 내용은 1990년대 중반의 개정전 교과서 내용과 같은 것이어서 최근의 동향을 서술할 필요가 있다고 하겠다. 중학교 교과서 서술 주요내용은 아래의 각주와 같다.[72]

---

69) 副文 서술 : "1937년의 어느 여름날 밤 150여명의 조선 항일전사들은 金日成의 영도하에 중국 경내에 있는 기지에서 출발하여 압록강을 건너 일본군이 점령하고있는 普天堡를 습격하여 수비군을 몽땅 섬멸해버리고 승리를 거두었다. 이는 조선인민들 속에서 아주 큰 영향을 일으켰다."(한글본 61쪽 및 중국어본 42쪽). '항일전쟁시기의 김일성' 그림(62쪽).

70) 한글본 96쪽 및 중국어본 66쪽.

71) 본문에서 "60년대부터 한국정부는 경제발전 5개년계획에 따라 경제발전 목표를 확정하고 외국의 자본과 기술을 대대적으로 인입하였으며, 또 부동한 시기의 경제발전 상황에 근거하여 발전전략을 끊임없이 조절하고 수출을 고무격려하면서 경제의 안정된 고속도발전을 추진하였다."라고 서술하였다(한글본 144쪽).

72) 초급중학 『세계력사』 제2권(연변교육출판사, 2002.12 발행, 2001년 심사통과)은 제4과 「아세아, 아프리카, 라틴아메리카의 민족민주운동」을 별도로 두어 서술하였으나(21~26쪽), 한민족의 독립운동에 대해서는 전혀 서술하지 않았다. 또 제12과 「제2차세계대전 후의 사회주의국가들」에서는 '조선민주주의인민공화국'(북한)의 창건에 대해서 언급하고 "조선의 지도자 김일성(1912년-1994년)"이라 하여 그의 사진까지 수록하였다. 그러나 대한민국(한국)의 성립에 대해서는 서술

Ⅲ. 한국사 교과서의 중국관련 서술

중학교에서 국사는 사회과로 통합되어 있으나, 실제로는 국사과목으로 독립되어 필수과목으로 운영되고 있다.[73] 고등학교의 경우 한국은 중국과 달리 前近代史가 필수로, 近現代史가 선택으로 되어있다. 한국도 중국처럼 근현대사를 必須로 하는 것이 바람직하다고 생각한다. 2002년부터 시행되고 있는 제7차 교육과정에서는 고교 1학년때 '국사' 과목을 매주 2시간씩, 연간 4단위 68시간(사회 10단위 170시간에 포함) 학습한다. 또 2학년 또는 3학년 때는 심화선택 과목인 '한국 근·현대사' 과목을 연간 6내지 8단위(매주 3~4시간)를 학습하고 있다.[74]

1. 고등학교 『국사』[75]

이 책은 '머리말'에서 한국사를 세계사와 상호관련하여 파악할 수 있도록 세계사의 흐름을 간략히 언급한다고 밝혔다. 또 "민족사에 대한 긍지를 가지는 한편, 건전한 역사의식과 세계시민 의식을 함께 높이기를 기대한다."고 하여 特殊性과 普遍性의 조화를 강조하였다.

하지 않았다(82쪽).

73) 교육부에 따르면 1학년부터 10학년까지의 10년 동안에는 국민 공통기본 교육과정을 편성·운영하게 되어있다. 이에 따라 중학교 사회과의 국사 영역은 별도의 교과용 도서가 편찬되고 교원도 배치하도록 규정되었다(교육부, 2000, 『초·중등학교 교육과정 - 교육과정의 편성과 운영』(교육부 고시 제1997-15호), 22·29쪽).

74) 교육부, 위의 책, 17쪽. 한국 고3학생들의 2004년 3월 수능과목(모의고사) 선택비율은 국사 49.4%, 한국근현대사 56.8%였다(『중앙일보』2004년 4월 12일자, 10쪽).

75) 필수과목이며 國定이다. 국사편찬위원회 편찬, 교육인적자원부, 2002년 3월 발행, 4×6倍判. 총 435쪽. 정치·경제·사회·문화사 등 분류사적 서술형태를 취하고 있고, 고등학교 1학년 필수과목으로 1주일에 2교시씩 공부하게 되어있다. 교과서 인용문의 漢字는 필자가 독자의 편의를 위해 변환하였다.

제2장 2절 국가의 형성, '衛滿의 집권' 항목에서 "위만이 1,000여명의 무리를 이끌고 古朝鮮으로 들어왔다."고 했으나, '도움글'에서 위만이 고조선 사람일 가능성이 크다고 서술하였다. 한국사의 독자성을 설명하려는 의도이다. 또 이 책은 각 단원별 개관에서 거의 빠짐없이 중국의 정세와 한국과의 관계를 서술하였는데, 대체로 중국의 영향을 긍정적으로 서술하였다.[76)]

한편 百濟의 遼西地方 및 山東半島 등 海外 進出을 설명하였는데, 근거사료로 중국의『宋書』와『梁書』를 제시하였다(53쪽). 이는 민족의 자긍심을 높이려는 민족주의적 서술로 판단된다.[77)] 제3장 속의 '대외항쟁과 신라의 삼국통일' 小節에서 고구려와 隋·唐의 전쟁, 백제와 고구려의 멸망, 신라의 삼국통일 등 항목에서 고구려의 수·당항쟁, 백제와 고구려의 부흥운동, 신라의 唐과의 항쟁 등을 서술하였다. 특히 고구려의 중국과의 항쟁을 높이 평가하였다. 고구려의 중국과의 항쟁에 대한 서술은 과거 교과서 보다 서술분량이 훨씬 줄어들었다. 이는 민족주의 담론이 비판받고있는 최근 역사학계의 동향을 반영한 자연스런 결과라고 생각된다. 그러나 자의적인 해석의 여지가 있어 신중한 표현이 요망된다.[78)]

---

76) 예를 들면 제3장「통치구조와 정치활동」, 1절의 1항 '고대의 세계'에서 "동아시아문화권의 중심을 이룬 중국은 동아시아 사회의 발전에 커다란 영향을 미쳤다. (중략) 6세기 말 隋가 중국을 통일하였으나 무리한 고구려 원정 끝에 멸망하고, 7세기에 唐이 건국되었다. 唐에서 발달한 漢字, 儒教, 佛教, 律令體制 등은 우리나라, 일본, 베트남 등에 전파되면서 동아시아문화권을 이루었다.(47쪽)"라고 서술하였다.

77) 백제의 遼西進出說을 부정하는 학자들도 있기 때문에 반대학설을 소개할 필요도 있다. 대표적으로 和田博德, 1951,「百濟の遼西領有說について」『史學』25-1 ; 俞元載, 1989,「'百濟略有遼西' 記事의 分析」『百濟硏究』20 및 1992,「魏虜의 百濟侵入 記事」『百濟硏究』23. 백제의 요서진출설에 대한 논란은 강종훈, 앞의 글, 170~171면 및 김한규, 앞의 책, 175~176쪽 참조.

78) "이후 고구려는 당의 빈번한 침략을 물리쳐 당의 동북아시아 지배야욕을 좌절시켰다. 고구려가 수·당과 싸워 이겨 그 침략을 막아 낸 것은 고구려의 국가

渤海를 '남북국 시대의 정치변화' 항목에서 '발해의 건국과 발전', '남북국의 통치체제'로 구분하여 남쪽의 통일신라와 함께 상세히 서술하였다. 특히 발해가 고구려를 계승한 국가였다는 사실을 강조하였다(62쪽). '남북국시대'라 하여 渤海를 한국사의 범주로 수용하였다. 또『舊唐書』를 인용하여 건국과정을 설명했고, 일본측 자료『續日本紀』를 들어 발해의 지배층인 大祚榮과 그 후손들의 고구려 지향성을 설명하였다(69쪽). 그리고 발해의 사회구조에 대하여 지배층은 고구려계 사람들이 대부분이고, 주민의 다수는 靺鞨人이라고 서술하였다(193~4쪽). 또 柳得恭의 渤海認識을『渤海考』를 인용하여 설명하고 있다(316쪽). 이는 위에서 본 것처럼 중국 교과서의 서술과 전혀 다른 것이다. 이 문제는 한·중 양국 학계의 學說이 다르기 때문에 전문가들의 연구와 토론, 교류를 강화하는 한편, 일부 발해의 다양성을 인정할 필요가 있다고 본다.

중국교과서가 중국의 영향력을 강조하는 측면이 있다고 한다면 한국교과서는 이와 반대이다. 예를 들면『국사』는 고려의 중앙 정치조직을 설명하면서 "唐의 制度를 받아들이면서도 高麗의 實情에 맞게 이를 조정하였다(77쪽)."라고 서술하고 있는 것을 볼 수 있다.[79] 또 '조선초기의 대외관계'에서 事大交隣 政策을 설명하였는데(108쪽), '자주적 實利外交'라고 하여 조선의 自主性을 강조하였다. 그러나 조선의 對明外交에 대한 평가는 중국측 자료나 중국인 학자의 견해를 참고하여 객관화할 필요가 있다.[80] 또 임진왜란시는 왜군의 침략에 朝·明 연합군이 공동으로 싸웠다고 서술하였다(112쪽). '심화과정'에서는 鄭和의 遠征을 서양의

보위 뿐만 아니라 중국의 한반도에 대한 침략을 저지했다는 점에서도 그 의의가 크다(58쪽)."

79) 고려의 중국 등 대외관계에 대한 개괄적 이해는 김순자, 1995,「고려와 동아시아」『한국역사입문』2, 한국역사연구회 엮음, 풀빛, 101~114쪽 참조.

80) 김한규에 따르면 조선의 명에 대한 사대외교는 정치적 목적이 컸기 때문에 경제적 측면에서 보면 조선의 일방적 손실이라고 한다(김한규,『한중관계사』2, 586쪽).

新航路 開拓과 대비하여 설명하였다(116쪽). 朝鮮 後期에 이르러 淸과의 관계가 변하면서 청을 통해 서양문물이 수용되고 北學論 등이 제기되었다고 청과의 교류를 매우 긍정적으로 서술하였다(130쪽).

한편 대한제국 말기에 외교권을 빼앗은 일본이 청과 맺은 '間島協約'(1909)에 따라 간도(현재의 연변지방 일부) 지방을 상실했다고 서술하였다. 국경과 영토문제의 제기인 것이다.

경제사 및 문화사 부문에서는 "고려의 대외무역에서 가장 큰 비중을 차지한 것은 송과의 무역이었다(155쪽)"고 서술하였으며, 梁職工圖에 나타난 백제사신도를 설명하기도 했다(190쪽). 이밖에 '학문과 사상 · 종교'에서 '한자의 보급과 교육'을 설명하여 漢字文化圈의 形成, 漢文 및 儒教, 佛教, 道教 등의 수용을 서술하였다. 또 6頭品출신 渡唐 留學生들의 활동(金雲卿, 崔致遠, 崔承祐 등)을 심화학습으로 다루었다. '性理學의 전래'에 대해서는 "고려의 정신적 지주였던 불교는 쇠퇴하게 되었고 성리학이 새로운 국가사회의 지도이념으로 등장하게 되었다(267쪽)"고 하여 그 기능을 언급하였다.

중국으로부터의 과학기술 및 화약, 陽明學의 수용을 언급하였고, 상공업 중심의 개혁론이 清 왕래시의 경험과 견문을 바탕으로 實學으로 발전하게 되었음을 서술하였다. 조선후기 과학기술의 발달에 대해서도 중국을 통한 서양 과학기술의 수용을 밝혔다(318쪽). 이처럼 대부분 중국문화나 과학기술의 수용을 인정하면서도 반대로 許浚의 『東醫寶鑑』이 중국과 일본에서도 간행되어 뛰어난 의학서로 인정되었다고 서술하기도 했다(319쪽).

이 책은 근현대사 부분은 큰 흐름만 정리하고 간단히 정리하였다. 근현대사 부분은 선택과목으로 구분되어 따로 상세히 공부하기 때문이다. 그러나 청일전쟁과 上海 '대한민국 임시정부', 중국 동북지역의 '항일 독립전쟁' 등에 대해서도 서술하였다. 한편 '6 · 25전쟁'에 대해서는 '北韓

政權'의 무력남침 사실을 명기하였다. 정통성을 인정치 않는 표현이다. 또 지도로 1950년 10월 25일 '中共軍'이 개입하였음을 명시하였다(351쪽). 그리고 사회변화의 한 현상으로 韓人의 國外移住와 독립운동 등을 간난히 서술하였다.

그러나 앞으로 『국사』의 편찬주체인 國史編纂委員會는 교과서의 명칭을 『韓國史』로 바꾸어야 할 것이다. 그것이 세계적 추세에 부응하는 길이고 國粹主義的 認識을 극복하는 한 방편이 될 수 있기 때문이다.[81]

2. 고등학교 『한국 근·현대사』[82]

2002년부터 시행되고 있는 7차 교육과정에 따라 2002년에 4개종의 검인정 교과서가 검정심사에 합격하여 2003년부터 학교에서 사용되었고, 2종의 교과서가 2002년 7월 재검정을 통과하여 2004년부터 학교현장에서 사용되고 있다.[83] 이들 검정교과서들도 국정과 마찬가지로 교육

81) 역사교육에서 '국가'와 '민족' 이데올로기가 갖는 위험을 비판하는 포스트 모더니즘적 역사인식론이 제기되고 있다. 따라서 이러한 문제제기를 일부 수용할 필요가 있다. 국정교과서에 대한 비판도 거세다. 이에 대한 논의는 『한국사 교과서의 희망을 찾아서』 57~164쪽 참조.

82) 고등학교 2학년 또는 3학년의 '深化 選擇科目'의 하나이다. 한국근·현대사는 2학년 또는 3학년때 선택할 수 있으나, 3학년때 선택하는 학교가 많다고 한다(경동고등학교 李桓炳 교사의 증언, 2003년 9월 29일 성균관대 연구실에서 청취). 1주일에 3~4시간 수강한다. 본고의 검토대상인 교과서는 한철호 외 5인 지음, 고등학교 『한국 근·현대사』, 대한교과서(주), 2003년 3월 발행, 327쪽. 이 책은 기존 국정교과서의 틀을 깨고 다른 출판사의 책과 편집형식을 완전히 달리한 교과서로 평가되고 있다. 목차의 제목을 서술형으로 하고 본문의 자체서술 내용은 적은 반면, 그 주제에 관한 사료의 제시를 통한 자료읽기나 도움글을 제시하여 학생들의 사고력을 배양하는 방식을 취하고 있다.

81) 이창성, 앞의 논문, 33쪽. 2003년에 출판되어 현재 학교에서 쓰이고 있는 『한국근현대사』 교과서 4종은 다음과 같다. 김광남 외 4명, (주) 두산 ; 김한종 외 5명, (주) 금성출판사 ; 주진오 외 4명, (주) 중앙교육진흥연구소 ; 한철호 외 5명, 대한

부의 準據案과 교육과정에 따라 서술해야하기 때문에 각 교과서의 체제는 거의 같으며, 서술방식과 내용에 있어 약간의 차이가 있을 뿐이다.[84] 한국의 교사들도 한국근현대사의 강의에 어려움을 느끼는 경우가 많다고 한다.[85]

이 책은 풍부한 사진과 그림, 지도, 도표 등 보조자료를 활용하고 있다. 제2장 1절 '외세의 침략적 접근과 개항'에서는 중국과 일본의 근대화운동을 사진 4매와 함께 설명하고 있다. 중국의 洋務運動과 일본 明治維新의 비교 등 과제를 제시하고 있어 비교사적 측면의 서술이 돋보인다. 조선 후기 개화사상의 형성과 개화세력의 대두에 朴珪壽・吳慶錫 등 중국을 다녀온 사람들의 역할이 컸음을 서술하였다(42~43쪽). 그밖에 領選使의 天津 파견, 1882년 壬午軍亂과 1884년 甲申政變 이후 淸의 간섭이 심해진 사실을 명기하였다(50쪽). 또 '간도와 독도'에서 백두산정계비와 간도 귀속문제도 앞의 『국사』와 마찬가지로 서술하였다(74쪽), 한편 '열강의 경제침탈' 항목에서는 1880년대와 1890년대 전반기 淸 商人의 경제적 침투도 서술하였다.[86]

'辛亥革命 이후의 중국' 항목에서는 제국주의 열강의 중국침략 諷刺그림, 軍閥의 항쟁, 민중운동으로 확대된 5・4운동, 국민당의 북벌과 국・공합작 등을 서술하였다(134~135쪽). 그러나 서양인이 그린 풍자그

교과서(주). 한편 재검정 통과된 수정본 교과서는 김종수 외 3명, 법문사 ; 김흥수 외 5명, (주) 천재교육(이창성의 위의 논문, 42쪽). 현재 금성출판사와 중앙교육진흥연구소, 대한교과서(주)에서 발행한 교과서가 비교적 많이 쓰이고 있다(이환병 교사의 증언, 2004년 3월 28일 청취). 검인정 교과서 채택의 초기단계라 여러종 교과서의 학교 보급실태를 정확히 파악하기는 어려운 실정이다.

84) 이창성, 앞의 논문, 11쪽.

85) 김종훈, 「한국 현대사 어떻게 가르칠까? - 해방 8년사를 중심으로」『한국사 교과서의 희망을 찾아서』, 256쪽.

86) 이 문제에 대해서는 權赫秀, 1999, 『李鴻章의 조선인식과 정책연구(1880~1895)』, 한국정신문화연구원 박사학위 논문 참조.

림을 인용한 결과 중국인은 우스운 모습으로 보인다. 이는 학생들에게 서양 우월감을 줄 우려가 있기 때문에 신중한 선정이 필요하다고 본다. 인명과 지명에 漢字를 併記할 필요도 있다.

또한 "중국의 5·4운동이나 인도의 간디가 전개한 反英運動은 모두 3·1운동의 영향을 받았다(161쪽)."고 서술하였다. 이는 愼鏞廈의 학설을 수용한 것인데, 과장된 서술로 판단된다.87) 특히 3장 3절 '무장독립전쟁의 전개'는 중국 동북지방 및 관내지역에서 전개된 무장투쟁과 임시정부 등의 독립운동 내용을 상세히 서술하였다(167~194쪽). 1932년 윤봉길의 상하이(上海) 훙커우공원(虹口公園) 의거에 대해서도 사진 2장을 게재하는 등 상세히 서술하였다(175쪽). 중국의 蔣介石과 국민당정부, 중국인들의 독립운동 지원사실도 서술하였다.88)

民族唯一黨運動의 추진배경으로 중국의 제1차 國共合作(1924)이 민중의 열렬한 지지를 받았다고 서술하였다(201쪽). 이밖에 만주(중국 동북지방) 등 국외 이주 동포의 활동과 중국공산당의 대륙지배를 한면에 걸쳐 상세히 서술하였다(214~5쪽, 245쪽). 과거 국정교과서와는 다른 객관적 서술이라 할 수 있다. 그러나 중국군벌이나 官憲의 탄압 혹은 지

87) 3·1운동이 5·4운동에 영향을 준것은 분명하다. 일본인 학자들도 이를 인정하고 있다(小島晋治, 1980, 「三一運動と五四運動 - その連關性」『朝鮮史硏究會論文集』 17, 朝鮮史硏究會 및 小野信爾, 1982, 「三一運動と五四運動」『朝鮮史叢』 5·6합집, 靑丘文庫 등). 그러나 신용하 교수의 글은 다소 과장된 측면이 있는 것으로 보인다(신용하, 1985, 「3·1독립운동의 사회사」『한국민족 독립운동사 연구』, 을유문화사, 367~384쪽).

88) '중국의 장제스는 尹奉吉의 의거를 두고 "중국의 100만 大軍도 해내지 못한 일을 한국용사가 단행하였다."라고 높이 평가하였다. 그 후, 중국 국민당정부는 중국 軍官學校에 한국인 특별반을 설치하여 軍 幹部를 양성할 수 있도록 허용하였다. 또, 중국 영토 내에서 우리민족이 무장독립투쟁을 전개할 수 있도록 승인하였는데, 이는 나중에 임시정부가 한국광복군을 조직하는 데 큰 도움을 주었다. (중략) 그리고 중국 국민당정부와 중국인들도 우리나라의 독립운동을 적극 지원하게 되었다(175쪽).'

원, 중국인 대중들의 배척이나 지원양상 등에 대해서 간단히 언급할 필요가 있다. 기본적으로 관민들의 지원없이는 생존과 민족해방운동이 불가능했기 때문이다.

한편 '6·25전쟁'에 대해서는 "북한의 남침"이라고 『국사』와 동일하게 분명히 밝혔고, 사진을 첨부하여 "국경을 넘어오는 中共軍"이란 사진설명을 하였다(262쪽). 중공군이란 '중국공산(당)군'의 약자인데, 그 표현이 적절한 것인지 앞으로 검토할 문제라고 본다. 중국에서는 '중국인민지원군'이라고 표기하고 있다. 그러나 2002년 3월 출판된 신간 중학교 『국사』 교과서는 '중국군'이라고 표기하고 있어 대조적이다(305쪽). 중국과 교류가 가일층 강화되고 있는 상황에서 명칭을 '중국군'이란 객관적 용어로 바꿀 필요가 있다고 하겠다.

Ⅳ. 맺음말

현재 중국과 한국 양국의 교과서는 상대방에 대해 전반적으로 우호적인 내용을 서술하고 있는 것으로 파악되었다. 그러나 상대방에 대한 정보의 부족과 학설의 차이, 역사교육의 목적, 史觀과 역사 敎授·學習 방법론의 차이, 그리고 최근 연구성과가 반영되지 못하는 등의 사유로 상이한 서술을 보이고 있는 부분도 있다.

대표적인 사례로 上古시기 중국문화의 영향문제, 고구려·발해사에 대한 인식과 서술의 차이, 1950년의 '抗美援朝' 전쟁(한국의 경우 6·25 전쟁)에 대한 시각의 차이를 들 수 있다. 그리고 중국 세계사 교과서의 경우 일제하 독립운동(민족해방운동)을 김일성의 활동 위주로 서술하고 있는데, 가능하다면 대한민국임시정부나 농민·노동운동, 독립군의 항쟁 등 다양한 계열의 對日抗爭을 서술할 수 있도록 수정되어야 할 것이다.

한국사 교과서의 경우 고구려의 수·당 항쟁에 대한 서술은 다소 민족주의적(국수주의적) 경향을 띠고있다고 판단된다. 한국 교과서의 경우 渤海에 대한 다양한 해석가능성을 서술할 필요가 있다. 또 3·1운동의 중국 5·4운동에 대한 영향은 다소 과장되어 있다고 본다. 따라서 추후 재검토되어야 할 것이다.

개략적 검토결과 제기된 이러한 몇가지 서술과 인식의 차이는 앞으로 심층적 연구검토와 다양한 연구방법론의 모색, 진지한 상호이해 및 대화를 바탕으로 점진적으로 해결되어야 할 것이다. 또한 다른나라의 교과서 분석과 개선을 위한 실천적 기준이나 협력방안도 강구되어야 한다. 특히 상대방 국가의 교과서 개선에 관한 정보의 제공과 최신 연구성과의 반영 요구, 협의기구의 설치 등 다양한 협력방안을 강구할 필요가 있다고 하겠다.

한국의 교과서, 특히 국정 『국사』 교과서는 중국 관련내용을 비교적 풍부하게 서술하고 있는 것으로 조사되었다. 반면에 중국사 교과서는 한국관련 내용이 상대적으로 소홀히 취급되고있는 실정이다. 물론 이는 양국의 역사발전 과정이 다르고 지역적 범위가 다르기 때문에 구조적으로 불가피한 면이 있다. 그러나 중국의 중국사 및 세계사 교과서에 실린 前近代 시기 한국사 관련내용은 대부분 중국문화의 전파와 한국의 수용이라는 觀點으로 서술하고 있다. 또 한국전쟁에 대해서도 북한의 '요청'으로 파병했으며, 중국이 '朝鮮軍民'과 연합하여 제국주의적 미국에 대해 反侵略戰爭을 전개하여 승리했다는 방식으로 서술하고 있다. 특히 중국 교과서의 경우 최근에 이르러 더욱 민족과 국가, 애국주의, 中華主義的 이데올로기를 강조하는 경향이 있다. 그러나 앞으로는 이웃나라와 그 국민들에 대한 올바른 인식을 도모하고, 학생들의 다양한 문제의식과 자율적인 문제해결 능력을 배양할 수 있도록 세심한 배려가 있어야 하겠다.

21세기의 한국과 중국은 때로는 경쟁하지만, 정치·경제·문화·과학·예술·스포츠 등 다양한 방면에서 상호발전과 협력을 도모해야하는 숙명적 관계에 있다. 따라서 자라나는 학생들에게 상대국에 대한 정확한 정보를 토대로 정확한 인식과 교육이 가능하도록 상호협력 방안을 진지하게 모색해야 하겠다. 인식의 차이를 넘어 화해(상호이해)와 연대를 지향해야 할 것이다. 일본 역사교과서 왜곡문제를 계기로 최근 '한중일 공동 역사부교재' 개발이 실현되고 있는 사실은 한·중·일 역사교과서의 서술과 사관의 차이를 극복할 수 있는 모범적 사례라고 할 수 있다.[89] 현재 드러나는 한국과 중국 역사교과서의 시각차이는 쉽게 해소될 수 있는 것이 아니다. 그러나 역사교과서 편찬 당사자와 주무당국, 학계와 교육계가 상호이해를 도모하면서 장기간에 걸쳐 허심탄회하고도 진지하게 대화를 모색한다면 전혀 불가능한 일도 아니라고 본다.

〈白山學報 第68號, 2004.4.30. pp.417~449〉

---

89) 2002년 3월 말 중국 南京에서 일본역사교과서 문제 관련 국제회의가 열렸다. 이때 참가자들 사이에서 한·중·일 3국의 공동 역사부교재 개발 문제가 합의되었다. 그후 몇차례의 회의를 거쳐 현재 '공동 역사부교재' 개발이 거의 완료되었다. 이에 대해서는 일본교과서바로잡기운동본부·역사문제연구소, 『동아시아 역사공동체 한중일 3국의 역사인식의 공유를 위해』(국제학술회의 논문집, 2003. 11), 137~140쪽 참조.

간도의 지배체제 형성을 둘러싼 중·일의 대립

- 1910년대를 중심으로 -

이 성 환*

〈目 次〉

Ⅰ. 서 언

1909년 9월 4일 간도협약으로 일본은 간도의 영유권을 중국에 넘겨주었다. 그 결과 간도는 형식적으로는 중국의 영토가 되었으나, 그곳에는 여전히 전체 인구의 80%이상을 조선인이 점하고 있었다. 그리고 일본은 조선인의 보호를 명목으로 4곳에 영사관을 설치하는 권리를 얻었다. 이러한 경위를 거쳐 간도에는 정치, 사회적으로 매우 독특한 구조를 형성하게 되었으며, 이러한 간도의 상황은 당시의 만주 나아가서는 한중일의 3자 관계가 가지고 있는 모순을 상징적으로 보여주고 있다.

구체적으로는 간도의 영토적 주권은 중국에 귀속되었으나, 그 지역에 살고 있는 지배의 객체는 '일본' 국적을 가진 조선인이었으며, 그들에

* 계명대학교 국제학부

대한 지배권은 중일 양국 사이에 불분명한 상태로 있었다. 그 결과 간도는 조선인, 중국인, 일본인이 혼재하고 있지만, 그들을 지배하는 통일적 지배체제가 형성되지 못했다. 특히 조선인에 대해서는 중일 양국이 각자의 편의대로 지배력을 행사하는 등의 혼란상을 보이고 있었다. 이를 일반적으로 '간도문제'라 한다.[1)]

간도에 관해서는 지금까지 적지 않은 연구 성과가 있다. 기존의 연구는 주로 조선말기 조선인의 이주문제, 한국과 중국, 일본과 중국 사이의 영토분쟁 문제, 간도지역을 중심으로 전개된 독립운동(주로 1920년 대 이후) 등 간도를 배경으로 나타난 현상(現狀)들에 대한 것이 대부분이다. 그렇기 때문에 간도 지역의 실질적 구성체로서의 간도 조선인에 대한 연구 즉 그들의 정치, 사회, 경제적 존재양식 및 간도를 구성하고 있는 민족들 간의 관계 등에 관해서는 간과되어 온 경향이 있다.

본 논문은 이러한 연구 상황을 배경으로 당시 간도 지역의 정치, 사회적 지배 구조를 규정한 간도협약, 한일합방, 일본의 대중국21개조 요구와 그에 따른 중일 양국의 정책이 간도 조선인의 존재양식에 구체적으로 어떠한 영향을 미쳤는가를 분석한다. 따라서 이 연구는 종래 간도 연구에서 간과되어 온 부분을 보충하고 동시에 간도에 대한 연구 지평을 새롭게 하는데 의미를 두고자 한다.

Ⅱ. '간도협약 체제'의 형성과 간도 조선인

1. 간도협약상의 조선인의 지위

1) 간도지역에는 간도에 거주하고 있는 조선인을 중심으로 전개된 민족문제, 영토문제, 경제(구조)문제, 사상문제, 사회적 관계 등 다기에 걸친 문제가 뒤엉켜 하나의 복합체(complex)를 구성하고 있는데, 이를 총체적으로 '간도문제'라 한다.

간도협약은 기본적으로는 간도의 영유권 귀속에 관한 것이었다. 그러나 중일간의 간도협약 체결과정에서 양국사이에 마지막까지 가장 중요한 쟁점이 되었던 것은 전체인구의 약 80%이상을 차지하고 있는 간도 조선인에 대한 법직 관할권문제였나. 영토에 대한 주권의 소재와 관계없이 조선인에 대한 지배권의 확립은 곧 간도를 실질적으로 지배하는 효과가 있었기 때문이다. 구체적으로 일본의 입장에서는 간도 조선인에 대한 법적지배권의 확보는 간도에서의 세력의 확대를 가능하게 한다.[2] 반대로 중국의 입장에서는 비록 영토에 대한 주권은 확보했다 하더라도 조선인에 대한 법적 지배권을 상실하게 되면 간도에 대한 지배권을 공동화시켜 간도를 일본의 식민지 상태에 두는 것과 같기 때문이다.

1909년 9월 중국과 일본 사이에 체결된 간도협약은 간도를 중국의 영토로 인정함과 동시에 간도 조선인에 대한 지위를 다음과 같이 규정하고 있다. 협약에서는 잡거지(雜居地)에 거주하는 조선인의 거주권을 인정(제3조)하는 대신에 중국의 법률을 따를 것(제4조)을 규정하고 있다. 이에 대해 일본은 조선인 보호를 명목으로 용정촌(龍井寸), 국자가(局子街), 두도구(頭道溝), 백초구(百草溝)의 4곳에 상부지(商埠地, 개방지)를 인정받고, 조선인 재판에 대한 입회권과 재심청구권(覆審請求權)을 가지게 되었다.[3] 이러한 조항들은 일본이 영유권을 포기하는 대신에 조선인에 대한 최소한의 통제권 및 간도에 대한 영향력 확대를 위한 기초를 확보한 것을 의미했다.

그 외 조선인은 여권 없이도 국경을 왕래할 수 있으며, 미곡 반출의 자유 및 토지소유권 (간도협약 제5조) 도 인정받았다. 이 규정들은 종래

2) 일본이 간도 조선인에 대한 법적지배권을 양보하게 된 과정과 이유에 대해서는 졸저 『近代東アジアの政治力學』錦正社, 1999, 참조.

3) 그러나 실제로 일본 측에 의한 재심 청구는 거의 없었기 때문에 간도 조선인은 사실상 완전히 중국의 법적 지배를 받게 되었다고 할 수 있다.

의 간도에 대한 조선인의 생활권 및 간도와 조선의 관계를 인정하는 것이었다.[4] 이것은 역사적으로 간도가 조선인에 의해 개척, 개발되어, 조선인이 뿌리 깊은 생활 기반을 형성하고 있었기 때문에 중국 측으로서도 현실적으로 간도에서의 조선인의 권리를 인정하지 않을 수 없었기 때문에[5] 이루어진 조처였다. 이러한 생활상의 권리 향유는 간도협약 이후에도 조선인의 대량 유입이 계속되는 원인으로도 작용했다.[6]

이와 관련하여 다음과 같은 점을 지적해 둘 필요가 있다. 중국 측으로 봤을 때 간도문제의 발단은 간도에 대한 조선인의 불법 왕래(이른바 越境)에 있었다. 따라서 간도협약이 계속해서 조선인의 간도 자유 왕래 및 거주 등을 허용하는 것은 논리적으로는 간도협약이 간도문제를 완전히 해결하지 못한 것이라 할 수 있다. 그런 의미에서 본다면 간도 협약이 간도문제의 근본적인 해결을 의미하는 것은 아니었다고 할 수 있다.[7]

이상을 요약하면, 간도협약의 체결로 조선인이 간도에서 기본적인 생

---

4) 간도와 조선 북부 지방과의 경제적 의존 관계에 대해서는 鈴木武夫 『北鮮ルート』論-『大陸ルート』論. 其の一一』京城帝國大學法學會編 『朝鮮經濟の研究第三』 1936年. 鈴木武夫 「所謂北鮮ルートに就て」京城商工會議所 『京第月報』1937年11月(弟262號), 山田市太郎 「北鮮雜誌」博通社, 1913年 등에 상세하게 논하고 있다. 예를 들면 간도는 조선으로부터 소금 등을 수입하고 쌀과 콩(大豆) 등을 조선 북부 지방에 수출하고 있었다.

5) 「間島に於ける朝鮮人の地位」(〔일본〕외무성기록1.6.1. 26-1-21「各國事情關係雜纂・支那ノ部・間島」)

6) 실제로 간도협약 체결을 전후해 간도 조선인의 증가 속도는 거의 변화가 없었으나, 한일합방 이후 급격히 증가하고 있다. 당시 간도 거주 조선인의 추정 숫자는 다음과 같다. 1907년 73,000명, 1908년 91,000명, 1909년 98,000명, 1910년 109,500명, 1911년 127,500명. 1912년 163,000명 이었다. 朝鮮總督府 『間島問題の經過 移住鮮人』(1931년). 外務省 『在滿日本帝國大使館編纂・在滿朝鮮人槪況』 등 참조.

7) 간도협약이 간도에 거주하고 있는 조선인의 의사를 무시한 것이며 근본적인 간도문제를 해결하는 것이 아니라는 것은 일본 측에서도 인정하고 있었다. 이러한 견해는 그 후 만주사변 전후에 전개된 간도협약 개정론을 제기하게 된다. 그 가운데 가장 대표적인 견해로서 長野郎『滿洲問題叢書第3卷 滿洲問題關鍵 間島』支那問題硏究所, 1931年, 203쪽.

활권을 향유함과 동시에 중국의 법적 지배 하에 완전히 편입되었다. 이것은 종래 중국과 일본으로 이원화되어 있던 간도 조선인에 대한 지배체제가 간도협약을 기축으로 중국에 일원화되었다는 것을 의미한다. 이것은 중일 양국이 간도협약을 기초로 간도의 정치·사회적 질서를 형성하려 했다는 점에서 '간도협약체제'라 할 수 있다.

2. 한일합방과 간도 조선인의 지위

간도협약에 규정된 조선인의 법적 지위는 한일합방으로 크게 흔들리게 되었다. 한일합방의 결과 조선인(韓民)은 법적, 형식적으로 일본인이 되었기 때문에 간도협약 제 3.4.5조에서 규정하고 있는 '한민(韓民)'은 형식상 존재하지 않게 되었기 때문이다. 이를 근거로 중국 측은 간도협약 제 3.4.5조의 무효화를 주장하면서 간도협약 상의 조선인의 특수 권리를 부정하고 제약할 수 있게 되었다. 실제로 중국 측이 한일합방 후 종래부터 소유권을 획득하고 있던 조선인에 대해서만 토지소유권을 인정하고, 새로운 유입 인구 및 새로 취득하는 소유권을 인정하지 않을 뿐만 아니라,[8] 그 외의 법적 권리도 인정하지 않은 것은 이러한 논리를 근거로 한 것이었다.

이에 대해 일본은 새로 이주하는 조선인에 대해서도 종래와 같이 토지소유권을 인정해야할 뿐만 아니라 한일합방으로 국제법상 조선인은 일본인이 되었으므로 1896년에 체결된 「청일통상항해조약(淸日通商航海條約)」은 당연히 조선인에게도 적용되어야 한다고 주장했다. 즉 간도협약 제3조의 재판에 관한 규정은 「청일통상항해조약」 제 20.21.22조로 대체 적용되며, 간도 조선인은 일본인과 같이 치외 법권의 대상으로서 일

8) (일본)外務省記錄 1·2·59「朝鮮邊境淸國領土內居住ノ朝鮮人ニ對スル淸國政府ノ懷柔政策關係雜纂」(自 明治43年至大正9年).

본법의 지배를 받아야 한다는 것이 일본 측의 논법이었다.[9] 이것은 한일합방을 계기로 간도협약 체결과정에서 일본이 마지막까지 확보하려고 노력했던 간도 조선인에 대한 통제권을 강화하려는 것이었다.

만약에 일본의 주장이 현실화되면 간도협약에 규정된 조선인의 권리는 상실된다. 간도협약상의 조선인의 권리가 상실되면 간도 조선인의 생활상의 권리는 직접적으로 위협을 받게 된다. 동시에 조선인의 간도 이주 동기도 크게 약화되어, 사실상 간도와 조선의 관계는 단절될 가능성이 있다. 이러한 일본의 의도는 한일합방 후 간도가 조선의 독립운동 기지화하는 것을 막기 위해 조선인의 간도 이주를 억제한 조선총독부의 정책과 맥을 같이하고 있다고 할 수 있다.[10]

그렇다고 일본이 간도협약 그 자체를 부정하는 것은 아니었다. 일본은 간도협약의 목적물인 간도의 경계 및 개방지는 존속하고 있으므로 이를 규정한 제1조 및 제2조는 유효하다는 입장이었다.[11] 같은 맥락에서 한일합방 직전 데라우치 총독(당시는 아직 통감)의 제안으로 각의 결정이 이루어 졌다고 하는 '병합처리 방안'은 간도 조선인의 국제법상의 지위를 다음과 같이 밝히고 있다. "조선인은 법령 또는 조약으로 별도의 취급을 하도록 규정한 경우를 제외하고는 완전히 내지인(內地人,

---

9) 條田治策「間島朝鮮人裁判權問題」1924年 3月號. 天野元之助『間島朝鮮人問題について』中日文化協會. 1931年. 54~55쪽. 당시 조선인의 토지소유 관계에 대해서는 김춘선「북간도 지역 한인사회의 형성과 토지 소유문제」『전주사학』제6집, 1998, 참조.

10) 조선총독부가 조선인의 간도 이주를 억제한 이유를 이시카와(石川成一)는 다음과 같이 설명하고 있다. "들리는 바로는 우리 조선총독부에서는 조선인의 滿蒙 이주와 총독정치의 성적을 관련시켜, 가능하면 조선인의 이주수를 감소시킴으로써 內治의 實을 거둔 것 같이 생각하고 있다고 한다. 조선의 정치가 좋고 인민이 전부 그곳에 살 수 있으면 자연 국내외까지 나가서 일해야 하는 이유가 없어진다. 그럼에도 불구하고 매년 조선 內地를 떠나 해외에 이주하는 조선인의 숫자가 증가하는 것은 바람직한 것이 아니다."(石川成一「在滿鮮人問題」『國際會議』第 8卷 第 2號. 1928年 3月).

11) 泉哲「間島問題ノ歸趨」「外交時報」1929年 9月. 88~89쪽.

일본인)과 동일한 지위를 가진다. (단) 간도 거주자에게는 전항의 조약(간도협약-필자)의 결과로서 현재와 같은 지위가 부여된 것으로 간주한다".[12] 일본 정부의 이러한 방침은 한일합방 후에도 간도 조선인에게 간도협약상의 지위를 유지하려는 의도를 반영하고 있다. 이는 한일합방에 의해서도 간도조선인은 국제법상의 지위에 변화를 가져오지 않는다는 것을 의미하며, 일본은 간도협약으로 형성된 간도협약체제를 계속 인정하려는 정책적 판단을 가지고 있었다는 것을 보여주는 것이다.

간도에 대한 일본정부의 현상유지 정책과 조선총독부의 간도 이주 억제 정책은 형식적으로는 모순되지만 현실적으로는 다음과 같은 효과가 있었다. 간도에 대한 통제체제를 충분히 갖추고 있지 않은 단계에서 간도가 독립운동의 근거지가 되는 것을 방지하기 위해 일본이 취할 수 있는 방법은 다음의 두 가지로 생각할 수 있다. 우선 독립운동 근거지 형성에 가장 기본적 조건이 되는 민족적 기반을 약화시킬 필요가 있다. 그러기 위해서는 조선인의 간도 이주를 억제하고 간도와 조선의 관계를 약화시켜야 한다. 다른 한편으로는 이미 종래부터 간도에서 생활 기반을 구축하고 있는 조선인에 대해서는 그들의 권리를 보장해 주고 생활을 안정시킬 필요가 있었다. 이를 종합하면 간도가 독립운동의 근거지가 되는 것을 방지하기 위해서는 한편으로는 조선인의 아주 억제를 통해 세력 확대를 막고, 다른 한편으로는 간도 조선인의 생활 안정을 통해 반일 의식을 약화시키는 것이었다.

12) 山邊建太郎『日本統治下の朝鮮』岩波書店. 1983年. 3~4쪽(이현희 역『日帝 강점하의 한국근대사』삼광출판사, 1998. 10~11쪽). 각의 결정의 정확한 시점을 알 수 없으나, 내용으로 보면 1910년 6월 또는 7월로 추정된다. 그러나 이 책의 기술만으로 보면, 1909년 7월의 각의결정의 연장으로 보여지기도 한다. 만약 1909년 7월의 각의결정의 연장이라면 간도협약과의 관계에 있어서 중요한 시사점을 던져주는 대목이다. 즉 간도협약이 체결되기 이전에 이미 간도조선인의 국제법적 지위를 결정해 놓았다는 것을 의미하기 때문이다.

이처럼 한일합방을 계기로 중일 양국은 조선인의 지위에 관해 기본적으로는 서로 대립되는 견해를 가지고 있었지만, 실제 양국은 그에 대한 구체적인 교섭이나 외교적 조치를 취하지 않았다. 그 이유를 남만주철도의 히라이(平井鎭夫)가 일본 외무성에 제출한 비밀보고서 「간도에 있어서의 조선인의 지위」에는 다음같이 기술하고 있다.[13]

> "간도의 잡거지 외에 아직 우리나라(일본)는 아무런 이권을 얻지 못하고 있다. 따라서 이 조약(간도협약)을 폐기해 버리면 그들 조선인은 곧바로 거주 영업권을 상실하게 되며, 그것이 동요하게 되면 경제상 조선인에게는 유리한 점이 많고 오히려 중국인에게 불리하게 된다. 또 일본인(한일합방 후의 조선인)에게 구 한민〔舊韓民〕(한일합방 이전의 조선인)에 부여된 특수 권익을 향유하게 하면 중국의 재판을 감수해야 한다. 그렇기 때문에 전자를 주장하게 되면 중국에게 불리해지고 후자를 주장하게 되면 우리(일본)에게 반드시 이익이 된다고 할 수 없는 상황이 된다. 그렇기 때문에 이점에 대해서는 아무런 공식적인 절충이 없이 1915년 5월, 21개조 요구 때까지 구 한민에게만 간도협약의 적용을 묵인하게 되었다".[14]

이상의 이유로 간도 조선인의 지위는 기본적으로는 간도 협약 체제가 유지되었으나, 그 배경에는 중일 양국의 다음과 같은 정치적 의도가 작용하고 있었다. 우선 중국의 입장에서는 간도 협약 체제의 유지는 일본 세력을 상부지(商埠地) 내에 한정하게 된다. 만약에 조약상의 '한민'의 존재와 조선인의 토지소유권을 부정하고 그들을 일본인으로 취급한다면 간도가 일본인으로 점령되는 상태가 되어버릴 위험성이 있는 것이었다.[15] 중국으로서는 조선인의 권리를 인정하고 일본 세력을 상부지

---

13) 앞의 외무성기록 「間島に於ける邦人の地位」 110~111쪽.

14) 문맥상 모순되는 내용이 있으나, 간도협약체제를 유지하려는 일본의 의도를 잘 설명하고 있는 기록이다.

내로 한정하는 것이 훨씬 유리하다.

일본 측으로서도 간도조선인의 반일운동이 아직 구체적 위협으로 현재화하지 않은 상황에서 상부지 밖으로 세력 확장을 꾀해 중국과 마찰을 야기힐 현실직 필요싱이 없었다. 결과적으로 일본의 현상유지 방침은 중국과 이해관계가 일치하는 것이었다. 따라서 조선인의 국제적 지위에 커다란 변화를 가져올 수 있는 한일합방이라는 정치적 격변에도 불구하고 간도에는 간도협약을 기본 축으로 하는 간도협약 체제가 유지되게 되었다. 그러나 한일합방에 의해 간도 조선인의 법적지위가 변화된 이상, 간도협약 체제는 변화의 가능성을 내포한 일시적, 과도기적인 것이었다.

간도에서의 이러한 중일간의 관계는 당시 일본의 대만주 정책과도 그 궤를 같이 한다. 즉 신해혁명 후 일본은 만주의 권익을 유지하기 위해서는 중국의 안정을 통한 협력이 필요하다고 판단하고 있었기 때문에 중국에 대한 적극적인 정책을 추진하지 않았다.[16]

3. '간도협약 체제' 확립을 위한 중국의 정책

중국 측은 한일합방으로 불안정성을 내포하게 된 간도협약체제를 공고히 해야할 필요가 있었다. 한일합방 후 조선인 이주가 급격히 증가하고 있는 현실에 대해,[17] 중국은 "(일본이) 조선인 이주를 이용하여 이 지방(간도)을 병합하려"는 기도로 간주하고 있었다.[18] 그렇기 때문에 중

15) 임영서 「1910-20년대 간도한인에 대한 중국의 정책과 민회」『한국학보』제19권 4호, 1993, 173쪽, 참조.

16) 緒方貞子『滿洲事變と政策の形成過程』原書房, 1966年.

17) 1910년부터 1912년까지 조선인의 간도 이주는 급격히 증가하고 있다(앞의 주 6 참조).

18) 「國際聯盟調査委員會報告書」(report of the commission of inquiry)外務省編「日本外

국 측으로서는 조선인을 매개로 간도에 대한 세력 확대를 꾀하려는 의도를 가지고 있는 일본의 침략을 저지하기 위해서도 간도협약체제를 강화할 필요가 있었다.

간도협약체제를 공고히 하기 위해서는 간도 인구의 대다수를 차지하고 있는 조선인이 그들의 지배에 순응하거나, 적어도 조선인의 존재 그 자체가—조선인을 이용한 일본의 간도정책을 포함해서—중국의 위협이 되지 않아야 한다. 이러한 측면에서 간도 조선인의 정치적 행동은 중국 측이 허용하는 범위 안에 한정될 수밖에 없으며, 간도에서의 조선인의 반일 운동도 중국 측이 대일정책을 추진하는데 유리하게 작용하는 것이어야 할 필요가 있었다.

이러한 목적을 달성하기 위해 중국이 취할 수 있는 가장 유효한 정책은 간도 조선인을 중국화하는 것이다. 그것은 신이주자에 대해서는 중국식의 치발역복(雉髮易服)을 강요하고 구 이주자에 대해서는 토지정책을 통한 귀화의 장려로 구체화되었다.[19]

신이주자에 대한 치발역복 정책은 주로 조선 국경 지대에 주둔하고 있는 중국 관헌들에 의해 강행되었다. 1911년 4월 29일부터 5월 5일까지 온성간도(穩城間島)의 양수천자(凉水泉子) 지방을 시찰한 원용덕(元容悳) 순사가 호리우치(堀內善九郎) 간도 총영사관 경찰서장에게 "양수천자(凉水泉子) 주둔 중국 관헌은 조선에서 간도로 들어오는 사람들을 억류하여 두발(頭髮)을 중국풍으로 깍은 후 방면하고 있다"고 보고한 것은 그 한 예이다.[20] 이러한 조치는 신이주자 뿐만 아니라 구이주자에

交文書・滿洲事變別卷」原書房. 1981年. 56쪽, 109쪽.

19) 귀화문제에 관하여는 유병호「재만한인의 국적문제(1811-1911)」중앙대학교 박사학위논문, 2001 및 유병호「재만한인의 국적문제에 대한 연구--1900년대 초 한청 양국의 갈등을 중심으로-)」『사림』2002, 이 있다.

20) 外務省記錄1・1・2・63「鴨綠江右岸及間島地方在住ノ日本人(朝鮮人含ム)ニ對スル同國國民ノ態度關係雜件」. 55쪽.

대해서도 병행되었다. 서도 (西島, 청국의 단위로 양수천자 동북방 약 30리) 지방의 중국인 지주 양승우(楊勝友)는 1911년 2월 조선인 소작 22가구에 대해 치발 역복을 명했다. 그 결과 치발역복을 거부한 8가구는 강세 퇴서를 낭했으며, 14가구는 "부녀자를 제외하고 어린아이까지 전부 치발 역복을 강요당했다".[21]

구 이주자에 대한 귀화정책은 주로 토지소유권과 관련하여 이루어졌다. 중국 측은 기본적으로는 귀화 조선인에게만 토지소유권을 인정하는 방침을 취하면서 기존의 토지 소유자에 대해서는 귀화를 장려했다. 한일합방 직후 1911년 백초구(百草溝) 영사관경찰의 보고서로 추정되는 「왕청현(汪淸縣) 관내 거주 조선인의 상태 조사 요강」에는, 중국 측은 "작년(1910년) 9월 춘명사 상지석부(春明社 上石止府)의 토지 소유자 최명록(崔明綠) 외 21명을 왕청현(汪淸縣)에 소집하여 청국에 귀화할 것을 설득하고…… (중략)……작년 토지 불하와 그 이전에 각종 이해관계를 설명하고 치발 역복"을 권유했다고 적고 있다.[22] 이 보고서에 따르면, 중국의 이러한 귀화 정책은 간도 지역 전체에 걸쳐 행해진 것으로 되어 있다.[23]

중국 측의 귀화 및 치발역복 정책은 어느 정도 성과를 거두었으나, 이를 통해 조선인을 완전히 중국화하는 데에는 일정한 한계가 있었다. 앞의 보고서는 당시 간도 조선인의 인식을 "청국인에게 면종복배(面從服背)하는 자 65%, 청국에 대해 정신적으로 복종하는 자 5%, 청국에 대해 아무런 감상을 가지고 있지 않는 자 30%"이며, "현재 조선인이 특별히 청국에 동화되는 경향은 보이지 않는다"고 결론짓고 있다.[24] 덧붙여

21) 위의 외무성기록. 41~42쪽.

22) 「汪淸縣管內居住朝鮮人ノ狀態調査要綱」朝鮮總督府記錄 「淸國國境關係書類(自明治44年1月至同年7月. 外事課)」(이하 총독부 기록 이라 함).

23) 위의 총독부기록.

24) 위의 총독부기록.

일본이 원칙적으로 조선인의 중국 귀화를 인정하지 않은 것도 중국의 정책 실현을 곤란하게 하는 요인이었다.[25] 중국 측의 조선인에 대한 귀화 및 치발역복 정책과 이에 대한 일본의 대책을 나가타키(永瀧) 간도 총영사는 고무라(小村壽太郎) 외상에게 다음과 같이 보고하고 있다.[26]

> "각지에 주재하는 청국순사 등은 호구조사를 할 때 조선인에 대해 귀화입적(入籍)의 이익을 설명하고 또 …… 어떤 자는 토지소유 및 소작의 이해관계상, 어떤 자는 권유에 못이겨, 어떤 자는 아무생각 없이 권유를 받아 응하는 모양이다. …… 본관은 그들에 대해 설령, 청국에 귀화를 하더라도 본국에 정당하게 탈적(脫籍)절차를 밟지 않으면 조선인으로 인정할 수밖에 없다는 뜻을 알리고, 동시에 각지 거주 조선인에게 자기 뜻에 의하지 않는 입적(귀화)은 물론 치발역복의 권유에 따르지 말 것을 지시했다".

이러한 상황에서 조선인에 대한 과도한 귀화 강요는 오히려 일본으로 하여금 조선인 문제에 개입할 수 있는 구실을 제공할 우려도 있었다. 그렇기 때문에 중국의 귀화를 통한 조선인의 중국화 정책은 일정한 한계를 가질 수 밖에 없었으나, 일본은 간도에 이미 형성되어 있는 기존질서를 변경하려는 적극적인 자세를 보이지 않았기 때문에 간도에는 간도협약체제가 유지되고 있었다.

---

25) 간도 조선인의 국적 문제에 관한 일본의 최초의 방침은 1908년 9월 19일 통감부임시간도파출소가 발포한 「間島韓民臣民心得」이었다. 「間島韓民臣民心得」제 8조는 「先在韓國臣民은 어떠한 경우에도 국적을 상실하지 않는 것으로 한다」고 규정하여 간도 조선인의 국적변경을 막고 있다(「統監臨時間島派出所紀要」김정주편 『조선통치사료』제1권. 宗高出版社. 1970년. 101쪽).
이러한 방침은 그 후에도 그대로 유지되었다. 일본은 1924년 국적법 개정을 통해 일본인의 국적이탈을 허용하고 있으나, 1945년 해방 때까지 일본의 국적법이 조선에는 적용되지 않았기 때문에 일본은 어떠한 경우라도 조선인의 국적변경을 허용하지 않았다.

26) 明治44년 1월 25日 永瀧間島總領事より小村外相宛電報(앞의 외무성기록1・1・2・59).

Ⅲ. 새로운 지배체제 형성의 모색

1. 남만주 및 동부 내몽고에 관한 조약과 간도협약

제1차 세계대전을 계기로 1915년 일본이 중국에 21개조 요구를 함으로써 만주를 둘러싼 중일간의 관계는 획기적인 변화를 가져오게 되었으며, 이러한 변화는 간도 정세에도 직접적인 영향을 미쳤다.[27] 21개조 요구의 결과 체결된 「남만주 및 동부 내몽고에 관한 조약」(이하 본 논문에서는 간도협약을 구조약이라 하는 데 대해 이를 '신조약'이라함)을 둘러싼 중일 관계는 간도지배를 위한 양국의 대립에서 극단적인 형태로 구체화되어 나타났다. 신조약을 둘러싼 간도에서의 양국의 대립 상황 및 그에 따른 조선인의 존재양식은 당시의 한중일 3자 관계를 상징적으로 보여주고 있다.

신조약을 둘러싼 양국의 가장 기본적인 대립은 (1) 간도가 이 조약의 적용 범위 즉 남만주에 해당하는가, (2) 이 조약이 간도협약에 영향을 미치는가 하는 조약 해석의 문제였다.

첫째, 신조약에는 조약의 적용 대상인 남만주의 범위에 관해 명확한 규정이 없었다. 그렇기 때문에 중일 양국은 이를 자국에 유리하게 해석하려했다. 일본은 그 범위를 가능한 넓게, 반대로 중국은 가능한 좁은 범위로 한정하려 했다. 구체적으로 일본은 러일협약이 규정한 세력범위이면서[28] 실질적으로 일본의 세력이 미치고 있는 봉천성과 길림성 전

27) 일본의 대중국 21개조 요구를 둘러싼 중일간의 대립에 있어서 조선인에 관한 문제에 관해서는 박선영 「역주 중일조약·조선인·철도에 관련된 중국의 진술 : 중일국적법 겸론」 『중국사연구』제28집, 2004, 339~350쪽, 참조.

28) 위의 일본외무성 기록.

체를 남만주로 상정하여,[29] 간도에는 당연히 신조약이 적용된다고 주장했다. 중국은 일본의 영향력을 최소화하기 위해 그 범위를 봉천성과 길림성의 일부로 한정하고,[30] 간도를 조약 범위 밖으로 간주하면서 일본의 주장을 받아들이지 않았다.

둘째, 첫 번째의 논의를 바탕으로 이 조약이 간도 협약에 영향을 미치는가의 문제로서, 구체적으로는 간도와 직접 관련을 가진 신조약 2, 3, 4, 5조의 해석문제였다.[31] 특히 간도협약 제4조(간도 조선인에 대한 중국의 재판권)와 관련하여 신조약 제2조의 조선인에 대한 '상조권(商租權)과 제5조의 치외법권에 관한 조항을 두고 양국은 첨예하게 대립했다.[32] 구체적으로는 신조약의 성립으로 남만주에 거주하는 일본인에게

---

29) 「南滿洲及東部內蒙古ノ範圍ニ關スル調査(大正5年12月)」日本外務省記錄 마이크로필름, UD45「間島協約ト滿蒙ニ關スル新協約トノ關係」에 수록), 참조. 外務省通商局『人口問題ヲ基調トシテ・滿蒙拓植策ノ研究』昭和2年, 378쪽.

30) 예를 들면 1923년 7월 奉天省長이 각현 지사에게 포고를 내린 「商租禁止令」에 의하면, 남만주를 봉천성의 일부 즉 東邊道 관내 전부의 19개현과 遼潘道 관내의 遼河以東의 11개현, 합계 30개현으로 한정하고 있다. 또 1924년 7월에는 滿鐵 本線 沿線의 12개현과 안봉선이 통과하고 있는 3개현으로 한정하고 있다. 東亞勸業株式會社『南滿洲に於ける土地商租權問題』大正15年, 17~18쪽. 淺田喬二『日本帝國主義下の民族革命運動』未來社, 1973年, 334쪽.

31) 신조약의 3, 4, 5조의 성립과 실시 상황에 대해서는 臼井勝美「南滿東蒙條約の成立前後—21個條條約の一解釋—」, 栗原建編『對滿蒙政策史の一面』原書房, 1981年, 참조. 한편, 신조약의 2, 3, 4, 5조는 여러 가지 준비 등의 문제로 교환 공문에서 중일 양국은 조약 조인 후 3개월간 그 실시를 연기하기로 서로 양해하고 있었다.

32) 天野元之助『間島に於ける朝鮮人問題に就いて』中日文化協會, 昭和6年, 56쪽.

"소멸설 (일본 측)

(1) 한민(韓民)은 존재하지 않기 때문에 소멸한다. 간도협약 제3조, 제4조, 제5조는 한민의 존재를 전제로 하고 있으나, 한일합방의 결과 종래의 한민은 일본신민으로 되었기 때문에 앞의 3개조의 규정을 적용받는 주체가 이미 존재하지 않게 되었다. 따라서 위 3개조는 당연 소멸한다.

(2) 사태가 변경되었기 때문에 소멸한다. 신 조약 체결 이전 일본인은 만주에 있어서 거주, 영업, 토지 등에 관해 아무런 특수 권리를 가지고 있지 않았기

영사재판권(치외법권)이 실시될 경우 간도 조선인에 대해서도 일본의 영사재판권이 적용되는가에 관한 문제였다.

만약 일본의 주장대로 간도협약 제4조가 소멸하고 신 조약이 간도에 적용되면, 간도협약에서 규정한 4곳의 개방지 내에 한정되어 있던 조선인에 대한 일본의 영사재판권(치외법권)이 간도 전역으로 확대되며, 조

때문에, 한일합방 직후 바로 간도협약을 소멸시킬 경우 종래 간도에서 생활하는 다수의 조선인은 곧바로 거주, 영업, 토지 소유권을 상실하는 결과가 되므로 일시적 편법으로 간도협약의 적용을 받도록 했다. 그런데 신 조약 체결로 사태가 일변했기 때문에 일시적 필요에 의해 잠정적으로 그 존속을 용인한 간도협약은 신조약 시행과 동시에 소멸하도록 해야 한다.

(3) 신 조약 제8조의 결과 소멸한다. 제8조의 "만주에 관한 중일 현행 각 조약은 본 조약에 별도로 규정하는 것을 제외하고, 일체 종전대로 실행한다"는 문구는, 이것을 달리 말하면 '만주에 관한 현행 각 조약에 규정하는 사항 중 특히 신 조약에서 규정한 사항은 전부 신 조약 규정대로 실행되어야 하고, 이것과 저촉하는 것은 일절 소멸한다'는 것과 같은 뜻이다. 그렇기 때문에 거주, 재판, 토지소유에 관한 간도협약 제3 제4 제5조 전반(前半)은 소멸한다.

존속설 (중국 측)

(1) 특정 지역에 관한 조약이기 때문에 소멸하지 않는다. 간도협약에 규정된 토지소유권, 거주권, 여행권, 영업권, 재판권 등에 관해서는 신조약도 이를 규정하고 있지만, 전자는 간도만에 관한 것이고, 후자는 남만주 일대에 관해 규정하고 있으므로 서로 침해하지 않는다.

(2) 특정인에 관한 조약이기 때문에 소멸하지 않는다. 간도협약은 간도거주 한민(韓民)의 곤란한 처지를 구제하기 위해 체결된 것이다. 그런데 한일합방으로 한민은 일본의 국적을 취득하게 되었지만, 그 생활 상태에는 아무런 변화가 없고, (간도에 대한 조선인이) 특수 관계를 가지고 있는 것은 옛날이나 지금이나 마찬가지이다. 이것이 한일합방 후에도 여전히 한민에 대해서 그 효력을 존속시킨 이유였다. 그렇다면 신 조약 체결 후라고 하더라도 여전히 그 효력을 존속시켜야 한다.

(3) 간도는 남만주에 속하지 않는 특수지역이다. 따라서 신 조약의 효력은 이 지역에 미치지 않으며, 간도협약은 여전히 유효하다.

(4) 소멸설은 제8조 삽입의 정신을 무시하는 것이다. 더구나 제 8조는 중국 측의 주장으로 삽입된 것이기 때문에 중국을 불리하게 하는 의미가 아닌 것은 명백하다. 그렇기 때문에 중국 측에게 유리하게 해석하지 않으면 안된다."(57～59쪽).

선인에 대한 중국의 사법권은 형해화된다. 이는 앞에서 언급한 한일합방을 계기로 내포하고 있던 간도협약체제의 불안정성을 노정하는 것으로 그것은 곧바로 간도협약체제의 붕괴로 이어지고 간도는 실질적으로는 일본의 식민지로 전락하게 된다.[33] 중국이 주장을 굽히지 않는 가장 큰 이유는 여기에 있었다. 거꾸로 일본은 간도 전역의 조선인에게 사법권 및 경찰권을 행사할 수 있게 되므로 실질적으로 간도 전체를 지배하게 되는 것과 마찬가지의 효과를 가진다. 이러한 의미에서 일본의 주장은 신조약을 이용해 간도를 '식민지화'하려는 의도를 가진 것이었다고 할 수 있다.

이상과 같은 일본의 주장은 종래 간도의 지배질서를 규정하고 있던 중국 통치권 중심의 '간도협약체제'를 부정하고, 간도에 일본 중심의 새로운 지배체제를 형성하려는 것이라 할 수 있다. 이것을 일본이 신조약을 통해서 실현하려 했다는 의미에서 '신조약 체제' 또는 '남만주 및 동부 내몽고에 관한 조약 체제'라 하겠다.

2. 일본의 '신조약 체제'

'신 조약'을 간도에 적용할 것인가에 대해 일본정부의 방침은 처음에는 명확하지 않았다. 신 조약 체결 직후 1915년 6월 16일, 스즈키(鈴木要太郎) 간도 총영사대리는 가토(加藤高明)외상에게 "간도협약 제3조 및 제4조는 신조약의 규정에 따라 당연히 소멸한다고 해석해도 지장이 없는가"라는 전보를 보내 간도협약과의 관계에 대한 구체적인 방침을 요청했다.[34] 이에 대해 외무성은 스즈키 간도총영사대리와 조선총독부에 다음과 같은 방침을 통보했다.[35]

33) 信夫淳平『滿蒙特殊權益論』日本評論社, 1932年, 397쪽.
34) 일본외무성기록, B・1・0・0・J/C-1「間島問題調書」 87쪽.

> "공평하게 보면 간도협약은 특별 지방에 관한 특수 협정의 성질을 가지고 있는 점에 비추어 제3조 및 제4조도 「남만주 및 동부 내몽고에 관한 조약」 제8조(남만주에 관한 중일의 현행조약은 본 조약에 별도로 규정하는 것을 제외하고 일체 종전대로 실행한다—原註)의 결과 종전대로 실행하는 것으로 보는 것이 지당하다. 즉 토지상조권, 거주, 재판권 등에 대해 일본인은 간도지방에서도 남만주의 다른 지방과 같이 신조약의 적용을 받지만, 조선인은 위의 점에 있어서 여전히 간도협약의 규정에 따라 지배받는 것으로 해석해야 한다고 생각한다. 그러나 신조약과 간도협약의 관계에 관한 해석문제는 가능하면 당분간 명확히 결정하지 않는 것으로 하여 만사 조치를 취하기 바란다."

요약하면, 외무성은 간도협약은 원칙적으로 신 조약의 영향을 받지 않는다는 방침을 가지고 있으면서도, 당분간 명확한 태도를 밝히지 않음으로써 상황변화에 따라 대응하려는 태도를 보이고 있었다. 외무성의 이러한 모순된 태도는 외무성이 아직 간도 조선인에 대한 명확한 방침을 가지고 있지 않다는 것을 의미한다.

외무성의 방침에 대해 7월 6일, 데라우치(寺內正毅) 조선총독은 가토 외상에게 "귀 대신의 해석에 따르면, 지역이 서로 연속하고 있는 강안 일대(江岸一帶)의 중국 지역에 거주하며 동시에 그 생활 상태가 완전히 같은 조선인에 대해 그 일부에게는 우리의 치외법권의 은전을 주고, 다른 일부에게는 이를 주지 않는 변태(變態)를 야기하고 있기 때문에, 조선인에 대한 시정상(施政上) 많은 영향을 미치는 것은 물론, 간도 조선인을 내지(內地, 일본)와 같은 제국 신민으로 취급하는 제국 정부의 근본방침에도 위배된다"[36]는 의견서를 보내 강력히 반발했다. 그리고 "본

---

35) 위의 일본외무성기록, 87~88쪽.

36) 齊藤實文書827「在朝鮮人ト間島協約及日支條約トノ關係」(일본 국립도서관 헌정자료실 소장). 井上學「日本帝國主義と間島問題—1910年代・1920年代前半—」朝鮮史研究會編『朝鮮史研究論文集』第10集, 1973年, 43쪽.

건은 완전히 해석문제에 지나지 않으므로 귀 대신의 고려 여하에 따라 결정될 수 있는 것"이라 전제한 후 '재지(在支) 조선인에 관한 상황 및 간도협약체결 전후의 사정'을 개진하여, 다음과 같이 외무성 방침의 변경을 촉구했다.

(1) 한일합방으로 이론상 간도 조선인은 일본인과 같이 우리(일본) 법권에 속해야 하나, 그에 관한 명확한 국제적 규정이 없기 때문에 그 적용을 유보해 왔다. (2) 신 조약은 다년간의 이 현안을 해결하는 것으로, 만주에 있는 조선인 전체를 일본인으로 취급해야 한다. (3) 재만 조선인 취급의 불통일은 많은 불리한 점이 있다. 그 이유로 (1) 지역 이동에 따라 서로 다른 법권의 적용을 받는 불편, (2) 일본인과 조선인 사이의 분쟁 해결의 어려움, (3) 조선의 치안상 항일운동의 근거지가 되어 있는 간도를 일본의 법권 밖에 두는 것은 매우 불리하다는 3가지를 들고 있다. 데라우치(寺內正毅)는 결론으로서, 간도협약은 중국과 조선의 국경 확정에만 효력이 있고, 신 조약으로 간도협약은 소멸되어야 한다고 밝혔다.[37] 이 가운데 총독부가 가장 민감하게 반응한 것은 '조선의 치안상'의 문제일 것이다. 국경을 접하고 있는 조선총독부로서는 항일운동의 근거지가 되고 있는 간도 조선인에 대한 통제를 강화하기 위해서는 간도에 대한 신조약의 적용은 불가피한 것이다.

그러나 총독부의 주장대로 신조약을 간도에 적용할 경우, 간도협약상의 간도 조선인의 권리에는 중대한 변화를 초래하게 된다. 이케베(池辺) 조선총독비서관은 이를 다음과 같이 정리하고 있다.[38] '신 조약'이 간도에 적용될 경우 간도 조선인은 (1) 종래와 같이 토지를 소유할 수

---

37) 寺內總督이 外務大臣앞으로 보낸 1915년 7월 7일자 전보(官秘第163號), 위의 齊藤實文書 수록.

38) 「南滿洲及蒙古ニ關スル日支條約及附屬公文ノ解釋(池辺朝鮮總督秘書官稿)」, 위의 책, 309쪽.

없게 되어 토지를 상조(商租)해야 하며, (2) 이미 소유하고 있는 토지에 대해서는 전부 상조로 취급되거나 기득권을 인정받든지 해야 하며, (3) 비록 기득권으로 인정된다 하더라도 토지에 관한 소송은 종래와 같이 중국이 가지게 된다. 이러한 관점은 총독부로서는 간도 조선인의 생활 기반인 토지 소유권보다는 간도 조선인에 대한 통제권을 더 중시한 것이다. 즉 조선인이 가지고 있던 토지소유권을 포기하더라도 그들에 대한 직접 통제권(영사재판권)을 확보하겠다는 의도였다.

외무성은 총독부의 이러한 방침을 전면적으로 받아들여, 8월 13일 각의(閣議)에서 간도협약과 신조약과의 관계에 대한 기본방침을 정식으로 결정하여, 다음날 조선총독부 및 간도총영사대리에게 전달했다.[39] 각의 결정의 내용은 토지 상조권과 영사 재판권에 대해서는 '신 조약'을 적용하고, 토지 소유권에 대해서는 간도협약을 적용한다는 것이다. 이것은 외무성과 총독부의 주장을 모두 만족시키는 일본에게 유리한 부분만을 취사선택한 모순된 것으로,[40] 당시 중일의 불평등한 힘의 관계를 상징적으로 보여주고 있다. 이로써 일본은 간도에 간도협약을 대신할 새로운 체제 즉 '신조약 체제'의 형성을 위한 의도를 분명히 했다고 볼 수 있다.

Ⅳ. 중일의 대립과 간도 조선인

일본은 8월 13일 각의 결정에서 간도에 신조약을 적용한다는 방침을 세웠다. 구체적인 실시방법으로는 중국 정부에 방침을 통고하거나 협의

39) 「大正4年日支新條約ト間島協約トノ關係ニ關スル解釋ニ付在間島總領事ニ對スル訓令(大正4年8月14日)」, 앞의 일본외무성기록, 「間島問題調書」, 110쪽.

40) 安藤彦太郎「吉林省延辺朝鮮族自治州—旧『間島』の歴史と現實—」『中國研究月報』 193號, 1964年, 10쪽.

를 거치지 않고 "단지 당해 제국관헌에게 훈령하여 일률적으로 '신 조약'을 적용하고, 실제 문제가 발생했을 경우 중국 정부에 설명한다"는 방식을 취했다.[41] 이것은 신조약 적용을 둘러싸고 발생하는 중국과의 정식적인 대립을 피하기 위한 조처로서, 우선 신조약을 간도에 적용하여 기정사실화한 후, 중국이 저항할 경우 중국 측을 설득해 승인하도록 한다는 방침이었다.[42]

이러한 방침 하에 데라우치 조선총독은 구니토모(國友三亥) 조선총독부 사법장관에게 신조약 실시에 따른 간도 조선인의 사법관계를 조사하도록 명했다. 8월 23일 구니토모는「간도 재주(在住) 조선인에 대한 사법관계」라는 보고서를 테라우치에게 제출했다.[43] 보고서는 "간도 영사가 행사하는 재판권은 특별한 규정이 있는 것을 제외하고는 제국(일본)이 치외 법권을 가지고 있는 다른 지역과 같이 본국 즉 내지(일본)에서 시행되고 있는 일반법에 따라야 한다"고 지적했다. 보고서는 이 원칙에 따르면 조선국내에서의 반일운동을 탄압하기 위해 제정된 보안법이 간도에는 적용되지 않는다는 문제점을 지적하면서, 간도에 보안법이 적용되지 않으면 법률상 일본이 간도 조선인의 반일운동을 단속하는 것은 불가능하기 때문에 "구제책으로 칙령(勅令)으로 간도 재주(在住) 조선인에게 적용할 특별규정을 제정해야 한다"고 제언하였다. 즉 보안법이 적용되지 않으면 신 조약의 간도 적용은 실질적으로 아무런 의미를 가지지 못한다. 그 후 칙령은 공포되지 않았으나, 보안법은 간도에 적용되었다.[44]

---

41) 일본외무성기록 마이크로필름, SD45「間島協約ト滿蒙ニ關スル條約トノ關係」, 21～22쪽.

42) 위의 외무성 기록, 참조.

43)「間島在住朝鮮人ニ對スル司法關係(大正4年 8月 23日)」, 앞의 책,『寺內關係文書』, 407～410쪽.

44) 이것은 내지연장주의를 상징하는 것이나, 간도에는 일본 법률이 아니라 조선의 법률이 적용되었다. 이는 간도가 조선의 연장이라는 인식이 있었기 때문이다.

일본 정부의 방침이 결정되자, 중국 정부는 간도 정세는 "20만 이주 조선인의 거취가 많은 이권 득상(得喪)에 영향을 미치고, 동시에 중일 분쟁은 반드시 이주 조선인을 중심으로 야기된다"는 인식을 보였다.[45)] 이는 간도 조선인의 향배가 중일간의 대립에 결정적인 영향을 미칠 뿐만 아니라 간도에 형성될 새로운 지배체제를 규정하게 된다는 것을 의미했다. 따라서 그 이후 중일 양국의 정책은 조선인에 대한 지배권 확립에 초점이 맞추어지게 되며, 새로운 체제 형성을 위한 양국의 대립은 곧 조선인에 대한 지배권 확립을 위한 실력대결 양상으로 표면화되었다.

중국은 일본의 새로운 체제 확립에 대응하기 위해 조선인에 대한 회유정책과 통제정책을 병행해 갔다. 중국의 회유정책을 가장 잘 보여주는 것이 연길현(延吉縣)과 화룡현(和龍縣)의 다음과 같은 조치였다. 1915년 8월 16일 연길현은 조선인과 중국인의 '일시동인(一視同仁)' 방침을 공포하고, 이 포고의 취지에 기초해 연길 공서(公署)에 조선인 통역을 배치하는 등 행정상에 있어서 중국인과 조선인의 동일 취급을 강조했다.[46)] 또 조선인이 90%이상을 차지하고 있는 화룡현에서는 9월 초순, 종래 일본의 간도임시파출소의 지방행정기관의 기능을 하고 있던 도(都), 사장(社長), 촌장(村長) 제를 모방하여 각 사(社)에 사무소를 설치했다. 그리고 15사의 사장(社長) 전원을 조선인으로 임명해 조선인 마을을 중국의 행정조직에 편입시키는 조치를 취했다.[47)] 연길현에 있어서도 1917년 12월, 11개 향(鄉, 와룡현의 社에 해당)의 향정(鄉正)을 전부 조선인으로 임명하고 지방 순경 및 보위단(保衛團)과 협력하여 조선인에 대한 행정 보조기관으로 삼았다.[48)] 중국 측의 이러한 조치는 "주로

45) 「新條約實施後ニ於ケル間島ノ情勢」, 앞의 책, 『寺內關係文書』, 374쪽.
46) 위의 책, 375쪽.
47) 위의 책, 376쪽.
48) 東洋拓殖株式會社京城支店『間島事情』大正7年, 972쪽.

통감부시대 일본 관헌에 의해 임명된 각 사장 등을 도태시키고, 친중국적인 조선인을 이용하여" '일본 세력을 견제'하고, 조선인을 직접 통치권 아래에 두려는 목적으로 취해진 것이었다.[49)]

다음으로 중국 측의 통제정책은 조선인이 경영하는 학교 교육에 대한 개입으로 구체화되었다.[50)] 중국은 신조약 성립 직후인 1915년 6월 중순, 연길도(延吉道)는 '획일간민교육변법(劃一墾民教育辯法)'을 제정, 공포했다.[51)] 이 변법은 종래 어느 정도 자치에 맡겨 놓았던 조선인의 교육을 중국의 교육학제로 통일시켜 중국의 통제 하에 두기 위한 것이었다. 그 배경에는 중국식 교육을 강제하여 조선인을 중국에 동화시키려는 정치적 의도가 있었다. 변법의 주요 내용은 (1) 조선인이 경영하는 학교는 최소한 12시간 이상 중국어를 가르칠 것, (2) 중국의 축제일에는 중국 국기를 게양하고 중국 국가를 부를 것, (3) 5리 이내를 한 학구로 하여 학교를 설립할 때에는 중국 당국의 허가를 얻을 것 등이었다.[52)] 특히 중국 측은 학제 통일을 계기로 종래 항일 운동의 일환으로 실시해 온 조선의 역사, 지리 등의 교육을 "일본관헌의 교섭이 있을 경우 변소(辯疎)의 말이 없으므로 공인할 수 없다"는 방침을 밝혔다.[53)]

중국 측의 학제통일 정책에 대해 기독교계통의 사립학교 교사를 중심으로 저항이 계속되었다.[54)] 조선인 학교가 중국의 학제로 통일되어 중국의 일반학교와 같이 일률적으로 중국정부의 통제를 받게 되면, 과

---

49) 「新條約實施後ニ於ケル間島ノ情勢」, 앞의 책, 『寺內關係文書』, 376쪽.

50) 홍종필「간도지방 조선인 이민의 교육에 대한 중일의 압박에 대하여」『실학사상연구』제 15집, 2000, 참조.

51) 김성준 「3.1운동이전 북간도의 민족교육」『삼일운동50주년기념 논문집』동아일보사, 1969년, 59~60쪽. 앞의 책, 『間島事情』, 845~850쪽 참조.

52) 徐紘 一「북간도 기독교인들의 민족운동연구(II)」『神學思想』제35, 1981 겨울호, 611쪽.

53) 朝鮮駐剳軍憲兵隊司令部「在外朝鮮人經營各學校書堂一覽表」姜德相, かじ村秀樹編『現代史資料27・朝鮮3』みすず書房, 1975年, 141~170쪽.

54) 앞의 문서 「新條約實施後ニ於ケル間島ノ情勢」, 앞의 책, 『寺內關係文書』, 379쪽.

거 그들이 독자적으로 행해 온 민족교육을 실시할 수 없게 되기 때문이었다. 이는 조선인 학교의 주요 목적이 민족교육에 있는 이상, 중국 측의 조치는 조선인 학교의 존재 의의를 근본적으로 부정하는 것이었다. 조선헌병대 사령부에 의하면 1916년 당시 간도 지방의 조선인 경영 학교는 약 136개교였으며, 그 가운데 기독교계로 반일교육을 하고 있는 학교의 재학생 수는 전체의 약 80%를 차지하고 있었다.[55] 또 1915년의 통계에 따르면 전체 취학자 가운데 약 70%가 조선인 설립학교, 약 20%가 중국측 학교 생도, 약 10%가 일본인 학교 생도였다.[56]

이러한 상황 속에서 8월 들어 일본의 간도에 대한 신조약 적용 방침이 분명해지면서 중국은 학제통일 정책을 더욱 강화했다. 그 결과 중국측과 조선인 측 사이에는 중국 교과서를 조선어로 번역하여 사용할 것, 조선의 역사 및 지리 등의 민족교육을 "비밀리에 교수하는 자에게는 이를 묵허(默許)한다는 조건으로 타협"이 성립되었다. 양자 간에 이러한 타협은 "중국의 학제 통일에 복종하지 않을 경우 일본 관헌의 간섭을 받아 오히려 중국학제 이상의 구속에 시달린다"는[57] 상황 판단이 있었기 때문이다. 중국으로서도 일본의 강압적인 정책 실시로 조선인학교가 완전히 일본의 통제 하에 들어가거나 조선인의 반발로 그들의 통제력이 약화되는 데 대한 위기인식이 있었던 것이다.

중국 측의 적극적인 반대에도 불구하고 신 조약의 시행기간(조약 체

---

55) 槻木瑞生「日本舊植民地における教育―滿洲および間島における朝鮮教育―」『名古屋大學教育學部紀要』第22號, 1975年, 117쪽. 이러한 상황은 1926년이 되면 조선인 학교 학생 41%, 중국인 학교 학생 28%, 일본인 설립학교 학생 24%, 구미인설립 학교 학생 6%로 되어, 전체적으로 조선인 학교 학생 수가 감소하고, 일본인과 중국인 설립 학교의 학생 수가 증가하고 있다. 이것은 간도에서 조선인의 세력이 약화되고 중일 양국의 세력이 강화되었다는 것을 의미한다. 牛丸潤亮『最近間島事件附露支移住鮮人發達史』朝鮮及朝鮮人社, 昭和2年 에서 분석.

56) 앞의 문서「新條約實施後ニ於ケル間島ノ情狀」, 앞의 책『寺內.關係文書』, 379쪽.

57) 위의 책, 379쪽.

결 후 3개월)이 도래함과 동시에 간도 총영사관은 간도에 대해 신조약의 적용을 강행했다. 9월 6일에는 처음으로 상부지 밖의 연길현 모자산(帽子山)에 거주하는 조선인에 대해 구인장을 집행하여, 상부지 밖의 조선인에 대한 사법권 행사를 본격화했다. 그 결과 8월 25일부터 10월 25일까지 2개월간 영장집행 14명, 소송수리 213건(형사 63건, 민사 150건)이 있었다.[58] 그러나 일본 영사관에 접수된 사건은 "주로 중국관헌의 불법심판 및 소송에서 승소할 가능성이 없는 것 등이 대부분"으로,[59] 그 실효성이 의문시되었다.

일본 측의 조치에 대해 9월 10일 육징상(陸徵祥) 외교총장은 오바타(小幡酉吉) 대리공사에게 상부지 밖 일본이 조선인의 소송을 수리하고 관리를 파견하여 소환을 하는 것에 강력히 항의 했다.[60] 나아가 중국 정부는 9월 25일 간도협약은 중국 측이 동삼성 5안건의 양보와 일본의 간도에 대한 영토권 및 법권의 승인을 교환 조건으로 성립한 것이다. 따라서 일본이 조선인의 관할권을 요구하는 것은 간도협약 체결 당시의 취지에 반하는 것으로 간도 조선인에게는 간도협약을 적용해야 한다는 것을 강력히 주장했다.[61]

이와 같이 중국 측은 외교루트를 통해 일본에 항의를 계속하는 한편, "설득과 위협 등 모든 수단을 동원해 실제로 일본 법권의 배제에 노력한다"는 방침으로,[62] 일본에 직접 대결할 자세를 보였다. 그 결과 현지에서는 중일 관헌 간에 분규가 자주 발생했다. 예를 들면, 9월 17일에는 대납자(大拉子)의 조선인에 대한 일본영사관의 소환장을 중국의 순경국(巡警局)이 강제로 압수하였고, 19일에는 왕청현 춘화사(春華社)에 거주

58) 위의 책, 371~373쪽.
59) 앞의 일본외무성기록, 「間島問題調書」 91~93쪽.
60) 위의 일본외무성 기록, 94~95쪽.
61) 위의 일본외무성 기록, 95쪽.
62) 앞의 문서 「新條約實施後ニ於ケル間島ノ狀勢」, 앞의 책, 『寺內關係文書』, 373쪽.

하는 조선인이 "자기 자식이 일본관헌에게 구인장을 집행당한 것을 중국관헌에게 알리자 그곳의 민병(民兵)이 이를 구타 감금"하는 사건이 발생했다. 9월 23일에는 용정촌 상부국(商埠局)이 상부지 내의 조선인 깅도 4명을 김거하여 국자가(局子街) 심판청에 호송하였다. 이것은 일본이 신조약을 상부지 밖으로 확대하려는 데 대한 중국의 정면 대결로, 일본의 치외법권을 무시하고 상부지 내의 조선인에 대해서 까지도 지배력을 확대하겠다는 중국 측의 강경한 의사표시였다.[63]

이러한 상황 하에서 일본과 중국의 관계에 가장 민감하게 반응한 것은 조선인(특히 반일 조선인)이었다. 그 이유는 양국의 간도정책 여하 즉 신조약을 둘러싸고 간도에서 양국 간에 형성되는 힘의 관계에 의해 그들의 존재 양식이 규정되기 때문이었다. 따라서 그들은 "신조약에 따른 중일 양국관헌의 태도 ……특히 일본관헌의 반일 조선인에 대한 탄압 태도에 한층 주의를 기울이면서", "사건의 향방을 관측"하고 있었다. 특히 유교적 사상으로 반일운동과 조선인의 교육사업에 종사하고 있던 공교회(孔敎會)는 일본의 신조약 실시정책을 '간도 조선인(에 대한) 통치권을 점령하려는 전제'로 규정하고, "만약 중국 관헌이 수수방관 한다면, 조선인의 통치권은 말할 것도 없이 이에 부수하는 각종 이권은 바로 일본에 횡탈(橫奪)될 것이다"는 위기감을 보였다.[64] 즉 그들에게 있어서 신조약 실시를 계기로 한 일본 세력의 확대는 간도협약에서 보장하고 있는 조선인의 생활권을 위협하는 것일 뿐만 아니라, 중국에 더하여 또 하나의 지배세력의 대두를 의미했다. 이러한 측면에서 조선인들은 일본 세력의 배제를 위해 중국 측에 적극 협력할 필요가 있었다.

다음의 사건은 당시 간도에서의 한중일 3자간의 관계를 상징적으로 보여주고 있다. 10월 10일, 일본 간도총영사관 순사의 화룡현 풍락동(豊

63) 위의 책, 377~378쪽.
64) 위의 책, 374쪽.

樂洞)에서의 구인장 집행에 대해 부근 부락의 조선인이 집단적으로 저항을 하는 사건이 발생했다. 이에 대해 영사관 순사는 권총을 발사하여 겨우 목적을 달성하기는 했으나, 해당 조선인 가족이 중국 순경국(巡警局)에 알려 중국경찰관 약 15명이 무장을 하여 일본 순사를 추격하는 상황이 발생했다. 10월 13일에는 일본영사관이 용정촌 중국관립학교 교사인 귀화 조선인에 대해 구인장을 집행하려 했으나, 중국 측은 그가 중국인이라는 이유로 구인장 집행을 거부하고 그를 상부국에 보호 조치했다.[65)]

이와 같은 중국과 조선인의 저항으로 간도지역에 대한 일본의 법권 실시는 사실상 곤란하게 되었으며, 그 결과 조선인의 소송출원 건수는 10월 초부터 크게 감소했으며,[66)] 10월 중순에는 '완전히 전무 상태'로 되었다.[67)] 이러한 상황은 신조약 실시를 통해 조선인에 대한 지배권을 확립하여 간도에서 새로운 지배체제를 형성하려는 일본의 대간도정책이 완전히 실패했음을 의미한다.

현지에서의 대립 상황을 배경으로 도빈(陶彬) 연길도윤(延吉道尹)은 스즈키(鈴木要太郎) 간도총영사대리에게 다음과 같은 구체적인 변법을 제안하여, 타협을 시도했다. "(1) 간도거주 조선인으로서 1913년까지 중국 국적을 취득한 자에 대해서는 일본 정부가 이를 허락할 것. (2)신조약 실시에 즈음하여 간도에 거주하고 있는 조선인이 장래 중국에 귀화하려는 자가 있을 때에 일본 정부는 이를 허가 할 것", 이상의 두 조건을 승인하면 중국으로서도 일본의 주장을 인정한다는 것이었다.[68)] 즉

---

65) 大正4年9月13日朝憲機第352號「移住朝鮮人ノ提訴件數增加ニ關スル件(大正4年9月調1)」앞의 책,『寺內關係文書』, 405~406쪽, 참조.

66) 위의 책, 371쪽. 臼井勝美, 앞의 논문, 127쪽.

67) 앞의 책『間島事情』, 955~975쪽, 참조.

68)「間島協約ト大正4年日支條約トノ關係ニ關スル係爭問題ノ經緯」, 일본외무성기록 마이크로필름 SP205,「外務省警察史・間島ノ部, 間島ノ來歷・間島琿春地方ニ於ケル外務

일본이 조선인의 귀화를 인정하면, 중국으로서도 일본의 간도 조선인에 대한 법권 실시를 인정하겠다는 것이다.

이는 어떤 의미에서는 간도지배체제의 선택권을 조선인의 결정에 맡기지 않을 수 없는 당시 간도의 정치 사회적 상황을 여실히 보여주는 것이다. 다시 말하면 간도 지배체제의 형성은 간도 조선인의 정치적 동향에 의해 결정되는 것으로, 간도의 특수한 정치 사회적 구조 하에서 간도 조선인의 존재양식을 잘 표출하고 있다.

이에 대해 일본 측은 간도협약에 의해 조선인이 특수지위를 가진다고 해도 신조약 제 2조 및 제 3조는 "그 규정에 비추어 남만주 전부 및 일본 신민 전부에게 적용되어야 하는 것"이며,[69] "논의를 떠나 실제상의 편의 및 정책상의 입장에서 볼 때, 제국(일본)은 반드시 간도 거주 조선인을 그 법권 하에 두지 않을 수 없는 이유가 있으며", "그러기 위해서는 어떠한 수단에라도 호소할 것이다"는[70] 결의를 표명함으로써 양측의 타협의 가능성은 없어졌다. 일본으로서는 조선인의 중국 귀화를 인정하게 되면, 오히려 조선인에 대한 중국 측의 지배력을 강화시켜 줄 가능성이 있었기 때문이다. 그 결과 양국은 간도조선인 문제에 대해 아무런 합의를 보지 못하고, 정식 외교 교섭은 중단되었다. 간도조선인에 대한 지배권 확립을 둘러싼 대치 상태는 만주국의 성립 때까지 계속되었다.

Ⅴ. 결 어

간도협약 체결을 계기로 간도는 중국의 영토로 인정되었다. 그러나

省警察ノ沿革」, 556~561쪽.

69) 앞의 일본외무성기록, 「間島問題調書」, 101쪽.

70) 위의 일본외무성기록, 101~102쪽.

간도에는 간도 전체인구의 거의 대부분을 조선인이 차지하고 있었기 때문에, 영유권과 관계없이 조선인에 대한 실질적 지배권을 누가 확보하느냐가 가장 중요한 관건이었다. 즉 간도협약을 계기로 간도에는 간도협약에 기초한 실질적인 중국의 지배권이 확립되었다. 이를 본 논문에서는 '간도협약체제'라 규정했다. 간도협약체제 하에서 간도 조선인은 자유 왕래권, 토지 소유권 등을 인정받음으로서 종래와 다름없는 생활권을 확보할 수 있었다.

그러나 일본의 한일합방의 강행으로 중일간에는 간도협약의 유효성 문제가 논란이 되었다. 구체적으로는 간도협약상의 한민(韓民, 조선인)의 법적 지위에 관한 문제로, 간도협약 상에 규정한 한민에 대한 권리(자유왕래권, 토지소유권, 재판권 등)의 지속여부였다. 그럼에도 불구하고 중일양국은 간도에서의 현상유지에 이해관계가 일치했으며 '간도협약체제'는 1915년 일본의 대중국21개조 요구가 이루어질 때까지 지속되면서 비교적 안정적인 지배체제가 유지되었다.

일본의 대중국 21개조 요구는 일본의 대만주 정책에 획기적인 변화를 가져 왔다. 신조약을 간도에 적용하여 간도조선인에 대한 지배권을 확보하려는 일본과, 신조약의 적용을 간도의 식민지화로 인식하고 이에 저항하는 중국 간의 대립이었다. 이는 종래의 간도의 지배체제를 중국 중심의 간도협약체제에서 일본 중심의 신조약체제로 전환하려는 것이었다. 간도지배체제의 변화는 결국은 지배의 대상인 간도 조선인의 향배에 따라 규정되는 것으로, 중국과 일본 사이에는 간도 조선인에 대한 지배권확립을 둘러싸고 치열한 대립 상황을 초래하게 되었다.

따라서 양국은 각자가 정책실현을 통해 조선인에 대한 자기 중심적 지배체제의 구축을 강행해 가게 된다. 중국은 조선인에 대해 중국으로의 귀화 정책을 강력히 실시하게 되며, 일본은 경찰력의 증강을 배경으로 조선인을 통제해 가게 된다. 이러한 양국의 구체적인 정책의 실시는 일본에게 있어서는 대중국 21개조에 기초한 새로운 질서('신조약체제')의 구축과정이며, 그에 대한 중국의 저항은 기존체제('간도협약 체제')의 유지 바로 그것이었다.

이러한 대립 상황은 당시 동북아시아에 있어서의 한중일 3자간의 모순과 갈등 관계를 상징하는 것이었다. 그리고 이러한 모순은 1931년 만주사변을 통해 만주국이라는 괴뢰 국가가 수립될 때까지 지속됨과 동시에 그것은 만주사변의 한 원인으로 작용하게 된다.

〈白山學報 第69號, 2004.8.30. pp.303～330〉

間島領有權 問題에 대한 새로운 資料 檢討

- 『新訂分道 大韓帝國地圖』(1908)를 중심으로 -

金 榮 官*

〈目 次〉

Ⅰ. 머리말

현재의 한국과 주변지역을 둘러싼 영토문제는 조선초기 이래 끊임없이 제기되어왔지만 당시의 정황에 따라 얼버무려지거나 결론을 맺지 못한 채 분쟁의 소지를 안고 계속되어 왔다. 이는 이해 당사국간의 해결보다는 주변 국가 또는 제3국의 이해관계에 얽혀 결론을 유보하거나 타의적인 미봉책 등의 문제를 지닌 채 악순환을 되풀이했던 까닭이다.

영토문제는 문헌기록이나 실질적인 장기간의 점유 등과 같은 객관적인 사실이 뒷받침될 때 그 실효성을 인정받을 수 있을 것이다. 특히 현재 각국은 분명한 선으로 영토를 劃定하려는 인식을 지닌 만큼 이러한 상황에서 한치의 양보도 없이 자국의 국가적 경제적 손익을 기준으로 자의적이고 주관적인 해석과 결론을 내리고 있다.

* 서울특별시립박물관 학예연구사

우리나라는 삼국시대 이래로 치열한 대외전쟁과 영토쟁탈전을 치르면서 현재의 중국 동북부와 러시아의 연해주, 한반도와 부속 도서를 무대로 역사적인 경험과 영유권을 유지하여 왔다. 그러나 점차 중국 동북부와 연해주의 광활한 영토를 상실하고 대략 조선 초기에 이르러서 현재와 유사한 국경선을 가지게 되었다. 이러한 역사적 과정에서 한반도로 영토가 줄어든데 대한 회한과 아쉬움이 있는 것이 현실이다. 그러나 오늘날의 관점에서 회한과 아쉬움이 큰 것 일뿐, 조선초기만 해도 커다란 문제가 되는 것은 아니었다. 그러므로 오늘날 문제가 되고있는 독도와 대마도, 간도, 녹둔도 등에 대한 영유권 문제는 대개 영토에 대한 각국의 인식이 강화되는 시점 이후에 나타난 것이었다.

이중 일본과의 독도문제는 이전부터 확실한 역사적·실효적 점유권을 유지하였음에도 불구하고 20세기 초 일본의 식민지배를 거치면서 일본의 억지주장의 대상이 되어왔고, 현재까지도 일본의 일방적인 영유권 주장이 지속되고 있다. 반면 조선초기의 우리 지도와 기록에 경상도에 속한 것으로 되어있던 대마도는 이렇다할 논의도 없이 일본의 영토로 기정사실화 되어 버렸다. 독도에 대한 논의에 앞서 대마도에 대한 논의가 먼저 있어야함에도 불구하고 대마도에 관해서는 논쟁이 별무한 실정으로 한일간 영토문제의 쟁점화가 이루어지지 않고 있다.

러시아와는 대표적으로 현재 러시아령으로 되어버린 두만강 하구의 녹둔도에 대한 문제가 있으나 양국간에 이렇다할 논쟁으로 가시화 되지 못하고 있다.

중국과는 백두산 천지에 대한 북한과 중국간의 분할이 확정된 지금은 주로 간도문제를 중심으로 양국간의 주장이 되풀이 되고 있는 상황이다. 간도문제는 독도와 더불어 한국영토분쟁사의 가장 큰 문제중의 하나이다. 그러나 현재 불행히도 남북이 분단되어 있는 상황에서 북한과 접경

지역의 문제인지라 주로 중국과 북한이 논쟁의 중심이 되어왔을 뿐 남한측에서는 직접적으로 중국과 논의할 기회조차 갖지 못하였다.

이러한 현실에서 필자는 1998년 12월 말 개인소장가로부터 『新訂分道 大韓帝國地圖』를 열람할 수 있는 기회를 가질 수 있었다. 이 지도에서 그간 잘 알려지지 않았던 대한제국시기에 조선 정부의 간도문제에 대한 입장을 확실히 보여주는 북간도 지도가 포함되어 있는 것을 확인 할 수 있었다. 필자는 이 자료를 학계에 소개할 필요성을 느껴 소장가에게 자료공개를 권유하였고, 소장가는 흔쾌히 필자에게 이 글을 쓰도록 허락하였다. 그러나 필자가 직접 이 자료를 다루기에는 주저스러웠다. 간도문제에 대하여 약간의 관심을 가지고 있었을 뿐 제대로 깊이 있는 공부도 하지 못했던 상황이었으므로, 필자 이외의 다른 분에게 좋은 자료가 될 수 있다고 생각하여 주변의 몇 분들에게 地圖 입수 사실을 알리며 연구를 진행할 수 있기를 바랐으나, 여의치 않아 필자가 부족하나마 간단한 소개의 글을 올리게 되었다.

간도문제에 대한 중요한 자료임에 틀림이 없는 이 자료를 우선 학계에 소개함으로써 영토문제 연구에 중대한 역사적 증거와 실물자료로서 활용할 수 있도록 하는 것도 의미 있는 일이라 생각된다. 부디 소개되는 이 지도를 통하여 간도영유권 문제 연구에 작은 도움이나마 되기를 바란다.[1)]

---

1) 이 지도의 일부가 도판으로 간단히 소개된 적이 있으나, 간도문제와 관련하여 소개되지는 않았다. 러시아와의 영유권 문제를 논하면서 녹둔도와 관련하여 지도의 일부가 소개되었다. 또한 지도의 구체적인 내용 파악은 결여되었고, 소개된 자료도 전체자료가 아닌 일부이며 약간의 오류가 있다(金炅春, 「韓露國境線形成問題考」『玄岩 申國柱博士華甲紀念 韓國學論叢』, 1985. 471쪽. 주72) 지도 참조).

Ⅱ. 間島領有權 問題의 始末

조선과 중국은 조선초기부터 압록강과 두만강 북쪽에 間曠地帶를 설치하여 이곳을 국경으로 하고 있었다. 이러한 간광지대는 조선과 중국간의 완충지대로 확실한 국경선을 긋지 않고 대강의 영역을 확정하여 양국간의 충돌을 방지하고 공유하는 지역으로서의 역할을 해왔다.

이러한 조선초기의 중국과 조선간의 國境政策은 1644년 明이 망하고 淸이 중국을 통일하면서 약간의 변화를 보이기 시작했다. 즉 조선과 중국사이에 두었던 간광지대에 인접하는 奉川과 吉林地帶는 중국 淸朝의 발상지로, 청조에서는 이 지역을 신성시하여 漢族의 이주를 금지하는 滿洲封禁政策을 취하였다.

1712년 淸의 康熙帝는 烏拉總管 穆克登을 보내어 조선과의 경계를 조사하도록 하고 조선측 관리와 함께 백두산에 올라 鴨綠江과 土門江이 發源하는 곳에 定界碑를 세워 조선과 청국간의 국경을 劃定하였다. 이것이 白頭山定界碑이다. 조선과 청국은 백두산정계비를 근거로 동으로는 압록강, 서로는 토문강을 국경으로 정하여 封禁을 하고 양국민들이 越境하는 것을 금지 시켰다. 백두산정계비가 세워진 후 조선과 청국간의 국경문제는 일시적으로나마 해결되는 듯 하였다. 그러나 백두산정계비 건립 이후에도 조선과 청국간의 간광지대에 대한 漢族의 이주는 계속적으로 진행되었고, 조선측 주민들도 越境하여 개간을 하는 등 실질적으로 封禁政策은 지켜지지 않았다.

조선측에서는 哲宗朝 이래로 平安道와 咸鏡道 농민들이 꾸준히 압록강과 豆滿江을 건너 강의 北岸일대를 개간하기 시작했고, 그 중 일부는 沿海州쪽으로 진출하기도 하였다. 청국은 이러한 봉금정책이 有名無實화됨에 따라 양국간의 국경을 명확히 할 것을 주장하고 백두산정계비문에 따라 압록강과 토문강을 압록강과 두만강으로 간주하고, 조선인들이 두만강을 건너 개간하여 농사짓는 것에 대해 이의를 제기하였다. 또 1882년 3월에는 間島 住民들을 두만강 남쪽으로 刷還할 것을 요구하는 지경에 이르렀다.

간도에 거주하는 조선인들은 이러한 청국의 요구에 이의를 제기하였다. 청국이 두만강을 토문강으로 誤認하고 두만강을 국경으로 생각하는 것이 아닌가 하여 1712년 5월 목극등이 백두산에 건립한 정계비의 位置와 碑文을 근거로 간도지역은 조선 땅이 분명하므로 두만강 남쪽으로 쇄환하는 것은 부당하다고 주장하였다. 1883년 7월 그들은 이러한 사실을 鐘城府使 李正來에게 통지하였고, 당시 慶源府에 머물고 있던 西北經略使 魚允中은 백두산정계비에 대한 조사를 통하여 간도지역이 조선영토임을 확인하고 청국측의 간도 거주민 쇄환을 중지하고 청국과 邊界調査를 통하여 국경을 명백히 할 것을 요구하였다.

조선과 청국은 백두산정계비의 土門江에 대한 위치 比定을 두고 각기 松花江 상류의 토문강설과 두만강설을 주장하면서 간도의 귀속문제를 놓고 지루한 영유권 분쟁에 돌입했던 것이다.

1885년 8월 조선 정부는 청국 정부에 공식적으로 백두산정계비를 근거로 하여 정계비에 있는 토문은 두만과는 別流로 토문강이 청국과의 경계임을 주장하여 "토문강 이남 두만강 이북은 조선 땅"이라 하고 청국 정부와 공동으로 관리를 파견하여 경계를 조사할 것을 제의하였다.

이리하여 1885년 11월 회령에서 조선측에서는 安邊府使 李重夏를 勘界使로 파견하여 청국측에서 보낸 秦瑛, 德玉, 賈元桂 등 3인의 감계사와 더불어 백두산정계비를 답사하고 토문강의 水源을 조사하여 감계하였다. 이것이 乙酉勘界談判으로 양측은 아무런 합의도 보지 못하고 기존의 주장만을 서로 되풀이하는 선에서 담판은 마무리지어졌다. 재차 1887년과 1888년 두 차례에 걸쳐 담판이 있었으나 역시 양국은 아무런 합의도 이루지 못하고 양측의 주장만을 되풀이 했다. 청은 두만강 상류를 투먼강(圖們江)으로 보고 백두산정계비의 토문강이 곧 투먼강을 가리킨다고 계속 强辯했고, 조선은 토문강은 송화강의 상류로 두만강과는 별개이므로 두만강 이북 토문강 이남의 간도는 조선 영토라는 주장을 반복했다. 이러한 주장은 1894년 淸日戰爭 이후까지 계속되었다.

1899년 조선은 백두산과 그 주변지역에 대한 조사를 하는 등 간도문제에 더욱 적극적인 태도를 취하였다. 1901년에는 간도 거주 조선인을 관리하기 위하여 회령, 무산, 종성에 邊界警務所를 설치하였다. 1902년에는 李範允을 北間島視察員으로 임명하여 간도 거주 조선인의 慰撫와 戶口調査를 명하였고, 1903년에는 다시 李範允을 北間島管理使로 임명하여 간도 거주 조선인에 대한 직접적인 管轄權을 행사하기 시작했다. 청측은 이에 반발하였고 조선과 심각한 대립 상태에 이르렀다. 1904년 러일전쟁이 일어나자 조선과 청국은 회담을 통하여 간도문제에 대한 해결책을 모색하려 하였으나, 일본의 간섭으로 회담은 열리지 못하였다.

1905년 乙巳保護條約으로 일본이 조선의 외교권을 박탈한 후 간도문제는 조선과 청국간의 영토귀속문제에서 벗어나 일본의 滿洲侵略의 수단으로 전락하였다. 1907년 간도에 朝鮮統監府 間島派出所를 설치한 일본은 간도가 조선의 영토임을 분명히 闡明하였으나, 1909년 9월에 이르러서는 대륙침략의 교두보를 확보하기 위해 南滿洲鐵道 敷設權과 撫順炭鑛 開發權을 얻는 대신에 두만강 이북 간도의 영유권을 청국에 불법으로 할양하는 間島協約을 체결하였다. 이로 인하여 1881년 이후 야기되었던 간도영유권은 문제의 당사자인 조선은 배제된 가운데 28년만에 간도가 청국 영토로 불법 편입되는 것으로 일단락되었다.

Ⅲ. 『新訂分道 大韓帝國地圖』를 통해 본 間島

책명은 『新訂分道 大韓帝國地圖』로 표지는 결실되어 최근 다시 만들어 제본하였다. 제본된 순서가 제대로 맞지 않지만, 지도책의 刊行 序文과 內容, 刊記 등은 그대로 남아있어 실질적으로 표지를 제외한 모든 내용이 빠짐없이 남아 있다. 지도책의 크기는 가로 18.2cm, 세로 26.5cm로 洋紙에 彩色으로 인쇄하였다. 亞細亞全圖, 충청남북도, 경기도, 황해도, 평안남북도의 5폭은 가로 33.1cm, 세로 26.3cm 크기로 가로방향 인쇄이고, 나머지 대한제국전도, 전라남북도, 경상남북도, 강원도, 함경남북도의 5폭은 세로방향 인쇄로 가로 26.3cm, 세로 33.1cm 크기이다.

지도에는 緯度와 經度가 표시되었고 주요 都市, 鐵道, 航路, 海底電線, 港灣, 古蹟, 名勝地, 鑛山, 溫泉, 燈臺, 物產 등이 자세하게 표시되어 있으며, 지형은 일본의 지도제작기술을 받아들여 羽毛式으로 표시하였다. 그리고 각 도별 위치도와 주요 도시에 대한 細部圖가 삽입되어 있다. 道別 수록 순서는 현재 제본에는 錯亂되어 있지만 페이지가 표시된 순서에 의해 재배열하면 아세아전도, 대한제국전도 다음에 경기도, 충청남북도, 전라남북도(제주도 포함), 경상남북도, 강원도, 함경남북도(북간도 포함), 평안남북도, 황해도의 13도가 모두 10장의 지도에 수록되었다.

내용을 보면 책명에서 알 수 있듯이 맨 앞에는 亞細亞全圖, 그 다음에는 大韓帝國全圖를 수록한 후에 各 道別 地圖를 나누어 수록하였다. 축척은 각 지도별로 다르지만 서양식 미터법이 아닌 大韓里尺이라 하여 대한제국에서 사용하던 里를 기준으로 하였다. 간도가 표시된 대한제국전도의 축척은 大韓里尺으로 3,500만분의 1이고, 채색은 5가지 색을 각 도별로 분배하여 다르게 하였다.(地圖 1. 大韓帝國全圖의 北間島) 간도를 포함한 함경북도, 황해도, 경상북도, 전라남도의 4도는 분홍색, 함경남도와 충청북도의 2도는 보라색, 평안북도, 경기도, 경상남도의 3도는 노란색, 평안남도, 충청남도의 2도는 녹색, 강원도, 전라북도의 2도는 주황색으로 채색하여 구분하였다. 함경남북도 지도는 축척은 大韓里尺으로 1,500만분의 1이고, 함경남도는 노란색, 함경북도는 두만강 이남 지역은 보라색, 두만강 이북의 북간도 지역은 분홍색으로 채색하여 구분을 하고 있다. 그러나 국경선은 백두산 天池를 중심으로 동쪽으로는 토문강과 장백산맥으로 하고 있어 간도를 대한제국의 함경북도에 소속된 지역으로 분명히 하고 있다.(地圖 2. 咸鏡南北道 地圖의 北間島)

지도책의 앞과 뒤에는 서문과 간기가 인쇄되어 있다.

序文에는 지도를 만든 목적이 실려 있다. 여기에는 물론 간도영유권을 주장하려고 지도를 만들었다는 내용이 들어있지는 않지만, 북간도 지역을 함경도의 일부로 봄으로써 간도문제에 대한 조선측 입장을 분명히 밝혔음을 알 수 있다. 그 全文을 번역하여 옮겨 보면 다음과 같다.

우리 대한제국 지도의 정밀함은 고산자 김정호의 『大東輿地圖』가 으뜸이다. 다만 분량이 크고 많아 휴대하기 어렵고 또 전하는 것이 적어 사람마다 모두 가질 수 없음이 어찌 안타깝지 않으리요! 이에 각 지도의 번잡함을 깎아내고 간편히 하여 小帖으로 만들어 우리나라의 땅이 기름지고 물산이 풍부함이 동양의 무진장함을 함께 기뻐하고, 만약 개척하고 발명할 것 같은 즉 우리나라의 부강함이 가히 날로 헤아릴 것을 기대하는 바이다. 본 지도는 13도를 나누고 山川, 國郡, 都府로부터 物産의 名目에 이르기까지 자세히 기재하여 사람들로 하여금 한 눈에 알아볼 수 있도록 하였다. 우리 동포들이 각기 1권씩을 갖추어 두어 사업을 일으키는데 一助할 수 있기를 바라는 바이다.

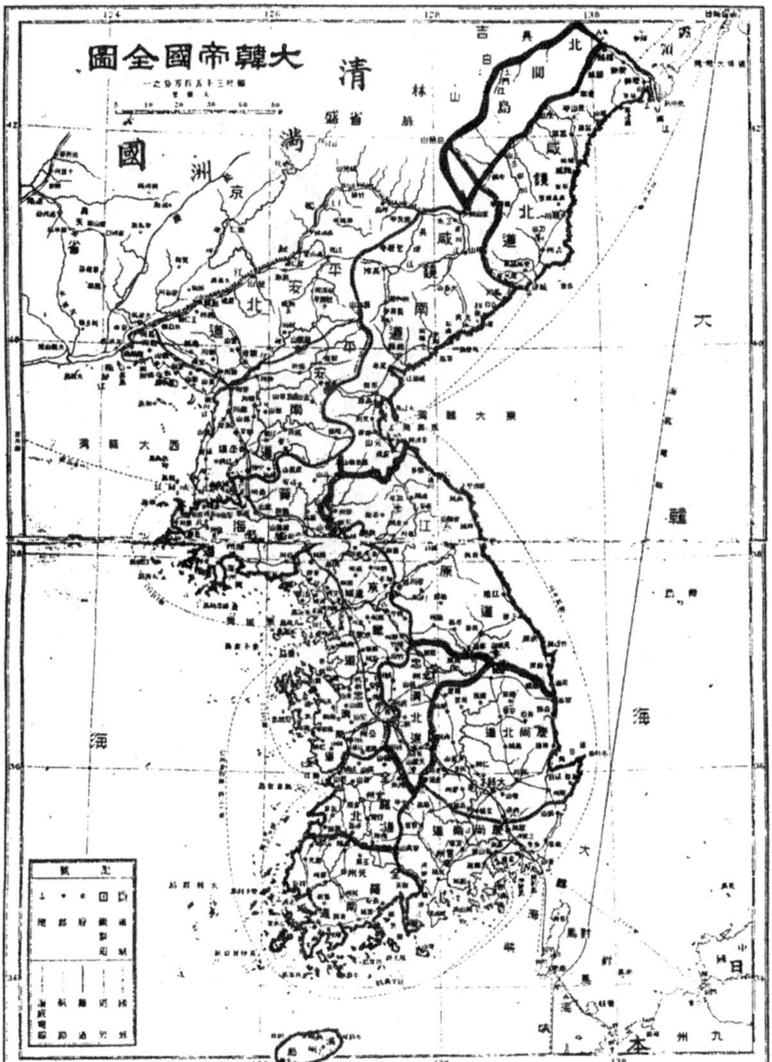

〈地圖 1〉 大韓帝國全圖의 北間島

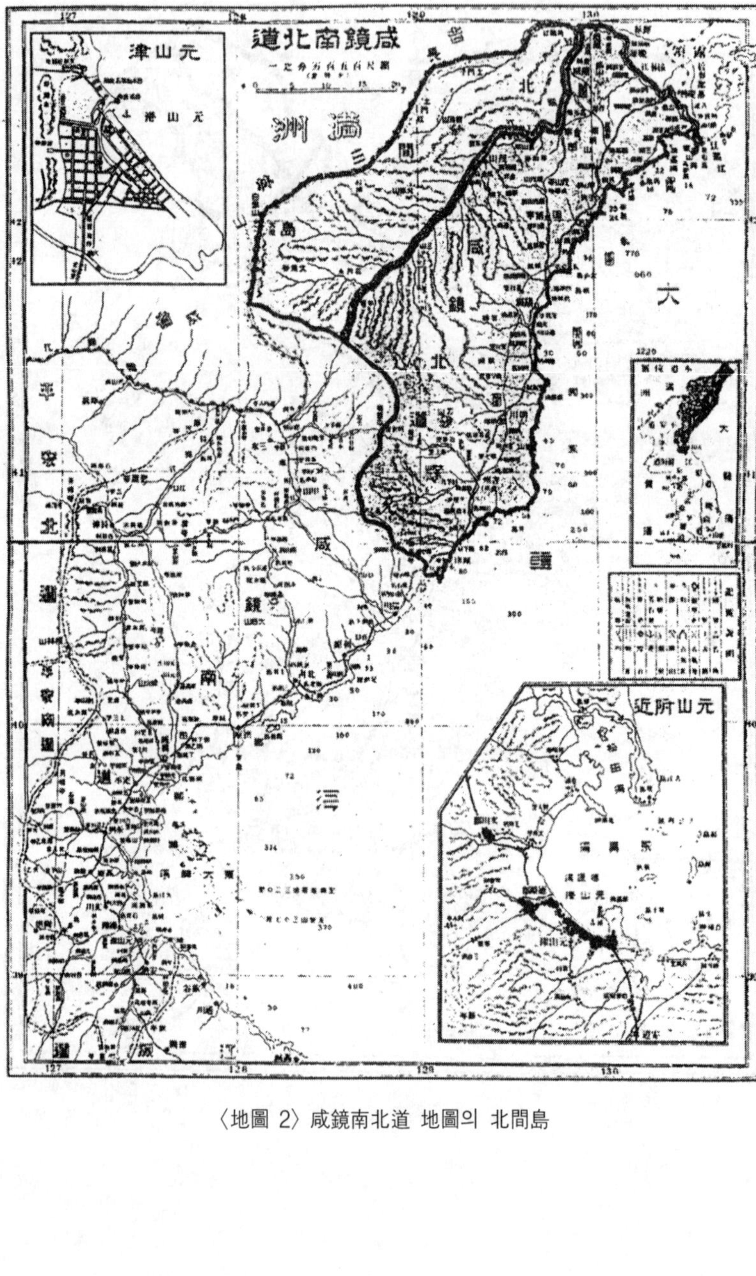

〈地圖 2〉 咸鏡南北道 地圖의 北間島

이상의 내용에 의하면 이 지도는 고산자 김정호가 제작한 『大東輿地圖』의 전통을 계승하였으나, 고산자의 지도가 너무 분량이 많고 커서 휴대하기도 어렵고 남아있는 것도 적어 여러 사람이 비치해 둘 수 없으므로, 우리나라의 도별 물산과 산천, 행정적인 사항 등을 간략히 등재하여 일목요연하게 볼 수 있도록 하고, 우리 동포들이 누구나 가지고 사업을 일으키는데 활용할 수 있기를 바란다고 기록하고 있다. 즉 『新訂分道 大韓帝國地圖』의 제작은 전통적인 지리인식에 토대를 두고 있었음을 알 수 있다.

刊記를 살펴보면 다음과 같다. 刊行日은 隆熙 2년(1908) 11월 17일 龍山印刷局에서 인쇄하여 11월 21일 발행하였으며, 發兌元은 皇城 中署 罷朝橋 건너편의 中央書館과 皇城 南署 大廣橋 동편의 匯東書館, 皇城 中署 鐘路의 大東書市이다. 편집 및 발행자는 玄公廉, 발행자는 朱翰榮, 高裕相 2인으로 되어 있다. 定價는 50錢이다.

『新訂分道 大韓帝國地圖』가 간행된 시점인 1908년 11월은 대한제국의 마지막 황제인 隆熙皇帝(純宗) 2년으로 형식적으로는 皇帝國을 칭하여 漢陽을 皇城으로 칭하고 있었지만, 일본 통감부에 정부의 모든 실권이 대부분 넘어가 皇城이나 帝國과 같은 칭호는 단지 虛名에 그친 채였다. 그럼에도 불구하고 北間島가 함경북도에 포함되는 지역으로 조선 영토임을 명백히 보여주는 지도가 간행될 수 있었던 것은 일본과 청국간에 남만주철도부설권 등 남만주 일대에 걸린 일본의 利權確保가 확정적이지 못한 상황이었기 때문에 가능했던 것이며, 간도를 청국과의 이권 교섭과 대륙침탈의 수단으로 간주하였던 일본이 조선의 주장에 이의를 제기하지 않는 상황이었음을 보여주는 것이다. 실제로 간도협약이 체결되기 직전인 1909년 7월에 조선통감부 간도파출소는 간도가 조선의 영토임을 명백히 선언하였다.

『新訂分道 大韓帝國地圖』의 제2도인 대한제국전도와 8쪽의 함경남북도 지도에 분명히 간도의 위치가 표시되어 있고, 간도가 조선의 영토임을 분명히 하고 있다. 이는 간도문제에 대한 청국과의 협의과정에서 조선측이 꾸준히 주장해 온 간도의 조선 영유권에 대한 확실한 표시를 근대적인 방법으로 제작한 지도에 반영한 것이다. 백두산 정계비문에 대한 조선측의 주장대로 청국과 조선의 국경은 서로는 압록강, 동으로는 토문강임을 그대로 보여주고 있다. 지도에 의하면 역시 조선측의 주장대로 청국측이 주장하는 토문강이 두만강과는 별개의 하천이라는 것을 보여주고 있다. 즉 청국측이 주장하는 토문강 즉 도문강은 두만강이 아니라 토문강이 별도로 존재하고 있다는 주장을 하고 있다. 그리고 토문강을 경계로 청국과 조선은 국경을 맞대고 있으며, 토문강 이남에서 두만강 이북의 땅 즉 간도는 조선의 함경북도에 부속된 영토로 분명히 표시하고 있다.

이 지도와 거의 비슷한 지도가『新訂分道 大韓帝國地圖』의 편집 및 발행자인 玄公廉에 의해 거의 같은 시기에 일본에서도 간행되었다. 玄公廉은 당시 일본에 유학중인 학생으로 1908년 일본에서 또 다른『大韓帝國地圖』를 발행하였다. 발행한 날짜와 發兌元, 발행자 등과 지도의 내용, 제작기법 등이 국내에서 간행한 것과 매우 비슷하다.

玄公廉이 발행한 또 하나의『大韓帝國地圖』는 銅版本으로 낱장이다. 지도의 크기는 가로 75.3cm, 세로 103.5cm로 尹炯斗 所藏本이 널리 알려져 있으나,[2] 國立淸州博物館과 독립기념관에서도 각 1점을 所藏하고 있다. 지도를 발행한 날짜는『新訂分道 大韓帝國地圖』의 1908년 11월 21일 보다 3일 늦은 11월 24일이다. 發兌元은 皇城 中署 罷朝橋 건너편의 中央書館과 皇城 南署 大廣橋 동편의 滙東書館까지는 일치하고 있다. 그러나 皇城 中署 鐘路의 大東書市 대신에 博文書館이 포함되어

2) 許英桓,『定都 600年 서울地圖』, 1994, 汎友社, 86쪽. 지도 33-1. 大韓帝國地圖.

있는 것이 다르다. 편집 및 발행자는 玄公廉, 발행자는 朱翰榮, 高裕相에 盧益亨의 3인으로 한 사람이 더 추가되어 있다. 전혀 서로 다른 것은 『新訂分道 大韓帝國地圖』는 皇城 龍山印刷局에서 인쇄되었고 『大韓帝國地圖』는 일본에서 인쇄되었다는 것이다. 일본에서 간행한 『大韓帝國地圖』 역시 『新訂分道 大韓帝國地圖』와 같이 北間島가 大韓帝國 영토로 분명히 표시되어 있고, 지도의 제작기법도 兩者가 일치하고 있다. 다만 滿洲지역이 더 자세히 표시되었으며 세계지도와 삽도가 좀 더 자세히 나타나 있을 뿐이다.

부가적으로 지도의 제작 수법 등을 보면 일본의 지도제작법의 영향을 받았다. 그러나 지도에 표기된 내용을 보면 東海에 대하여 전체적으로 일본해라 표기하지 않고 울릉도와 독도를 중심으로 조선쪽의 大韓海와 일본쪽의 日本海로 구분하여 표기하고 있음을 볼 수 있다. 그리고 현재의 東中國海가 동해로 표기되어 있는 것으로 보아, 『大韓帝國地圖』는 중국적인 인식을 바탕으로 제작되었다는 일면도 엿볼 수 있다.

Ⅳ. 맺음말

필자는 위에서 間島 문제를 중심으로 우리나라의 영토문제를 간략하게 살펴보고, 새로이 찾은 『新訂分道 大韓帝國地圖』를 통하여 大韓帝國期 間島에 대한 영토인식에 대해 간단히 살펴보았다.

玄公廉이 1908년 11월 발행한 『新訂分道 大韓帝國地圖』는 古山子 金正浩가 간행한 『大東輿地圖』의 전통을 계승하면서 근대적인 지도제작기법을 도입하여 용산인쇄국에서 간행한 지도이다. 이 지도는 같은 해 玄公廉이 일본에서 발행한 『大韓帝國地圖』와 함께 間島가 분명히 우리의 영토임을 보여주고 있는 귀중한 자료이다. 淸國과 日本이 1909년 9월

不法 締結한 間島協約에 따라 間島領有權이 淸國으로 넘어간 이후 間島領有權을 아직까지 되찾지 못하고 있는 현실에서 장차 불법 체결한 간도협약이 무효임을 주장하고 간도가 우리 영토임을 주장하는데 필요한 실증자료임에 틀림이 없다. 우리는『新訂分道 大韓帝國地圖』와 같은 역사적인 자료에 의거하여 영토분쟁의 당사자도 아닌 일본이 청국과 불법으로 체결한 간도협약의 부당성을 주장하는 한편, 불법협약 체결의 당사자인 중국과 당시의 자료들을 근거로 간도에 대한 不法 占有문제를 제기하고, 중국이 일본으로부터 불법으로 할양받은 간도를 되찾기 위하여 끊임없이 노력해야 할 것이다.

〈白山學報 第53號, 1999.8.30. pp.397~409〉

〈중국 역사유적 답사기〉

연변조선족자치주와 동하국(東夏國)

- 우리 역사·문화를 찾아서 -

李 炯 石*

〈目 次〉

Ⅰ. 중국에는 조선족자치구(區)가 없다

중국인들은 '만주'라는 땅이름을 몹시 싫어한다. 그것은 일본이 이곳에 '만주국'이라는 괴뢰정부를 세우고 심양에 궁을 짓고 부의를 황제로 내세웠는데 중국인들은 이 궁을 '가짜궁'이라는 뜻으로 '위황궁'(僞皇宮)이라 부른다. 그리고 만주라는 말 대신 '중국 동북쪽에 위치한 세 성'이라는 뜻으로 동북삼성(길림성, 흑룡강성, 요녕성)이라 부른다.

동북3성에는 우리 민족들이 많이 살고 있는데 '한(韓)민족'이라 부르지 않고 '조선족'이라 부른다. 이곳에 연변조선족자치주(州)가 있는데 가끔 자치구(區)로 잘못 기록된 자료가 눈에 띈다. 그러나 중국에 조선족자치구는 없다.

중국에서 주(州)와 구(區)의 행정단위는 현격한 차이가 있다. 즉 우

* 한국하천연구소장

리나라의 도(道)와 비슷한 성(省)이 있는데 자치구는 몽골자치구처럼 성보다 큰 행정단위이고 자치주는 성보다 작으며 몇개의 시·현이 모여 조선족자치주처럼 자치주가 된다.

연변조선족자치주는 연길시를 비롯, 용정·도문·돈화·화룡·왕청 등 6개 시·현이 모여 이루어졌으며 주정부는 연길시에 위치하고 있다.

시나 현의 행정단위 밑에는 진(鎭), 향(鄕), 촌(村), 툰(屯)이 있는데 요녕성에는 장백조선족자치현이 있고 흑룡강성에는 조선족으로만 구성된 향급 마을인 조선족진(鎭)이 있다.

연변조선족자치주는 1952년 9월 3일 조선족자치구로 출발, 주덕해가 주석으로 선출되었으나 3년 뒤인 1955년 4월, 헌법규정에 근거하여 조선족자치구에서 조선족자치주로 변경되어 오늘에 이르고 있다.

한편, 만주(滿州)란 지명은 청(淸)의 태종이 후금(後金)의 국호를 청

城子山 山城

으로 개칭함과 동시에 중국 동북지방을 통칭하여 '만주'라고 하였는데 1931년 일본군에 의해 만주사변이 일어났고 1932년 일본의 괴뢰 국가로서 만주국이 건설되었으나 1945년 일본이 패망하자 해체되었다.

Ⅱ. 발해의 후신 – 동하국의 수도 성자산성

우리는 우리의 역사를 고조선을 비롯, 고구려·백제·신라의 삼국시대, 후기신라시대, 고려, 조선, 일제강점기 그리고 현재의 대한민국시대로 알고 있다. 즉 고조선－삼국시대－후기신라－고려－조선－일제－대한민국(북한)시대로 정리할 수 있다. 필자가 후기신라로 호칭한 까닭은 신라가 고구려가지 통일하지 못하였기 때문이며 다른 명칭으로 신라와 발해가 남북으로 정립하였으므로 남북조시대라는 표현도 사리에 맞다고 본다.

필자가 城子山城에서 수거한 토기·와당편

그러나 우리 역사에서 누락된 시대와 나라가 있으니, 그 대표적인 예가 발해의 후신인 동하국이다.

발해는 엄연한 우리의 선조들이 우리 땅에 세운 우리의 역사이며 그 뒤를 이은 동하국은 함경남북도지역을 포함한 연변지역일대와 러시아의 블라디보스톡(해삼위)일대를 국가 영역으로 1215년 포선만노(蒲鮮萬奴)가 세운 나라이다. 발해가 멸망한 뒤, 금나라 말년, 요녕성 요양에서 대진국(大眞國)을 세웠다가 뒤에 연변지역으로 옮겨와 '동하국'으로 이름을 고치고 중국 조선족자치주의 연길시 동쪽 10km지점에 위치한 천연적 요새, 성자산성(城子山城)을 남경(南京)으로 삼아 1233년 몽골군대(비장 石扶査刺)에 의해 이 성이 함락되기까지 약 18년간 존속된 나라이다.

「고려사」 등 역사문헌에도 동하국과 교섭하였던 기록이 보이며 서울대 박물관에는 성자산성에서 출토된 동경(銅鏡)이 보관되어 있다. 그

성자산성 입구에서 쉬고 있는 답사대

리고 이곳에서 출토된 옥쇄는 북한(평양)에서 가져갔다고 하며 대부분의 유물은 연변대학에 보관되어 있다.

특히 연변대 박진석교수는 산성발굴에 참여한 바 있으며 동하국 연구자로 손꼽히고 있다.

성자산 산성은 고구려때 축조된 것으로 발해, 동하국, 요, 금나라 때까지 사용된 성이다.

지형이 마치 말발굽 모양의 성자산은 삼면이 강과 절벽으로 에워싸고 있으며 안쪽은 평지로 천연적 요새지를 이루고 있다. 이 산성으로 들어가기 위해서는 소영자촌(소영촌)으로부터 오르기 시작하여 산을 거의 반 바퀴 돌아야 성문이 나타난다.

연길시를 꿰뚫고 흐르는 부르하통하(버드나무강을 뜻함)가 이 성자산의 남·동·북쪽으로 산기슭을 감돌아 흐르다가 해란강(海蘭江 ; 느릅나무강)과 합류, '모든 강의 근원이며 도망강'이라고도 불리는 두만강으로 흐르고 있다.

Ⅲ. 동하국의 수도-성자산성을 찾아서

필자는 지난 '94년 11월 1일, 연길시병원 이철수원장의 도움으로 병원 앰블런스를 제공받아 일행 4명과 함께 동하국의 수도였던 성자산성으로 향했다.

아침 9시 연길시를 출발한 필자 일행은 산성입구 마을인 소영촌에 이르렀다.

소영촌에서 성자산성으로 통하는 고개길은 비포장도로로 굴곡이 심해 대형버스는 통행이 거의 불가능한 상태였다.

우리나라 현대자동차에서 제작한 앰블런스는 기동성 있게 전진, 고개를

진흙구덩이에 빠진 앰블런스

성자산성내를 안내하고 있는 최희권씨

무사히 넘었으며 이곳에서 몇사람의 농부를 만났는데 모두 조선족이었다.

옛날 중학교 교사였다는 최희권(崔稀權, 61세)씨의 안내로 성자산성 입구로 향했다. 길도 분명치 않은 산비탈길을 가다가 앰블런스가 진흙 구덩이에 미끄러져 꼼짝 못하는 사고가 발생하였다.

운전기사와 차량은 그대로 두고 연변대 조국주(趙國柱)교수, 내일신문 연현배(延賢培)국장, 최희권씨, 필자 등 4명의 답사대는 성자산성에 도착, 산성의 형태와 성문터, 집터 등을 조사・확인하였다.

성문터에는 이곳이 중국 주요 문물단위라는 안내판이 세워져 있었는데 페인트가 벗겨져 글자를 알아보기가 힘들었다.

성문터는 계곡안의 물이 흘러내리는 배출구였, 평지였으며 성문 안쪽에는 옥수수밭이었는데 추수하고 난 뒤여서 한적하기 짝이 없었다.

필자 일행은 성문 안쪽 집터에서 몇 점의 토기편과 기와조각을 수습할 수 있었다. 동행한 최씨는 어렸을 때, 이곳에 소풍을 다녔던 일과 학교에서 배운 이곳의 역사, 발굴 당시의 이야기 등을 상세히 들려 주었다.

성자산성을 오르는 길목인 소영자촌은 일제시대 항일운동의 근거지였으며 또 선사시대 소영자유적이 발굴된 곳이라 한다.

1938년 일본의 후지다 료사꾸(藤田亮策)가 52기의 무덤을 발굴하였는데 다행히 이때에 발굴된 유물들이 서울대학교 박물관에 소장되어 있다고 한다. 중요한 것으로는 사람 얼굴을 새긴 비녀(A3P 석관묘 출토)가 있었다. 이 비녀는 둥근 자루끝에 사람을 얼굴을 선으로 표현, 우리 땅에 살았던 청동기시대 선조들의 모습을 볼 수 있는 몇 안되는 유물 중의 하나라고 한다.

'동하국의 수도(南京)였다'는 성자산성은 기대와는 다르게 규모가 협소하였으며 계곡으로 흐르는 시냇물의 양으로 보아 수많은 사람들이 살기에는 부족한 지형으로 단지 천연적인 지세를 이용, 피난용 임시 수도로 활용하였으리라 생각되었다.

아직도 성자산성 일부에는 석성이 남아 있다

우리는 고려때(1044년) 덕종이 유소(柳韶)에게 명하여 쌓게 한 천리장성(千里長城)을 기억하고 있다. 즉 압록강 하구에서 함흥쪽으로 가로질러 정평의 도련포까지 이어진 이 장성이 고려 초기의 북방 국경선이었다.

그후, 고려 중기때 윤관(尹瓘 ; ?~1111)장군은 두만강북쪽 7백리까지 진격, 9성(九城)을 쌓고 공험진 선춘령(先春嶺)에 국경비까지 세우기도 하였다.

현재 우리 국토인 함경남북도, 평안남북도 일대지역은 고조선, 고구려, 발해의 유민들이 살고 있었던 지역이었음에도 불구하고 '여진의 땅'이라 하여 우리의 역사에서는 강건너 불처럼, 취급도 하지 않고 있는 실정이다.

우리 역사는 우리가 찾고 가꾸어 나가야겠다는 생각을 하며 성자산성을 뒤로 했다.

성자산성답사를 마치고 차량사고 현장에 이르러, 부근에서 일하고 있는 농부들과 합심하여 앰블런스 구출작업에 착수, 한시간여만에 앰블런스를 도로 위에 올라서게 할 수가 있었다.

연길에 도착하니 12시경, 필자 일행은 시내 최고의 보신탕집에서 느긋한 마음으로 점심식사를 즐겼다.

〈白山學報 第51號, 1998.8.30. pp.245~253〉

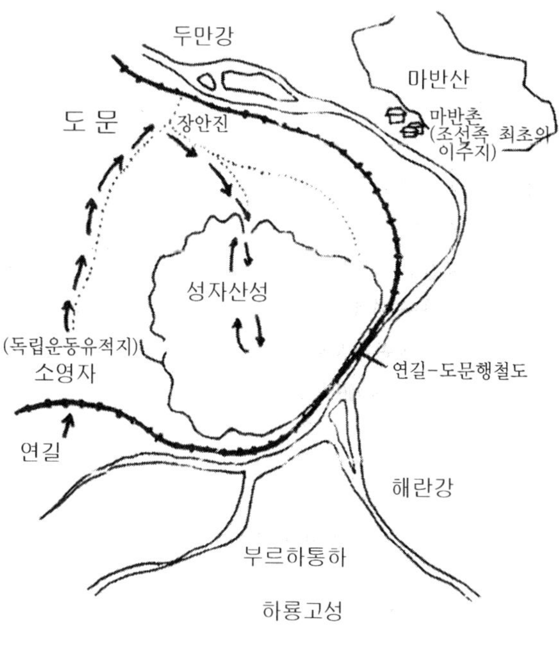

성자산성 위치도

間島領土의 관한 研究

저　　자 | 백산학회 편
펴 낸 이 | 육낙현
발 행 처 | 백산자료원

인 쇄 일 | 2006. 2. 21.
발 행 일 | 2006. 2. 27.

등록번호 제2-1125호
등록일자 1991. 2. 11

펴낸곳 | 도서출판 백산자료원
㊚100-193 서울시 중구 을지로 3가 334-1
전화 (02)2268-8668 팩시밀리 (02)2267-7710
http://www.paeksan.com
E-mail : pss1966@kornet.net

값 14,000원

ISBN 89-88435-82-6 93910